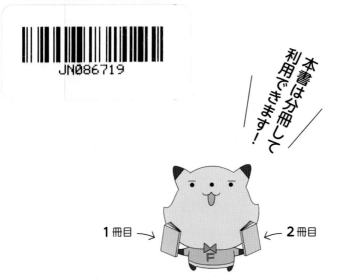

本書は分冊して利用できます！

1冊目 → ← 2冊目

本書は2冊の冊子になっており、各冊子と厚紙はのりで接着されています。破損しないよう、ていねいに取り外してください。

厚紙を押さえながら、冊子を取り外してください。

①この厚紙を開いて
　左側にずらすよう
　押さえる

②各冊子を
　それぞれ引っ張る

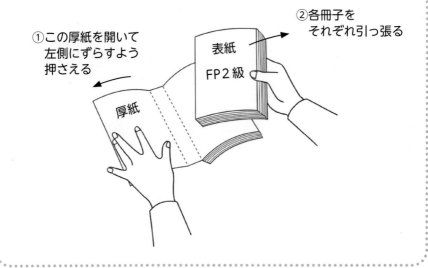

厚紙

表紙

FP2級

＊ 抜き取りの際の破損については、お取り替えをご遠慮願います ＊

スゴい！だけじゃない!! FP2級AFP

テキスト&問題集

2024-25

1

スゴい！
だけ
じゃない!!

FP

2級

AFP

テキスト & 問題集

マイナビ出版
FP試験対策
プロジェクト

マイナビ

は じ め に

「スゴい！だけじゃない!! FP2級 AFP テキスト＆問題集 2024 -2025年版」を手にして頂き、ありがとうございます。本書は「FP3級 テキスト＆問題集」から、さらに論点を深掘り・拡張し、2級合格に向けて「楽しく学ぶ」ことを目的とした本です。

「2級かあ。グッと内容が難しくなっているのでは……」と、心配しないでください。確かに3級と比べると試験範囲や必要な知識が広がりますが、その分「わかりやすさ」「読みやすさ」を第一にページを構成しました。ややこしい論点もイラスト、図解、表組などを使ってパッとわかるようにページを構成してあります（試しに中身をパラッと見てみて下さい！）。

資格参考書というと、ちょっと取っつきにくい印象があるかも知れませんが、2024-2025年版では、「特別講義」や4コマンガもさらに充実させ、楽しく読めて、勉強になる……そんな本を目指しました。晴れてFP2級に合格した暁に、本書がいい伴走者だったと思ってもらえたら、これに勝る喜びはありません。

2級FP技能検定もいよいよ2025年4月1日から「CBT方式試験」への移行が2024年3月29日に各試験実施団体より発表されました。これまでのペーパー試験は、2025年1月試験（金財の一部の試験を除く）で終了となります。本書は、このCBT方式試験にも対応できるよう「CBT試験体験版」を2025年2月1日より読者様限定で配信いたします。ペーパー試験でも新たに開始されるCBT方式試験でも安心して対策していただけます。

さあ、ページをめくって新しい世界に飛び込んでください！

『スゴい！だけじゃない!!
FP2級 予想模試』もあるからね！
合わせて勉強してね！

マイナビ出版
FP試験対策プロジェクト一同

FP（ファイナンシャル・プランナー）資格の 試験制度ってどうなってるの？

FPの資格は2種類あります

FP資格とひとことでいっても、国家資格のFP技能士（1級 〜3級）と、民間資格のAFP資格とCFP®資格があります。

FP技能士 （1級〜3級）	国家資格で、有効期限などはなく更新の必要はありません。 3級から受検し、合格により2級、1級と順に受けていきます。※1
AFP・CFP®	日本FP協会認定の民間資格。 AFPとその上位資格であるCFP®があります。有効期限が あるため定期的に更新する必要があります。※2

試験の実施団体も2つあります

- ● 一般社団法人　金融財政事情研究会（金財）
  URL：https://www.kinzai.or.jp/fp
- ●NPO法人　日本ファイナンシャル・プランナーズ協会（日本FP協会）
  URL：https://www.jafp.or.jp

試験は学科試験と実技試験に分かれ、それぞれで合否判定されますが、両方合格 して3級FP技能士取得となります。学科試験は2団体共通ですが、実技試験の内 容は実施団体と種目によって異なります。

学科試験	2団体共通	
実技試験	金財	「個人資産相談業務」「生保顧客資産相談業務」
	日本FP協会	「資産設計提案業務」

FP資格受検の流れ

3級合格が2級の、2級合格が1級の受検資格ですよ!

国家資格
FP技能士
（1級〜3級）
試験実施団体
金財・日本FP協会

日本FP協会
認定資格
AFP・CFP®
試験実施団体
日本FP協会

3級FP技能士受検

合格

AFP認定研修受講修了で2級受検資格取得

2級FP技能士受検

2級FP技能士合格後にAFP認定研修受講

AFP認定研修受講・修了

AFP取得

合格

1級学科試験が免除されます

1級FP技能士受検

CFP®受検

※1 FP技能検定2級は、FP3級技能検定の合格者以外でも以下のいずれかに該当していれば受検できます。
　　①FP業務に関して2年以上の実務経験を有する者※
　　②日本FP協会が認定するAFP認定研修を修了した者
　　③厚生労働省認定金融渉外技能審査3級の合格者
　　※FP業務に関する実務経験とは、資産の設計・運用・管理及びこれらに関わる相談業務、コンサルティング業務に携わった経験を指します。自己申告制（第三者による証明は不要）です。
※2 AFP：Affiliated Financial Planner（アフィリエイテッド ファイナンシャル プランナー）
　　CFP®：Certified Financial Planner（サーティファイド ファイナンシャル プランナー）

試験の出題内容と合格基準

学科試験は6つの分野全てから出題されますが、実技試験は実施団体と出題種目によって異なります。金財は4種類、日本FP協会は1種類で、これら5種類の出題種目の中から1つを選びます。

本書は、以下の3つの実技試験に対応しています。

2級金財の場合 (2024年5月現在)　　　　　　　　　　※試験時間はペーパー試験の場合

種目		出題形式	合格基準	試験時間
学科試験		マークシート方式 四答択一式 60問	60点満点で 36点以上	10：00〜12：00※ （120分）
実技試験	個人資産 相談業務	記述式 15問 事例形式 5問	50点満点で 30点以上	13：30〜15：00※ （90分）
	生保顧客 資産相談業務			

2級FP協会の場合 (2024年5月現在)　　　　　　　　　※試験時間はペーパー試験の場合

種目		出題形式	合格基準	試験時間
学科試験		マークシート方式 四答択一式 60問	60点満点で 36点以上	10：00〜12：00※ （120分）
実技試験	資産設計 提案業務	記述式 40問	100点満点で 60点以上	13：30〜15：00※ （90分）

実技試験の出題種目と出題分野

実技試験 出題分野	［金財］ 個人資産相談業務	［金財］ 生保顧客資産相談業務	［日本FP協会］ 資産設計提案業務
ライフプランニングと 資金計画	●	●	●
リスク管理	×	●	●
金融資産運用	●	×	●
タックスプランニング	●	●	●
不動産	●	×	●
相続・事業承継	●	●	●

2024～2025年度 2級ペーパー試験日程

（2024年5月1日現在）

	2024年 9月 金財 日本FP協会	2025年 1月 金財 日本FP協会	2025年 5月（予定）金財
試験日	2024年 9月8日（日）	2025年 1月26日（日）	2025年 5月下旬
法令基準日	2024年 4月1日（月）	2024年 10月1日（火）	
受検申請 受付期間	2024年 7月2日（火）～ 7月23日（火）	2024年 11月13日（水）～ 12月3日（火）	2025年 3月中旬～4月上旬
合格発表日	2024年 10月21日（月）	2025年 3月7日（金）	2025年 6月下旬～7月上旬

法令に基づく試験問題は、上記の「法令基準日」時点で既に施行（法令の効力発効）されているものを基準として出題されます。
本書は、2024年4（10）月1日現在の法令に基づいて作成しています。刊行後に法改正があった場合には本書特設サイト（https://sugoibook.jp/fp）にて掲載いたします。

2025年4月よりCBT方式による試験がスタート！

2024年3月29日に金財・日本FP協会より2025年度から2級FP技能検定も
CBT方式（Computer Based Testing）試験への全面移行が発表されました。
CBT方式試験は、受検者が全国約360のテストセンターの中から希望の会場と
日時を予約し、テストセンターのパソコンにて受検するものです。

CBT方式試験概要
※詳細は次ページ以降参照

試験日	2025年4月1日（火）より通年で実施 → 年末年始、3月1カ月間、5月下旬は試験休止期間となります
法令基準日	2025年4月～5月実施分は、2024年4月1日
申請方法	Web申請のみで、試験実施団体のホームページから申請 → 2025年2月3日（月）午前10時より申請受付開始されます
合格発表	試験日翌月中旬に Webサイトで発表

2025年4月1日よりCBT方式試験開始！

FP2級CBT方式試験 受検の流れ

1) 事前確認

受検の申込をする前に以下の内容を確認しておきましょう。

check!

実技試験の受検種目を決める	☐
受検会場（テストセンター）を確認 ▶試験団体のホームページからテストセンターを検索	☐
受検日と受検時間帯を決める ▶学科試験と実技試験は同日でも別日でもOK	☐
受検手数料の支払い方法を決める ▶学科 5,700円・実技 6,000円（非課税）※別途事務手数料有 ▶クレジットカード払い又はコンビニ払い、Pay-easyなど	☐
マイページアカウント用メールアドレスを準備 ▶受検するためには受検者ページアカウントの作成が必要です	☐

2) 受検申請（試験予約）

試験は、申請日の最短3日後から最長で当月を含まない3カ月後の末日までの試験日を予約することができます。

❶ 試験実施団体のホームページから受検申請ページにアクセス
  ▶ 一般社団法人　金融財政事情研究会（金財）
    URL：https://www.kinzai.or.jp/fp
  ▶ NPO法人　日本ファイナンシャル・プランナーズ協会（日本FP協会）
    URL：https://www.jafp.or.jp/exam/

❷ 受検者ページアカウントの作成
  受検者氏名・生年月日・メールアドレスを登録します。

❸ 受検会場（テストセンター）、受検日時を指定して予約

❹ 受検手数料の決済方法を選択
  決済が完了すると登録したメールアドレス宛に予約完了の確認メールが届きます。

登録は
慎重に！

2025年2月3日（月）よりCBT方式試験の申請が開始されます。
学習の前に受検の申込から合格発表までの流れを確認しておきましょう！

3 試験当日の流れと注意事項

> **試験当日に必要なもの：本人確認書類（顔写真付き）**

受検票は送付されません。予約完了時の確認メールに試験日程・会場のご案内、注意事項が明記されているので、必ず確認しましょう！

❶ **試験開始30分〜15分前までに会場に到着する**

❷ **受付に本人確認書類を提示する**
- ・本人確認後、荷物はすべて受検会場（テストセンター）設置の指定されたロッカーに預けます。
- ・携帯電話、筆記用具、電卓などは持込できません。
- ・計算問題については、試験画面上に表示される電卓機能を利用します。

❸ **試験会場へ入室**
指定されたパソコンにて受検する。

❹ **試験終了後、スコアレポートを受け取る**
試験終了後、受付でスコアレポート（得点が表示）を受け取る。

試験当日に
得点状況がわかるよ！

4 合格発表

受検日の翌月中旬頃を目処に合格発表があります。
合否はマイページで確認することもできます。

合格者には合格発表日翌日頃に試験実施団体より
合否通知書兼一部合格証書が、
総合合格（学科試験と実技試験の両方合格）と
なった方には合格証書が郵送されます。

圧倒的に効率のいい試験の受け方！

●FP2級　学科試験

何も勉強しなくても15問は正解できる！？

2級の学科試験の合格基準は6割です。

ということは、60問中36問正解すれば合格ということです。学科試験は60問ありますが、すべて4択問題です。ということはまったくわからないまま受けても確率上は4分の1、つまり25％の15問は正解できるということです。60問－15問＝45問。めざすは「36問正解」ですから45問中、あと21問正解できれば合格です！

この21問を正解するためには、4択問題の60問をしっかり勉強する必要があります。各分野の基礎問題を確実に押さえましょう。

Point!

「ライフプランニングと資金計画」は
実技試験でも多く出題される分野なので
特に重点的に学習しましょう！

ちなみに学科試験の出題分野と60問の内訳は、
こうなっています。

1. ライフプランニングと資金計画… 10問
2. リスク管理……………………… 10問
3. 金融資産運用…………………… 10問
4. タックスプランニング………… 10問
5. 不動産…………………………… 10問
6. 相続・事業承継………………… 10問

36問
正解すれば
いいんだ！

実施団体によっては勉強しなくてもいい分野がある！

学科試験は共通ですが、実技問題は実施団体別に計3種類あります。
「どれが簡単か」ということはありませんが、それぞれの傾向があるので、
自分の得意分野から見て判断するのがよいでしょう。

●金財

個人資産相談業務

「リスク管理」以外の分野から万遍なく出題されます。特に年金の計算
に比重を置いていますから、計算式をしっかり覚えておく必要があり
ます。特徴としては「リスク管理」の分野は出題されない、ということ
です。

生保顧客資産相談業務

生命保険に特化しているので、ちょっと特殊な試験です。保険業に
携わっている人や、将来仕事で関わりたいという人向けです。た
だ、「金融資産運用」と「不動産」の分野からは出題されません。6分
野中4分野だけ押さえられればいいのですが、社会保険・民間保険・
所得税・相続税とのつながりを考えながら学習する必要があります。

●日本FP協会

資産設計提案業務

6分野すべてから出題されます。ただ、「ライフプランニングと資金計
画」から出題される問題が多く、その割合は4〜5割近く。特に「6つ
の係数」から2〜3問出ます。6割で合格なので、よく出る問題を徹底
的に勉強すればかなり合格基準に近づけます。

がんばらずに合格る!
勉強の5カ条

1 問題文に「常に」「必ず」があったら×と思え!

物事には必ず例外があります。したがって「常に」「必ず」と決めつけた例文は引っかけ問題になっている可能性が高いです。もちろん、このルールにもさらに例外があり「クーリング・オフは必ず書面で通知する」など、正しいものもあります。もし、わからない問題に出会ったときの非常手段として、頭に入れておいてください。

決めつけた例文は怪しもう!

関連法規の改正には注意だね!

2 あまり古い過去問は見ない

FP試験は、毎年法律の改正にもとづいて内容が変わります。古い過去問で勉強してしまうと間違った知識で覚えてしまう可能性があります。裏を返せば、新しく改正された法律は出題される可能性が高い、ということです。過去問は常に新しいものを選ぶようにしましょう。

毎年4月と10月の制度で出るよ

覚えるのが
少なくて済むよ！

③ 「間違い」を暗記する

正しい例文を覚えるより、間違いを覚えた方が効率がいいです。例えば、健康な人のレントゲン写真から病気を見つけるのは難しいもの。同じように正しい例文を覚えようとしても、きりがないのです。むしろ「よく出る間違い」を覚えた方が楽ちんですよ。

分野と分野の
連携で理解しよう

④ 全分野を横断的に学習する

まず、全体にザーッと目を通してから、分野と分野の関係性を見ながら勉強しましょう。特に税金はあらゆる分野と関わってきますから、「タックスプランニング」と「リスク管理」「不動産」などを行ったり来たりしながら勉強していくと包括的に理解が進みます。

FPは専門士業と
連携するからね

⑤ あまり深入りしない

FPの仕事は広く浅く、さまざまなジャンルに関わっていきます。しかし、社会保険は社労士の、税金は税理士の、不動産は宅建士等の領域ですから、深く関わろうとするときがありません。それよりも基礎を広く学ぶことが大事です。

広く浅くね！

スゴい！ だけじゃない!! 合格メソッド

テキストを読む

テキストは、6つの「STAGE（分野）」があり、さらに細かく「LESSON」に分かれています。

各LESSONの最初の1コママンガは、これから学習する内容がイメージできます

重要なポイント、覚えておくべき事柄などは、ピックアップして紹介

ひと言！ 🗨️
厚生年金の適用事業所（法人事業所および従業員が常時5人以上いる個人事業所）に勤務する70歳未満の方は加入します。

注目！ 📍
一定の条件を満たす障害者の方の場合、後期高齢者医療制度の被保険者となるのは65歳以上です。

チェック！ 👆
障害厚生年金は3級まであって、1・2級は配偶者の加算。

障害基礎年金は1・2級で、子の加算。

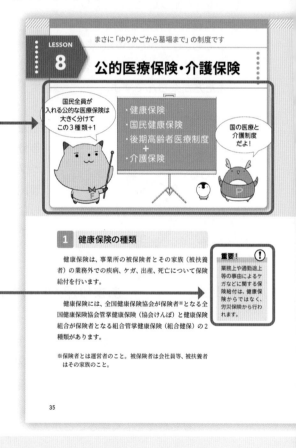

LESSON 8

まさに「ゆりかごから墓場まで」の制度です

公的医療保険・介護保険

国民全員が入れる公的な医療保険は大きく分けてこの3種類+1

・健康保険
・国民健康保険
・後期高齢者医療制度
＋
・介護保険

国の医療と介護制度だよ！

1 健康保険の種類

　健康保険は、事業所の被保険者とその家族（被扶養者）の業務外での疾病、ケガ、出産、死亡について保険給付を行います。

　健康保険には、全国健康保険協会が保険者※となる全国健康保険協会管掌健康保険（協会けんぽ）と健康保険組合が保険者となる組合管掌健康保険（組合健保）の2種類があります。

※保険者とは運営者のこと。被保険者は会社員等、被扶養者はその家族のこと。

重要！ ❗
業務上や通勤途上等の事由によるケガなどに関する保険給付は、健康保険からではなく、労災保険から行われます。

35

本書はテキストと問題集一体型なので、学習と実践のステップを効率よく進めることができます。さらに、読者の方限定で提供するCBT試験体験プログラムを活用すればしっかり本試験対策ができます。

押さえておきたい重要事項は、「特別講義」や４コマママンガでフォローします

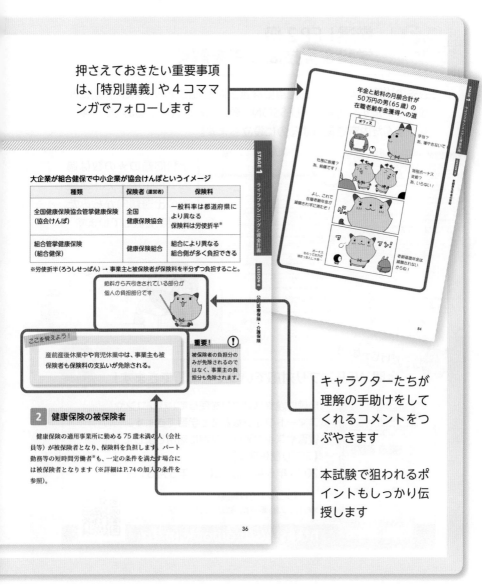

大企業が組合健保で中小企業が協会けんぽというイメージ

種類	保険者（運営者）	保険料
全国健康保険協会管掌健康保険（協会けんぽ）	全国健康保険協会	一般料率は都道府県により異なる 保険料は労使折半※
組合管掌健康保険（組合健保）	健康保険組合	組合により異なる 組合側が多く負担できる

※労使折半（ろうしせっぱん）→ 事業主と被保険者が保険料を半分ずつ負担すること。

給料から天引きされている部分が個人の負担部分です

ここを覚えよう！
産前産後休業中や育児休業中は、事業主も被保険者も保険料の支払いが免除される。

重要！
被保険者の負担分のみが免除されるのではなく、事業主の負担分も免除されます。

2 健康保険の被保険者

健康保険の適用事業所に勤める75歳未満の人（会社員等）が被保険者となり、保険料を負担します。パート勤務等の短時間労働者※も、一定の条件を満たす場合には被保険者となります（※詳細はP.74の加入の条件を参照）。

キャラクターたちが理解の手助けをしてくれるコメントをつぶやきます

本試験で狙われるポイントもしっかり伝授します

36

「1 STAGE読み終わったら、
問題集を解く」を繰り返す

厳選！FP2級 学科＆実技問題集を解く

過去の出題傾向から選んだ重要な選択肢と設問を「STAGE」別に収録しています。問題は「LESSON」順に掲載されているので、テキストで学んだ内容を復習するのに役立ちます。

学科問題の★の数は過去10回のペーパー試験での出題傾向からみた重要度を表しています

繰り返し解いてね！

だけじゃない！

全問WEBアプリ対応でいつでも復習できます！

読者特典 1

厳選問題集はアプリを使って、パソコンやスマートフォンなどでも学習できます。
復習やスキマ時間の学習に活用しましょう！
【アプリ配信期間】
2024年6月1日〜2025年5月31日

↓ パソコンの方は特設サイトから
「FP2級 厳選問題集」をクリック

https://sugoibook.jp/fp

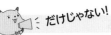

Step 3

2025年2月1日より配信開始！
CBT試験体験プログラムで
シミュレーション！

読者特典 2

CBT試験対策として「CBT試験体験プログラム」を読者の方限定で
学科試験と実技試験（3種）を配信します。
自宅模試としてチャレンジしてみましょう。

CBT試験体験版で
確認すること！

☑ 現在の実力をはかる

☑ CBT試験の画面に慣れる
　（電卓の使い方など）

☑ ミスの傾向や時間配分の
　コツをつかむ

☑ 不得意なまま残されている
　分野や論点を発見する

CBT試験体験版は
パソコンで受検してね

〈**CBT試験体験版の利用方法**〉
　①パソコンから特設サイトにアクセス https://sugoibook.jp/fp
　②メニューから「FP2級 CBT模試」をクリック

〈**CBT試験体験版配信期間**〉2025年2月1日〜2025年5月31日

予想問題集もあります！

Step 4

さらに多くの問題に挑戦したい方は、学科も実技（3種）も
3回分収載した「スゴい！だけじゃない!! FP2級 徹底分
析！予想模試」（別売り）を解き、合格を確実にしましょう！

CONTENTS 1

STAGE 3　金融資産運用 ……………………………… 187

厳選！ FP2級 学科&実技問題集① ………… 292

CONTENTS 2

ライフプランニングと資金計画

こ こ で 学 ぶ 内 容 で す！

ライフプランニングの基本

ライフプランニングと
三大必要資金

社会保険制度

公的年金制度

企業の年金制度

中小法人と資金計画

※年金額は新規裁定の額です。

学科試験 全分野中、最も重要な分野

社会保険、年金関連から半分以上出題されています。関連法規は毎回出題されますので、確実に得点源にしましょう。また、ライフプランニング、確定拠出年金、中小法人の資金計画も頻出しています。国の教育ローンと奨学金、クレジットカードも定期的に出題されています。

実技試験 受検先別の傾向と対策

【金財　個人資産相談業務】

老齢年金または遺族年金の事例問題が1問出題されています。それに加えて、老齢、障害、遺族給付の内容も問われます。その他、国民年金、公的医療保険、公的介護保険、老後資金を増やす制度も出題されています。

【金財　生保顧客資産相談業務】

老齢年金または遺族年金の計算問題が出題されるほか、年金の給付を問う問題も多く出題されます。また、老後の収入を増やす方法や公的医療保険や公的介護保険の問題も出題されています。

【日本FP協会　資産設計提案業務】

実技試験の出題範囲のうち、4割近くがこの分野からの出題です。業法やキャッシュフロー表の空欄問題、6つの係数の計算問題、バランスシートの純資産額の計算は必ず出題されます。総合問題では、社会保険、年金、住宅ローン、教育ローン・奨学金など、幅広くカバーしておきましょう。

ライフプランニングとは

この３つを使って人生設計を立てて

ライフイベント表
個人バランスシート
キャッシュフロー表

6つのステップでお金の流れも把握するよ！

| 信頼作り ① | 情報収集 ② | 分析 ③ | 提案 ④ | 実行支援 ⑤ | 見直し ⑥ |

1 ライフプランニングとは

　人生の夢やイベントを数値や表などにすることによって見える化し、夢を実現していく計画を立てることをいいます。

2 ライフイベントとは

　結婚、出産、子どもの教育、マイホームの取得、退職など、一生における出来事を**ライフイベント**といいます。ライフイベントの中でも、子どもの教育、マイホームの取得、老後にかかる金額は特に大きいので、**教育資金、住宅資金、老後資金**は三大必要資金といわれています。

3　ライフプランニング6つのステップ

　ライフプランニングは、以下の6つのステップで行います。キーワードと順番を覚えましょう。

Step 1	顧客と信頼関係を作る
	業務の範囲（報酬など）も明確にする

Step 2	顧客の状況や希望、目標を聞く
	定量データ（数値化できる）と定性データ（数値化できない）を収集

Step 3	顧客の現状の問題点を分析する
	ライフイベント表、個人バランスシート、キャッシュフロー表などを作成する

Step 4	プラン（提案書）を作って、顧客に説明する
	提案書の検討・作成と提示

Step 5	プランの実行を支援する
	プランを前に進める

Step 6	プランを定期的に見直す
	顧客の状況、経済状況、制度の変更などに応じて見直す

注目！

Step 1〜3には「顧客」というキーワードが入り、Step 4〜6には「プラン」というキーワードが入ることが多いです！

注目！

Step 3には分析、Step 4に提案書の提示が入ります。

順序の
「並べ替え問題」が
よく出題されます

4 ライフプランニングの3種の神器

ライフプランニングを行うときには、ライフイベント表、個人バランスシート、キャッシュフロー表を用います。

支出だけでなく
保険の満期金や
祝金があれば
収入も記入するよ

5 ライフイベント表

ライフイベント表とは、家族の将来の予定や希望と、それぞれの時期に必要な資金を時系列にまとめた表です。

経過年数	現在	1	2	3	4	5	6	7	8
年齢									
鳥野 春夫様	40	41	42	43	44	45	46	47	48
夏子様	39	40	41	42	43	44	45	46	47
秋美様	7	8	9	10	11	12	13	14	15
冬太様	2	3	4	5	6	7	8	9	10
ライフイベント									
鳥野 春夫様		マイホーム	車買換え						車買換え
夏子様		パート		正社員					
秋美様						中学校入学			高校入学
冬太様		幼稚園入園	現在価値を入れる！	小学校入学					
必要資金		1,000万円	170万円		30万円	20万円			220万円

Point!

ライフイベント表の「必要資金」欄は「現在価値」にすること。この欄のすべての資金は、現時点での価値（金額）に統一して記入します。

6 キャッシュフロー表

キャッシュフロー表は、現在の収支や今後のライフイベントをもとに、将来の収支や貯蓄残高の予想と分析をするツールです。そのため、給与や物価などは、変動を加味した将来価値で表します。

鳥野様のキャッシュフロー表

単位 (万円)

経過年数	❺変動率	現在	1	2	3	4	5	6	7	8
収入										
給与収入 （春夫様）	1%	700	707[*4]	714[*5]	721[*6]	728	736	743	750	758
給与収入 （夏子様）			90	90	90	90	90	90	90	90
その他										100
収入合計		700	797	804	811	818	826	833	840	948
支出										
基本生活費	1%	350	354	357	361	364	368	372	375	379
住居費		180	180	180	180	180	180	180	180	180
教育費	2%	20	40	41	42	44	68	69	70	72
イベント費			1,000	100	420	24	30			30
その他	1%	15	15	15	21	50	16	16	16	16
支出合計		565	1,589	693	1,024	662	662	637	641	677
❸ 年間収支		135	−792	111	−213	156	164	196	199	271
❹ 貯蓄残高	1%	1,200	420[*1]	535[*2]	327[*3]	486	655	858	1,066	1,348

❶ 年間収入

❷ 年間支出

住宅ローン（住居費）がある場合は、金融機関から交付された返済予定額を記入するよ

キャッシュフロー表に必要な項目

❶ **年間収入** … 年間収入に入れる金額は実際に使える収入
（一般的に可処分所得という）を記入

> 公式
>
> 可処分所得 ＝
> 収入 －（所得税 ＋ 住民税 ＋ 社会保険料）

年収から引けるのは社会保険料！
生命保険料は引かないでね！

可処分所得とは？
年収（額面の金額）から、所得税、住民税、社会保険料を引いた、
使えるお金のこと。
3つ以外はマイナスしないように注意！

---

❷ **年間支出** … 基本生活費など支出金額を記入
❸ **年間収支** … ❶ － ❷
❹ **貯蓄残高** … その年の貯蓄残高を記入

> 公式
>
> その年の貯蓄残高＝
> 前年の貯蓄残高 ×（1 ＋ 変動率）＋ ❸その年の年間収支

＊1　1年後：1,200万円 ×（1 ＋ 0.01）－ 792万円 ＝ 420万円

＊2　2年後：420万円 ×（1 ＋ 0.01）＋ 111万円 ≒ 535万円

＊3　3年後：535万円 ×（1 ＋ 0.01）－ 213万円 ≒ 327万円

❺ 変 動 率 … 昇給率、物価変動率など変化の割合

変動率が設定してある項目は
変動率を用いて計算する！

公式	n 年後の金額 ＝ 現在の金額 × （1 ＋変動率）^{n}

＊4　1年後：700万円 × （1 ＋ 0.01） ＝ 707万円

＊5　2年後：700万円 × （1 ＋ 0.01）^{2} ≒ 714万円

＊6　3年後：700万円 × （1 ＋ 0.01）^{3} ≒ 721万円

ライフイベント表に入れる数値は「現在価値」（今の金額）
キャッシュフロー表に入れる数値は「将来価値」（将来の金額）

キャッシュフロー表は
しっかり頭に入れておこう！

計算の仕方や、
表の読み解き方もね！

7　個人バランスシート

　個人バランスシートとは、ある時点での資産や負債の
バランスを分析するツールです。資産には**時価**を入れ、
負債にはその時点での**残高（残債）**を記入します。資産
から負債を引いたものが純資産となります。

個人バランスシート

資産には時価を入れ、負債にはその時点の残高(残債)を入れます。
時価というのは「今売ったら(解約したら)いくら？」という金額の
ことです。

資産と負債の
バランスを
みるわけね！

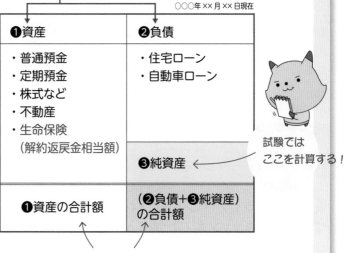

○○○年××月××日現在

❶資産	❷負債
・普通預金 ・定期預金 ・株式など ・不動産 ・生命保険 　(解約返戻金相当額)	・住宅ローン ・自動車ローン
	❸純資産
❶資産の合計額	(❷負債+❸純資産) の合計額

試験では
ここを計算する！

バランスシートは左側と右側の合計額が一致します。

❶資産：現金、預貯金、株式、投資信託、生命保険(解約返戻金相
　　　当額)、自宅(土地、建物)、車など
❷負債：住宅ローン、自動車ローンなどの借入残高
❸純資産 ＝ 資産 － 負債

キャッシュフロー表と個人バランスシートの違い

| 1月1日 | ◀━━━ キャッシュフロー表 ━━━▶ | 12月31日 |

キャッシュフロー表が1年間の積み重ねである長い「線」だとすると、個
人バランスシートはある時点での財産の状態を表す「点」だといえます。

9

8 クレジットカード

クレジットカードの安易な利用は返済に困ることにもなります。支払い方法や手数料、キャッシングに関する法規制なども理解しておきましょう。

（1）クレジットカードの支払い方法と手数料

手持ちの現金がなくても代金後払いで買い物ができるクレジットカードですが、利用者は貸与されているだけで、所有権はカード会社にあります。支払い方法によって手数料も異なります。

一括払い	利用金額を一括で支払う ボーナス一括払いも可能	手数料なし
分割払い	利用時に支払回数を決め、分割して支払う	手数料あり （3回以上）
定額リボルビング払い	毎月の支払額を一定金額に固定して支払う	手数料あり

（2）キャッシング

クレジットカードにはキャッシング機能が付いているものもあり、ATMでお金を借りることができます。ただし、貸金業者からの借入残高は、本人年収の3分の1を超えてはいけないと、貸金業法で総量規制されています。一括払いでも利息（手数料）がかかります。

（3）信用情報

各カード会社はカード会員の利用状況を信用情報機関に登録しており、新たな利用者にカードを発行する際には審査のため信用情報機関が管理する情報の提供を受けています。カード会員は手続きにより会員自身の信用情報を開示請求することができます。

ひと言！

クレジットカードでの商品購入や、銀行が提供する住宅ローンや自動車ローンなどの借入金は、貸金業法上、総量規制の対象とはなりません。

6つだけだからビビらないで！

資金計画で使う6つの係数

①終価係数　④減債基金係数
②現価係数　⑤資本回収係数
③年金終価係数　⑥年金現価係数

資金計画を
立てるときに必要な
6つの係数を
しっかり
覚えよう！

1 決まった数字を使って金額を出します

　ライフプランニングで様々なお金のシミュレーション
をするときに次の6つの係数を使います。「どの係数を
使うか」さえわかれば、係数表の利率と交差する数字を
使って計算できます。「貯蓄の運用でいくら受け取れる
か？」、「目標金額を達成するのに必要な毎年の積立額
は?」といった求めたい金額が算出できます。

どんな時に
どの係数を使うかを
覚えよう！

係数表（期間5年の場合）

係数＼利率	1%	2%	3%	4%	5%
終価係数	1.0510	1.1041	1.1593	1.2167	1.2763
現価係数	0.9515	0.9057	0.8626	0.8219	0.7835
年金終価係数	5.1010	5.2040	5.3091	5.4163	5.5256
減債基金係数	0.1960	0.1922	0.1884	0.1846	0.1810
資本回収係数	0.2060	0.2122	0.2184	0.2246	0.2310
年金現価係数	4.8534	4.7135	4.5797	4.4518	4.3295

覚えるのは
この6つの係数の
使い方だけ！
細かい数字は
覚えなくて大丈夫！

例えば…
5年後に
100万円
貯めたい！

年利率2％で複利運用するとして毎年いくら
積み立てたらよいか？

積み立て額を求める減債基金係数と2％が交
差する0.1922を使います

100万円 × 0.1922 ＝192,200円

6つの係数、その内容と使い方

① 終価係数

現在の金額（一時金）を複利運用した場合の、一定期間後の金額を求める係数

（例）100万円の元本を年利率2％で複利運用すると
5年後いくらになるか？
100万円×1.1041（終価係数）＝1,104,100円

② 現価係数

毎年複利運用して、一定期間後に一定金額を貯めるために必要な元本（一時金）を求める係数

（例）5年後に100万円にしたい場合、
年利率2％で複利運用すると、今いくらあればよいか？
100万円×0.9057（現価係数）＝905,700円

③ 年金終価係数

毎年複利運用しながら、一定額を積み立てた場合の、一定期間後の元利合計額を求める係数

（例）年利率2％複利運用で毎年10万円を5年間積み立てると、5年後の合計はいくらになるか？
10万円×5.204（年金終価係数）＝520,400円

④ 減債基金係数

毎年複利運用して、一定期間後に一定金額を貯める
ための、毎年の積立額を求める係数

（例）5年後に100万円を貯めるために、年利率2%で
複利運用するとして毎年いくら積み立てればよいか？
100万円×0.1922（減債基金係数）＝192,200円

⑤ 資本回収係数

今ある金額を複利運用しながら、一定期間にわたっ
て一定金額を取り崩す場合の毎年の受取額を求める
係数

（例）1,000万円を年利率2%で複利運用しながら5年間で
均等に取り崩した場合、毎年いくら受け取れるか？
1,000万円×0.2122（資本回収係数）＝2,122,000円

⑥ 年金現価係数

複利運用しながら、将来の一定期間にわたって一定
額を受け取るために必要な元本を求める係数

（例）年利率2%の複利運用をし、毎年100万円の年金を
5年間受け取るためには元本がいくらあればよいか？
100万円×4.7135（年金現価係数）＝4,713,500円

特別
講義

6つの係数、どれ使う? 判定法

[① 終価係数　② 現価係数　③ 年金終価係数
④ 減債基金係数　⑤ 資本回収係数　⑥ 年金現価係数]

最初に、「求めるのは一時金か? 毎年の金額か?」を判定しましょう。
一時金なら「いつの時点の額?」+「コツコツ年金で? それとも一時金で?」、
毎年の金額なら「それは積立額? 取り崩し額?」で判定します。

START!

求めたいのは一時金か毎年の金額か?

一時金を求める場合

❶ 一時金は、いつの時点の額?

・将来の額なら
　➡「終了時点」だから「終」の付く係数…「○○終価係数」

・今の額なら
　➡「現時点」だから「現」の付く係数…「○○現価係数」

毎年の金額を求める場合

❸ 毎年の積立額? それとも毎年の取り崩し額?

▶「積立」➡ "毎年積み立て基金"の ④ 減債基金係数

積み立て　いくらずつ?　資産

▶「取り崩し」➡ "毎年資本取り崩し"の ⑤ 資本回収係数

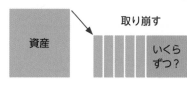

資産　取り崩す　いくらずつ?

基金に積み立てる、
資本回収するから
取り崩し、なんだねー

そして
さらに！

❷
コ
ツ
コ
ツ
年
金
で
？
そ
れ
と
も
一
時
金
で
？

コツコツ年金（一定金額）なら → 「年金○○係数」

▶ コツコツ積み立てて将来の額（つまり終了時点）
　→ ③ 年金終価係数

積み立て

資産

将来
いくら？

▶ コツコツ取り崩すために必要な現時点の額
　→ ⑥ 年金現価係数

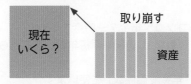

現在
いくら？

取り崩す

資産

現時点も将来も一時金同士なら → 「年金」が付かない

▶ 一定期間後（つまり終了時点）の金額を求める
　→ ① 終価係数

一時金

資産

将来
いくら？

▶ 一定金額を貯めるために必要な現時点の額
　→ ② 現価係数

一時金

現在
いくら？

資産

では、実際に判定してみよう！

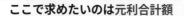

例1）住宅資金の頭金にするために、一定の利率で複利運用しながら毎年10万円を積み立てた場合、5年後の元利合計額はいくらになる？

> **ここで求めたいのは元利合計額**
>
> ➡ **ということは「一時金」です！**
>
> ❶ いつの時点の額？
>   …5年後（つまり将来）だから→「○○**終価**係数」
>
> ❷ コツコツ年金？一時金？
>   …**毎年**10万円→「毎年」とあるからコツコツ**年金**ですね！
>
> ➡「年金終価係数」を使います

例2）一定の利率で複利運用して10年後に教育資金300万円を得るために、運用開始時点で必要な元金はいくら？

> **ここで求めたいのは必要な元金**
>
> ➡ **ということは「一時金」です！**
>
> ❶ いつの時点の額？
>   …運用開始時点（つまり現時点）→「○○**現価**係数」
>
> ❷ コツコツ年金？一時金？
>   …教育資金300万円→「一時金」
>
> ➡「現価係数」を使います

わからなくなったら
前ページのフローチャートを
今一度確認して！

例3）一定の利率で複利運用しながら20年後に老後資金1,000万円を得るために必要な毎年の積立額はいくら？

> **求めたいのは毎年の積立額**
> → ここで前ページの❸を見て！
> 「毎年・積立」のキーワードがあったら
>
> → "毎年積み立て基金"の「減債基金係数」を使います

最終的に
求められているのが
積立なのに注目しよう！

例4）退職金1,000万円を今後5年間の生活費に充てるため、一定の利率で複利運用しながら均等に取り崩すとしたら、毎年受け取れる額はいくら？

> **求めたいのは毎年受け取れる額**
> → ここで前ページの❸を見て！
> 「取り崩す」のキーワードがあったら
>
> → "毎年資本取り崩し"の「資本回収係数」を使います

こちらでは最終的に
求められているのが
毎年受け取れる＝取り崩す
だからこーなるわけだ！

出題の最後で
「何を求めなければならないか」を考えると
判定しやすいよ！

FPの職業的原則

FPとして
あるべき姿！

① 顧客利益の優先

② 守秘義務の遵守

③ 説明義務の遵守

この3つを
覚えよう！

1 FPという職業の基本ルール

　ファイナンシャル・プランニングを行うため、顧客は担当のファイナンシャル・プランナー（FP）を信頼して個人情報やプライベートの状況などを伝え、重要な相談を行います。そのためFPには、高い倫理観と法を遵守する姿勢が求められます。ここでは、FPが持つべき職業倫理・モラルについて確認しておきましょう。

ひと言！

実務ではとても大事な考えです。出題されたとしても常識的に考えれば解答できるはず。

しっかり
心に刻もう！

❶顧客利益の優先

FPはプランニング業務において、顧客の利益を最優先すべきであり、決してFPの利益を優先してはならない。

▶顧客の利益優先、当然のことですね。ここが「FPの利益の優先」などになっている正誤問題があったら、「誤り」を選ぶようにしましょう。

❷守秘義務の遵守

FPは職業上知り得た情報を、原則として顧客の同意なく第三者に漏らしてはならない。

▶「顧客の同意なく」というのがポイント。同意があれば、OKということ。FPは、職業上さまざまな専門領域に入っていくことが多いため、ほかの専門士業との連携が必要になります。資格がないとできない業務（独占業務）というのもあるので、注意が必要。

❸説明義務の遵守

FPはプランニングや商品販売に際して、顧客が適切な情報にもとづいて意思決定できるよう、十分に説明する必要がある。

▶これはFPに限らず、どんな職業でもそうですから、常識的に考えればわかりますよね？

③の「説明義務」は
アカウンタビリティとも
呼ばれます！

FP業務と関連法規

1 FPが侵してはいけない領域がある

　FPは、さまざまな領域に関わることが多い職種です。そのため、他の専門家との連携が必要になります。具体的には、税理士、弁護士などです。

FPは有資格者
しかできない
業務範囲について
知っておく必要が
あります！

2 他の専門家の守備範囲を知ろう

　他の専門家にはそれぞれに「独占業務」や「注意事項」がありますので、各業法に違反しないように内容をよく理解しましょう。試験対策としては、この項目は「正誤問題」として出題されることが多いので、できることとできないことを区別しましょう。

ここはよく出題されるのでぜひ覚えておきましょう。次のキーワードを押さえれば、8割程度の問題は攻略できるはず。一般的な説明、仮定の事例の説明は通常○。注意点は、弁護士法は一般の法律事務に該当しても×、一般という文字に釣られないように注意。保険業法と金融商品取引法には内閣総理大臣の登録というキーワードが出てきます。

税理士法

税理士資格のないFPは、業として行う個別具体的な税務相談や税務書類の作成は、有償、無償を問わず禁止されている

▶注意点は無償（タダ）でするのもダメ。税制セミナーや仮定の事例にもとづいた計算や一般的な税法の解釈などはOKです。

弁護士法

弁護士でないFPは一般の法律事務を行うことはできない

▶成年後見人や保佐人、補助人、任意後見契約の受任者などは要件を満たせば資格は不要です。

保険業法

保険を募集するためには、内閣総理大臣の登録が必要

▶保険募集は募集人、保険仲立人、金融サービス仲介業者のいずれかの登録を受けていることが必要です。一般の保険商品の仕組みなどの説明や、保険の見直し相談はOKです。

社会保険労務士法

社会保険労務士でないFPは労働社会保険諸法令にもとづく具体的な手続きや書類の提出代行を行うことはできない

▶年金の受給額の試算はOKです。

金融商品取引法

金融商品取引業者（投資助言・代理業者、投資運用業者）としての登録を受けていない者は、口頭・書面にかかわらず投資判断の助言、投資一任契約等はできない

▶公開されているデータ（一般に入手可能）や資料から説明するのはOKです。

LESSON 5

教育資金

18年で
返すよ！

教育ローンは…

パパに
借りてもらう

学生1人あたり350万円！
最長18年固定金利で返済！

350万円

奨学金は…

第一種は無利子
第二種は有利子

ボクが自分で
借りられる！

奨学金

1 学資保険（こども保険）

　幼稚園から大学まで一般的に、子ども1人あたり1,000万〜2,000万円の教育資金が必要だといわれています。この金額は子どもの進路によって異なるものの、計画的に準備しておくことが必要です。中でも試験に出題されやすいのが「学資保険（こども保険）」です。

　学資保険は、子どもの入学や進学に合わせて、祝金や満期保険金が支払われる保険です。一般的には親などが契約者となり、保険の対象者である被保険者は子どもです。祝金や満期保険金は、契約者が受取人になることが多いです。

子どもの教育には
お金がかかるから
ライフプランを
考える上で重要だよ！

この2つを覚えておこう！

①保険加入期間中に契約者が亡くなったり、高度障害状態になった場合は、以後の保険料払込が免除され、祝金や満期保険金はそのまま受け取ることができます。

②出生前加入特則がある商品は、出産前に加入できます。

注目！

契約者の死亡などにより保険料が免除される特約を、払込免除特約といいます。

学資保険（こども保険）の イメージ図（祝金ありの場合）

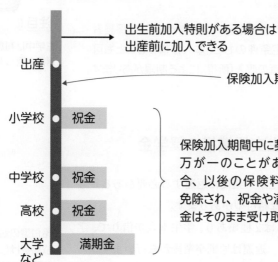

出生前加入特則がある場合は出産前に加入できる

保険加入期間

保険加入期間中に契約者に万が一のことがあった場合、以後の保険料払込は免除され、祝金や満期保険金はそのまま受け取れる

出産　小学校　祝金　中学校　祝金　高校　祝金　大学など　満期金

2 　国の教育ローン（教育一般貸付）

　教育一般貸付とは、国が日本政策金融公庫を通じて行う教育ローンのことで、次のような特徴があります。

融資限度額
学生1人につき350万円。ただし、一定の条件を満たした海外留学等の場合は450万円になります。

資金使途
入学金や授業料のほかに、下宿費用、通学定期券代、受験費用、パソコン購入代なども認められています。

返済期間
最長18年以内で固定金利。保護者が借りて、保護者が返します（一定条件のもと、本人が借りることも可能）。原則、保護者の収入（所得）による制限があります。

ひと言！

国の教育ローンを利用するには、原則、保護者（申込者）の所得が申込世帯で扶養している子の人数に応じて定められた基準額以下であることが必要です。

注目！

在学中は利息のみの返済も選べます。

3 　日本学生支援機構の奨学金

　奨学金には、学生が卒業後に返還する必要がある貸与型と、返還の不要な給付型があります。

　貸与型奨学金には2種類あり、学生本人が借りて、学生本人が返します。返還は原則卒業後から行います。

　返還が困難になった場合、月々の返還額を減らす「減額返還」や、返還を一定期間先延ばしにする「返還期限猶予」を願い出ることができます。

　給付型奨学金は主に住民税非課税世帯等の学生を対象としています。貸与型との併用もできます。

給付型の対象者は、成績だけじゃなく学修意欲等も考慮されるよ

貸与型奨学金

第一種奨学金………無利子ですが、選考基準は厳しい！

第二種奨学金………有利子（在学中は無利子）ですが、選考基準は緩やか

選考基準：学力基準と保護者の収入（所得）による制限があります。

＜対象となる学校＞
大学院、大学（学部）、短期大学、高等専門学校、専修学校（専門課程）

＜保証制度＞
奨学金を利用する学生本人が、原則、機関保証制度か人的保証制度のどちらかを選択する必要があります。

（所定の海外留学資金として利用する場合は両方必要）

教育ローンと貸与型奨学金の違いを覚えよう！

教育ローン　　　　　　　　併用できる　　　　貸与型奨学金

一括貸与
融資限度額 350 万円
（海外留学、自宅外通学など、
一定の要件を満たす場合は
450 万円）

月々定額の貸与
（区分によって異なる）
第一種奨学金 無利子
第二種奨学金 有利子
（在学中は無利子）

借→ 原則保護者
返→ 原則保護者

借→ 学生本人
返→ 学生本人

入学

 語呂合わせ

固定金利は学生 1 人につき 350 万円、最長 18 年、
　　　　　　　　　　　350　　　18
固定金利で産後いーわ

三大必要資金は大金だから、いろいろ考えなきゃ！

住宅資金計画

・ローンの種類
・金利の種類
・返済方法
・繰上げ返済

それぞれの違いを
しっかり覚えよう！

家が
欲しいなー

1　住宅ローンの金利の種類

住宅ローンの金利には、次の３つがあります。

●**固定金利** … ローン当初の金利（フラット35では融資実行時点）が返済終了まで適用されます。

●**変動金利** … 短期プライムレートを基準にする金融機関が主流で、半年ごとに年２回、金利が見直されます。金利が上昇しても５年間は返済額は同じままです。金利が上昇しても、返済額の上限は、今までの1.25倍になります。

●**固定金利期間選択型** … 一定期間、固定金利が適用され、期間終了後に固定金利か変動金利かを選択できます。

注目！

フラット35の金利の適用時期はよく出題されるポイント。申し込み時点ではないことに注意しましょう。

ひと言！

「金利見直し年２回、５年ルールと1.25倍ルール」と覚えておきましょう！

2 住宅ローンの返済方法

住宅ローンの返済方法には次の2つがあります。住宅ローンにおける「元金（がんきん）」とは借りたお金のことで、借りたお金とは別に、金融機関に「利息」を払う必要があります。

①元利均等返済

返済終了まで、毎回の返済額（元金＋利息）が均等な返済方法。当初は利息部分の返済が多いものの、期間の経過とともに減少する。

②元金均等返済

返済終了まで、毎回の返済額のうち「元金」の返済額が均等な返済方法。返済が進むと元金が減るので利息も減り、返済額が少なくなる。

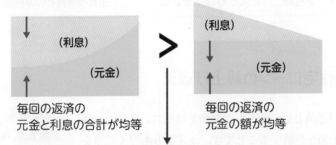

毎回の返済の
元金と利息の合計が均等

毎回の返済の
元金の額が均等

同一条件での借入れなら元利均等返済の方が返済総額が多くなる

試験に出るポイント！

学科試験では、金利や返済期間が同じ条件の場合、どちらの返済総額が多くなるかが問われます。金利や返済期間が同じ場合は、元利均等返済の方が返済総額は多くなります。

3 住宅ローンの借入れ（ペアローンと収入合算）

　住宅ローン借入額を増やしたい場合、夫婦や親子等の収入を合算する方法があります。

	ペアローン	収入合算（連帯保証）
契約形態	同一物件に対し、夫婦または親子のそれぞれが住宅ローンの契約者となる	夫婦または親子の収入や信用情報を合算して借入れ可能額を出す
ローン申込数	2本 （それぞれが主たる債務者）	1本 （一方が主たる債務者）
連帯保証	互いに連帯保証人	収入合算者が連帯保証人
団体信用生命保険	2人とも加入できる	主たる債務者のみ加入
住宅ローン控除	2人とも控除できる	主たる債務者のみ控除できる

4 住宅ローンの繰上げ返済

　繰上げ返済とは、毎回の返済額とは別に、元金の一部または全額を返済することです。予定よりも早く元金を返済するので、その分、利息軽減効果があります。繰上げ返済には、**期間短縮型**と**返済額軽減型**の2種類があります。

ひと言！

試験では、期間短縮型と返済額軽減型の説明文が、逆になっていて、その正誤を正すような問題が出題されます。

2つの繰上げ返済方法

期間短縮型
一部を繰上げ返済したあと、返済額はそのままで、期間を短縮する方法。

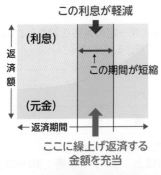

この利息が軽減

返済額

（利息）

↑ この期間が短縮

（元金）

← 返済期間 →

ここに繰上げ返済する金額を充当

返済額軽減型
一部を繰上げ返済したあと、返済期間はそのままで、毎回の返済額を軽減する方法。

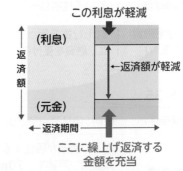

この利息が軽減

返済額

（利息）

← 返済額が軽減

（元金）

← 返済期間 →

ここに繰上げ返済する金額を充当

同一条件なら期間短縮型の方が利息軽減効果が高い

5 住宅ローンの借換え

　金利が今よりも高い時期に組んだ住宅ローンの場合、低金利の住宅ローンを新たに組んで、以前の住宅ローンを一括返済した方が、返済額が少なくなることがあります。住宅ローンの借換えでは、手数料や諸費用が発生するので、借換えをすべきかの判断は、返済額だけでなく費用も含めて検討します。なお、財形住宅融資などの公的融資は借換えには利用できません。フラット35などの民間のローンは借換えが可能です。

公的融資は借換えに利用できません

6 代表的な住宅ローン（民間融資と公的融資）

　住宅ローンは、フラット35などの民間融資と財形住宅融資などの公的融資に分かれます。

フラット35 （民間融資）	住宅金融支援機構と民間金融機関などが提携して行っている住宅ローン
財形住宅融資 （公的融資）	財形貯蓄を行っている人が一定の条件を満たした場合に、融資を受けることができる住宅ローン

フラット35

融資条件	原則、申込時点で70歳未満
対象住宅	本人や親族が居住するための住宅 床面積　戸建て：70㎡以上　マンション等：30㎡以上 店舗併用住宅の場合、住宅部分の床面積が非住宅部分の床面積以上あること
融資限度額	住宅取得価額、建設資金の10割まで（最高8,000万円）
年収に対する 年間合計返済額 の割合	年収400万円未満：年間返済額合計が年収の30％以下 年収400万円以上：年間返済額合計が年収の35％以下
金利	全期間固定金利（融資実行時点の金利を適用） 金利は取扱金融機関が独自に決定 フラット35子育てプラス等、要件を満たせば金利を引き下げられる
借入期間	最長35年（完済時年齢は80歳以下）
その他	繰上げ返済手数料→無料 （窓口申込→100万円以上、ネット申込→10万円以上） 保証人、保証料は不要 借換え利用可 住宅金融支援機構が住宅ローン債権を買い取り、第一順位の抵当権者となる

財形住宅融資

融資条件	1年以上財形貯蓄を継続して積立、50万円以上の残高がある
融資限度額	財形貯蓄残高の10倍以内（最高4,000万円） 住宅取得価額の90％以内
金利	5年固定金利（5年ごとに見直し）

7 高齢者向けの制度

　高齢者が利用できる住宅関連の主なしくみとして、リバースモーゲージ（持ち家対象）とサービス付き高齢者向け住宅（賃貸住宅）があります。

リバースモーゲージ

リバースモーゲージは、自宅（持ち家）に住み続けながら、自宅を担保に金融機関から借入れを受ける仕組みです。死亡後に自宅は金融機関により売却され、借入金は一括返済されます。主な保有資産が自宅（不動産）のみで資金は不足しがちな高齢者が、生活資金等の借入れ等に利用することができます。なお、一般に、自宅の売却代金で一括返済した後も債務が残った場合、相続人がその返済義務を負う「リコース型」と、返済義務を負わない「ノンリコース型」があります。

サービス付き高齢者向け住宅（サ高住）

高齢者向けの賃貸住宅で、入居者は60歳以上など一定の要件を満たすことが必要です。バリアフリー環境を完備し、安否確認等の「状況把握サービス」や、ちょっとした困りごとや悩みごとの相談など日常生活をサポートする「生活相談サービス」を提供します。介護ケアを必要とする人を対象とした「介護型」と、自立した人を対象とした「一般型」に分けられます。

社会保険の基本

社会保険はこの５つで構成されているよ！

医	介	年	労	雇
療	護	金	災	用

まずは
この５つを

頭に入れて
おこう！

1 社会保険の種類

保険制度には、社会保険（公的保険）と私的保険（民間保険）があります。社会保険の定義には狭義と広義の２つがあり、狭義の社会保険は医療保険、介護保険、年金保険（公的年金）を指します。広義では、労働保険である労災保険と雇用保険を含めて、社会保険と呼ぶこともあります。

まずは、５つの
社会保険を
覚えよう！

社会保険（広義）				
社会保険（狭義）			労働保険	
医療保険	介護保険	年金保険	労災保険	雇用保険

2 公的医療保険の概要

　公的医療保険には、被用者保険と地域保険があります。
さらに75歳以上になると、後期高齢者医療制度が用意
されています。

75歳未満	被用者保険	健康保険（会社員やその被扶養者）
		共済組合（公務員など）
	地域保険	国民健康保険（自営業者など）
75歳以上 ↑	後期高齢者医療制度	

ここで
分かれるんだね

後期高齢者医療制度が
あるから

75歳以上になっても
安心だね

LESSON 8

まさに「ゆりかごから墓場まで」の制度です

公的医療保険・介護保険

1 健康保険の種類

　健康保険は、事業所の被保険者とその家族（被扶養者）の業務外での疾病、ケガ、出産、死亡について保険給付を行います。

　健康保険には、全国健康保険協会が保険者※となる全国健康保険協会管掌健康保険（協会けんぽ）と健康保険組合が保険者となる組合管掌健康保険（組合健保）の2種類があります。

※保険者とは運営者のこと。被保険者は会社員等、被扶養者はその家族のこと。

重要!

業務上や通勤途上等の事由によるケガなどに関する保険給付は、健康保険からではなく、労災保険から行われます。

大企業が組合健保で中小企業が協会けんぽというイメージ

種類	保険者（運営者）	保険料
全国健康保険協会管掌健康保険（協会けんぽ）	全国健康保険協会	一般料率は都道府県により異なる 保険料は労使折半※
組合管掌健康保険（組合健保）	健康保険組合	組合により異なる 組合側が多く負担できる

※労使折半（ろうしせっぱん）→ 事業主と被保険者が保険料を半分ずつ負担すること。

給料から天引きされている部分が
個人の負担部分です

ここを覚えよう！

産前産後休業中や育児休業中は、事業主も被保険者も保険料の支払いが免除される。

重要！

被保険者の負担分のみが免除されるのではなく、事業主の負担分も免除されます。

2 健康保険の被保険者

健康保険の適用事業所に勤める**75歳未満の人**（会社員等）が被保険者となり、保険料を負担します。パート勤務等の短時間労働者※も、一定の条件を満たす場合には被保険者となります（※詳細はP.74の加入の条件を参照）。

3 健康保険の被扶養者

　被扶養者（被保険者に扶養されている家族）になるためには、原則として「国内に住所を有する、同一生計親族など」で、「年間収入が **130万円未満**（60歳以上または障害者は180万円未満）かつ、被保険者の年間収入の **2分の1未満であること**」が必要です。なお、被扶養者には保険料の負担はありません。

チェック！

「〜かつ」というのはどちらも満たさないといけません。

例えば…

この場合、妻は夫の扶養に入れる？
夫：会社員　年収500万円
妻：パート　年収 80万円　※いずれも国内居住者

（解答）
年間収入が130万円未満かつ、夫の収入の2分の1未満になっているので、妻は被扶養者になります。被扶養者になる人は健康保険料の負担がありません。　※例外もあり

---

4 国民健康保険の加入対象者

　都道府県に住所がある人で、健康保険などの被保険者・被扶養者、生活保護の受給者を除く **75歳未満の人**（自営業者や未就業者など）は、国民健康保険制度に加入しなければなりません。

　国民健康保険は健康保険と違って「被扶養者」という概念はなく、加入者全員が「被保険者」になり、保険料がかかります。

　国民健康保険には、**都道府県・市町村（特別区含む）**の自治体が保険者となるものと、同種の事業の組合（国民健康保険組合）が保険者となるものがあります。保険料は、市町村（特別区を含む）によって異なります。

「被扶養者」という
概念がないのは
後期高齢者医療制度
もだよ！

5　療養の給付

　健康保険の主な給付となるのが、療養の給付です。

　被保険者や被扶養者が医療機関で治療などを受けた場合に、窓口で支払う金額（**一部負担金**）の自己負担割合は、以下のように決まっており、残りの医療費は健康保険が負担します。

※被扶養者に対する給付は「家族療養費」といいます。

年齢	自己負担割合
小学校入学前まで	2割
小学校入学 ～ 70歳未満	3割
70歳以上 ～ 75歳未満	2割（現役並み所得者は3割）

6 高額療養費制度

高額療養費制度は、**同一月**（1日から月末まで）にかかった医療費の一部負担金（窓口で支払った自己負担金）が一定の限度額（次ページ参照）を超える場合に、限度額を**超えた**部分が支給される制度です。

なお、差額ベッド代や入院時の食事代は対象外です。

月をまたぐと
別計算になります

本試験はこう出る！

70歳未満で標準報酬月額が28万〜50万円の人が、病院の窓口で1カ月間に30万円を支払った場合、高額療養費として戻ってくる金額はいくら？

計算式は
次ページを参照

（解答）
自己負担限度額＝80,100円＋（総医療費－267,000円）×1％
これを超えた金額が戻ってくる。

80,100円＋（1,000,000円－267,000円）×1％
80,100円＋7,330円＝87,430円
<u>300,000円</u>－<u>87,430円</u>＝<u>212,570円</u>
　　↓　　　　　　↓　　　　　　↓
　窓口で　　　自己負担　　戻ってくる
　支払ったお金　限度額　　お金

ここに注意！

「総医療費」に入る金額は「窓口で支払った金額」ではなく、自己負担が3割の場合、残りの7割を合計した10割の金額です。この場合は30万円÷0.3＝100万円を入れて計算します。

「総医療費」を30万円としないようにしましょう！

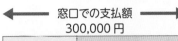

← 窓口での支払額 → 300,000 円			
自己負担 限度額 87,430 円	高額療養費 （払い戻し） 212,570 円		療養の給付 （療養費） 700,000 円

← 総医療費 →
1,000,000 円

算出された 87,430 円が自己負担限度額です。これを超えた部分が後から戻ってくる金額です。

70 歳未満の人の自己負担限度額

所得区分	自己負担限度額
標準報酬月額 83 万円以上	252,600 円 ＋ （総医療費 − 842,000 円）× 1％
標準報酬月額 53 万〜79 万円	167,400 円 ＋ （総医療費 − 558,000 円）× 1％
標準報酬月額 28 万〜50 万円	80,100 円 ＋ （総医療費 − 267,000 円）× 1％
標準報酬月額 26 万円以下	57,600 円
低所得者 （住民税の非課税者など）	35,400 円

試験では、計算式が
与えられます
出題されるとすれば
ここの区分です

※「標準報酬月額」は社会保険料の計算用
　に定められた報酬区分（等級）です。

40

7 傷病手当金

　被保険者が病気やケガの療養のために、連続して3日以上休業して、給与が支払われていない場合、休業4日目から標準報酬日額相当額の3分の2が、支給開始日より通算で1年6カ月を限度に支給されます。

1日あたりの支給額の計算式はこのようになります

$$\left(\begin{array}{l}\text{支給開始日の属する月以前の直近の継続した}\\\text{12カ月間の各月の標準報酬月額の平均}\end{array}\right) \div 30日 \times \frac{2}{3}$$

　3日以上連続で休業した場合に、4日目から支給されるというのが大事。療養のために休業していれば対象となり、入院は要件となっていないことも重要です。
　1年6カ月経過後は障害年金に切り替わるとイメージしましょう（詳細はP.85）。

待期3日間の考え方

休 (出) 休 休 (出) (出) 休 休 (出) 休 … 待期完成せず

休 休 休 (出) 休 休 休 休 休 休

待期完成　　　傷病手当金受給

休 休 (出) 休 休 休 休 休 休 休

待期完成　　　傷病手当金受給

↓

待期後の休業した期間については給与の支払いがないこと

業務外の事由による病気やケガで休業している期間について生活保障を行う制度のため、給与が支払われている間は、傷病手当金は支給されません。ただし、給与の支払いがあっても、傷病手当金の額よりも少ない場合は、その差額が支給されます。

8 出産手当金

被保険者が出産のために仕事を休み、その間給与が支払われない場合、**出産予定日以前 42 日間、出産日後 56 日間**の範囲で、休業 1 日につき標準報酬日額相当額の 3 分の 2 が支給されます。

注目！

「標準報酬日額相当額の 3 分の 2」の給付は、傷病手当金と同じです。

傷病手当金や出産手当金は給与の代わりとして支給されます。そのため国民健康保険制度には、この 2 つの手当金は原則としてありません。

傷病手当金と出産手当金が同時に支給要件を満たした場合、まず出産手当金が優先して支給されます。

9 　出産育児一時金・家族出産育児一時金

　被保険者や被扶養者が出産した場合に、1児につき **50万円**が支給されます（産科医療補償制度に加入している医療機関での出産の場合）。

 1児につきなので、多胎出産の場合はそれぞれ支給されます。したがって、双子の場合は2倍支給されます！

10 　埋葬料・家族埋葬料

　被保険者や被扶養者が死亡した場合、埋葬を行う一定の家族に**5万円**が支給されます。

11 　任意継続被保険者

　会社を退職するなどして、被保険者が健康保険の資格を喪失した場合も、本人が希望すれば**最長2年間**、健康保険の被保険者になることができます。これを任意継続被保険者といいます。

 任意継続被保険者の保険料は全額自己負担になります。

　任意継続被保険者となるには、次の2つの要件を満たす必要があります。

①継続して2カ月以上の被保険者期間があること。
②資格喪失日（退職日の翌日）から20日以内に
　申し出をすること。

 任意継続被保険者に要件を満たす家族がいる場合は、被扶
養者にすることができます。

覚えておこう！

 傷病手当金と出産手当金は、給与の代わりの手当
金なので、任意継続被保険者になった後に支給事
由が発生した場合には、傷病手当金や出産手当金
を受け取ることはできません。

覚え方　任意継続は、2年・2カ月・20日

2が続くから覚えやすいよね！

会社を退職したら？

就職する場合　別の会社に再就職 → 就職先の健康保険制度
就職しない場合（次の①〜③のいずれか）

　①任意継続被保険者になる（最長2年）
　②国民健康保険に加入する
　③家族の健康保険の被扶養者となる（一定の要件を満たす場合）

12 国民健康保険の給付内容

　国民健康保険には「給与」という概念がないので、給与の代わりである傷病手当金や出産手当金は、健康保険とは異なり、原則として支給されません。

給付内容	健康保険	国民健康保険
療養の給付	○	○
高額療養費	○	○
傷病手当金	○	×
出産手当金	○	×
出産育児一時金	○	○
埋葬料	○	○

違いを
確認しておこう！

13 後期高齢者医療制度の基本

　75歳以上になるとすべての人が、健康保険の被保険者や被扶養者、国民健康保険の被保険者の資格を喪失し、後期高齢者医療制度の被保険者となり、保険料がかかります。

　後期高齢者医療制度の被保険者の場合、自己負担金（一部負担金）の割合は原則1割、一定以上収入のある人は2割、現役並みに所得がある方は3割負担です。

注目！

一定の条件を満たす障害者の方の場合、後期高齢者医療制度の被保険者となるのは65歳以上です。

Point!

75歳未満と75歳以上で、後期高齢者か否かが分けられる、というのを覚えておこう！

14 公的介護保険の基本

公的介護保険の保険者は市（区）町村です。40歳以上の人が被保険者となりますが、年齢によって第2号被保険者（40歳以上65歳未満）と第1号被保険者（65歳以上）の2種類に分かれています。

	第2号被保険者	第1号被保険者
被保険者	40歳以上65歳未満の医療保険被保険者	65歳以上
受給できる人	加齢に起因する特定疾病（初老認知症、脳血管疾患、末期がんなど）により要介護、要支援と認定された人	原因を問わず、要介護、要支援と認定された人
保険料	医療保険者が医療保険料に上乗せして徴収（協会けんぽの保険料率は全国一律）	市町村および特別区が原則として公的年金から徴収（公的年金が年額18万円以上の場合）
利用者負担割合	1割	1割（高所得者は2割or3割）

ここが間違えやすい！

協会けんぽの健康保険の一般保険料率は労使折半で、都道府県により異なります。しかし、介護保険の第2号被保険者で協会けんぽの被保険者の介護保険料率は、全国一律で労使折半になります。

15 要介護認定

　公的介護保険の給付を受けるためには、市（区）町村の認定を受ける必要があります。介護認定は、介護の度合いに応じて**7段階**に分かれます。要支援は1→2、要介護は1→5の順番で状態が重くなります。要支援の人が受けられるサービスを**予防給付**、要介護の人が受けられるサービスのことは**介護給付**といいます。

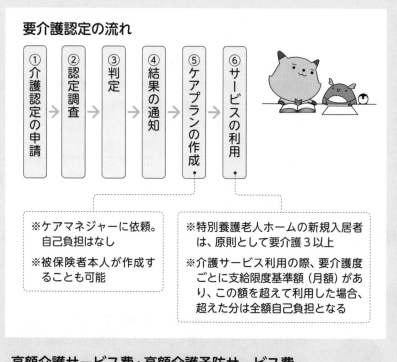

要介護認定の流れ

① 介護認定の申請 → ② 認定調査 → ③ 判定 → ④ 結果の通知 → ⑤ ケアプランの作成・ → ⑥ サービスの利用・

※ケアマネジャーに依頼。自己負担はなし

※被保険者本人が作成することも可能

※特別養護老人ホームの新規入居者は、原則として要介護3以上

※介護サービス利用の際、要介護度ごとに支給限度基準額（月額）があり、この額を超えて利用した場合、超えた分は全額自己負担となる

高額介護サービス費・高額介護予防サービス費

1カ月間に利用した介護サービスの利用者負担分（1割または2割・3割の部分。食費・居住費・日常生活費、支給限度基準額を超えた自己負担分などは含まれません）は、所得区分ごとに上限額が定められています。実際の負担額が、上限額を超えた場合、申請により超えた額が支給されます。

出産育児一時金、双子ならどうなる？

出産育児一時金は
1児につき
50万円の支給！

1出産ではなく、
1児なのに注目！

つまり、
双子だったら
2倍になるんだよ！

50万円×2＝
100万円！

5つ子なら
5倍！

育てるのに
お金かかるしねぇ…

48

労災保険・雇用保険

仕事中にケガをした！

そんなときは　労災保険

保険料は
事業主負担！

失業したよ!!

そんなときは　雇用保険

折半じゃないよ

保険料は事業主と
被保険者で負担！

1　労災保険 （労働者災害補償保険）

　労災保険は、業務災害、通勤災害、複数業務要因災害による労働者の疾病、負傷、障害、介護、死亡について保険給付を行います。原則として、労働者を１人でも使用している会社は、強制的に適用事業となります。

　正社員だけでなく、パートタイマー、アルバイトなどを含む**すべての労働者に適用されます。保険料は全額事業主負担**となり、事業の内容（業種）ごとに保険料率が決められています。

ひと言！

保険料率が業種により異なるのは事務仕事と工事現場では、危険度が変わるためです。

この２点をチェック！

・すべての労働者に適用される
・保険料は全額事業主負担

2　主な保険給付

労災保険の休業補償給付（休業給付）は、休業4日目から、1日につき給付基礎日額の60％相当額が支給されます。健康保険の傷病手当金は「連続して3日以上休業した場合」という条件でしたが、ここでは「連続」という文言がないことに注意しましょう。

労働者を守る
保険だからね

療養補償給付	原則、労災病院または労災保険指定医療機関で、直接療養の給付が行われる 業務災害の場合、労働者の一部負担金はない
休業補償給付	労働者が業務上の事由による病気やケガで休業し、労働できず賃金を受けられない場合、休業4日目から、1日につき給付基礎日額の60％相当額が支給される
障害補償給付	業務上の事由による病気やケガが治ったあとに障害が残った場合に年金か一時金が支給される
葬祭料	業務災害によって死亡した労働者の葬祭を行う者に支給される（通勤災害の場合「葬祭給付」という）
遺族補償給付	労働者が業務災害によって死亡したとき、遺族に対して遺族の人数に応じた年金、要件に該当する遺族がいない場合は一時金が支給される

※複数業務要因災害、通勤災害の給付などもあります

給付があると
安心だねー

だからこそ
支給要件を
知っておかなきゃ！

3 特別加入制度

労働者でなくても業務の実態などから保護することが望ましいとされる人は、一定の要件のもと、労災保険に特別に加入することができます。これを特別加入制度といいます。

一人親方	土木や建設業、個人タクシー業などで、労働者を使用しないで働く人
海外派遣者	海外転勤などで海外の事業場に派遣された人
中小事業主	常時使用する労働者の人数が一定以下の中小事業主

4 雇用保険

雇用保険は、労働者が失業したときの給付や再就職等を手助けする保険です。適用事業に雇用されている労働者で、1週間の所定労働時間が 20 時間以上で 31 日以上の雇用見込みがある場合には、その雇用形態にかかわらず、原則として雇用保険の被保険者となります。

パートやアルバイトでも被保険者となる場合があり、保険料は被保険者と事業主が負担します。

ひと言！

社長や役員は、雇用保険に加入することができません。

注目！

「労働者」は国籍を問いません。

健康保険料 → 労使折半（半分半分）
労災保険料 → 事業主が全額負担
雇用保険料 → 労使で負担（折半ではない）※

※雇用保険料のうち、失業等給付と育児休業給付に係る保険料については事業主と労働者で折半して負担します。

5 基本手当

　雇用保険の被保険者が65歳未満で退職（離職）し、次の2つの受給資格要件（原則）を満たしたときには、基本手当が支給されます。

> ①原則、離職日以前の2年間に、被保険者期間が通算12カ月以上あること
>
> ②失業の状態にあり、ハローワーク（公共職業安定所）で求職の申し込みを行っていること
> あくまで、働く意思があることが前提。

注目！

会社都合の退職等（特定受給資格者）の場合は、「離職日以前の1年間に通算6カ月以上、被保険者期間があること」が条件。「会社都合は半分になる」と覚えましょう。

ひと言！

ハローワークには事業主から交付される「離職票」を提出します。

6 所定給付日数

　基本手当がもらえる日数の上限を、所定給付日数といいます。所定給付日数は、自己都合退職や定年退職の場合は、算定基礎期間（被保険者期間）に応じて決まります。

自己都合退職・定年退職の場合の所定給付日数

算定基礎期間	1年未満	1年以上 10年未満	10年以上 20年未満	20年以上
所定給付日数	－	90日	120日	150日

倒産、会社都合による解雇の場合

算定基礎期間	6カ月以上 1年未満	1年以上 5年未満	5年以上 10年未満	10年以上 20年未満	20年以上
45歳以上 60歳未満	90日	180日	240日	270日	330日

基本手当のポイント

所定 給付日数	所定給付日数（基本手当が支給される日数）は、離職の理由、年齢、被保険者期間によって異なる 被保険者期間20年以上の人が定年退職または自己都合により離職した場合は、最長150日となる
給付内容	離職前6カ月の賃金日額の45％〜80％相当額 （60歳未満は50％〜80％）
受給期間	原則として、離職した日の翌日から1年間。病気、ケガ、妊娠、出産、育児などにより、引き続き30日以上職業に就くことができないときは、さらに3年間延長可能（最長4年間）
待期期間	求職の申し込み後、7日間は待期期間となり、基本手当は支給されない
給付 制限期間	自己都合退職の場合は5年間のうち2回までは、上記待期期間に加えて原則2カ月の給付制限期間があり、その間、基本手当は支給されない ※5年間に3回以上離職をした場合は3回目から給付制限期間が3カ月になります

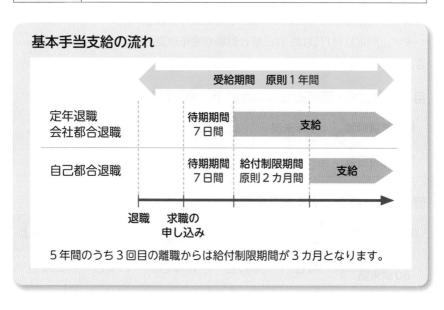

基本手当支給の流れ

5年間のうち3回目の離職からは給付制限期間が3カ月となります。

7 65歳以上の被保険者が失業したとき

基本手当は支給されませんが、**高年齢求職者給付金**が**一時金**として支給されます。その給付日数は、雇用保険の被保険者期間によって異なります。

65歳未満
→基本手当
65歳以上
→一時金

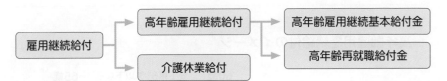

被保険者期間が1年未満の場合 → 基本手当日額の30日分
被保険者期間が1年以上の場合 → 基本手当日額の50日分

8 雇用継続給付

高齢者、介護中の人に対して行う給付で、雇用の継続を促す目的があります。そのうちの高年齢者の賃金低下を補う「高年齢雇用継続給付」には2種類の給付金があります。

```
雇用継続給付 ─┬→ 高年齢雇用継続給付 ─┬→ 高年齢雇用継続基本給付金
              │                      └→ 高年齢再就職給付金
              └→ 介護休業給付
```

高齢化や
介護休業も
増えてるからねー

それぞれの雇用継続給付の条件

高年齢 雇用継続給付	雇用保険の被保険者期間が5年以上ある60歳以上65歳未満の被保険者が、60歳以降の賃金の額が60歳到達時点の75％未満の場合に、現在の賃金の一定割合が支給される（賃金の低下率61％以下で最大の15％を支給） 高年齢雇用継続基本給付金 基本手当を受給せず、継続して雇用される人に支給 支給対象期間：60歳到達月〜65歳到達月まで 高年齢再就職給付金 基本手当の支給残日数を100日以上残して受給した後に再就職をした人に支給される
介護休業給付	介護休業開始前2年間に、被保険者期間が通算して12カ月以上ある人に支給される 一定の条件を満たす家族※のための介護休業中、休業前の賃金の80％以上が支払われない場合に支給 休業前の賃金の67％相当額が支給される（通算93日までとし、3回を上限に分割取得可能） ※配偶者、父母（配偶者の父母も含む）、子、祖父母、兄弟姉妹、孫など

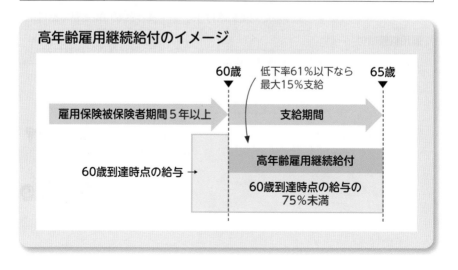

高年齢雇用継続給付のイメージ

9 教育訓練給付

一般教育訓練給付金

厚生労働大臣が指定した一般教育訓練を自ら費用を負担して受講し、修了した場合に支給されます。

支給額は費用の20％相当額（上限額は10万円）ですが、4,000円を超えない場合は支給されません。

特定一般教育訓練給付金

厚生労働大臣指定の業務独占資格などの資格取得を目標とする、厚生労働大臣が指定した教育訓練を自ら費用を負担して受講し、修了した場合に支給されます。

支給額は費用の40％相当額（上限額は20万円）です。

雇用の安定と就職の促進を図るための給付だよ

10 育児休業給付

育児中の被保険者に対して行う給付です。原則育児休業開始前2年間に、被保険者期間が通算して12カ月以上ある被保険者が対象です。原則1歳（最長2歳）になるまでの子を養育するために、育児休業を取得した場合の育児休業中、休業前の賃金の80％以上が支払われない場合に支給されます。休業前の賃金の67％相当額（180日経過後は50％※）で、2回まで分割取得できます。
※180日は出生育児休業給付金と通算されます。

注目！

産後パパ育休（出生時育児休業）
子どもの出生日から8週間以内に4週間まで、男性が育児休業を取れる制度です。その間は「出生時育児休業給付金」が支給されます。

Point!

高年齢雇用継続給付は5年、育児休業給付と介護休業給付は基本手当の受給要件（原則）と同じく2年間に通算12カ月の被保険者期間が必要だと覚えよう。

公的年金の仕組み

1 公的年金とは

　公的年金は、国が運営する年金制度のことで、基礎年金の「国民年金」と、「厚生年金」があります。公的年金の給付には老齢給付、障害給付、遺族給付の3つがあります（給付とは支給のことです）。

公的年金の3つの給付

	老齢給付	障害給付	遺族給付
国民年金	老齢基礎年金	障害基礎年金（1、2級）	遺族基礎年金、寡婦年金、死亡一時金
厚生年金	老齢厚生年金	障害厚生年金（1～3級）、障害手当金	遺族厚生年金

2 年金制度の全体像

年金制度を家に例えると、全部で3階建てになっています。そのうち、1階部分の「国民年金（基礎年金）」と2階部分の「厚生年金」が、公的年金です。3階部分は、企業などが運営する「企業年金」です。

年金制度の全体像

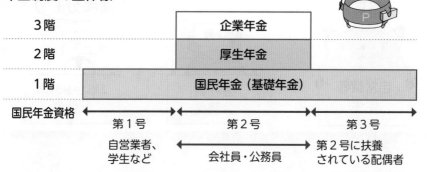

国民年金 被保険者の区分	第1号	第2号	第3号
対象者	自営業者や 学生など	会社員・公務員	第2号に扶養 されている配偶者
年齢要件	20歳以上 60歳未満	なし	20歳以上 60歳未満
国内居住要件	あり	なし	あり（原則）
保険料	月額 16,980円 （2024年度）	厚生年金保険から拠出 → 労使折半 （事業主と従業員が 半分ずつ支払う）	なし

 第3号被保険者（第2号に扶養されている配偶者）には20歳以上60歳未満の年齢要件があります。保険料の負担はありません。

LESSON 11

国民年金の仕組み

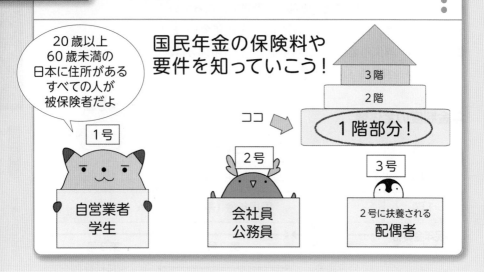

国民年金の保険料や
要件を知っていこう！

20歳以上
60歳未満の
日本に住所がある
すべての人が
被保険者だよ

ココ → 1階部分！

3階
2階

1号　自営業者　学生

2号　会社員　公務員

3号　2号に扶養される　配偶者

1　国民年金（1階部分）

　公的年金の給付には、**老齢給付、障害給付、遺族給付**
の3つがあります。そのうち、老後の生活を支えてくれ
るのが、国民年金の老齢給付である老齢基礎年金です。
国民年金には、日本国内に住所を有する**20歳以上60
歳未満のすべての人が加入します。**これに加入している
人を、「被保険者」（強制加入被保険者）といい、次のよ
うに3つの区分があります。

国籍に関係なく
日本に居住していれば
国民年金の被保険者に
なります

国民年金の被保険者の区分

被保険者の区分	第1号	第2号	第3号
対象者	自営業者や学生など	会社員・公務員	第2号に扶養されている配偶者

第2号も第3号も
国民年金の
被保険者だよ！

2 国民年金の保険料

　国民年金の第1号被保険者は納付書や口座振替などで保険料を納付します。第2号被保険者は厚生年金保険料（国民年金保険料の分も含まれている）を給与天引きされます。第3号被保険者自身の保険料負担はありません。

第1号被保険者	
対象	日本国内に住所がある20歳以上60歳未満で、第2号被保険者・第3号被保険者に該当しない人
保険料	・2024年度は月額16,980円 ・原則産前産後期間は、出産予定日または出産日が属する月の前月から4カ月間（多胎妊娠の場合は3カ月前から6カ月間）の国民年金保険料の支払いが免除される（その期間は保険料納付済期間となる）
対象者	自営業者、未就業者、学生など

第2号被保険者	
対象	厚生年金の被保険者※ → 20歳未満で就職した場合なども被保険者となる ※ただし、65歳以上で老齢年金の受給権を有すると、第2号被保険者の資格を失う
保険料	・厚生年金保険に含まれているため、国民年金保険料を別途納める必要はない ・保険料は事業主と被保険者（従業員）が折半（半分ずつ負担） ・産前産後休業期間※、育児休業期間（最長、子が3歳に達するまで）は手続きをすれば事業主・被保険者ともに保険料の支払いが免除される → 保険料は納付済期間になる ※産前42日・産後56日のうち、妊娠・出産を理由に労務に従事しなかった期間
対象者	会社員、公務員など

第3号被保険者	
対象	第2号被保険者の被扶養配偶者で20歳以上60歳未満の人
保険料	保険料の負担はない → 国民年金保険料は納付済期間になる
対象者	会社員や公務員などの配偶者

注意！　第2号も第3号も、国民年金の1階部分の被保険者になっていることを意識しよう！

3　第3号被保険者（被扶養配偶者）の要件

　被保険者に扶養されている家族である「被扶養配偶者」になるためには、健康保険制度と同様、原則として「同一生計」で、「年間収入が130万円未満であること」「原則、国内に住所を有していること」などが必要です。

4　任意加入被保険者

　任意加入被保険者とは、国民年金の加入義務はないが、保険料を納付した期間が短く、受給資格期間が足りない、または、満額（保険料40年間納付分）の年金が受けられないなどの理由から、任意で国民年金に加入する人のことです。

　加入には次のすべての要件を満たす必要があります。

必要要件を
押さえておいてね！

・日本国内に住所を有する60歳以上65歳未満
・老齢基礎年金の繰上げ支給を受けていない
・20歳以上60歳未満までの保険料の納付月数が480月（40年）未満
・厚生年金保険に加入していない

5　保険料の納付（前納、滞納時）

　国民年金の保険料の納付期限は、原則として翌月末日までです。ただし、**前納**（前もってまとめて払う）をすると保険料が割引きされます。前納は、最長で**2年分**が可能です。また、保険料を滞納した場合は、過去にさかのぼって**2年分**まで納付することができます。

6　国民年金の保険料の免除・猶予制度

　国民年金の保険料の納付が経済的に困難な**第1号被保険者**は、保険料の免除・猶予を受けることができます。免除制度には「法定免除」と「申請免除（全額免除、3/4免除、半額免除、1/4免除）」があり、猶予制度には「学生納付特例制度」と「保険料納付猶予制度」があります。

　なお、免除・猶予期間の保険料は、**10年**以内であれば「**追納**」（納付）することができます。

滞納・前納の
納付期間は
2年だけど、
免除・猶予の
追納期間は10年

保険料の免除・猶予制度

			要件	老齢基礎年金の年金額への反映（追納しない場合）※1		受給資格期間への算入※2
				2009年3月まで	2009年4月以降	
免除制度	法定免除		障害基礎年金の受給者や生活保護の生活扶助を受けている方	1/3	1/2	する
	申請免除	全額免除	本人、配偶者、世帯主の所得が一定額以下の場合	1/3	1/2	
		3/4免除		1/2	5/8	
		半額免除		2/3	3/4	
		1/4免除		5/6	7/8	
猶予制度	学生納付特例制度		本人の所得が一定額以下の場合	年金額には一切反映されない（追納すれば反映される）		
	保険料納付猶予制度		50歳未満の本人、および配偶者の所得が一定額以下の場合			

※1　2009年3月までは、国が1/3を負担していました。2009年4月以降は、国が1/2を負担しています。例えば、全額法定免除を受けている期間でも、2009年4月以降は半分は年金額に反映されます。

※2　「受給資格期間」とは、年金を受け取るために最低限必要となる期間のことです。

国民年金の
おさらいをするよ！

国民年金は
前納することで
割引きされるよ

最長で2年分を
前納できるよ

滞納した場合は
2年分さかのぼって
納付できるよ

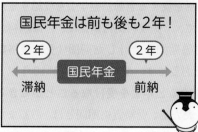

国民年金は前も後も2年！

| 2年 | | 2年 |

国民年金

← 滞納　　　前納 →

でも、免除・猶予の
追納期間は
10年だからね！

1階部分をさらに詳しく！

老齢基礎年金の受給

老齢基礎年金の受け取り方！

- ・受給資格期間
- ・年金額
- ・繰上げ支給
- ・繰下げ支給

ここでは
計算問題が
出題されるよ

公式を頭に
入れておこう！

1 老齢基礎年金の受給資格期間

　国民の老後の生活を支える老齢基礎年金を受給するためには、原則として、①**保険料納付済期間**、②**保険料免除期間**、③**合算対象期間**を合計した期間（受給資格期間）が、**10年以上**必要です。受給資格期間が10年以上あれば、65歳に達すると年金を受け取ることができるようになります。ただし、受給資格期間とは、あくまで年金を受け取るための権利です。その内訳によって、受け取れる年金額に反映されるものとされないものがあることに注意してください。

年金の給付は
原則偶数月の15日に
前2カ月分が
支給されます！

65

老齢基礎年金の受給資格期間

①保険料
　納付済期間
＋
②保険料
　免除期間
＋
③合算
　対象期間
≧ 10 年

①保険料納付済期間とは

・第 1 号被保険者の保険料納付済期間
　（産前産後の保険料免除期間を含む）、任意加入被保険者期間
・第 2 号被保険者期間のうち 20 歳以上 60 歳未満の期間
・第 3 号被保険者期間

　　　第 2 号被保険者も国民年金を支払ったことになっていますから、その被保険者期間は当然、受給資格期間にカウントされます。

　　　第 2 号被保険者には原則年齢要件はありませんが、第 1 号被保険者は「20 歳以上 60 歳未満」という年齢要件があるため、それに合わせて第 2 号被保険者期間のうち、20 歳以上 60 歳未満の期間が「①保険料納付済期間」に算入されます（それ以外の第 2 号被保険者期間は「③合算対象期間」に算入されます）。

　　　また、第 2 号被保険者の産前産後休業中・育児休業中で、事業主・被保険者ともに保険料の支払いが免除された期間（子が 3 歳に達するまで）も、「①保険料納付済期間」となります。

②保険料免除期間とは

第1号被保険者の免除期間と猶予期間のうち、追納していない期間

③合算対象期間（カラ期間）とは

受給資格期間には入りますが、年金額の計算には入らない期間のことです。1986年の4月よりすべての国民が国民年金の対象となりましたが、それ以前は例えば専業主婦などは、任意加入でした。その時期の未加入の期間のことを合算対象期間といいます。保険料を払っていた人との公平性を保つため年金額には反映されません。

2　老齢基礎年金の年金額

受給資格期間10年以上を満たすと、年金制度の1階部分である老齢基礎年金が支給されます。ここでは、受け取れる年金額がいくらになるのか、について学んでいきます。

原則として、20歳以上60歳未満の期間480カ月（40年間×12カ月）が、すべて保険料納付済期間であった場合、老齢基礎年金は満額支給されます。2024年度の満額の金額は816,000円です。

年金額は
毎年度改定されます

老齢基礎年金の年金額計算式

・保険料免除期間がない場合

$$816{,}000\text{円} \times \frac{\text{保険料納付済期間}}{480\,\text{カ月}}$$

・保険料免除期間がある場合

$$816{,}000\text{円} \times \frac{\text{保険料納付済期間 + 保険料免除期間（①＋②）}}{480\,\text{カ月}}$$

※保険料免除期間（①＋②）… ①と②は加入していた期間により
　計算が異なります。 ※①と②は次のページの表で解説します。

忘れないでね！

合算対象期間（カラ期間）、猶予期間（学生納付特例期間、保険料
納付猶予期間）のうち追納しなかった期間は、年金額には反映さ
れませんが、受給資格期間には算入されます。

保険料免除期間①と②の解説

　法定免除および申請免除の期間は、該当する時期に
よって年金額に反映される割合が異なります。
　具体的な反映割合と計算例を見ていきましょう。

老齢基礎年金の年金額へ反映する割合 (追納しない場合)

法定免除、申請免除	全額 免除期間	3/4 免除期間	半額 免除期間	1/4 免除期間
① 2009年3月まで	× 1/3	× 1/2	× 2/3	× 5/6
② 2009年4月以降	× 1/2	× 5/8	× 3/4	× 7/8

例えば、20歳以上60歳未満の期間が
全額免除期間の場合でも、国が1/2を負担して
くれているから、半分は年金がもらえることになります

（例）Aさんの老齢基礎年金額を試算

＜Aさんの公的年金加入歴（60歳までの見込み含む）＞

国民年金		
保険料 全額免除 期間	保険料 3/4免除 期間	保険料 納付済期間
40月	40月	400月

※免除期間は、すべて2009年4月以降とする。

$$816{,}000円 \times \frac{400月 + 40月 \times \dfrac{1}{2}（20月）+ 40月 \times \dfrac{5}{8}（25月）}{480月}$$

= 756,500円（端数がある場合、1円未満は四捨五入）

3 繰上げ支給と繰下げ支給

　老齢基礎年金の受給開始年齢は、原則65歳からですが、希望すれば60歳から65歳になるまでの間に繰り上げて（＝前倒し）受給できます。これを繰上げ支給といいます。ただし、繰上げ支給は一度請求すると変更や取り消しはできません。一方、65歳になっても受給せず、66歳から75歳になるまでの間に繰り下げて（＝遅らせて）受給することもできます。これを繰下げ支給といいます。

めちゃくちゃ試験に出る！

繰上げ支給と繰下げ支給（原則）

60歳　　～		65歳	66歳　～　75歳	
早くもらう	繰上げ支給 → 減額 （1カ月あたり0.4％減額）	原則 支給開始	遅くもらう　繰下げ支給 → 増額 （1カ月あたり0.7％増額）	
60歳から64歳11カ月			66歳から75歳になるまで	

Point!

・65歳より早くもらいたい → 減額される
・66歳以降（75歳になるまで）にもらいたい → 増額される

※繰上げ支給の減額率が0.4％になるのは2022年4月1日以降に60歳に到達する人です。
※75歳になるまで繰下げることができるのは2022年4月1日以降に70歳に到達する人です。

繰上げ支給と繰下げ支給の満額

【繰上げ支給】

・繰上げ請求した月から65歳になる前月までの月数 × 0.4%

　　→ 1 カ月繰上げるごとに 0.4％ ずつ減額

・最大の減額率 ＝ 60 カ月 × 0.4％ ＝ 24％減額　　60カ月は
12カ月×5年だよ！

　　→満額の 76％ の年金が一生涯支給

【繰下げ支給】

・受給権を取得した月から繰下げの申出をした
　月の前月までの月数 × 0.7％

　　→ 1 カ月繰下げるごとに 0.7％ ずつ増額

・最大の増額率 ＝ 120 カ月 × 0.7％ ＝ 84％増額

　　→満額の 184％ の年金が一生涯支給

4　付加年金

　付加年金とは、自営業者などの国民年金の**第 1 号被保険者および65歳未満の任意加入被保険者**が利用できる制度です。自営業者などは、年金が 1 階部分の老齢基礎年金のみとなる場合があるので、国民年金保険料に付加保険料を上乗せして納付することで、原則、65歳から老齢基礎年金に付加年金を加算できるようになります。

付加保険料と付加年金の金額

払う方が 400 円
もらう方が 200 円

付加保険料 → 月額 400 円

付加年金として加算される金額（年間）

→ 月額 200 円 × 付加保険料の納付済期間

付加保険料と付加年金の収支

＜支払う金額＞

付加保険料を 20 歳から 60 歳までの 40 年間納付した場合

400 円 × 12 カ月 × 40 年 = 192,000 円

→ 上乗せして支払った総支払額

＜受け取れる金額＞

年金に加算されて毎年支給される付加年金は

200 円 × 12 カ月 × 40 年 = 96,000 円

→ 上乗せして受け取れる金額

192,000 円を支払って、年間 96,000 円の上乗せがある
ので、付加保険料は 2 年間
（96,000 円× 2 年 = 192,000 円）で回収できる！

簡単に元がとれる制度

老齢基礎年金を繰上げ・繰下げした場合、付加年金も繰上げ、
繰下げされ、老齢基礎年金と同率で減額・増額されます。

付加年金と国民年金基金を同時加入することはできません。

LESSON 13

厚生年金の仕組み

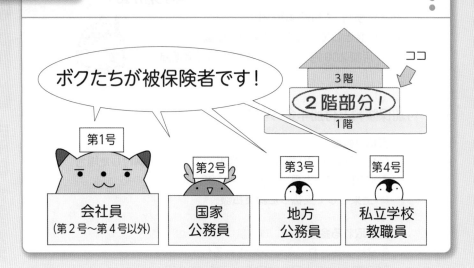

1 厚生年金とは

　公的年金のもう一つの制度が厚生年金です。民間の企業に勤める会社員や公務員などが加入する厚生年金は、基礎年金である国民年金に上乗せされるもので、年金制度の2階部分です。国民年金と同じく、老齢給付である「老齢厚生年金」、障害給付の「障害厚生年金」、遺族給付の「遺族厚生年金」があります。

2 厚生年金保険の被保険者

　国民年金の被保険者の区分は、第1号から第3号までありました。厚生年金はさらに細かく、第1号から第4号まで4つの被保険者区分があります。

厚生年金被保険者の区分

第1号	会社員など（第2号～第4号以外）
第2号	国家公務員
第3号	地方公務員
第4号	私立学校教職員

ひと言！

厚生年金の適用事業所（法人事業所および従業員が常時5人以上いる個人事業所）に勤務する70歳未満の方は加入します。

---

3 加入の条件

　勤務先の企業や団体が厚生年金に加入していれば、雇用されている **70歳未満**の従業員は自動的に厚生年金に加入します。対象は正社員だけではなく、パートタイマーでも1週間の所定労働時間および1カ月の所定労働日数が、一般社員の**4分の3以上**の場合などは「常時雇用」と認定され、原則的に被保険者となります。また、4分の3未満でも、次の要件をすべて満たす人は被保険者となります（健康保険も同様）。

- ・1週間の所定労働時間が20時間以上ある
- ・雇用期間が2カ月超見込まれる
- ・賃金の月額が8.8万円以上である
- ・学生でない
- ・従業員が常時101人以上※の企業（特定適用事業所）に勤めている

※ 2024年10月から51人以上となります。

---

4 厚生年金の保険料

　厚生年金保険の保険料は、**労使折半**です。毎月の給与（通勤手当も含む）から決まる標準報酬月額と、賞与（標準賞与額）に、保険料率をかけて計算します。保険料率は、18.30％です（第1号厚生年金被保険者の場合）。なお、産前産後休業中や満3歳未満の子を養育するための育児休業期間中の厚生年金保険料（健康保険料も）は事業主・被保険者負担がともに**免除**されます。

老齢厚生年金の受給

支給開始は生年月日によって…

キミたち
特別支給の
老齢厚生年金
受け取れないよ

ボソ…

S36年 (1961年)
4月2日生まれ

S41年 (1966年)
4月2日生まれ

その他…

・受給要件　・加算される年金の種類
・年金額の計算

を覚えよう

1　老齢厚生年金の支給要件

　老齢厚生年金は、原則として年金を受け取れる条件である「支給要件」を満たした人が65歳に達すると、老齢基礎年金に上乗せして支給されます。生年月日により60歳から64歳までに特別に支給される「特別支給の老齢厚生年金」と原則的に支給される「本来の老齢厚生年金」の2種類があります。

老齢厚生年金の支給要件

ココめちゃくちゃ
大事だよ！

特別は1年、
本来は1カ月

特別支給の老齢厚生年金	本来の老齢厚生年金
老齢基礎年金の受給要件を満たしていること （保険料納付済期間 ＋ 保険料免除期間 ＋ 合算対象期間 ≧ 10年）	
支給開始年齢に達している	65歳以上である
厚生年金の被保険者期間が 1年以上ある	厚生年金の被保険者期間が 1カ月以上ある

特別支給の老齢厚生年金の支給開始年齢（第1号厚生年金の場合）

特別支給の老齢厚生年金は、報酬比例部分（在職時の給与等に比例した金額）と定額部分（加入期間等により計算された金額）に分かれます。支給開始年齢は、被保険者の生年月日により段階的に引き上げられます。男性であれば1961年4月2日以降、女性であれば1966年4月2日以降に生まれた人には、特別支給の老齢厚生年金は支給されません（女性は5年遅れ）。

会社員の特別支給の老齢厚生年金の支給開始年齢の引き上げスケジュール

● = 男性の場合　■ = 報酬比例部分　■ = 老齢厚生年金
● = 女性の場合　■ = 定額部分　■ = 老齢基礎年金

生年月日（西暦）	60歳		65歳
● 1941年4/2～1943年4/1 ● 1946年4/2～1948年4/1	61歳	報酬比例部分 定額部分	老齢厚生年金 老齢基礎年金
● 1943年4/2～1945年4/1 ● 1948年4/2～1950年4/1		62歳	
● 1945年4/2～1947年4/1 ● 1950年4/2～1952年4/1		63歳	
● 1947年4/2～1949年4/1 ● 1952年4/2～1954年4/1		64歳	
● 1949年4/2～1953年4/1 ● 1954年4/2～1958年4/1			
● 1953年4/2～1955年4/1 ● 1958年4/2～1960年4/1	61歳		
● 1955年4/2～1957年4/1 ● 1960年4/2～1962年4/1	62歳		
● 1957年4/2～1959年4/1 ● 1962年4/2～1964年4/1		63歳	
● 1959年4/2～1961年4/1 ● 1964年4/2～1966年4/1		64歳	
● 1961年4/2～ ● 1966年4/2～			

2 老齢厚生年金の計算

老齢厚生年金の年金額を計算します。まずは、年齢ごとに、受給する年金の種類について押さえます。

60歳〜64歳

特別支給の老齢厚生年金
→ **報酬比例部分** ＋ 定額部分 ＋ 加給年金（定額部分がある場合）

65歳以降

本来の老齢厚生年金
→ **老齢厚生年金（報酬比例部分）** ＋ 経過的加算 ＋ 加給年金
→ さらに老齢基礎年金を合算する

受給する年金の内訳

60歳〜64歳 特別支給の老齢厚生年金		65歳以降 本来の老齢厚生年金
❶ 報酬比例部分		❹ 老齢厚生年金（報酬比例部分）
	❷ 定額部分	❺ 経過的加算
		❻ 老齢基礎年金
❸ 加給年金		

❶ 報酬比例部分の金額

（2つの期間に分けて計算し、それらを合計します）

・2003年3月以前の期間

$$\text{平均標準報酬月額} \times \frac{7.125}{1,000} \times \text{2003年3月以前の被保険者期間の月数}$$

賞与も含めることになったから月という文字がなくなってます

・2003年4月以降の期間

$$\text{平均標準報酬額} \times \frac{5.481}{1,000} \times \text{2003年4月以降の被保険者期間の月数}$$

❷ 定額部分の金額

1,701円 × 被保険者期間の月数（上限480カ月）

❸ 加給年金

配偶者 → 408,100円（新規受給の場合）

子 → 第1子、第2子は各234,800円、第3子以降は各78,300円

❹ 65歳以降の老齢厚生年金（報酬比例部分）

①報酬比例部分の計算式と同じ

❺ 経過的加算（定額部分と老齢基礎年金相当額の差額）

65歳からの老齢基礎年金は、②で計算した定額部分よりも低い金額となるため、減少分を埋めるために経過的加算という調整が行われます

・経過的加算の金額（A − B）

A = 1,701円 × 被保険者期間の月数（上限480カ月）

$$B = 816,000円 \times \frac{\text{20歳以上60歳未満の厚生年金の被保険者期間の月数}}{480カ月}$$

❻ 老齢基礎年金の金額 満額の場合816,000円 → P.68

3 加給年金

加給年金は、厚生年金の被保険者期間が**20年以上**あり、その人によって生計を維持されている**65歳未満の配偶者**または**一定の子**がいる場合に加算されます（一定の子とは、18歳到達年度の末日までの未婚の子、もしくは20歳未満で障害等級1級または2級の状態にある未婚の子）。

年金による
家族手当の
ようなものだね

試験では、配偶者加給年金が加算されるか否かが問われます。通常、「特別支給の老齢厚生年金の定額部分」または、「本来の老齢厚生年金」の受給開始から配偶者が65歳に達するまで支給されるということを押さえておきましょう！

例えば、加給年金はこんなケースで支給される

ふー！
20年以上会社で働いて
やっと65歳に
なったよ…

が、しかし
まだ扶養家族がいる！

妻：65歳未満

子：18歳未満

4 配偶者加給年金と振替加算

　配偶者加給年金は、配偶者が65歳に達すると支給が停止されます。その代わり、配偶者の老齢基礎年金に、配偶者の生年月日に応じた金額が加算されます。これを振替加算といいます。ただし、対象となるのは1966年4月1日以前生まれの配偶者のみです。

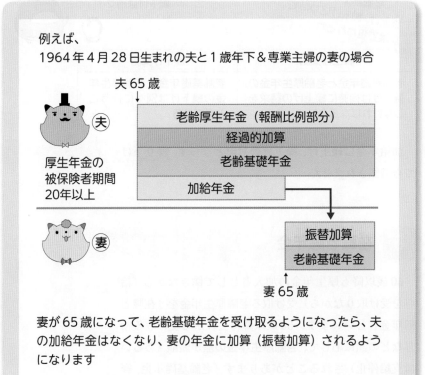

例えば、
1964年4月28日生まれの夫と1歳年下＆専業主婦の妻の場合

夫65歳

夫

老齢厚生年金（報酬比例部分）

経過的加算

老齢基礎年金

加給年金

厚生年金の
被保険者期間
20年以上

妻

振替加算

老齢基礎年金

妻65歳

妻が65歳になって、老齢基礎年金を受け取るようになったら、夫の加給年金はなくなり、妻の年金に加算（振替加算）されるようになります

5 老齢厚生年金の繰上げ支給と繰下げ支給

老齢厚生年金は老齢基礎年金と同様に、繰上げ支給と繰下げ支給の請求をすることができます。繰上げ支給の減額率と繰下げ支給の増額率も、老齢基礎年金と同じです。

老齢厚生年金の
繰上げ・繰下げについて
試験で狙われるポイント

繰上げは同時に、
繰下げは別々！

繰上げ支給	繰下げ支給
老齢基礎年金と老齢厚生年金の繰上げは同時に繰上げの請求をしなければならない	老齢基礎年金と老齢厚生年金の繰下げは別々に行うことができる

加給年金は繰上げ、繰下げの対象とならず、繰り下げても増額されません。

6 在職老齢年金

60歳以降も厚生年金の加入者として働きながら（給与を受け取りながら）受け取る老齢厚生年金を「在職老齢年金」といいます。60歳以降に会社から受け取る給与などの額に応じて、**老齢厚生年金の額が減額**（あるいは支給停止）されることがあります（老齢基礎年金、経過的加算は減額されません）。

在職老齢年金の減額の内容

「50万円」という
金額は狙われる

1カ月の給与など＋1カ月の老齢厚生年金の
合計額が50万円を超えると減額となる。

1カ月の給与など

①総報酬月額相当額
　＝その月の標準報酬月額＋その月以前1年間の標準賞与額÷12

1カ月の老齢厚生年金

②基本月額
　＝老齢厚生年金の年額（加給年金、経過的加算を除く）÷12

	①総報酬月額相当額 ＋ ②基本月額	減額内容
60歳代	50万円を超える	・超えた部分の2分の1が支給停止 ・支給停止されるのは老齢厚生年金の部分のみ 　老齢基礎年金は全額支給される
70歳以上	60歳代と同じ（ただし、厚生年金保険料の負担はない）	

ここが狙われると厄介…

60歳代前半の在職老齢年金と
雇用保険の高年齢雇用継続給付との併給調整…
特別支給の老齢厚生年金を受給している人が、雇用保険から高年齢雇用
継続給付を受けるときには、在職老齢年金の支給停止額に加えて、年金
の一部が支給停止されます（→ 最高で標準報酬月額の6％）。

7 離婚時の年金分割制度

　離婚等をした場合、婚姻期間中の厚生年金保険料納付記録を分割することができます。双方の合意により分割割合を決める「**合意分割**」と、国民年金第3号被保険者（被扶養配偶者）からの請求により第2号被保険者の記録を分割する「**3号分割**」があります。

	合意分割	3号分割
対象夫婦の国民年金被保険者	第2号被保険者と配偶者	第2号被保険者と第3号被保険者
分割対象となる被保険者期間	婚姻から離婚するときまで時期は問わない	婚姻から離婚するときまでのうち、2008年4月以降のみ
分割方法	当事者の合意による合意できない場合は裁判所が決定する	第3号被保険者の請求による（合意は不要）
分割対象の年金	婚姻期間中の厚生年金保険料納付記録（標準報酬月額、標準賞与額）ただし、受給資格期間は本人の加入履歴で判定される	
支給期間	自身の支給開始年齢から一生涯（年金受給中の場合、分割のあった日の属する月の翌月から年金額が改定される）	
請求期限	離婚の翌日から2年以内	

年金と給料の月額合計が
50万円の男（65歳）の
在職老齢年金獲得への道

手当？
あ、増やさないで！

社長に抜擢？
あ、結構です！

特別ボーナス
支給？
あ、いらない！

よし、これで
在職老齢年金が
減額されずに済むぞ！

ボーナス
もらってた方が
得だったんじゃあ…

老齢基礎年金は
減額されない
からね！

LESSON 15

障害給付

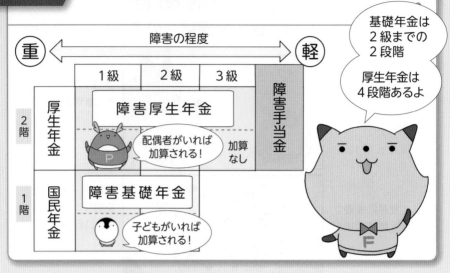

> 基礎年金は
> 2級までの
> 2段階
>
> 厚生年金は
> 4段階あるよ

障害の程度

重 ← → 軽

	1級	2級	3級	
厚生年金 2階	障害厚生年金			障害手当金
	配偶者がいれば加算される！		加算なし	
国民年金 1階	障害基礎年金			
	子どもがいれば加算される！			

1 障害年金とは

　公的年金は老後の生活を支えるだけではありません。病気やケガが原因で障害者となってしまった場合、一定の要件を満たせば、障害の程度に応じて障害年金や障害手当金を受給することができます。年金制度の1階部分にあたる国民年金、2階部分にあたる厚生年金それぞれにあります。

チェック！

障害厚生年金は3級まであって、1・2級は配偶者の加算。

障害基礎年金は1・2級で、子の加算。

障害給付の全体像

厚生年金	障害厚生年金	1級（2級の1.25倍）配偶者の加算	2級配偶者の加算	3級	障害手当金（一時金）
国民年金	障害基礎年金	1級（2級の1.25倍）子の加算	2級子の加算	—	—

85

2 障害年金の保険料納付要件

障害年金は以下の保険料納付要件を満たしていないと、障害の状態であっても支給されません。保険料納付要件は障害基礎年金・障害厚生年金のいずれも同じです。

原則

初診日の前日において、初診日の属する月の前々月までに被保険者期間があるときは、保険料納付済期間＋保険料免除期間等の合計が、全被保険者期間の3分の2以上あること（これを保険料納付要件といいます）。

特例

初診日に65歳未満であり初診日の前日において、初診日の属する月の前々月までの直近の1年間において、保険料の滞納がないこと。

・初診日とは：障害の原因となった病気やケガについて初めて医師または歯科医師の診療を受けた日

Point!

年金関係の分数で3分の2となるものはあまりありません。
ほとんどが4分の3です。ここは3分の2としっかり覚えましょう！

3　障害基礎年金とは

　障害基礎年金は、障害認定日において障害等級1・2級の状態にある場合に支給されます。

　障害認定日とは、**初診日から1年6カ月を経過した日**（その期間に傷病が治った場合または固定した場合は、その日）を指します。

ひと言！

健康保険制度の傷病手当金の支給が終わったら、障害年金に切り替わる、というイメージです。

受給要件

- 国民年金に加入している間に、初診日があること

  ※ 20歳前や60歳以上65歳未満（年金制度に加入していない期間）で国内に住んでいる間に初診日があるときも含みます。

- 一定の障害の状態（障害等級1級または2級）にあること
- 保険料納付要件を満たしていること

　障害基礎年金は、受給者に子がいる場合には加算があります。

障害基礎年金の年金額

障害等級1級	816,000円 × 1.25倍 ＋ 子の加算
障害等級2級	816,000円 ＋ 子の加算

816,000円 → 老齢基礎年金の満額の金額と同額
子の加算 → 遺族基礎年金の子の加算額と同額（P.93参照）

20歳前の傷病に対する障害基礎年金の支給

国民年金の被保険者は20歳以上60歳未満です。国民年金の被保険者ではない20歳未満の人が障害の状態になった場合はどうなるのでしょうか？

→ 20歳未満の期間に初診日のある傷病に係る障害については、20歳以降、障害等級に該当する程度の障害の状態にあるとき、所得制限を超えない場合には、障害基礎年金が全額もしくは2分の1が支給されます。

4 障害厚生年金とは

障害厚生年金は、障害認定日において1・2・3級の状態にある場合に支給されます。年金制度の2階部分である厚生年金の給付なので、厚生年金の被保険者で障害等級1・2級に該当する人は、障害基礎年金と併せて支給を受ける"2階建て給付"となります。また、加算されるのは、配偶者の加算となる点が障害基礎年金との違いです。

受給要件
・原則厚生年金の被保険者期間中に、障害の原因となった病気やケガについて「初診日」があること
・一定の障害の状態（障害等級1級、2級、3級）にあること
・保険料納付要件を満たしていること

障害等級3級に該当する人には、障害基礎年金の支給はなく、障害厚生年金だけが支給されます。3級より軽度の一定の障害のときは、一時金として障害手当金が支給されます。

障害厚生年金等の年金額

障害等級1級	報酬比例部分の年金額 × 1.25倍 ＋ 配偶者加給年金額
障害等級2級	報酬比例部分の年金額 ＋ 配偶者加給年金額
障害等級3級	報酬比例部分の年金額
障害手当金 （一時金）	報酬比例部分の年金額 × 2倍

障害厚生年金の「報酬比例部分の年金額」

報酬比例部分の年金額の計算は、老齢厚生年金の報酬比例部分の計算式と同じになります。ただし、若くして障害を負ってしまった場合など、厚生年金の加入期間が短い人の年金額が低くなりすぎないように年金計算に算入される被保険者期間の月数が300月（25年）未満の場合は、300月とみなして計算（最低保障）します。

・障害基礎年金は1・2級で子の加算
・障害厚生年金は3級まであって、1・2級で配偶者の加算
・いずれも1級は2級の1.25倍

障害基礎年金と
障害厚生年金の違いを
把握しよう！

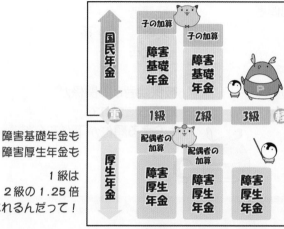

障害基礎年金は
1級、2級の2段階

障害基礎年金も
障害厚生年金も

1級は
2級の1.25倍
支給されるんだって！

障害厚生年金は
1〜3級の
3段階あるんだね

障害基礎年金は
子が加算されて

障害厚生年金は
配偶者の加算が
あるよ！

LESSON 16

遺族給付

遺族基礎年金は
▶子のある配偶者
▶子
だけ！
遺された遺族が
大変だからね…

遺族厚生年金は
▶配偶者　　▶子
▶父母　　　▶孫
▶祖父母
…と、
被保険者との関係が
離れるにつれて
もらえる順位が下がるんだ

1　遺族年金とは

　遺族年金は、公的年金の加入者である被保険者、一定の被保険者であった人、老齢年金の受給権者、受給資格者等が死亡した場合、残された遺族に対して生活の保障を目的として支給される年金です。年金制度の1階部分である**遺族基礎年金**と2階部分である**遺族厚生年金**の2種類があります。

2　遺族基礎年金の支給要件

　遺族基礎年金は、亡くなった人が①国民年金の被保険者、②老齢基礎年金の受給権者または受給資格を満たし

ている（ただし、受給資格期間は25年以上ある）、等の場合に遺族に支給されます。

①の場合は、次の保険料納付要件を満たしていることが必要です。

ひと言！

障害年金の保険料納付要件における「初診日」を、「死亡日」に読みかえるだけであとは同じです！

> **原則：死亡日の前日**において、**死亡日の属する月の前々月**までに被保険者期間があるときは、保険料納付済期間＋保険料免除期間等の合計が全被保険者期間の**3分の2以上**あること
>
> **特例：死亡日に65歳未満**で、**死亡日の前日**において、**死亡日の属する月の前々月**までの直近の**1年間**において、保険料の滞納がないこと

3 遺族基礎年金を受給できる遺族の範囲

遺族基礎年金を受給できる遺族は、死亡した人によって生計を維持されていた「子」または「**子のある配偶者**」です。

チェック！

ここが「子のある妻」となっているひっかけ問題に注意。

「子」

以下の要件のいずれかを満たしている「子」は、遺族基礎年金を受給できます。
・**18歳到達年度末**までの未婚の子
・20歳未満で障害等級1級または2級の未婚の子
→障害基礎年金の「子の加算」における「子」の定義（要件）も、これと同じです。

年金制度の「子」の要件は全部共通です！

「子のある配偶者」

　受給できる「子のある配偶者」とは、被保険者の死亡により母子家庭となってしまった母、または、父子家庭となってしまった父です。したがって、子どものいない配偶者は遺族基礎年金を受給することができません。
→遺族基礎年金は、残された子どもを養育するための年金といえます。

ひと言！

子がいる配偶者であっても、再婚すると受給権を失います。

4　遺族基礎年金の年金額

　遺族基礎年金の年金額は、老齢基礎年金の満額に「子の加算」を足したものです。

> 遺族基礎年金の年金額 ＝ 816,000円 ＋ 子の加算

子の加算額（配偶者が受給する場合）

1人目、2人目の子	1人につき　234,800円
3人目以降の子	1人につき　　78,300円

※障害基礎年金の「子の加算」も同額です。

子の加算を
覚えておいてね！

5　寡婦年金と死亡一時金

　寡婦年金と死亡一時金は、国民年金第1号被保険者の独自の給付です。国民年金の第1号被保険者だった人が、**老齢基礎年金も障害基礎年金も受給することなく死亡したとき**、遺族に支給される場合があります。両方の受給要件を満たしている場合は、**いずれか一方を選択します**。

寡婦年金と死亡一時金は選択制
（いずれの受給要件も満たす場合）

寡婦年金

支給要件：国民年金の第1号被保険者として、保険料納付済期間
と保険料免除期間を合わせて10年以上ある夫が死亡
した場合。

支給期間：婚姻期間が10年以上ある妻が60歳から65歳に到達
するまで。

　・妻が、自分の老齢基礎年金の繰上げ支給を受
けた場合には、受給権は消滅します。
・寡婦の「婦」は女性を指すもので、夫には支
給されません。

死亡一時金

支給要件：国民年金の第1号被保険者として保険料納付済期間等
が36カ月（3年）以上ある人が死亡した場合。

　・遺族が遺族基礎年金を受給できる場合は支給
されません。
・上記の要件を満たしていれば、夫にも支給さ
れます。

6 遺族厚生年金の支給要件

　下記のいずれかの要件を満たしている人が死亡した場合、遺族に遺族厚生年金が支給されます。

遺族厚生年金の支給要件

①厚生年金保険の被保険者である間に死亡したとき
②厚生年金の被保険者期間に初診日がある病気やけがが原因で初診日から5年以内に死亡したとき
③1級・2級の障害厚生年金を受けとっている人が死亡したとき
④老齢厚生年金を受け取っている、または受給資格期間を満たした人が死亡したとき

原則：①および②については、死亡日の前日において、保険料納付済期間（保険料免除期間を含む）が全被保険者期間の3分の2以上あること
　　　④については、保険料納付済期間、保険料免除期間および合算対象期間を合算した期間が25年以上あること

例外：死亡日が2026年3月末日までで、死亡した人が65歳未満であれば、死亡日の前日において、死亡日の属する月の前々月までの直近1年間に保険料の未納がないこと

7 遺族厚生年金を受給できる遺族の範囲

遺族厚生年金を受給できる遺族は、死亡した人によって生計を維持されていた一定の遺族で、優先順位があり、最も順位の高い人のみに支給されます。相続・事業承継で学ぶ「相続人の範囲」と違い、兄弟姉妹は対象となりません（詳細は「相続・事業承継」で学びます）。

遺族の優先順位と要件

ここだけは押さえよう!

第1順位	配偶者	妻	・年齢要件なし ・子のない30歳未満の妻は5年間の有期年金 （5年間のみ支給）
		夫	・55歳以上。ただし60歳に達するまでは支給停止 （遺族基礎年金を受給できる場合は支給停止されない）
		子	「子」[※]の年齢要件を満たす者
第2順位	父母		55歳以上。ただし60歳に達するまでは支給停止
第3順位	孫		「子」[※]の年齢要件を満たす者
第4順位	祖父母		55歳以上。ただし60歳に達するまでは支給停止

※18歳到達年度末（3月31日）までの未婚の人、または20歳未満で障害等級1級または2級の未婚の人 → 遺族基礎年金の「子」の要件と同じです。

8 遺族厚生年金の年金額

遺族厚生年金の年金額の計算式は、次の通りです。

> **公式**
>
> 遺族厚生年金の額 ＝
> 老齢厚生年金の報酬比例部分の額 × $\dfrac{3}{4}$

　ただし、厚生年金の被保険者の死亡時（短期要件）において、被保険者期間が 300 月未満の場合は、報酬比例部分の計算では 300 月とみなして計算します。

9 中高齢寡婦加算

　中高齢寡婦加算とは、夫が死亡したときに妻に加算される厚生年金です。

　中高齢寡婦加算の年金額は、遺族基礎年金の 4 分の 3 で、2024 年度は 612,000 円です。

→ 金額を覚える必要はありません。

ひと言!

「中高齢」とは、40 歳以上 65 歳未満を指しています。
また、「寡婦」とは、夫と死別した女性のことです。

受給要件

・夫が亡くなったとき 40 歳以上 65 歳未満で、生計を同じくしている「子」がいない妻であること。

・遺族厚生年金と遺族基礎年金を受給していた「子」のある妻※が、「子」が年齢要件を満たさなくなったなどの理由により、遺族基礎年金を受給できなくなったとき 40 歳以上 65 歳未満であること。

※ 40 歳に到達した当時、子がいるため遺族基礎年金を受給していた妻。

試験に出るパターン

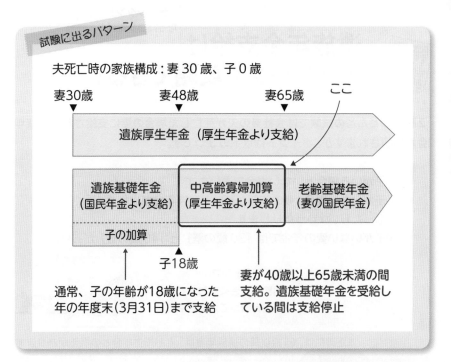

夫死亡時の家族構成：妻30歳、子0歳

妻30歳　　　　妻48歳　　　　妻65歳　　　ここ

遺族厚生年金（厚生年金より支給）

| 遺族基礎年金（国民年金より支給） | 中高齢寡婦加算（厚生年金より支給） | 老齢基礎年金（妻の国民年金） |

子の加算

子18歳

通常、子の年齢が18歳になった年の年度末（3月31日）まで支給

妻が40歳以上65歳未満の間支給。遺族基礎年金を受給している間は支給停止

こうしたイメージ図で、赤字の部分が空欄になっていてそれを答えさせる問題が多いです

10 経過的寡婦加算

　中高齢寡婦加算は、妻が65歳に達すると支給停止になります。その減少を補うものとして、1956年4月1日以前生まれの妻には経過的寡婦加算が加算されます。

遺族年金支給は4パターンで攻略できる！

超カンタン！
たったコレだけ！

2級のほとんどの試験では会社員の夫が死亡した場合の妻に支給される遺族年金が出題されますが、ポイントは以下の3つです。

①子がいる場合といない場合で違います
②子がいない場合、妻の年齢が若いと遺族年金が少なく（短く）
なったり、なかったりします
③子がいない妻の年金では「30歳の壁」と「40歳の壁」があります

子のアリ・ナシで
支給額が大きく変わってくる。
子の教育費って大変だものね！

※正確には、65歳以降の遺族年金は、老齢厚生年金との調整があります。

＜会社員の夫が亡くなった場合＞

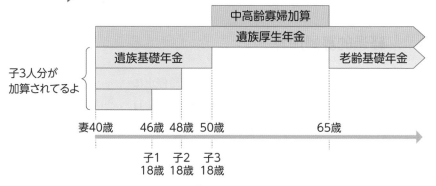

パターン1　会社員の夫、妻（40歳）、子3人（12歳、10歳、8歳）

これは「子あり」のパターンね。
遺族である妻の年齢の経過と
子たちの成長を照らし合わせてみて。

それぞれが何歳で、
何が支給されていくかを
把握してみよう。

パターン2 **会社員の夫、妻（45歳）**

子がいないため、遺族基礎年金は支給されませんが、40歳以上であるため、中高齢寡婦加算が65歳まで助けてくれます。

| 中高齢寡婦加算 |
| 遺族厚生年金 |
| 老齢基礎年金 |

妻45歳　　　　　妻65歳

40歳以上は中高齢！
今からやり直すのは大変なので
加算される、と考えよう

 パターン3 **会社員の夫、妻（39歳）**

子がいないので、遺族基礎年金がなく、40歳未満であるため、中高齢寡婦加算もありませんが、遺族厚生年金が長い間、助けてくれます。

| 遺族厚生年金 |
| 老齢基礎年金 |

妻39歳　　　　　妻65歳

子はいないし、まだ自力でがんばれる
年齢なので、加算はないの…

パターン4 **会社員の夫、妻（28歳）**

子がいなくて若いため、**5年間だけ**、助けてもらえます。

| 遺族厚生年金 |

妻28歳　　　　妻33歳

子はいないし、若い！
でも大変だから
5年だけね、というもの

※妻自身の老齢基礎年金は65歳から支給されます。

……と、いうように、
子のアリ・ナシと遺族の年齢によってパターンが決まります！
出題の年齢などが微妙に変わってくるけど、この4つの
基本形を押さえれば遺族年金の支給は攻略できます！

11 併給調整

　支給される事由（原因）が同種の年金は、1つの年金とみなされるため、いずれも受け取ることができます。しかし、支給事由が異なる2つ以上の年金を受給できるときは、どちらかを選択する必要があります（→1人1年金）。ただし、65歳以降になると例外的に、支給事由の異なる年金を併給できる場合があります。

いずれも「老齢」

（例）　老齢基礎年金と老齢厚生年金
　　　→ 支給事由が同種のためいずれも受給可能

併給調整のまとめ

	老齢厚生年金	遺族厚生年金	障害厚生年金
老齢基礎年金	○	△ （老齢厚生年金を優先）	×
遺族基礎年金	×	○	×
障害基礎年金	△	△	○

※○ → 同じ事由のため併給できる。
　△ → 65歳以降は例外的に併給できる。
　× → 併給できない。

　障害厚生年金を受け取っている人が労災保険の障害補償年金を受け取る場合、障害厚生年金は全額支給されますが、障害補償年金は所定の調整率により減額されます。

40歳、夫に先立たれた妻。
それは中高齢寡婦…

40歳…。

ああ、
夫が亡くなり
私は
ひとりに…

それなら
中高齢寡婦
（40歳以上65歳未満）
だね！

やったね！

えっ？

中高齢寡婦加算
が支給されるよ！

えっ？

お金が
もらえるの！？

40歳で、
助かった！！

LESSON 17

さまざまな年金制度について知ろう！

企業年金・個人事業主の年金

もらえる額が決まってる！

確定給付企業年金

給付額が確定してるよ！

掛金が決まってる！

確定拠出年金

運用リスクは加入者が負うよ！

1 企業年金

　企業年金とは、公的年金を補完するための私的年金制度です。個人または企業が従業員の福利厚生のために導入し、任意加入する年金制度で、年金制度の3階部分になります。

　企業年金は大きく分けると確定給付型と確定拠出型の2種類があります。

2 確定給付企業年金

　確定給付企業年金は、基金型と規約型の2種類があり、従業員の**受け取る給付額**があらかじめ**確定**している企業年金です。原則として事業主が掛金を負担しますが、加

チェック！

あとに解説する「確定拠出年金」は拠出額（掛金）があらかじめ確定しています。

入者が一部を負担することも可能です。個人（加入者）
の負担部分は**生命保険料控除**の対象となります。

3 確定拠出年金

確定拠出年金は、**拠出する額（掛金）**はあらかじめ**確
定**していますが、年金額は運用の実績によって変わりま
す。運用方法は加入者自身が選択し、その運用リスクは
加入者が負います。

確定拠出年金には、個人が任意で加入する個人型
（iDeCo／イデコ）と企業が企業年金として行う企業型
の２つがあります。

拠出額の支払いは、
月払いのほか、
年払いや半年払い
などまとめて
行うこともできる

	個人型（iDeCo／イデコ）	企業型
加入 対象者	最長65歳未満 ①自営業者など → 国民年金第１号被保険者、 　　任意加入被保険者 ②厚生年金保険の被保険者 → 国民年金第２号被保険者 ③国民年金第３号被保険者	最長70歳未満の 厚生年金被保険者
掛金 の拠出	加入者 iDeCo+（イデコプラス）では 事業主による上乗せ可	原則事業主 規約に定めれば個人も上乗せし て拠出できる → マッチング拠出 ただし、個人の拠出額は事業主の 拠出額を超えることはできない

確定拠出年金として積み立てた年金資産は、
一定の要件を満たさない限り、
原則60歳までは引き出すことができません

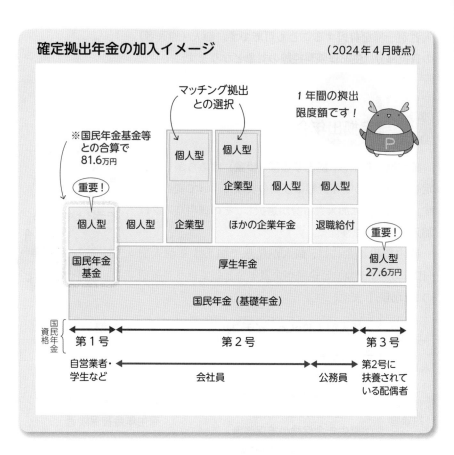

確定拠出年金の加入イメージ （2024年4月時点）

マッチング拠出との選択

1年間の拠出限度額です！

※国民年金基金等との合算で81.6万円

重要！

個人型 / 個人型 / 個人型 / 企業型 / 個人型 / 個人型

個人型 / 個人型 / 企業型 / ほかの企業年金 / 退職給付

重要！

個人型 27.6万円

国民年金基金 / 厚生年金

国民年金（基礎年金）

国民年金資格

第1号 / 第2号 / 第3号

自営業者・学生など / 会社員 / 公務員 / 第2号に扶養されている配偶者

確定拠出年金の給付時期

確定拠出年金の通算加入者等期間が通算10年以上ある人は、60歳以降、任意の時期から老齢給付として受給することができます。ただし、75歳までに受給を開始しなければなりません。

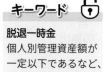

キーワード

脱退一時金
個人別管理資産額が一定以下であるなど、所定の要件を満たした場合、受給することができます。

確定拠出年金の税制

拠出時	個人の掛金は全額、小規模企業共済等掛金控除の対象となる 事業主の掛金は全額、必要経費または損金
運用中	運用中の収益は非課税となる
受取り時	一時金として受け取った場合 → 退職所得となり、退職所得控除の対象となる 年金として受け取った場合 → 雑所得（公的年金等）となり、公的年金等控除の対象となる

4 中小企業の退職金制度

　中小企業の従業員のための退職金制度として、**中小企業退職金共済制度（中退共）**があります。

　原則として**従業員は全員加入**します。役員は加入できません。

　掛金は、**事業主が全額負担**で、従業員1人につき原則5,000円～30,000円の範囲から決めます。従業員の個人負担はできません。次のときに、**国からの助成**があります。

ひと言!

中小企業は、中小企業基本法に定められています。基本は従業員数300名以下、資本金・出資金3億円以下ですが、業種によって規模の基準が異なります。

新規加入するとき
　加入後4カ月目から1年間、掛金月額の2分の1を助成
　（従業員ごとに上限5,000円）

18,000円以下の掛金を増額するとき
　増額月から1年間、掛金増額分の3分の1を助成

5 自営業者が使える年金制度

　自営業者の方は、会社員や公務員と違い、将来受給できる年金の額が少なくなります。そこで、将来のセカンドライフに備えるために、次のような制度を利用することができます。

自営業者等が使える主な年金制度

付加年金 （P.71）	国民年金の第1号被保険者（自営業者など）・任意加入被保険者が国民年金基金とどちらか選択して加入できます ・付加保険料 ＝ 月額400円 ・付加年金 ＝ 200円 × 付加保険料の納付済期間
国民年金基金	国民年金第1号被保険者や任意加入被保険者で保険料納付している人が加入できます 付加年金とは選択制で、同時加入はできません ・自己都合で任意に脱退することはできません ・掛金の上限　年額816,000円（月額68,000円） 　→ 個人型確定拠出年金との合計額 ・掛金は社会保険料控除の対象 ・掛金は年齢・性別、給付の型、加入口数によって異なります ・加入は口数制で1口目は必ず終身年金としなければならず、2口目以降は終身年金または確定年金から選択できます ・65歳または60歳から受給 ・遺族給付はありますが障害給付はありません
個人型確定拠出 年金（iDeCo） （P.104）	国民年金の第1号被保険者・任意加入被保険者が個人型に加入する場合の掛金の年額上限は816,000円です（国民年金基金or付加年金の掛金との合計額）
小規模企業 共済制度 事業主・役員向け	小規模企業共済制度は従業員20人以下［商業（卸売業・小売業）、サービス業（宿泊業、娯楽業を除く）は5人以下］の小規模会社の役員や個人事業主の退職金制度です ・個人事業主の共同経営者は2人まで加入可 ・掛金は月額1,000円〜70,000円（500円単位） ・掛金は小規模企業共済等掛金控除の対象

6 年金と税金について

　タックスプランニングで本格的に学習しますが、公的年金や企業年金等の保険料や掛金を支払った場合にどのような控除の対象になるのか、受け取った場合にどの所得になるのかが試験で問われますので、整理しておきましょう。

タックスプランニングを終えてからもう一度読み返そう！

保険料や掛金を支払った時の所得控除

所得控除	対象となる保険料・掛金
社会保険料控除	国民年金、厚生年金、付加年金の保険料 国民年金基金の掛金等
小規模企業共済等 掛金控除	確定拠出年金（個人負担分）、 小規模企業共済制度の掛金
生命保険料控除	確定給付企業年金（個人負担分）の掛金

　公的年金の老齢給付は雑所得（公的年金等）、障害給付、遺族給付は非課税です。企業年金、個人事業主の年金の老齢給付の受け取りには一括と分割があります。

老齢給付金を受け取る時の税の優遇

	一括受け取り	分割（年金）受け取り
確定拠出年金	退職所得 → 退職所得控除の適用	雑所得（公的年金等） → 公的年金等控除の適用
小規模企業共済制度		
中小企業退職金共済制度		
国民年金基金	―	

中小法人の資金計画

財務諸表を見ながら会社のチェック！

Let's
財務諸表！

貸借
対照表

損益
計算書

資金調達には
直接金融と
間接金融があるよ！

キャッシュ
フロー計算書

1 財務諸表

　財務諸表は企業の財務状況や、企業活動の成果、資金
状況などを知ることができるものです。貸借対照表、損
益計算書、キャッシュフロー計算書の3つが財務諸表の
代表的なものです。

お金や資産の視点から
会社の健康状態が
わかるんだ！

そんなことも
わかるのカー

財務諸表はこの3つが代表的なもの！

貸借対照表	一定時点（決算期末）における会社の財務状態を示す表 資産と負債と純資産に大きく分かれる 例えば、決算期末時点の資産、負債（借金）がわかる
損益計算書	一定期間（1会計期間または1年間）の売上げ・費用・利益・儲けを計算する表
キャッシュフロー計算書	一定期間（1会計期間または1年間）における、会社のキャッシュ（現金）の増減を表す表 ①営業活動によるキャッシュフロー ②投資活動によるキャッシュフロー ③財務活動によるキャッシュフロー の3つの区分で作成される

2　貸借対照表

　貸借対照表の左の資産合計と右の負債＋純資産の合計が同じになることに注目。右の調達した資産を左でどう運用しているかを表しているだけなので、両者の金額は一致します。

貸借対照表

流動資産
（1年以内に現金化できるもの）
現金、預金、売掛金、受取手形、商品、棚卸資産　など

固定資産
（会社の収益をうむために使用するもの）
土地、建物、機械装置など

流動資産 短期で 資金回収	流動負債 短期で返済
固定資産 長期で 資金回収	固定負債 長期で返済
	純資産 自己資本

流動負債
（返済期限1年以内）
買掛金、支払手形、短期借入金　など

固定負債
（返済期限1年超）
長期借入金、社債、退職給付引当金　など

純資産
資本金、利益剰余金など

純資産の部がマイナスなら「債務超過」

110

3 損益計算書

　利益を5つの段階に分け、最終的な純利益が出るまでの流れを示したものが損益計算書です。お金の出入りを把握することができます。表の①から⑤までの数字を上から順に見ていくと、どういうふうに利益が出ているかわかるはずです。

売上高	100	
− 売上原価	50	← 仕入れなど売上げを作るための原価
①売上総利益	50	← 粗利益
− 販売費および一般管理費	10	← 営業活動上のもろもろの費用
②営業利益	40	← 本業で得た利益
+ 営業外収益	5	← 本業以外で入った収益
− 営業外費用	5	← 本業以外でかかった費用
③経常利益	40	← 本業とそれ以外での利益の合算
+ 特別利益	10	← 臨時で発生した利益
− 特別損失	5	← 臨時で発生した損失
④税引前当期純利益	45	← 税金を払う前の利益
− 税金	10	← 法人税など
⑤当期純利益	35	← 税金を差し引いた純利益

4 財務分析

　財務諸表を用いて、会社の安全性の分析をすることができます。代表的な財務分析の指標としては、以下のようなものがあります。

主な財務分析の指標

流動比率	会社の短期的な支払い能力を表す指標。
	公式　流動比率（％）＝ $\dfrac{流動資産}{流動負債} \times 100$
	数値が高い（流動資産が流動負債を超えている）ほど、会社の安全性（支払い能力）は高いと判断される。
当座比率	会社の短期的な支払い能力（安全性）を判断する指標。
	公式　当座比率（％）＝ $\dfrac{当座資産}{流動負債} \times 100$
	当座資産（現預金、売掛金、受取手形などすぐに換金可能な資産）で評価するため、流動比率より厳しく安全性を判断できる。
固定比率	会社の長期的な安全性を判断するための指標。
	公式　固定比率（％）＝ $\dfrac{固定資産}{自己資本（純資産）} \times 100$
	数値が高い（固定資産の多くが自己資本でまかなわれている）ほど、財務の安全性が低いと判断される。
固定長期適合率	会社の長期的な安全性を判断するため、固定比率の補助的な指標。
	公式　固定長期適合率（％）＝ $\dfrac{固定資産}{（固定負債＋自己資本）} \times 100$
	数値が高い（固定資産が長期資金でまかなわれている）ほど、財務の安全性が低いと判断される。
自己資本比率	自己資本の割合を示す指標。
	公式　自己資本比率（％）＝ $\dfrac{自己資本（純資産）}{総資本（資産）} \times 100$
	数値が高い（自己資本が多い）ほど、企業の財務の安全性が高いと評価される。

5 資金の調達方法

　企業の資金調達の方法には、直接金融と間接金融があります。直接金融は投資家から直接資金を調達する方法で、株式の発行、社債の発行があります。間接金融は、資金の貸し手と借り手の間に金融機関等が介在します。つまり、金融機関等から資金を借り入れる方法です。

6 直接金融

株式の発行

　株式の発行による資金調達は、返済する義務がありません。

株主割当増資	既存の株主に新株引受権を割り当てて株式を発行する
第三者割当増資	既存の株主に限定せず、特定の第三者に新株引受権を割り当てて株式を発行する
公募増資	広く一般の不特定多数の投資家を対象として、株式を発行する

社債の発行

　社債の発行は借入金となるので、償還期限内に返済する義務が生じます。

公募債	不特定多数の投資家を対象として社債を発行する
私募債	特定の投資家（50人未満）を対象として募集し、社債を発行する

7 間接金融

金融機関などからの資金の借入れには、さまざまな方法があります。

証書借入	借用証書（金銭消費貸借契約証書）を用いて融資を受ける
手形借入	借用証書の代わりに、約束手形（支払うことを約束する手形）を振り出して融資を受ける
当座借越	当座預金の残高を超えて、資金の引き出しや決済ができる（立替えを受ける）
ABL（アセット・ベースト・レンディング）	企業が保有する、売掛金などの債権や在庫などの動産を担保として、金融機関から融資を受ける
インパクトローン	資金使途に制限がない外貨建ての融資
信用保証協会保証付融資（マル保融資）	信用保証協会に保証人になってもらう融資。担保と保証人は不要。業種に応じて資本金または常時使用する従業員数の要件がある

なお、日本政策金融公庫の中小企業事業における融資は、投資を目的とする有価証券等の取得資金は対象外となっています。

ここまで整理できたかな？

「ライフプランニングと資金計画」の分野は多く出題されるからしっかり学んでね！！！

リスク管理

ここで学ぶ内容です！

保険の基本と契約者の保護
生命保険の仕組み
法人の保険
保険と税金
損害保険の仕組み

学科試験 まずは商品の仕組みと税金

生命保険、損害保険の分野から、バランスよく出題されます。代表的な商品の仕組みや特徴、税金を中心に整理しておきましょう。生命保険料控除と法人保険の経理処理も狙われます。生命保険の分野では、死亡保障の商品と個人年金保険を、損害保険の分野では、任意加入の自動車保険、傷害保険、賠償保険、そして第三分野の商品の特徴まで偏らない学習を心がけましょう。

実技試験 受検先別の傾向と対策

【金財 個人資産相談業務】
この分野からは出題されません。

【金財 生保顧客資産相談業務】
「個人の生命保険」と「法人の生命保険」から各1題出題されます。個人の生命保険は、生命保険の必要保障額や課税関係が、法人の生命保険では経理処理と商品の活用方法が問われます。

【日本FP協会 資産設計提案業務】
毎回、保険証券の読み取り問題が出題されます。各種特約の特徴を整理して、死亡原因別の保険金、入院原因別の給付金（医療保険＋がん保険）などの金額を証券から読み取りできるようにしておきましょう。その他、生命保険料控除や税務、火災保険や自動車保険の証券読み取りも出題されます。

LESSON 1

保険の基本

人生はリスクだらけ！

ケガ

病気

そんなときのために保険を知っておこう！

種類や決まりについて覚えてね

1 リスクマネジメント

　わたしたちの生活には、病気や事故、災害発生などのさまざまなリスクがあります。このようなリスクを回避したり、損失を軽減したりすることと、リスク発生後の経済的負担の検討等を、リスクマネジメントといいます。

リスク・コントロールとリスク・ファイナンシングの違いを知っておこう

リスク処理対策

リスク・コントロール	損失の発生頻度・規模を軽減させるか、リスクそのものを変える手法。回避、損失制御、結合、分離等がある。
リスク・ファイナンシング	リスクによってもたらされる財務的影響を軽減する手法。保有（経済的な損失が発生した場合の蓄えを持つこと）と、移転（経済的な損失の負担を保険会社などに移転すること）に分類される。保険に加入することは移転に該当する。

2 保険の分類

　保険には、国や地方公共団体が運営している公的保険とそれを補うための民間の保険（私的保険）があります。

　民間の保険は第一分野である生命保険、第二分野である損害保険、その他の保険の第三分野に分類されています。

保険の分類と種類

第一分野 生命保険	終身保険、定期保険、養老保険、個人年金保険など
第二分野 損害保険	火災保険、自動車損害賠償責任保険（自賠責保険）、任意加入の自動車保険など
第三分野 その他の保険	医療保険、介護保障保険、傷害保険、がん保険など

3 生命保険料を決める原則

大数の 法則	それぞれ個々の事象は偶発的だったとしても、数多くで見ると一定の確率性があるということ。 例えば、サイコロを何万回も振ると、1が出る確率は6分の1に近づくこと。保険料は、男女別や年齢別の死亡率等のデータを用いて算定されます。
収支相等の 原則	保険料は、契約者から受け取る保険料総額・運用益と、保険会社が受取人に支払う保険金の総額・経費が等しく（収支相等）なるように算定されます。

契約者の保護

保険を契約したあとも…

保険契約者
保護機構が
あるし

クーリング・
オフも
使える！

ソルベンシー・マージン比率で
支払余力も確認できるよ！

---

1 保険契約者保護機構

　保険会社が破綻してしまった場合でも、契約者との契約を守る必要があります。そこで、破綻保険会社の契約移転等にともなう**資金援助**などを行うのが、保険契約者保護機構です。

　国内で営業する生命保険会社や損害保険会社は、生命保険契約者保護機構や損害保険契約者保護機構に加入する義務があります。

保険契約者は
きちんと守られる
制度があります

 注意！　少額短期保険業者や共済は加入しません。

生命保険契約者保護機構と損害保険契約者保護機構の
補償内容は次のようになっています。

保険契約者保護機構の補償内容 (原則)

保険の種類		補償割合　重要!
生命保険		破綻時点の責任準備金等の90% (高予定利率契約を除く)
損害保険	自賠責保険	保険金の 100%
	地震保険	
	自動車保険 (任意保険)	破綻後3カ月間は保険金の100% その後は80%
	火災保険	
	短期傷害保険	
	海外旅行傷害保険	
	年金払型積立傷害保険	保険金の 90%
	その他の疾病・傷害保険	

生命保険の補償割合で
責任準備金等ではなく保険金額と
書いてあればその選択肢は×になるよ

Point! 銀行が販売する保険も、保険契約者保護機構による補償対象と
なります。

クーリング・オフ制度

　クーリング・オフ制度とは、一定の要件を満たせば、申込者側から契約申し込みの撤回等をすることができる制度です。

手続き

「契約の申込日」または「クーリング・オフについて記載された書面を受け取った日」のいずれか遅い日から8日以内に、申込みの撤回または解除する旨を書面または電磁的記録で申し出ます。

8日間あれば、
一度は家族会議などを開けますよね！

Point!　クーリング・オフできない例

・契約者が法人の保険

・保険期間1年以内の契約

・医師の診査を受けた

医師の診査を
受けたなら
契約する気、
満々ですものね

3 ソルベンシー・マージン比率

ソルベンシー・マージン比率とは、大災害など通常の想定を超えるリスクに、保険会社がどれだけの「支払余力」を持っているかを表す指標です。数値が高い方が支払余力が高く、健全性が高いことを意味します。ソルベンシー・マージン比率が「200％」を下回る保険会社に対しては、金融庁が早期是正措置をとることができます。

注目！
「ソルベンシー・マージン比率は200％」と暗記しましょう。

要するに「支払余力」のことだね。

4 少額短期保険

少額短期保険とは、財務局の登録を受けた少額短期保険業者が扱う、保険期間が短期で保険金額が少額な保険のことです。

少額短期保険の特徴

ここはしっかり覚えておこう！

- 保険期間の上限 → 生命保険と第三分野の保険は1年
　　　　　　　　　　損害保険は2年
- 保険金額の上限 → 1人の被保険者について原則、合計1,000万円まで
- 保険業法と保険法は適用される
- 死亡保険金は、相続税における非課税金額の適用対象
- 保険契約者保護機構による保護の対象外
- 保険料は、生命保険料控除や地震保険料控除の対象外

少額短期保険は
ペット保険がイメージしやすいよ

LESSON 3

保険法と保険業法

1 保険法のポイント

　保険法とは、保険契約に関するルールを定め、契約者等の保護を図るためのものです。保険法で定められている内容で押さえるべきポイントは以下の通りです。

注目！

少額短期保険や共済は、保険法は適用されますが、保険契約者保護機構の対象外です。

- 生命保険契約や損害保険契約、第三分野の保険契約のほか、共済契約等も含めた規定である。
- 契約時、被保険者等に告知義務違反があった場合には、保険者（保険会社）は保険契約を解除することができる。

　　↓

保険者が、契約解除できる事由があることを知ったときから１カ月間、解除の権利を行使しない場合、または契約締結から５年経過した場合、この解除権は消滅する（保険会社の約款では２年としている）。

・保険募集人等が、被保険者または契約者の告知を妨げたり、不実な告知を勧めたために被保険者等が告知義務違反を犯した場合、原則として保険会社は、この告知義務違反を理由として契約の解除をすることができない。

2 保険業法のポイント

保険業法は、保険契約者や被保険者を保護するために、保険会社や保険募集を行う者（保険募集人等）が守るべきルールを定めた法律です。なお、保険募集人等は**内閣総理大臣**への登録が必要です。

保険業法 第300条「保険募集に関する禁止行為」

①虚偽のことを告げたり、**重要事項を告げない**行為

②不利益となる事実を告げずに、乗換募集をする行為

③保険料の割引き、立て替え、その他特別の利益を約束すること、または提供する行為

④将来不確実な配当金の額などの事項について、**断定的な判断を提供**したり、誤解を招く説明をする行為

…など

その他の規定にも注目ね！

意向把握義務：保険を募集する際に、契約者等の意向やニーズを把握し、これに沿った保険商品の説明をする等の義務。

情報提供義務：保険募集の際に、契約者等が保険を契約するかどうかを判断するために、必要な情報を提供しなければならない義務。

生命保険の仕組み

基本用語

保険料の仕組み

配当金の仕組み

保険料の構成

必要保障額の計算

この5つを覚えるよ！

1 生命保険の基本用語

生命保険の基本用語を押さえましょう。似ている用語はしっかり整理しましょう。

主契約が解約や
満期などで
消滅すると、
特約も消滅するよ

契約者	保険会社と契約を結び保険料を支払う義務のある人
被保険者	保険の対象になっている人
受取人	保険金等を受け取る人
保険料	保障の対価として契約者が保険会社に支払うお金
保険金	被保険者の死亡、高度障害などの支払事由が起きたときに、受取人に支払われるお金 入院や手術等の場合は給付金という
解約返戻金	保険契約を解約した際に、契約者に戻されるお金
主契約	生命保険の主たる契約の部分
特約	一般に主契約に付加できるもの

2 生命保険の保険料の仕組み

生命保険の保険料は、**大数の法則**と**収支相等の原則**に
もとづき、以下3つの予定基礎率に従って算定されます。

保険料算定の予定基礎率

予定死亡率	統計にもとづいて、性別や年齢ごとに算出された死亡者数の割合 割合が高いと新規契約の死亡保険料は高くなるが、年金保険料は安くなる
予定利率	保険会社があらかじめ見込んだ運用の利回り 利率が高いと新規契約の保険料は安くなる
予定事業費率	保険事業を運営するうえで必要な費用の割合 割合が高いと新規契約の保険料が高くなる

3 保険料の構成

契約者が保険会社に支払う生命保険料は、**純保険料**と
付加保険料で構成されています。

ここが出る！

保険料の構成と予定基礎率

保険料	純保険料 予定死亡率　予定利率	保険会社が将来支払う保険金等にあてられる
	付加保険料 予定事業費率	保険会社が保険契約や事業を維持・管理するための費用

4　配当金の仕組み

　3つの予定基礎率は、通常、余裕を見込んで計算されているため、実際の支払い保険金や費用とには差が生じます。この差額のことを剰余金といいます。有配当保険は剰余金が契約者に**配当金**として払い戻されます。このほかには、配当金がない無配当保険や利差益のみから払い戻される準有配当保険（利差配当付保険）というものもあります。

余剰金が生じる要因

死差益	予定死亡率で見込んでいた死亡者数より、実際の死亡者数が少なかった場合に生じる剰余金
利差益	予定利率で見込んでいた運用益より、実際の運用益が多かった場合に生じる剰余金
費差益	予定事業費率で見込まれた事業費よりも、実際の事業費が少なかった場合に生じる剰余金

Point!　剰余金の3利源 → 死差益、利差益、費差益

5　必要保障額の計算

　必要保障額とは、世帯主など生計を維持している人が死亡した場合に、残された遺族に必要な生活資金等の支出総額から、見込まれる総収入を差し引いた不足額のことをいいます。この必要保障額を死亡保険等でまかなうという考え方があり、一般的に、**末子誕生時**が必要保障額の最大時期といえます。

不足する金額が分かれば、保険でカバーすべき額が明確になるね

> **支出総額** = 遺族生活資金 + その他必要資金

> **必要保障額** = 支出総額 − 総収入

遺族生活資金（①＋②）

①末子独立まで
→ 現在の生活費×70%[※]×12カ月×（22歳−末子の現在年齢）

②末子独立後
→ 現在の生活費×50%[※]×12カ月×末子22歳時の配偶者の
平均余命

※目安としてこの割合にしている

その他必要資金

葬儀費用、教育費、結婚援助資金、緊急予備費、住居費（家賃）
など
→ 住宅ローン等に**団体信用生命保険**が付加されている場合は、
残債は保険金で完済されるため、ローン残高は**必要資金にな
らない**（＝プラスマイナスゼロ）

総収入

公的年金見込額、保有金融資産、死亡退職金見込額、配偶者の給
与収入など

団体信用生命保険は、
債務者が住宅ローン等の返済途中で死亡した場合、
保険金で住宅ローン等の残りが支払われる、
というものだよ

生命保険の商品

いろいろな
種類があるね

しっかり
覚えよう

| 定 期 | 終 身 | 養 老 | 学 資 |

| 個人年金 | 変額個人年金 | 団体信用生命 |

---

1 定期保険

定期保険は、被保険者の死亡・高度障害状態を一定の期間保障する保険です。保険期間が決められており、満了時に生存していても満期保険金はありません。基本的に**掛け捨て型**のため、年齢等の条件が同じなら終身保険や養老保険と比べて保険料は**安く**なっています。

注目!

生命保険では一般に、死亡以外にも「両眼の視力を全く永久に失う」「言語機能を全く永久に失う」といった高度障害に該当した場合も、死亡保険金と同額の高度障害保険金が支払われます。

定期保険は現役期間中の
死亡などといった大きなリスクに
安い保険料で保障してもらうイメージだよ

定期保険の種類

平準定期保険

死亡保険金等の額が、保険期間中一定の保険

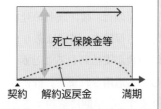

逓減定期保険

死亡保険金等の額が、保険期間の経過にともない減少していく保険
（保険料は減少せず一定）

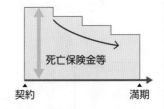

逓増定期保険

死亡保険金等の額が、保険期間の経過にともない増加していく保険
（保険料は増加せず一定）

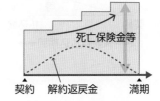

収入保障保険

被保険者の死亡時から、契約時に定めた満期まで、または一定期間にわたり、死亡保険金等を年金形式で受け取れる保険。一括受取りも可能だが、受け取れる総額は年金形式よりも少なくなる

生存給付金付定期保険

保険期間中に、被保険者が生存していれば、一定期間ごとに生存給付金が支払われる定期保険。死亡した場合でも、死亡保険金からそれまで支払われた生存給付金分が差し引かれることはない

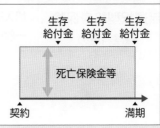

2 終身保険

終身保険は、被保険者の死亡・高度障害状態を**一生涯保障**する保険で、満期はありません。いつ死亡しても死亡保険金が支払われることから、**相続税の納税資金対策としても活用**されます。貯蓄性があるため解約返戻金はありますが、早期に解約すると解約返戻金が払込保険料の総額を下回ることがあります。

注目!

終身保険の保険料は年齢等の条件が同じなら**女性の方が安くなります**。

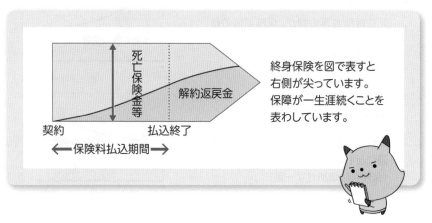

終身保険を図で表すと右側が尖っています。保障が一生涯続くことを表わしています。

終身保険の種類

低解約返戻金型終身保険 保険料安め	保険料払込期間中の解約返戻金を低く設定して保険料を安くしている 払込期間終了後の解約返戻金は通常の終身保険より同程度になる
無選択型終身保険 保険料高め	加入時に健康状態などの告知や診査が不要 一般の終身保険に比べて、保険料は高め

積立利率変動型 **終身保険** 最低保証は 保険金→あり 解約返戻金→あり	積立利率は、市場金利の変動を受けて一定期間ごとに変動する 解約返戻金と契約時に定めた基本保険金（死亡保険金）は最低保証される一方で、積立利率が高くなった場合には上振れることがある
アカウント型保険 （利率変動型積立終身保険） 自由設計	支払った保険料が積立部分と保障部分に分かれ、保険料払込期間終了後は積立部分を終身保険や年金に移行することができる 積立利率には最低保証がある
変額終身保険 最低保証は 保険金→あり 解約返戻金→なし	保険料は株式や債券などを使い**特別勘定**（一般勘定とは別の口座）で運用され、運用実績により死亡保険金等や解約返戻金が変動する 契約時に定めた**保険金額（基本保険金額）は最低保証される**が、**解約返戻金は最低保証されない**
外貨建て終身保険 為替リスクあり	保険料を外貨で払い込み、保険金や解約返戻金も外貨で支払われるため、円に換算すると為替リスクがある **円換算支払特約を付加していても為替リスクはある**。また、ＭＶＡ（市場価格調整）機能を有する保険は、市場金利が上昇（低下）すれば解約返戻金は減少（増加）する
定期保険特約付 **終身保険** 主契約→ 終身保険 特約→ 定期保険 更新型は 更新時の告知不要 更新後→ 保険料高くなる	終身保険を主契約とし、定期保険を特約として付けることで、一定期間の保障を厚くできる 主契約の終身保険の保険料払込期間と定期保険特約の保険期間を同じにする「全期型」と、主契約の終身保険の保険料払込期間より定期保険特約の保険期間を短くした「更新型」がある 更新時に健康状態の告知は**不要**（自動更新）で、更新後の**保険料は更新時点の年齢等で再計算される**ため、通常は更新前より高くなる

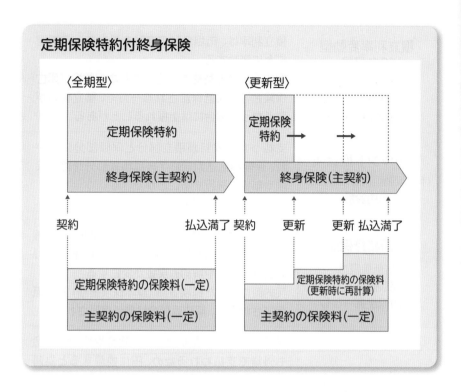

定期保険特約付終身保険

〈全期型〉

定期保険特約

終身保険(主契約)

契約　　　　　　　払込満了

定期保険特約の保険料(一定)

主契約の保険料(一定)

〈更新型〉

定期保険
特約 →　　→

終身保険(主契約)

契約　　更新　　更新 払込満了

定期保険特約の保険料
(更新時に再計算)

主契約の保険料(一定)

3 養老保険

　養老保険は、被保険者の死亡・高度障害状態を一定の期間保障し、満期まで生存していた場合には満期保険金を受け取れる保険です。一般には**死亡保険金等**と満期保険金は同額です。**貯蓄性を重視**しているため、他の保険に比べ保険料は高くなります。

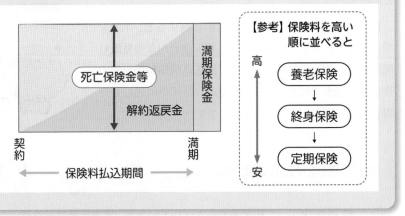

養老保険

死亡保険金等

解約返戻金

満期保険金

契約　　　　　　　　　　　　　満期

保険料払込期間

【参考】保険料を高い順に並べると

高

養老保険
↓
終身保険
↓
定期保険

安

4　学資保険（こども保険）

　子どもの進学に合わせて祝金や満期時に満期保険金が支払われる保険です。通常、親等が契約者、子どもが被保険者となります。

「出生前加入特則」
→ ライフプランニング
　と資金計画
　P.24へ

この2つを覚えておこう！

①保険期間中に契約者が亡くなったり、高度障害状態になった場合は、以後の保険料が免除され、祝金や満期保険金はそのまま受け取ることができます。

②出生前加入特則がある商品は、出産前に加入できます。

注目！ ⊙

契約者の死亡などにより保険料が免除される特約を、保険料払込免除特約といいます。

5 個人年金保険

被保険者が、契約時に定めた年齢に達すると、年金を受け取ることができる保険です。被保険者が**年金受取り開始前**に死亡した場合は、一般に**既払込保険料相当額**の**死亡給付金**が支払われますが、受取り期間中に死亡した場合は、商品タイプごとに異なります。

終身年金は
男性の方が
保険料が安い

ビシ！

年金の受取り方による分類

終身年金　被保険者が<u>生存している間</u>、年金を受け取れる。
女性の方が長生きのため保険料が高くなる。

「身」が「終」わるまでの年金、と覚えよう

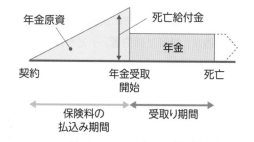

年金原資　　　　死亡給付金

年金

契約　　　　年金受取　　　死亡
　　　　　　　開始

保険料の　　　　受取り期間
払込み期間

保証期間付き終身年金
保証期間中に被保険者が死亡した場合は、残りの保証期間分の年金を遺族が受け取れる。保証期間終了後は生存している場合に限り年金を受け取れる。

確定年金　被保険者の<u>生死に関係なく</u>、<u>一定期間</u>（確定期間）年金を受け取れる。

生きていても、亡くなっても、必ず受け取れる年金

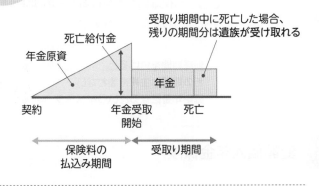

受取り期間中に死亡した場合、
残りの期間分は遺族が受け取れる

死亡給付金

年金原資

年金

契約　　　　年金受取　　死亡
　　　　　　　開始

保険料の　　　　受取り期間
払込み期間

有期年金　被保険者が<u>生存している間の一定期間中</u>（有期）年金を受け取れる。

生きている間の一定期間受け取れる年金

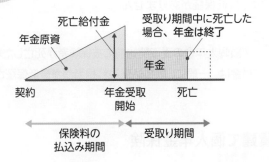

受取り期間中に死亡した
場合、年金は終了

死亡給付金

年金原資

年金

契約　　　　年金受取　　死亡
　　　　　　　開始

保険料の　　　　受取り期間
払込み期間

保証期間付き有期年金

保証期間中に被保険者が死亡した場合は、残りの保証期間分の年金を遺族が受け取れる。保証期間終了後は、生存している限り有期期間の終了まで年金を受け取れる。

終身年金と有期年金の保証期間付き

終身年金は被保険者が亡くなるまで年金
有期年金はあらかじめ決められた期間まで年金
　→ どちらも保証期間を付けるとその期間は被保険者の
　　生死を問わず受け取れます。

保証期間を付けると
その期間は生死を問わない
確定年金になるというイメージ

6 変額個人年金保険

　保険会社が、保険料を株式や債券などで運用し、**特別勘定**で管理します。その運用成果に応じて**年金額や解約返戻金等**が変動する個人年金保険です。年金受取総額や年金原資を最低保証しているものもありますが、**解約返戻金には一般に、最低保証がありません。**

　変額個人年金の受取開始前に被保険者が死亡した場合の死亡給付金は、一般に、既払込保険料相当額が最低保証されています。

7 外貨建て個人年金保険

　保険料を外貨で払い込み、将来受け取る年金や解約返戻金等も外貨で受け取る個人年金保険ですが、円換算支払特約を付加することで年金額や解約返戻金等を円貨に替えて受け取ることもできます。為替相場によっては**為替差損益**が生じるため、年金受取総額が既払込保険料相当額を**下回る**ことがあります。

8 医療保険等、一般的な特約

医療保険等は、被保険者の病気や傷害、介護、特定疾病等を保障します。主契約にできるものも、特約にできるものもあります。

一般的な医療保険等

医療保険	病気やケガで入院・手術等をした場合に、入院給付金や手術給付金等が給付されます。入院給付金については1入院あたりの支払限度日数と、保険期間中通算の支払限度日数が定められています 1入院あたりの支払限度日数は、退院の翌日から180日以内に同一の病気等で再入院した場合、先の入院と合わせて「1入院」とみなします 更新型は、更新前に給付金を受けていても同一条件で更新できます [限定告知型（引受基準緩和型）] 　通常の医療保険に比べて保険会社へ告知する項目が少なく、持病がある人でも加入しやすい保険です。ただし、加入のハードルが低く設定されている分、保険料は通常の医療保険と比較すると割高になります
がん保険	がんと診断されるとがん診断給付金が支払われ、がんで入院・手術をした場合には、がん入院給付金・がん手術給付金等が給付されます 医療保険と違い、1入院あたりと通算の支払限度日数に制限がないのが特徴です 一般的に責任開始日前には3カ月または90日間の免責期間があり、その期間中にがんと診断されても、通常、給付金等は支払われません

介護保障保険	認知症や寝たきりによって所定の介護状態になった場合に、介護一時金や介護年金が支払われます 介護状態の認定の基準は、公的介護保険に連動した商品や、保険会社の独自基準による商品があります その他、認知症などで給付されるものもあります
就業不能保険	病気やケガ等により働けない状態のとき（就業不能状態であれば在宅療養でも可）の、収入減少を補う保険です 保険金は就業不能状態が続いていれば保険期間満了まで支払われます

特約は、一般に主契約に付加することができます。

一般的な特約

不慮の事故（急激かつ偶然な外来の事故）に備える特約	
災害割増特約	不慮の事故等が原因で、180 日以内に死亡または高度障害になったとき保険金が支払われます **POINT!** 階段から落ちたなどの不慮の事故によるケガや所定の感染症が対象となります
傷害特約	不慮の事故等が原因で、180 日以内に死亡または所定の身体障害状態になったときに、保険金または障害の程度に応じた障害給付金が支払われます
入院・通院に備える特約	
災害入院特約	不慮の事故によるケガで 180 日以内に入院したときに、給付金が支払われます
疾病入院特約	病気で入院したとき等に、給付金が支払われます

生活習慣病入院特約 （成人病入院特約）	がん、脳血管疾患、心疾患、高血圧性疾患、糖尿病等の生活習慣病が原因で入院したとき等に、給付金が支払われます POINT! がん、糖尿病は生活習慣病と覚えましょう
女性疾病入院特約	乳がんや子宮筋腫、分娩の合併症など女性特有の病気で入院したとき等に、給付金が支払われます
通院特約	一般に、入院給付金の対象となる入院後に、治療のため通院したとき、給付金が支払われます
その他の特約	
特定（三大）疾病 保障特約	がん、急性心筋梗塞、脳卒中と診断され、もしくは所定の状態となったとき、生存中に保険金を受け取れます 保険金を受け取ると特約は消滅します 保険金を受け取ることなく死亡した場合は、死亡事由が特定疾病以外でも死亡保険金が支払われます
リビング・ニーズ 特約	余命6カ月以内と判断された場合に、死亡保険金の全部または一部（上限3,000万円）を生前に受け取れます。特約保険料は無料です
先進医療特約	療養の時点（契約時ではない）で厚生労働大臣が承認している先進医療を受けたときに、給付金が支払われます
指定代理請求特約	被保険者が保険金等の請求ができない状態のとき、代わりにあらかじめ指定した指定代理請求人が請求できます

9 団体信用生命保険

団体信用生命保険は、**住宅ローン等**の返済を目的とした生命保険です。住宅ローンの債務者（被保険者）が死亡・高度障害状態になった場合に、その時点の住宅ローンの残高と同額の保険金が**金融機関等**へ支払われます。特約で、がんなどの特定疾病になった場合に保険金が支払われるものもあります。

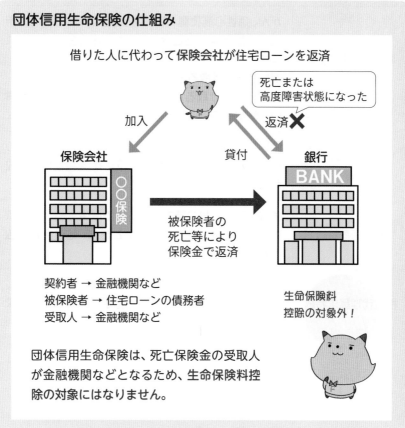

団体信用生命保険の仕組み

借りた人に代わって**保険会社が住宅ローンを返済**

死亡または高度障害状態になった

加入　　　　　　　　返済✖

保険会社　　　　　　貸付　　　　　　銀行

○○保険

BANK

被保険者の死亡等により保険金で返済

契約者 → 金融機関など
被保険者 → 住宅ローンの債務者
受取人 → 金融機関など

生命保険料控除の対象外！

団体信用生命保険は、死亡保険金の受取人が金融機関などとなるため、生命保険料控除の対象にはなりません。

141

10 団体定期保険（Bグループ保険）

法人を保険契約者として、役員や従業員が任意で加入する、保険期間1年の定期保険です。**保険料は被保険者（役員や従業員）**が負担し、保険金の受取人は被保険者（役員や従業員）の遺族です。

一般に加入時は
告知のみでOKです

11 総合福祉団体定期保険

法人が従業員などの遺族の生活保障を目的として加入する、**1年更新の定期保険で貯蓄性はありません。災害総合保障特約**を付加すると、従業員等の不慮の事故による身体の障害や入院にともなう給付金が支払われます。

保険契約者は法人で、**保険料は法人が負担し、全額損金に算入**できます。

被保険者は法人の役員・従業員など全員で、保険加入時には**告知と本人の同意**が必要です。

死亡保険金受取人は原則、被保険者の遺族ですが、被保険者の同意があれば、**受取人を法人にする**こともできます。

法人の損失をカバーする「ヒューマン・ヴァリュー特約」

総合福祉団体定期保険の、被保険者である役員や従業員が死亡すると、法人にとっては、その役員や従業員の生み出していた利益を喪失してしまうことになります。また、新たに従業員を雇用する費用も発生します。そのような経済的負担にも備える保険（特約）として、ヒューマン・ヴァリュー特約があります。なお、この特約の保険金受取人は法人になります。

1 告知義務

保険契約の申し込みにあたり、契約者または被保険者（告知義務者）は、保険会社が定めた健康状態や職業などの告知事項に答えなければなりません。ただし、**告知事項にないことを自発的に告知する必要はありません。**

2 責任開始日

責任開始日とは、保険契約の保障が始まる日のことです。責任開始日に関する特約を付加した場合を除き、原則、次の３つがすべて完了した日が責任開始日となり、完了する順番は関係ありません。

申し込み

告知または医師の診査

第1回目の保険料払い込み

責任開始日は
「申・告・払い」
で1セットに
なってるからね！

　生命保険への加入は保険会社の承諾が前提となります
が、責任開始日は原則として、上記の3つが揃った日と
なります。

3　保険料の払込猶予

　万一、保険料を支払えなかった場合、すぐに契約が失
効するわけではなく、猶予期間が設けられています。

月払いの猶予期間	払込期月の翌月初日から末日まで ＝支払予定月の次の月の1日から末日までのこと
年払い、半年払いの猶予期間	払込期月の翌月初日から翌々月の契約応当日（月単位）まで （例）払込期月が5月で契約応当日が5日の場合の猶予期間は、6月1日から7月5日まで

契約応当日とは、
契約後の
保険期間中に迎える、
毎月・毎年の契約日です
記念日みたいにね！

4 自動振替貸付制度と契約者貸付制度

　保険契約者が加入中の保険の解約返戻金をもとに、保険会社から貸付けを受けられる制度があります。

自動振替貸付制度 保険料の支払いが ないとき	猶予期間を経過しても保険料の支払いがないときに、保険会社が解約返戻金の範囲内で保険料を立て替えて、契約を継続させる制度 「貸付け」なので、利息がかかる
契約者貸付制度	契約者が、解約返戻金の一定の範囲内（8〜9割）で、保険会社から貸付けを受けられる制度 いつでも返済可能だが、「貸付け」なので利息がかかる 貸付け中に死亡等で保険金の支払いが生じた場合は、保険金等から残金と利息が差し引かれる

両者の違いに
注意しよう

5 契約の失効と復活

　猶予期間内に保険料が支払われず、自動振替貸付を受けられない場合、保険契約は効力を失います。ただし、失効した場合も、所定の期間内に**告知**または医師の診査を行い、保険会社の**承諾**を得て、延滞している未払いの**保険料**とその利息をまとめて支払うことで契約を**復活**させることができます。なお、復活後の保険料は**失効前の保険料**のままです。

6 払済保険と延長（定期）保険

　加入中の保険の解約返戻金をもとにして、**払済保険**や**延長（定期）保険**へ変更すると、その後は保険料を支払わずに契約を継続することができます。ただし、付加していた**特約**は消滅します（払済保険のリビング・ニーズ特約等、一部の特約は残ります）。

払済保険	延長（定期）保険
保険料の払い込みを中止して、その時点での解約返戻金をもとに変更する	
・一般に、保険期間は変わらない ・一般に同じ種類の保険（終身保険や養老保険等）に変更する	・保険金額は変わらない ・一時払いの定期保険に変更する

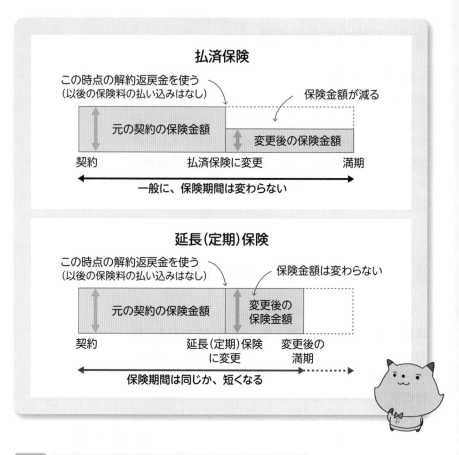

払済保険

この時点の解約返戻金を使う
（以後の保険料の払い込みはなし）

保険金額が減る

元の契約の保険金額

変更後の保険金額

契約　　　　　　払済保険に変更　　　　　満期

一般に、保険期間は変わらない

延長(定期)保険

この時点の解約返戻金を使う
（以後の保険料の払い込みはなし）

保険金額は変わらない

元の契約の保険金額

変更後の
保険金額

契約　　　　　延長(定期)保険　　変更後の
　　　　　　　　　に変更　　　　　満期

保険期間は同じか、短くなる

7　契約転換制度

　契約転換制度とは、保険の下取りのようなものです。現在加入している保険の責任準備金等（転換価格）を下取りに出し、新しい保険の一部に充当する方法です。転換後の保険は**新契約**となるため、**告知または医師の診査が必要**です。保険料は転換時（新契約時）の年齢や保険料率によって決められますが、下取りがあるため、同条件の新契約よりは安くなります。

※クーリング・オフ制度の適用も可能です。

注目！

契約転換制度は保険の下取り制度。所有している車を下取りに出して、新車を購入するイメージです。

払済保険について
おさらいするよ！

LESSON 7

個人の生命保険と税金

ここで勉強するのはこの2つ！

・支払い保険料に対する控除額
・保険金を受け取ったときの税金

何税の対象になるかは
契約者等の組み合わせで
変わってくるよ！

1 生命保険料控除

　1年間に支払った生命保険料は、金額に応じて所得控除の一つである**生命保険料控除**を受けられます。

　2012年1月1日以後に締結した契約（新契約）と2011年12月31日以前に締結した契約（旧契約）では、控除額が異なります。

　一般の生命保険料控除を受けられるのは、保険金受取人が納税者本人、またはその配偶者、その他の親族となっている生命保険契約の保険料で、2011年以前に契約した医療保険等を含みます。

　介護医療保険料控除を受けられるのは、保険金受取人が納税者本人、またはその配偶者、その他の親族で、2012年以後に契約した、疾病や傷害により給付金等が

チェック！

前年分の保険料を当年支払った場合、その保険料は当年分の生命保険料控除の対象となります。

支払われる保険契約のうち、医療費の支払事由により給付金等が支払われる保険契約の保険料です。

　なお、**新契約では傷害保険や災害割増特約**など、身体の傷害のみに基因する保険の保険料は生命保険料控除の**対象外**ですが、総合医療保険やがん保険、先進医療特約は対象です。

生命保険料控除の限度額

	旧契約のみ		新契約含む	
	所得税	住民税	所得税	住民税
一般の生命保険料控除	5万円	3.5万円	4万円	2.8万円
介護医療保険料控除	旧契約にはない		4万円	2.8万円
個人年金保険料控除	5万円	3.5万円	4万円	2.8万円
合計の控除限度額	10万円	7万円	12万円	7万円

介護医療保険料控除の対象となる保険

- 医療保険
- がん保険
- 就業不能サポート保険
- 所得補償保険
  など

合計した場合でも
「7万円」が限度額に
なる！

150

Point!

①旧契約の保険を、2012年以降に、更新、契約転換、一定の特約の中途付加をした場合、その月以降はその保険全体が新契約の対象となります。

②保険料が自動振替貸付により支払われた場合、その年の生命保険料控除の対象です。

③変額個人年金保険の保険料は一般の生命保険料控除の対象です。

④災害割増特約や傷害特約などの保険料は、新契約においては一般の生命保険料控除の対象外になります。

⑤団体信用生命保険、少額短期保険、勤労者財産形成貯蓄積立保険（一般財形）の保険料は対象外。

⑥新契約と旧契約の保険料が混在する場合、所得税における控除額の合計は最高12万円です。

次ページの＜計算例＞を参考に、生命保険料控除額を計算できるようにしておきましょう。

所得税の生命保険料控除額の速算表

 旧契約 （2011年12月31日以前に締結した保険契約等）の控除額

● 一般の生命保険料控除、個人年金保険料控除

年間の支払保険料の合計	控除額
25,000円以下	支払金額
25,000円超　50,000円以下	支払金額×1／2＋12,500円
50,000円超 100,000円以下	支払金額×1／4＋25,000円
100,000円超	50,000円

新契約 （2012年1月1日以後に締結した保険契約等）の控除額

● 一般の生命保険料控除、個人年金保険料控除、
　介護医療保険料控除

年間の支払保険料の合計	控除額
20,000円以下	支払金額
20,000円超　40,000円以下	支払金額×1／2＋10,000円
40,000円超　80,000円以下	支払金額×1／4＋20,000円
80,000円超	40,000円

＜計算例＞

支払保険料	定期保険　　　：年額　75,000円（旧契約） 個人年金保険：年額 130,000円（新契約）

控除額	旧契約分　：75,000円×1／4＋25,000円＝43,750円（①） 新契約分　：130,000円　　　　　　　　→40,000円（②）

生命保険料控除額　　　：①＋②＝ 83,750円

計算練習はしておこう

個人年金保険料控除について

個人年金保険料控除を受けるためには、以下をすべて満たした個人年金保険でなければなりません。満たしていない場合は、一般の生命保険料控除の対象となります。

1. 年金受取人が契約者または配偶者のいずれか
2. 年金受取人＝被保険者
3. 保険料払込期間が10年以上の定期払い
   （前納払いは対象、一時払いは対象外）
4. 確定年金、有期年金の場合には、被保険者の年金受取開始が60歳以降で、年金受取期間が10年以上であること
5. 税制適格特約が付加されている

税制適格特約は、
個人年金保険料控除を受けるために付加する特約です

2 保険金等を受け取ったときの税金

　個人が受け取った保険金等は、その種類と、契約者・被保険者・受取人の関係によって、課税される税金が、相続税・所得税（および住民税）・贈与税のいずれかになります。

死亡保険金と税金

契約者 =保険料負担者	被保険者 （死亡）	受取人	受取人に課税される税金
Aさん	Aさん	Bさん	**相続税** 受取人が相続人の場合は、死亡保険金の非課税枠の適用がある
Bさん	Aさん	Bさん	**所得税**（および住民税） → 一時所得 「自分が支払って自分が受け取る」は所得税
Bさん	Aさん	Cさん	**贈与税** 契約者・被保険者・受取人がすべて違う場合は必ず贈与税

FP試験では
契約者＝保険料負担者（支払う人）
の設定で出題されるよ

まずはここを覚えよう！

支払った人が受け取る → 所得税（および住民税）
契約者・被保険者・受取人がすべて違う人 → 贈与税

満期保険金・解約返戻金と税金

契約者 =保険料負担者	被保険者	受取人	受取人に課税される税金
Aさん	—	Aさん	**所得税**（および住民税） → 一時所得 「自分が支払って自分が受け取る」は所得税
Aさん	—	Bさん	**贈与税** 「AからBへあげた」という扱いになる

金融類似商品に該当する場合

満期保険金等が既払込保険料よりも多い場合の差益部分は20.315%（所得税・復興特別所得税15.315 %、住民税5%）の源泉分離課税の対象となります。

金融類似商品とは？

①保険期間が5年以下の一時払養老保険や一時払損害保険の満期保険金
②保険期間が5年超でも、5年以内に解約した一時払養老保険等の解約返戻金

一時払終身保険、一時払終身年金保険の解約返戻金は、5年以内の解約でも金融類似商品にはあたらず、一時所得（総合課税）になります
→ 終身保険や終身年金には満期がないからです

個人年金保険と税金

契約者 =保険料負担者	被保険者	受取人	受取人に課税される税金
Aさん	—	Aさん	所得税（および住民税） → 雑所得 確定年金の一括受取り → 一時所得
Aさん	—	Bさん	贈与税 初年度は年金受給権（年金を受け取る権利）の評価額に対して課税 2年目以降は課税部分は、雑所得として扱われる

Point!　契約者と年金受取人が同一人である個人年金保険（保証期間付）の保証期間内に年金受取人が死亡して、残りの保証期間について相続人が受け取る年金受給権は、相続税の課税対象となります。

非課税となる保険金や給付金

疾病や 傷害によって 支払われるもの	入院給付金、がん診断給付金、就業不能給付金、手術給付金、介護一時金、介護年金など 被保険者本人が受け取る場合だけでなく、配偶者、直系血族、同一生計親族が受け取る場合も非課税となる
生前給付保険金	特定疾病保障保険金、高度障害保険金、リビング・ニーズ特約保険金など 被保険者本人や指定代理請求人が受け取った場合に非課税となる

LESSON 8

法人契約の生命保険と税金

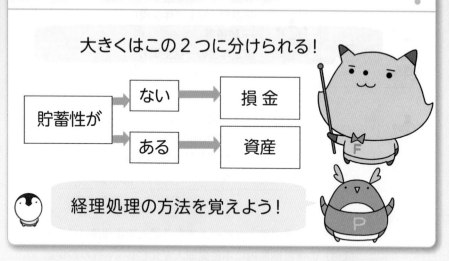

大きくはこの2つに分けられる！

貯蓄性が → ない → 損金

貯蓄性が → ある → 資産

経理処理の方法を覚えよう！

1 法人契約の生命保険

　法人（会社）が契約者、従業員や役員が被保険者となる生命保険を法人契約の生命保険といい、経営者の死亡リスク対策、退職金準備や福利厚生などに活用されます。保険料支払時や保険金等の受取時は会社の経理処理が必要となります。

2 生命保険料の経理処理

　法人が支払った生命保険料は、損金や資産に分けて経理処理をします。まずは基礎知識として、この違いを頭に入れておきましょう。

キーワード

損金
税務上の用語で法人の費用や損失のこと。

Step 1 受取人が法人である場合、法人が支払った生命保険料の経理処理

貯蓄性のない掛捨ての保険 定期保険など	損金算入	お金が 貯まらないもの
貯蓄性のある保険 終身保険、養老保険など	資産計上	帳簿にお金が 貯まるもの

法人が支払った生命保険料の原則的な経理処理

①終身保険、養老保険など貯蓄性のある商品の保険料（受取人＝法人）は、「保険料積立金」「前払保険料」などの科目で、資産計上します。

②定期保険など掛け捨ての商品の保険料（受取人＝法人）は、「定期保険料」「特約保険料」「福利厚生費」などの科目で、損金算入します。

③保険金受取人が特定の被保険者や遺族になっている場合、「給与」として扱い、原則、損金算入します。

Step 2 法人が受け取った生命保険金などの経理処理の流れ

保険料支払時の経理処理により、受取時の経理処理が異なります。

保険料支払時	受取時の経理処理
資産計上額がない	全額雑収入（益金）
資産計上額がある	資産計上額 ＜ 保険金額 → 差額が雑収入
	資産計上額 ＞ 保険金額 → 差額が雑損失

Step1からStep2は
ワンセットで覚えるよ！

試験では、法人が支払った生命保険料の経理処理について問われますが、簿記が苦手な方でも、どの種類の生命保険料が、損金算入や資産計上になるかを覚えていれば解答できます。

終身保険の保険料の仕訳例（保険金受取人＝法人）

（例）A社が終身保険の年間保険料100万円を現金で支払った

借方		貸方	
保険料積立金 （資産計上）	100万円	現金・預金	100万円

保険料積立金として資産計上（借方）へ

支払いによって、資産の現金・預金を減らすことになるので貸方へ

3 個人年金保険の経理処理

個人年金保険の支払保険料の経理処理は死亡給付金と年金の受取人によって異なります。

被保険者	死亡給付金受取人	年金受取人	経理処理
（役員）・従業員 の全員	法人	法人	資産計上 （保険料積立金）
	被保険者の遺族	被保険者	原則、損金算入 （給与）
		法人	90% 資産計上 （保険料積立金） 10% 損金算入 （福利厚生費※）

※特定の役員・従業員を被保険者とする場合は給与となります。

4 養老保険の経理処理

養老保険の保険料は、資産計上が基本的な経理処理ですが、「契約者＝法人、被保険者＝（役員）・従業員全員」とする養老保険は、受取人の要件（下表）を満たした場合、保険料の2分の1を損金算入（福利厚生費）にすることができます。これを**ハーフタックスプラン（福利厚生プラン）**といいます。役員・従業員の死亡退職金や生存退職金として活用できます。

ここが出る！

法人が支払う養老保険の保険料の経費処理

被保険者	死亡保険金受取人	満期保険金受取人	経理処理
（役員）従業員全員（普遍的加入）	法人	法人	資産計上（保険料積立金）
	被保険者の遺族	被保険者	原則、損金算入（給与）
	被保険者の遺族	法人	ハーフタックスプラン 2分の1を資産計上（保険料積立金）2分の1を損金算入（福利厚生費）

特定の役員・従業員のみを被保険者としている場合は、「福利厚生費」ではなく「給与」になります。

その人だけ得しちゃうものね

死亡保険金受取人が被保険者の遺族、満期保険金受取人が法人です。

ハーフ（半分）のタックス（税金）ってことですね

養老保険の保険料の仕訳例

（例）　A社が養老保険の年間保険料 100 万円を現金で支払った
　　　　（ハーフタックスプランの要件は満たしていることとします）

借方	貸方
福利厚生費（損金算入）　50 万円 保険料積立金（資産計上）50 万円	現金・預金　100 万円

ハーフタックスプランなので
半分は損金算入できます

（損金計上）50 万円
福利厚生費として半分を
損金算入（借方）

（資産計上）50 万円
保険料積立金として半分を
資産計上（借方）

（資産の減少）100 万円
現金・預金での支払いで
資産の減少（貸方）

【参考】　簡単な仕訳のルール

借方に記帳される取引	貸方に記帳される取引
・資産の増加 ・負債の減少 ・純資産の減少 ・費用の発生	・資産の減少 ・負債の増加 ・純資産の増加 ・収益の発生

5　受取人が法人である特殊な定期保険等の経理処理

　2019 年 7 月 8 日以後に契約した定期保険および第三
分野の保険の経理処理は、最高解約返戻率で変わります。
　最高解約返戻率とは、保険期間中支払った保険料に対
する、解約返戻金相当額の割合が最も高いときをいいます。

最高解約返戻率	資産計上期間	資産計上期間の保険料の経理処理
50％以下	なし	全額損金
50％超70％以下※	契約日から保険期間の当初4割相当の期間	60％損金算入 40％資産計上（前払保険料）
70％超85％以下		40％損金算入 60％資産計上（前払保険料）
85％超（原則）	契約日から最高解約返戻率となるまでの期間等	一定の計算式により損金算入部分と資産計上部分を分ける

※最高解約返戻率が50％超70％以下で1被保険者あたりの年換算保険料相当額が30万円以下となる契約は全額損金算入となる

　2019年7月7日以前に契約した長期平準定期保険の経理処理は、保険期間の前半6割と後半4割の期間で経理処理が以下のとおり異なります。

　長期平準定期保険とは、保険期間満了時における被保険者の年齢が70歳超で、かつ、保険に加入した時の年齢に保険期間の2倍相当数を加えた数が105を超える定期保険です。

長期平準定期保険の経理処理（契約日：2019年7月7日以前）

保険期間の前半6割の期間	支払保険料×1/2＝前払保険料（資産計上） 支払保険料×1/2＝定期保険料（損金算入）
保険期間の後半4割の期間	支払保険料の全額が定期保険料（損金算入） 資産計上されている保険料を均等に取り崩して損金算入

※死亡保険金受取人が法人の場合

6 保険金等の受取時の経理処理

　法人保険からの生命保険金等の受取りは、それまで資産計上していた保険料積立金等との関係により、雑損失と雑収入の経理処理があります。

死亡保険金・解約返戻金・満期返戻金の受取り、払済保険への変更

　法人が保険金等（死亡保険金、満期保険金、解約返戻金）を受け取った場合、それまで資産計上していた保険料積立金があれば保険金等から差し引き、差がプラスの場合（保険金等が多い）は差額を雑収入に、マイナスの場合（保険金等が少ない）は差額を雑損失として経理処理します。

終身保険の解約返戻金を受け取った際の仕訳（保険金が多い場合）

借方		貸方	
現金・預金	×××万円	保険料積立金	×××万円
		雑収入	×××万円

　なお、遺族が直接保険金等を受け取った場合、法人は帳簿上の資産計上額を取り崩して同額を雑損失として経理処理します。

　解約返戻金のある定期保険を払済終身保険に変更した場合も同様ですが、解約返戻金が資産計上（前払保険料）した金額より多い場合は差額を雑収入として経理処理します。

定期保険を払済終身保険に変更した際の経理処理
（解約返戻金が多い場合）

借方		貸方	
保険料積立金	×××万円	前払保険料	×××万円
		雑収入	×××万円

役員勇退時の名義変更（終身保険）

　役員勇退時に役員退職金の一部または全部として、法人契約の終身保険の契約者名義を当該役員に変更し、死亡保険金受取人を役員の相続人等に変更して、役員個人の終身保険契約として継続することができます。

　その際の経理処理は、原則、解約返戻金相当額が当該役員の退職所得の収入金額となります。

ここも押さえよう！

功績倍率による役員退職慰労金の求め方

役員退職慰労金＝
最終報酬月額×役員在任年数×功績倍率

功績倍率は会社ごとに異なります

入院給付金の受取り

　医療保険の契約者が法人、被保険者が役員・従業員、給付金受取人が法人である場合で、法人が受け取った入院給付金や手術給付金等は、その全額を益金に算入します。受け取った給付金を見舞金として役員・従業員へ支払った場合は、支払った金額を損金（福利厚生費）に計上します。

　なお、入院給付金等が保険会社から直接、役員・従業員に支払われた場合は、経理処理は不要です。

契約者貸付の借入時と返済時の経理処理

借入時の仕訳

借方		貸方	
現金・預金	×××万円	借入金	×××円

返済時の仕訳 (利息がある場合)

借方		貸方	
借入金	×××円	現金・預金	××△円
支払利息	△円		

借方、貸方を
見比べると
お金の流れが
わかるでしょ?

損金が
資産かで
考えると
わかりやすいよ

法人保険の受取りのまとめ

超過したら
雑収入

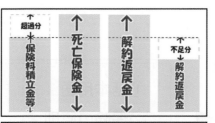

超過分
↑
保険料積立金等↓

↑
死亡保険金
↓

↑
解約返戻金
↓

不足分
↓
解約返戻金

不足だったら
雑損失

受け取ったのが
プラスなら
雑収入に、
マイナスなら
雑損失に！

役員勇退

はい、これどーぞ
名義変更
しときました！

終身保険

ああ、
退職金の一部として
くれるのね

…と、法人の
生命保険の受取りは
経理処理がたくさんあります。
「会社のお金の出入り」
だからね！

LESSON 9

損害保険の仕組み

基本はこの3つだよ！

① 基本用語
② 保険の原則
③ 保険の掛け方

4つの原則を覚えよう

1 損害保険の基本用語

契約者と被保険者は違うこともあるよ

保険価額、保険金額、保険金など、似た言葉に注意しましょう。

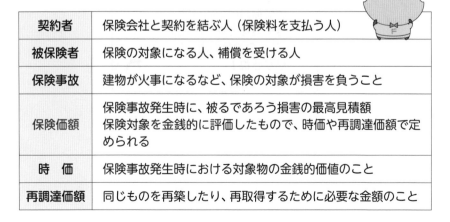

契約者	保険会社と契約を結ぶ人（保険料を支払う人）
被保険者	保険の対象になる人、補償を受ける人
保険事故	建物が火事になるなど、保険の対象が損害を負うこと
保険価額	保険事故発生時に、被るであろう損害の最高見積額 保険対象を金銭的に評価したもので、時価や再調達価額で定められる
時　価	保険事故発生時における対象物の金銭的価値のこと
再調達価額	同じものを再築したり、再取得するために必要な金額のこと

保険金額	契約時に定める保険金の額のこと 保険事故発生時に支払われる最高限度額となる
保険金	保険事故が発生したときに、保険会社から支払われるお金

2 損害保険の原則

　損害保険の基本的な仕組みは、以下4つの原則で成り立っています。

　原則1と2は生命保険の原則でも出てきたものですが、ここではさらに2つが加わります。

サイコロの
確率と一緒

原則 1 大数の法則	個々の事象は偶発的だったとしても、数多くで見ると一定の確率性があるということ
原則 2 収支相等の原則	保険料は、契約者から受け取る保険料総額・運用益と、保険会社が受取人に支払う保険金の総額・経費が等しく（収支相等）なるように算定される
原則 3 給付・反対給付 均等の原則 （レクシスの原則）	リスクの大きさや事故発生率に応じた保険料を負担しなければならないという原則
原則 4 利得禁止の原則	実際の損害額を超える保険金を受け取ることによって、利益を得てはいけないという原則

利得禁止の原則には
「モラルリスク（保険金の不正取得）を防ぐ」
という狙いもあるよ

損害保険の掛け方

　損害保険の保険金額と保険価額の関係（保険の掛け方）には、次の3つの種類があります。

超過保険	保険金額が保険価額よりも大きい保険（保険金額 > 保険価額） 損害額の全額が支払われる → 実損てん補
全部保険	保険金額と保険価額が同じ保険（保険金額 = 保険価額） 損害額の全額が支払われる → 実損てん補
一部保険	保険金額が保険価額よりも小さい保険（保険金額 < 保険価額） 保険金が削減される → 比例てん補

利得禁止の原則が適用されるため、超過保険の場合でも損害額を超える額の保険金は支払われません。
つまり、保険価額・損害額が100万円の場合、保険金額が1,000万円であっても、100万円を超えては支払われません。

保険金額を増やしても、
保険価額・損害分を超える
お金は出ないんだね

損害保険の原則を
おさらいするよ！

最近火事が多くて
物騒ね…
火災保険に入るか

そうだ！
どうせなら、
たくさん入ろうよ！

本当に
火事になったら
お金たくさん
はいっちゃうかも！

数カ月後

ゴォォォォォォォ

本当に火災発生！

ガーン

保険金額は
1,000万円の
保険なのに
100万円しか
払われなかった…

保険価額と損害額が
100万円
なんだから……
当たり前でしょ！

たくさん入ったからといって
保険価額や実際の損害額を超える保険金が
払われるわけじゃありません！

LESSON 10

損害保険の種類

①火災
②地震
③自動車
④傷害
⑤賠償責任
⑥その他

これらの保険を詳しく見ていくよ！

1 火災保険とは

　火災保険とは、火災等によって生じた建物や家財等の損害を補償する保険です。

　火災以外にも、落雷、破裂、爆発、風災、雪災などによる損害や消火活動による水濡れの損害も補償の対象となりますが、地震・噴火、またはこれらによる津波を原因とする損害は補償の対象となりません。

時間の経過による建物の劣化は補償の対象となりません

火災保険の補償の対象

建物	建物のほか、門、塀、垣、物置、車庫も含まれる
家財	現金は対象外（盗難は対象） 一般に、1個または1組の価額が30万円超の貴金属等は、「明記物件」として明記すれば補償の対象となる

 上記の貴金属等であっても、地震保険では補償対象外です。

失火責任法（失火の責任に関する法律）

　民法では、失火により隣家等に延焼した場合でも、重大な過失がないとき、失火者には民法上の不法行為責任の規定が適用されないため、損害賠償責任を負いません（故意、重過失あり、爆発を除く）。

　なお、借家人による失火は、隣家等へは失火責任法が適用されますが、賃貸人（家主）に対しては、賃貸借契約上の原状回復義務を果たせなくなったこと（債務不履行責任）に対する損害賠償責任を負います。

　そのため、隣家等からの延焼損害に備えるためには、自分で火災保険に加入しておく必要がありますし、借家人は損害賠償責任に対しても対応できるよう、借家人賠償責任補償特約を付加しておく必要があります。

2 火災保険の主な補償の範囲

火災保険の主な種類として、住宅火災保険と住宅総合保険があります。それぞれの補償の範囲について確認しましょう。

補償の範囲

損害	住宅火災保険	住宅総合保険
火災、落雷、破裂、爆発、風災、ひょう災、雪災	○	○
消防活動による水濡れ	○	○
水害（水災）	×	○
給排水設備事故による水濡れ	×	○
盗難	×	○
外部からの落下、飛来、衝突	×	○
持出家財の損害	×	○
地震、噴火、津波	×	×
シロアリ被害、経年劣化	×	×

　住宅用建物の火災保険料は、都道府県等の所在地や、建物の構造（マンション等（M構造）、耐火構造（T構造）、非耐火構造（H構造））により算定します。構造別による保険料の差は、M構造が安く、H構造が高くなります。

3 保険金の支払額

　住宅を保険対象とする火災保険では、一般に契約時の
保険金額が保険価額（時価）の80％以上であるかどうか
によって、保険金の支払額が異なります。

火災保険契約の
最長期間は5年だよ

　保険金額　が　保険価額　の80％以上

➡ **実損てん補** = 保険金額を上限に、実際の損害額が支払われ
　　　　　　　　　ます。

‥‥‥

　保険金額　が　保険価額　の80％未満

➡ **比例てん補** = 次の計算式で算出された保険金が支払われます。

$$支払い保険金 = 損害額 \times \frac{保険金額}{保険価額（時価）\times 80\%}$$

　一般に、火災保険金額に対して一定額（80％相当額な
ど）を超える支払いがあると契約は終了しますが、一部
が支払われても契約は継続されて、元の保険金額に復元
します。

4 　地震保険とは

　火災保険では、地震、噴火、またはこれらを原因とする津波による損害は補償されないため、その損害に備えるためには地震保険に加入する必要があります。地震保険は、火災保険に付帯して加入する必要があります。

地震保険はあとから
付帯することもできるよ

5 　地震保険の保険金額と保険料

　地震保険の保険金額や保険料などについては、次のポイントを押さえておきましょう。

地震保険のポイント

補償の対象	・居住用建物 ・生活用動産（家財）→1個または1組の価額が30万円を超える貴金属などは対象外 ・地震発生の翌日から10日以上経過後の損害は対象外
保険金額	・主契約（火災保険）の保険金額の30〜50％の範囲 ・上限は、居住用建物5,000万円、生活用動産1,000万円
保険期間	・1年または最長5年の複数年
保険料	・保険会社による違いはない ・対象となる建物の所在地（都道府県）と構造によって変わる ・4種類の割引制度があるが、重複適用はできない 【割引制度（割引率）】 ①免震建築物割引（50％）　　②耐震診断割引（10％） ③耐震等級割引（耐震等級3＝50％）　④建築年割引（10％）
保険金	・損害の程度を4区分で評価し、その区分に応じた保険金が支払われる 全損 →保険金額の100％、大半損 →保険金額の60％、 小半損 →保険金額の30％、一部損 →保険金額の5％

6　自動車保険の種類

　自動車保険には、法律で加入が義務付けられている、自動車損害賠償責任保険（自賠責保険）と、自賠責保険では補償されない損害や賠償をカバーするための、任意加入の自動車保険があります。

7　自賠責保険

　自賠責保険は、すべての自動車（原動機付自転車含む）に加入が義務づけられています。自動車を運転する者が人身事故を起こした場合に負う被害者に対する損害賠償責任に備える保険で、保険会社による保険料の違いはありません。

自賠責保険のポイント

補償の対象	対人賠償事故で、自分以外の被害者のみ補償 → 対物賠償事故（物損事故）は対象外
保険金の 支払限度額	死　　亡 → 最高 3,000万円 後遺障害 → 最高 4,000万円 傷　　害 → 最高　 120万円 1事故あたりではなく、被害者1人あたりで計算される
保険金の請求	加害者だけでなく被害者からも請求できる

死亡より後遺傷害の方が
金額が大きいことに注目！

8 　任意加入の自動車保険

　任意加入の自動車保険は、民間の保険会社で加入します。任意加入の自動車保険はいくつかの補償がセットになっているものや自分で選択できる保険もあります。

任意加入の自動車保険の補償

対人賠償保険	自動車事故により他人を死傷させた場合に、自賠責保険の支払額を超える部分の金額が支払われる
対物賠償保険	自動車事故により他人の財物に損害を与えた場合に支払われる（被害者の過失割合によっては減額する）。店舗への損害により生じた休業損害も補償対象になる
人身傷害補償保険	自動車事故により搭乗者（運転者を含む）が死傷した場合に、自分の過失割合にかかわらず、示談を待たず保険金額の範囲内で損害額の全額について保険金が支払われる
搭乗者傷害保険	自動車事故により搭乗者（運転者を含む）が死傷した場合に支払われる
無保険車傷害保険	ほかの自動車との事故で死亡や後遺障害を被ったが、相手方が無保険であった場合などに支払われる
車両保険（一般条件）	自動車事故のほか、対象の自動車があて逃げや火災、盗難等にあった場合に支払われる。自然災害（台風・洪水・高潮）等での損害も補償される。また、地震、噴火、津波による損害は特約を付加すると補償される

記名被保険者・配偶者・同居の親族等の一定範囲を対象に「35歳以上補償」など年齢を限定する「運転者年齢条件特約」を付加することができます。この場合でも、対象範囲外の方へは年齢に関わらず補償されます。
ただし、運転者限定特約が付帯されている場合は、その限定者のみが補償対象です。

対人賠償保険、対物賠償保険は被害者救済のための保険です。そのため、無免許運転や飲酒運転による事故であっても、被害者に保険金が支払われます。
なお、契約者本人、配偶者・父母・子へは補償されません（兄弟姉妹は補償対象）。

9 傷害保険とは

　傷害保険は、日常生活や就業中での「**急激かつ偶然な外来の事故**」による死亡、後遺障害、入院、通院などに対して保険金が支払われる保険です。

急激かつ偶然な外来の事故	該当しない例
交通事故、転倒によるケガなど	靴ずれ、日焼け、疾病など

　保険料は、被保険者の年齢や性別による違いはありませんが、職種（危険度）により異なります。

10　傷害保険の種類

旅行傷害保険では
食中毒も補償される！

主な傷害保険

普通 傷害保険	国内外を問わず、日常生活のほか、就業中、通勤中、旅行中も補償の対象となる 地震、噴火、津波による傷害や、細菌性食中毒・ウイルス性食中毒は特約がなければ対象外
家族 傷害保険	1契約で家族全員の傷害を補償する 家族の範囲 → 本人、配偶者、生計を一にする同居親族や別居の未婚の子（傷害発生時） 家族数が変わっても保険料は同額
国内旅行 傷害保険	国内旅行中※の傷害を補償する 細菌性食中毒・ウイルス性食中毒も補償の対象 地震、噴火、津波による傷害は補償の対象外
海外旅行 傷害保険	海外旅行中※の傷害を補償する 細菌性食中毒・ウイルス性食中毒も補償の対象 海外での地震、噴火、津波による傷害も補償の対象
交通事故 傷害保険	乗り物（交通乗用具）での事故や、歩行中の交通事故による傷害・死亡を補償する 乗り物にはエレベーターやエスカレーターも含まれる

※旅行中とは、「旅行のため、家を出てから帰宅するまで」のこと

傷害保険の補償のまとめ（特約がない場合）

○：補償対象
×：補償対象外

	ケガ （原則）	細菌性食中毒 ウイルス性食中毒	地震・噴火・津波 による傷害
普通傷害保険	○	×	×
国内旅行傷害保険	○	○	×
海外旅行傷害保険	○	○	○

179

11 個人を対象とした傷害保険の類似保険

所得補償保険

病気やケガ等により働けない状態のとき（就業不能状態であれば在宅療養でも可）の、収入減少を補う保険です。失業、出産、育児などで働けない場合は支給されません。

生命保険商品の就業不能保険や、収入保障保険と間違えやすいから注意してね！

12 賠償責任保険とは

賠償責任保険とは、偶然の事故により他人の身体・生命を害したり、他人の財物に損害を与えたりして、法律上の賠償責任を負ったときに補償される保険です。

1契約で家族全員の賠償責任を補償

個人を対象とした主な賠償責任保険

個人賠償責任保険 （個人賠償責任補償特約）	日常生活における偶然の事故によって、他人にケガをさせたり、他人の物を壊したことで負う、損害賠償責任に備える保険。補償対象者は、加入者本人に加え、配偶者や生計を一にする同居の親族および別居の未婚の子も含まれる ［補償対象の事故例］ ・ペットが他人にケガをさせた ・子どもが投げたボールで隣家の窓ガラスが割れた ・自転車で通学中、歩行者にぶつかりケガをさせた

180

個人賠償責任保険の補償対象外の事故例

・自動車の事故 (自動車保険の補償対象となる)
・業務中の事故

企業を対象とした主な賠償責任保険

生産物賠償責任保険 (PL保険)	製造・販売した製品の欠陥や仕事の結果によって生じた事故に対する損害賠償責任を補償する保険
施設所有 (管理) 者 賠償責任保険	施設の不備による事故、施設内の業務中に生じた事故に対する損害賠償責任を補償する保険
請負業者 賠償責任保険	土木、建設などの請負業務従事者が行う、業務中に生じた事故に対する損害賠償責任を補償する保険
受託者賠償責任保険	他人から預かった物に損害 (紛失、盗難、破損) を与えた場合の損害賠償責任を補償する保険

企業の賠償責任保険が適用されるケース例

・飲食店で提供した
料理が原因で食中毒が発生した
・看板設置後に外れ、
通行中の車にぶつかった
⇒ 生産物賠償責任保険 (PL保険)

・飲食店の従業員が誤って
客にケガをさせた
・陳列していた商品が崩れて
客にケガをさせた
⇒ 施設所有 (管理) 者賠償責任保険

・工事中にクレーン車が倒れ、
隣家の塀を壊してしまった
・道路工事で配管を損傷させた
⇒ 請負業者賠償責任保険

・火災により預かっていた荷物が
焼失した
・ホテルのクロークで預った荷物を
紛失した
⇒ 受託者賠償責任保険

13 その他の損害保険

ほかにも、企業を対象とするさまざまな保険があります。

企業を対象としたその他の損害保険

機械保険	不測・突発的な事故等による機械設備・装置の損害を補償する保険（火災事故は対象外）
企業費用・利益保険 （店舗休業保険）	火災や自然災害等で受けた損害や、営業停止による逸失利益を補償する保険
建設工事保険	不測・突発的な事故等による建築中の工事目的物の損害を補償する保険
労働災害総合保険	公的な労災保険の上乗せ給付等のための保険

注意！

機械保険は火災による損害は補償されません。火災によって機械が損害を受けた場合は、基本的には火災保険を使います。

保険金を受け取ったとき、保険料を支払うとき

損害保険と税金

※個人と法人で異なります

1 個人が受け取る損害保険金と税金

　損害保険の保険金は、損失の補てんを目的とした**実損払いや損害賠償金**のため、原則として**非課税**です。

　ただし、傷害保険や自動車保険の人身傷害補償保険（契約者＝被保険者）における自己の過失相当部分の死亡保険金、積立型保険の満期返戻金や解約返戻金、年金等は、**生命保険とほぼ同様の扱いで課税対象**となります。

非課税と課税の
違いを把握しておこう！

2 個人が支払う地震保険料

　1年間に支払った、契約者（＝保険料負担者）、または生計を一にする配偶者等が所有する、自宅建物および家財に対する地震保険の保険料は、地震保険料控除として、所得金額から一定の金額を差し引くことができます。

地震保険料控除額

所得税	支払保険料の全額 → 最高5万円
住民税	支払保険料の2分の1→ 最高2万5,000円

・数年分の保険料を一括で支払った場合は、一括支払金額をその年数で割った金額が1年あたりの控除対象となります。

・店舗併用住宅は、保険料に住宅部分の割合を乗じた金額が控除対象となります。ただし、住宅部分が建物総床面積の90％以上を占める場合は、保険料の全額が控除対象となります。

・主契約である火災保険料は、地震保険料控除の対象外です。

3 法人が支払う損害保険料の経理処理

　法人が支払った損害保険料のうち、原則として**当該事業年度分**に係る部分は**損金算入**できます。満期返戻金つき（保険期間3年以上）の契約では、保険料のうち**積立部分は資産計上**し、その他の部分は損金算入します。

事業部分のみが
経費にできるんだね

個人事業主が支払った損害保険料（掛捨て型）は、全額を必要経費として経理処理することができます。ただし、店舗併用住宅の火災保険は、保険料のうち、住宅部分の保険料は必要経費にはできません。
また、事業主本人が自己を被保険者とする傷害保険や所得補償保険などの保険料を支払っても、必要経費にはできません。

4 法人が受け取る損害保険金などの経理処理

　法人が損害保険金を受け取った場合は**益金**に算入され、法人税等の課税対象になります。ただし、保険料支払い時に資産計上していた額がある場合で、資産計上されている金額よりも受取保険金が多い場合は差額部分を益金とします。

　また、火災や自動車事故等により事業用の固定資産（建物、自動車、機械設備等）に損害が生じたため、受け取った損害保険金を一定期間内に、代替資産（同一種類）の購入にあてた場合、**圧縮記帳**の適用を受けることができます。

　なお、普通傷害保険から、被害者や従業員の遺族へ直接保険金が支払われた場合、法人の経理処理は**不要**です。

圧縮記帳は、
税負担を軽減する
効果があるんだ

東京都・自営業
Aさんの場合

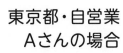

ラーメン屋
やってます！

店舗の家賃が
もったいないな…
店舗併用住宅に
するか…

90%を自宅にすると

払った
地震保険料の
全額が控除額の
対象ですって！

それはいい！
よし！
そうしよう!!

建築後…

スペース狭すぎて
1席しか
作れなかった…

店舗
借りるか…

result

186

STAGE 3

金融資産運用

ここで学ぶ内容です！

経済、金融の基本

金融商品に関する
セーフティネットと関連法規

金利と預金

債券

株式

投資信託

外貨建て金融商品

ポートフォリオ理論・デリバティブ

金融商品と税金

学科試験 投資商品の特徴とリスクを理解しましょう

経済指標、株式の投資指標、投資信託の運用手法はほぼ毎回出題されます。そのほか、債券では市場金利や信用格付けと価格や利回りとの関係。株式では売買ルールや市場の指標。投資信託ではETFタイプもよく出題されています。外貨預金ではTTSとTTB、為替レートと円高・円安も理解しておきましょう。ポートフォリオ理論、オプション取引などのデリバティブ、預貯金の商品性、預金保険制度、新NISAも出題されています。計算問題では、債券の利回り計算、株式の投資指標の計算、ポートフォリオの期待収益率やシャープレシオの計算も頻出します。

実技試験 受検先別の傾向と対策

【金財　個人資産相談業務】

財務データからFPアドバイスを問われる問題はほぼ毎回出題されます。株式の投資指標の概要や見方、計算、株式の取引について理解を深めましょう。そのほか、投資信託の手数料、債券の利回りやリスク、外貨預金の特徴や元利計算、各種金融商品の課税関係（課税方式、税率、損益通算など）もよく出題されます。新NISA制度の概要やJ-REITも押さえておきましょう。

【金財　生保顧客資産相談業務】

この分野からは出題されません。

【日本FP協会　資産設計提案業務】

資料から株式の投資指標の計算や株式の取引を問われる問題はほぼ毎回出題されます。そのほか、債券の販売用資料の見方や利回り計算、投資信託の商品概要から手数料や分配金を読み解く問題、預金保険制度の対象を問う問題、外貨預金の元利計算も出されます。財形貯蓄や個人向け国債の概要、新NISAの概要や金の特徴、各種金融商品の課税関係も押さえておきましょう。

基本の経済指標

これらを使って経済状況や動向を把握しよう！

① GDPと経済成長率
② 景気動向指数
③ 日銀短観
④ 物価指数
⑤ 通貨量を見る指標

それぞれの見方を覚えてね！

1 国内総生産（GDP）と経済成長率

国内総生産（GDP）とは

　国内の経済活動によって生み出された、財・サービスといった付加価値の総額で、**内閣府が四半期**ごとに公表しています。支出面からGDPの構成比を見ると、個人消費である「**民間最終消費支出**」が最も高い比率を占めます。

　その国の経済力の規模を示す数値といわれます。

注目！

名目GDPから物価変動の影響を除外したものを実質GDPといいます。

内閣府が四半期ごとに公表。
民間最終消費支出は約50～60％を占めます。

経済成長率とは

GDPの伸び率を「経済成長率」といいます。

物価変動を含めた取引金額をベースとした「**名目経済成長率**」と物価変動の影響を取り除いた「**実質経済成長率**」があります。

物価が上昇しているときは、名目経済成長率がプラスでも、実質経済成長率はマイナスになることがあります。

ある商品を例にするとこんなイメージ

	昨年	今年（物価50％上昇）	経済成長率
名目GDP	100円×50個 ＝5,000円	150円×40個＝6,000円	20％
実質GDP		100円×40個＝4,000円	－20％

物価変動を取り除いて評価する

2 景気動向指数

景気動向指数とは、景気の状況を総合的に見るために、景気に対して敏感に変動する**30**の指標を統合した指数で、**毎月**、内閣府が公表します。「**CI**（コンポジット・インデックス）」と「**DI**（ディフュージョン・インデックス）」の2種類があり、それぞれ、「先行指数（11系列）」「一致指数（10系列）」「遅行指数（9系列）」の3つの指数で構成されています。

CIとDIの違い

CIは景気の動きのテンポ
や大きさを測定。
現在はCIを中心に公表。

※ CIの一致指数が上昇していると、景気の拡張局面を示します。

DIは景気の各経済部門へ
の波及度合いを測定。

※ DIの一致指数が50％を上回ると、景気の拡張局面を示します。

指数の代表例

先行指数 … 景気の動きに先行して動く指数
→ 東証株価指数、新設住宅着工床面積、新規求人数など

一致指数 … 景気の動きと一致して動く指数
→ 有効求人倍率など

遅行指数 … 景気の動きより遅れて動く指数
→ 完全失業率、消費者物価指数など

どの指数に
なんの系列が入るのか
を覚えよう！

3 日銀短観

日銀短観（にちぎんたんかん）の正式名称は、「全国企業短期経済観測調査」です。全国の大企業や中小企業等の企業経営者に対する調査のこと（アンケート）で、日本銀行（日銀）が年4回、四半期ごとに調査して集計・公表しています。中でも、最も注目されるのが「業況判断 DI」です。

注目！

DIが下降に転じたときは景気が後退局面入りし、DIが上昇に転じたときは回復局面入りしている可能性が高いといえます。

業況判断 DI ＝ 業況が「良い」と答えた企業の割合 ー 業況が「悪い」と答えた企業の割合

4 物価指数

物価指数とは、モノやサービスなどの価格の動向を指数化して表したものです。さまざまな物価指数がありますが、重要なのは「消費者物価指数」と「企業物価指数」です。

公表元が違うということを意識してください

	消費者物価指数	企業物価指数
公表元	総務省（毎月）	日本銀行（毎月）
内容	全国の一般消費者が購入するモノ・サービスの価格変動を表す指数 消費税を含めた価格で集計	企業間で取引される商品（サービスは除く）の価格変動を表す指数 原油価格や為替相場の変動の影響を受けるため、消費者物価指数より変動が激しい

物価が継続して上昇している状態をインフレ（インフレーション）といい、それに伴いお金の価値が下がります。逆に、物価が継続して下落している状態をデフレ（デフレーション）といい、それに伴いお金の価値が上がります。

5 通貨量を見る指標

「通貨量を見る指標」というのは、世の中に出回っているお金や金融機関と日本銀行がやり取りをしているお金の量を見る指標です。

	マネーストック統計	マネタリーベース
公表元	日本銀行（毎月）	
内容	個人や法人、地方公共団体などが保有する通貨の総量（国や金融機関が保有する通貨は含まない） →金融機関が世の中に供給しているお金の量	日本銀行が供給する通貨量 →世の中に流通しているお金の量と金融機関が日本銀行に預けているお金（日銀当座預金）の合計

インフレとデフレ

これくださーい

100円ね

1年後…

リンゴは
1個100円で
買えなくなっていた

インフレ

物価が上がって
貨幣価値が
下がること

200円ね

さらに1年後…

リンゴを
1個買うつもりで
200円持って
いったら

150円ね

おつりが来たよ♪

デフレ

物価が下がり
貨幣価値が
上がること

景気と金利

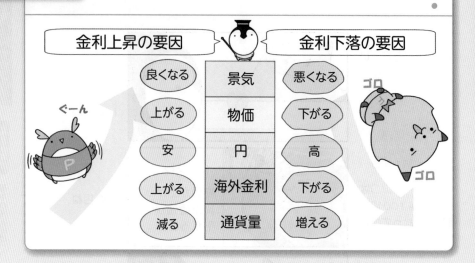

1 金利の変動要因

　金利が変動する要因には、景気、物価、円（為替レート）、海外金利、通貨量などがあり、それぞれに、例えば「**景気が回復すると金利は上昇しやすくなる**」といった基本的な"法則"があります。実際の経済は、さまざまな要因によって、必ずしも法則通りに動くわけではありませんが、基本的な法則を理解しておくことは重要です。

変動要因	国内金利上昇↑	国内金利下落↓
景気	回復	後退
物価	上昇	下落
円（為替レート）	円安	円高
海外金利	上昇	下落
通貨量	減少	増加

2 金利が変動する理由

　景気と金利の関係について、「なぜ景気が回復すると
金利が上昇するのか？」といった理由を理解しておくと、
覚えやすくなります。

景気と金利

景気が良くなる → 企業の資金需要が増加 → 金利上昇↑
景気が悪くなる → 企業の資金需要が減少 → 金利下落↓

物価と金利

物価が上がる（インフレーション）
　→ お金が多く必要になる → 金利上昇↑
物価が下がる（デフレーション）
　→ お金があまり必要でなくなる → 金利下落↓

物価と金利は
同じ動き

為替レートと金利

為替レートが円安になる → 輸入製品の物価が上がる → 金利上昇↑
為替レートが円高になる → 輸入製品の物価が下がる → 金利下落↓

海外金利と国内金利

海外金利が上がる
　→ 円を売り、外貨を買うので円安になる → 金利上昇↑
海外金利が下がる
　→ 外貨を売り、円を買うので円高になる → 金利下落↓

間違えやすい

通貨量と金利

通貨量が減る → 市場に出回るお金が少なくなる → 金利上昇↑
通貨量が増える → 市場に出回るお金が多くなる → 金利下落↓

通常、資金の需要が多いときに、金利が上昇します！

LESSON 3

金融市場と金融政策

（吹き出し）金融政策はどのように取引されてるのかな？

日銀の金融政策
公開市場操作
（オペレーション）
預金準備率操作

（吹き出し）それぞれの項目ごとに仕組みや経理を覚えよう！

1 金融市場の仕組み

　金融市場では、金融機関どうしや金融機関と企業との間で、お金の貸し借りが行われています。金融市場には、取引期間が1年を基準に、短期金融市場と長期金融市場に分けられます。

金融市場に参加しているのは
銀行、保険会社、証券会社といった
金融機関と、一般の企業になります！

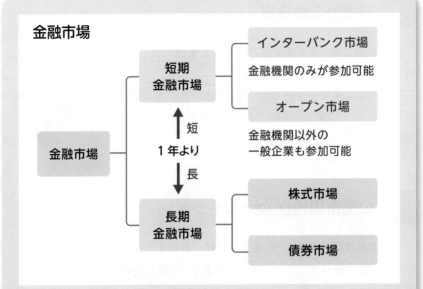

インターバンク市場

「インターバンク」（＝銀行間）なので、銀行などの金融機関のみが参加可能。「手形」を取引する「手形市場」や短期資金を取引する「コール市場」も含まれます。また、コール市場で取引される「無担保コール翌日物レート」は、日本の代表的な短期金利の指標となっています。

チェック！

「無担保コール翌日物レート」の「翌日物」の意味は、金融機関どうしが「今日借りて、明日返す」ということ。つまり、1日分の超短期金利です。

2　日銀の金融政策

金融政策とは、物価を安定させることを目的として、日本銀行が実施する政策のことです。

具体的には通貨や金融の調整を行いますが、主な金融政策として、「**公開市場操作（オペレーション）**」と「**預金準備率操作**」が挙げられます。

3　公開市場操作（オペレーション）

公開市場操作（オペレーション）には「買いオペレーション」と「売りオペレーション」があり、金融市場の通貨量（マネタリーベース）を調整しています。

	買いオペレーション	売りオペレーション
内容	日本銀行が金融市場で金融機関などから国債などを買う →日銀がお金を支払う	日本銀行が金融市場で金融機関などへ国債などを売る →日銀がお金を受け取る
通貨供給量	増える	減る
金利	下がる	上がる
政策の目的	金融緩和 → 物価下落抑制	金融引締 → 物価上昇抑制

チェック！

「買いオペレーション」とは、通貨供給量を増やすことによって金利を低下させ、金融緩和をすることが目的です。

通貨量の増加（減少）＝ 金利の低下（上昇）だよ

買いオペレーションの仕組み

日銀が金融機関などから債券（国債）を買うことでお金の流れが下記のようになります。

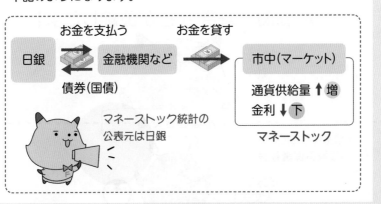

マネーストック統計の公表元は日銀

4　預金準備率操作

金融機関は、一定の割合のお金を日本銀行に預けることが義務づけられています。この割合は預金準備率と呼ばれます。この預金準備率を引き上げたり、引き下げたりすることが預金準備率操作で、金融市場の資金量を調整します。

金融機関は
日銀に当座預金として
お金を預けます

預金準備率の引き上げ	金融機関は日本銀行に、より多くのお金を預けることになるため、市場に出回る資金の量は減る → 金利上昇（金融引締）→ 物価上昇を抑制
預金準備率の引き下げ	金融機関が日銀に預けるお金の量が減るため、市場に出回る資金の量は増える → 金利下落（金融緩和）→ 物価下落を抑制

金融機関や証券会社が破綻したよ！

そんなときでも…

・預金保険制度
・日本投資者保護基金

があるから大丈夫！

1 預金保険制度

　預金保険制度とは、万一金融機関が破綻した場合に、預金者を保護する制度です。制度の対象となるのは、日本国内に本店がある銀行、信用金庫、信用組合、労働金庫、ゆうちょ銀行などの国内支店です。

　前記の金融機関の**海外支店**や**外国銀行の日本支店**は**対象外**です。

　なお、農協、漁協等に預けた貯金は、農水産業協同組合貯金保険制度の対象となり、保護の対象や内容は、預金保険制度とほぼ同じです。

預金保険制度の
保護対象と保護の範囲を
押さえてね！

2 保護される預貯金の種類と範囲

金融機関が預金保険制度の対象となっていても、預貯金によっては保護されないものがあります。

	預貯金の種類	保護の範囲
保護の対象	決済用預貯金	全額保護
	一般の預貯金[1] 仕組預金[2]	元本1,000万円までと その利子等を保護
保護の対象外	外貨預金 譲渡性預金など	―

※1 金融機関が合併した場合には、その後1年間に限り、「元本1,000万円まで×合併等に関わった金融機関数の金額」とその利息が保護されます。

※2 仕組預金の利息は、通常の円建て定期預金（仕組預金の同一の期間および金額）の店頭表示金利までの部分が保護の対象となります。

決済用預貯金

利子が付かない「無利子」、いつでも引き出しが可能な「要求払い」、引き落としが可能な「決済サービス」という3つの条件を満たしているもの。預貯金の金額にかかわらず、全額保護の対象となります。

（例）当座預金、ゆうちょ銀行の振替貯金など

- -

一般の預貯金、仕組預金[※]

1つの金融機関ごとに、預金者1人あたり元本1,000万円までと、その預金の利子等が保護されます。ただし、その利息は、通常の円建て定期預金（仕組預金の同一の期間および金額）の店頭表示金利までの部分が保護の対象となります。

（例）普通預金、定期預金など

※ P.215参照

外貨預金は
保護の対象外と
なることに注意！

3 日本投資者保護基金

　日本投資者保護基金は、証券会社のセーフティネットです。証券会社は、投資家から預かった金融資産を、自らの証券会社の資産とは分けて管理しています。これを「分別管理」といいます。

　もし、違法行為等により分別管理されていなかった場合、証券会社が破綻すると、投資家から預かっていた株式や債券などの有価証券や金銭などが返還できなくなることがあります。これを防止する目的で国内で営業する証券会社は日本投資者保護基金への加入が義務づけられています。

日本投資者保護基金の補償額

　証券会社が破綻して、投資家に有価証券や金銭などを返還できなくなった場合、日本投資者保護基金が、投資家1人あたり1,000万円まで補償します。

　銀行で購入した投資信託などは、
日本投資者保護基金の補償の対象外です

預貯金保護は
1,000万円まで！

私は1億円の
現金を持っている

どこに
あるかって？

もちろん
1つの銀行に全額！

銀行は
1,000万円までしか
保護してくれないよ

えっ！

1,000万円ずつ
10カ所の銀行に
預けないと！

ひ——!!!!

ボクの資産は
現金50万円だけ

1つの銀行に
預けるだけだから
楽でいいや!!

LESSON 5 金融商品の関連法規

1 フィデューシャリー・デューティ（受託者責任）

　フィデューシャリー・デューティー（Fiduciary duty）とは、資産の運用業務に携わる金融機関が投資家に対して負う責任のことです。

　金融機関が顧客の利益を最大限にすることを目標として業務を履行するよう促すため、金融庁から「顧客本位の業務運営に関する原則」が示されました。

金融庁が定める「顧客本位の業務運営に関する原則」のポイント

　プリンシプルベース・アプローチを採用し、原則を採用しない場合、その理由と代替策を説明すること、定期的に見直すことが求められます。

プリンシプルベース・アプローチとは、
「原則は示すけれど、それをどのように実践するかは現場
（各金融機関等）に任せる」という意味だよ

　金融機関等は、この原則を踏まえて顧客本位の業務運営を実現するための方針を策定・公表し、取り組み状況の公表や定期的な見直しが求められます。

2　消費者契約法

法人は対象外

　消費者契約法は、消費者を保護するための法律です。消費者とは個人（事業者としての契約は除く）ですので、法人は対象とはなりません。

適用範囲　個人の契約が対象

- 事業者の不適切な行為により、重要事項について消費者が誤認、困惑して契約した場合は、契約を取り消すことができます。

- 事業者の損害賠償責任の一部を免除する条項のうち、損害賠償責任の免除が軽過失の場合のみを対象としていることを明らかにしていない条項は無効となります。

- 消費者が一方的に不利となる契約がある場合、その条項の全部または一部が無効となります。

　※取消権の時効（契約を取り消すことができる期限）
　　原則、消費者が追認※できるときから1年が経過するか、契約締結時から5年経過すると、取消権は消滅します。

※追認とは取り消すことができる行為をあとになって確定的に有効にする意思表示。

金融サービス提供法

金融サービス提供法は、金融商品の契約について、投資家を保護するための法律です。

対象となるのは、個人および法人ですが、「特定投資家」と呼ばれる金融商品を販売しているような、いわゆる"プロ"の業者は除外されます。

保護対象となる金融商品	保護対象とならない金融商品
預貯金、金銭信託、投資信託、有価証券、保険、商品ファンド、デリバティブ取引、外国為替証拠金取引（FX）など	ゴルフ会員権、金地金

金融サービス提供業者の義務

金融サービス提供法では、販売業者等に対して以下のような義務を定めています。

1. 金融商品を販売する前に、顧客に対してリスクなど重要事項を説明する義務

2. 断定的判断の提供による勧誘の禁止→「必ず儲かる」など

※上記1・2に違反した場合、顧客は販売業者等に対して損害賠償請求ができる。その損害賠償請求における損害額は、元本欠損額（元本割れに該当する金額）と推定されます。

4 消費者契約法と金融サービス提供法の比較

　消費者契約法と金融サービス提供法を、重要なポイントごとに比較してみましょう。

	消費者契約法	金融サービス提供法
保護の対象者	個人 (事業者としての契約は除く)	個人、法人
主な対象	事業者の不適切な行為による誤認、困惑等にもとづく契約	1. 重要事項の説明義務違反 2. 断定的判断の提供にもとづく契約
保護内容	契約の取消し	損害賠償請求（無過失責任）
併用	両方の規定に抵触する場合は両方が適用される	

注目

5 金融商品取引法

　金融商品取引法は、金融商品の取引において、投資家を保護するための法律です。金融商品取引業者に対して、金融商品の**販売・勧誘に関するルール**を次のように定めています。

金融商品取引業者が守るべきルール

広告の規制	金融商品取引業者が広告などをするときには一定の表示を行わなければならず、誇大広告をしてはならない
契約締結前の書面交付義務	一般投資家と金融商品取引契約を締結する際、あらかじめ、リスクなどの重要事項を記載した契約締結前交付書面を交付しなければならない
断定的判断の提供の禁止	利益が生じることが確実であると誤解させるような断定的判断を提供してはならない
損失補てんの禁止	顧客に損失が生じた場合、金融商品取引業者が損失の補てんをしてはならない
適合性の原則	顧客の知識、経験、財産の状況、および契約を締結する目的に照らして、不適切と認められる勧誘をしてはならない

規制内容の例

・一般投資家が「契約締結前交付書面はいらない」といっても、金融商品取引業者の書面交付義務は免除されません

・特定投資家が顧客となる場合は、「契約締結前の書面交付義務」や「適合性の原則」は適用されませんが、「断定的判断の提供の禁止」「損失補てんの禁止」といったルールは適用されます

6 犯罪収益移転防止法

　犯罪収益移転防止法とは、マネーロンダリングなど犯罪による収益の移転を防止するための法律です。

　金融取引において、本人確認、記録の保存（7年間）などが、金融取引を行う金融機関に義務付けられています。

金融商品は
2つの法律で
守られています

金融商品を
買ったよ！

えっ、
そうなの！

個人で「商品」を
「買った」わけだから
消費者契約法の
対象だね。
パソコン買ったとか
サプリメント
買ったとかと
一緒になるね！

ほほー。
んじゃ「金融商品」は
両方の法律が
適用されるわけだ！

しかも
「金融商品」だから
金融サービス提供法の
対象にもなるんだよ

こんな感じ…

消費者
契約法

金融商品

金融
サービス
提供法

LESSON 6

金利と預金

いわゆる利子です！

単利と複利

固定と変動

銀行預金の
利子とか

住宅ローンで
おなじみ！

---

1 単利と複利

金利には、いろいろな分類の仕方があります。まず、利子の付き方によって、「単利」と「複利」に分けることができます。

単利	金融機関に預けた当初の元本のみに利子が付きます。
複利	一定期間ごとに支払われる利子も元本に含め、それを新しい元本として次の利子を計算します。1年に1回利子が付くものを「1年複利」、半年に1回利子が付くものを「半年複利」といいます。

2 単利と複利の計算

単利での元利合計額の求め方

> 元利合計額(円) = 元本 ×(1+ 年利率×預入年数)

かけ算が
先だよ！

〈具体例〉
100万円を年利率2％で3年間預けた場合
元利合計額は 100万円 ×(1 + 0.02 × 3)= 106万円

複利での元利合計額の求め方

単利よりも
多くなる！

・1年複利の場合 (利子が1年に1回付く)

> 元利合計額 (円) = 元本 ×(1 + 年利率)^{年数}

〈具体例〉
100万円を年利率2％で3年間預けた場合
元利合計額は 100万円 ×(1 + 0.02)^3 = 106万1,208円

〈参考〉半年複利の場合

元利合計額 = 元本 × $\left(1 + \dfrac{年利率}{2}\right)^{年数 \times 2}$

元利合計額 100万円 × $\left(1 + \dfrac{0.02}{2}\right)^{3 \times 2}$

= 106万1,520円 (円未満を四捨五入)

1年複利よりも
半年複利の方が
多い！

3　固定金利と変動金利

住宅ローンなどでも
よく使われる
金利の分類です

金利には、「固定金利」と「変動金利」という分類方法もあります。

固定金利	預入時から満期まで金利が変わらない
変動金利	市場金利の変動に応じて金利も変動する

4　貯蓄型金融商品の種類

貯蓄型金融商品は、預入期間の定めがなく、いつでもお金の出し入れが可能な「流動性預貯金」と満期の定められている「定期性預貯金」に分けることができます。

5　「利払型」と「満期一括受取型」

金融商品は、利子の受け取り方によっても違いがあります。「利払型」と「満期一括受取型」です。

利払型	定期的に利子が支払われる → 利子を受け取るたびに課税される（税金が引かれる）
満期一括受取型	満期時や解約時に一括して利子が支払われる → 満期時や解約時に一括して課税される 　（預入期間中に付いた利子には課税されず、複利運用される） ※「課税時期が繰り延べられる」という言い方もされる

その他の条件が同じなら、
満期一括受取型の方が手取りは多いよ！

6　銀行の主な貯蓄型金融商品

流動性預貯金　預入期間の定めがなく、いつでもお金の出し入れが可能です。

流動性預貯金の種類	金利の種類	特　徴
普通預金 通常貯金※	変動金利	・決済口座として利用可能
貯蓄預金 通常貯蓄貯金※		・残高に応じて金利が高くなる ・決済口座としては利用できない

※ゆうちょ銀行の商品

定期性預貯金　預入期間である満期が定められています。

定期性預貯金 の種類	金利の 種類	特　徴
スーパー 定期預金	固定 金利	・預入期間が3年未満→単利型のみ ・預入期間が3年以上→単利型と半年複利型※2から選択 ・市場金利を基準に各金融機関が預金金利を設定
定期貯金※1		・預入期間が3年未満→単利型のみ ・預入期間が3年以上→半年複利型のみ
定額貯金※1		・6カ月経過後はお金の払い出しは自由 ・預入期間は最長10年で、半年複利型 ・預入期間に応じた金利が適用
大口定期預金		・預入金額1,000万円以上 ・単利型
期日指定 定期預金		・預け入れから1年たてば、預入期間（1年以上3年 　未満が一般的）の範囲内で自由に満期を指定できる
変動金利 定期預金	変動 金利	・預入期間が3年未満→単利型のみ ・預入期間が3年以上→単利型と半年複利型※2から選択 　→「スーパー定期預金の変動金利版」のイメージ

※1 ゆうちょ銀行の商品　　※2 個人のみ

ゆうちょ銀行の貯蓄型金融商品は「預金」ではなく「貯金」といいます。

ゆうちょ銀行に預けることができる貯金の限度額は、通常貯金1,300万円、定期性貯金1,300万円の合計2,600万円です。

仕組預金
しくみよきん

仕組預金とは、主に定期預金であることが多いですが、通常の定期預金よりも高めの金利を提供する一方、金融機関の判断で満期日が繰り上がる、または延長されるなど、原則、中途解約できず、解約できる場合でも元本保証はありません。

7　休眠口座（休眠預金）

休眠預金等活用法に基づき、2009年1月1日以降の取引から10年以上、その後の取引のない預金等（休眠預金等）は、民間公益活動に活用されます。ただし、休眠預金になっても、所定の手続きによって引き出すことは可能です。

休眠口座になると引き出す時に
手間や手続きに時間がかかることがあるよ

8 財形貯蓄

　勤務先から支払われる給与から定期的に天引きして行う貯蓄商品で、勤労者のみが利用できます。

　一般財形貯蓄、財形住宅貯蓄、財形年金貯蓄の3つがあり、財形住宅、財形年金は「各1契約のみ」「55歳未満に限り申し込みできる」などの要件がありますが、一定の範囲内で利子（運用益）が非課税となります。

	財形年金	財形住宅
目的	老後資金	一定の新築・中古住宅の購入・増改築
申込時年齢	55歳未満の勤労者	
積立期間	5年以上	原則、5年以上
契約数	それぞれ1人1契約のみ	
非課税の範囲	貯蓄型は合わせて元利合計550万円まで 保険型は合わせて払込保険料累計額550万円（財形年金は385万円）まで	
目的外払出し	貯蓄型　5年遡及課税 保険型　差益は一時所得 　　　　総合課税	貯蓄型　5年遡及課税 保険型　差益は20.315％ 　　　　源泉分離課税

※一般財形貯蓄には非課税措置はありません

LESSON 7

債券はとにかく種類が多い！

債券の基本

利回り計算は

$$1年あたりの収益 \div 投資金額 \times 100$$

これが
基本！

しっかり
計算できるように
なろう！

1 債券とは

債券とは、国や地方公共団体、企業、または外国の政府や企業などが、まとまった資金を調達することを目的として発行する借用証書のようなものです。

例えば、国が発行する
債券のことを
国債と呼びます

利付債券を購入した投資家は、所有している期間は利子を受け取ります。そして、満期（償還期限）まで所有していると、原則、額面金額が返ってきます。

なお、満期まで所有せず、途中で市場価格で売却することもできます。

債券の取引は、株式と異なり、取引所での取引ではなく、多くは金融機関の店頭での取引です。

ひと言！

店頭での取引は「相対（あいたい）取引」と呼ばれます。自分と金融機関の直接売買です。

2 債券用語の基礎知識

債券には専門的な用語が多いので、用語を理解することが重要です。

額面金額	債券の最低申込単位のことで、1万円、5万円、10万円など、債券によって異なる 通常、債券の券面に記載されている
発行価格	債券が新規に発行される際の価格のこと 発行価格は、「額面金額100円あたり」で表示される
表面利率	額面金額に対して1年間に支払われる利子の割合 利子は英語で「クーポン」といわれることから、「クーポンレート」ともいう
償還期限	債券を発行したときに決められる満期

債券の種類

債券にはいろいろな種類があります。さらに分類の仕方にもいくつかのパターンがあります。

債券は
種類が多い！

発行体による分類

国債	国が発行する債券
地方債	地方公共団体が発行する債券
社債	企業が発行する債券

利払い方法による分類

利付債	年1回や半年に1回など、定期的に利子が支払われる債券
割引債	利子の支払いはないが、額面金額より低い価格で発行され、満期時に額面金額が償還される債券（発行価格と額面金額の差が実質的な利子となる） ゼロクーポン債とも呼ばれる

新規発行かすでに発行されているかによる分類

新発債	新たに発行される債券
既発債	すでに発行され、市場で取引されている債券

円か外貨かによる分類

円建債券	投資金額の払い込み、利払い、償還が円で行われる債券
外貨建債券	投資金額の払い込み、利払い、償還が外貨で行われる債券
デュアルカレンシー債	払込みと利払いが円で、償還は外貨で行われる債券 払込みと償還が円で、利払いは外貨で行われる債券はリバース・デュアルカレンシー債と呼ばれる

4 額面金額と発行価格の関係

　発行価格は、「**額面金額100円あたり**」で表示されます。額面金額を100円とみなした場合、発行価格は100円であったり、100円より高い場合や低い場合もあります。

　以下、発行価格ごとに「額面金額1万円」の債券を購入するために必要な金額を計算します。

発行価格100円の場合

　額面金額1万円 ÷ 100円 × 100円（発行価格）
　＝1万円となります。

　発行価格が額面金額と同じ場合
　　→「パー発行」といいます。

発行価格101円の場合

　額面金額1万円 ÷ 100円 × 101円（発行価格）
　＝1万100円となります。

　発行価格が額面金額を上回る場合
　　→「オーバーパー発行」といいます。

発行価格99円の場合

　額面金額1万円 ÷ 100円 × 99円（発行価格）
　＝9,900円となります。

　発行価格が額面金額を下回る場合
　　→「アンダーパー発行」といいます。

5 　個人向け国債

　個人向け国債とは、一般の個人のみが購入できる国債のことで、「変動10年」「固定5年」「固定3年」の3種類があります。

	変動10年	固定5年	固定3年
金利の種類	変動金利	固定金利	
適用利率	基準金利×0.66	基準金利−0.05％	基準金利−0.03％
下限金利	0.05％		
利払い	半年ごとに年2回		
発行頻度	毎月発行		
購入単位	額面金額1万円		
中途換金	中途換金→購入後、1年経過後から換金可能（1万円単位）ただし、直前2回分の利子相当額が差し引かれる		

・基準金利は、市場金利にもとづいて決定されます。
・下限金利は、表面利率の最低水準のことです。

6 　仕組み債

　仕組み債とは、デリバティブを組み込んだ債券です。通常、債券といえば「金利」と「満期」が決まっており、満期まで保有していればその間の利払いを受け、満期時には額面金額で償還されます。ところが、仕組み債は条項や権利が付与されることで、償還金額が変動したり、株式で償還される場合もあります。

合計した収益は
マイナス（損失）に
なることもある

221

早期償還条項付 株価指数連動債	日経平均株価など参照する株価指数の変動によって償還金額などが変動し、満期償還日以前に償還されたり償還金額が額面金額を下回る可能性がある債券
転換社債型 新株予約権付社債	発行時に決められた転換価格で株式に転換することができる権利が付与された債券

7 債券の利回りの計算式

債券の利回りは、投資家の債券の購入のタイミングと、債券を途中売却するか満期まで保有するかによって名称が変わります。主なものは、「応募者利回り」「最終利回り」「所有期間利回り」です。名称が違うだけで、利回りの計算式は一緒です。

ひと言！

利回りとは、元本に対する1年間の収益のことです。

債券の利回りは主にこの3つ！

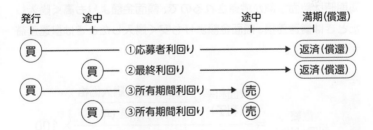

①応募者利回り…… 新発債を発行時に買って満期まで保有した場合の利回り

②最終利回り……… 既発債を買って満期まで保有した場合の利回り

③所有期間利回り… 買うタイミングにかかわらず、満期が来る前に売った場合の利回り

①応募者利回り

債券の新規発行時に購入して、満期まで保有したときの利回り。

満期時は額面金額が償還されるので、額面金額を上回る「オーバーパー発行」の場合は償還差損、額面金額を下回る「アンダーパー発行」の場合は償還差益が発生します。

$$
応募者利回り(\%) = \frac{表面利率（利子） + \dfrac{額面金額 - 発行価格}{償還期限（年）}}{発行価格} \times 100
$$

②最終利回り

既発債を購入し、満期まで保有したときの利回り。

満期時は額面金額が償還されるので、額面金額よりも高く購入したときは償還差損、額面金額よりも安く購入したときは償還差益が発生します。

$$
最終利回り(\%) = \frac{表面利率（利子） + \dfrac{額面金額 - 購入価格}{残存期間（年）}}{購入価格} \times 100
$$

③所有期間利回り

購入するタイミングにかかわらず、満期前に途中売却したときの利回り。

売却価格が購入価格を上回れば売却益、売却価格が購入価格を下回れば売却損が発生します。

$$
所有期間利回り（\%） = \cfrac{表面利率（利子） + \cfrac{売却価格 - 購入価格}{所有期間（年）}}{購入価格} \times 100
$$

 Point! 上記の3つの式の違いは、購入するタイミングと、途中売却するか償還（満期）まで持つかだけです！

上記の3つの計算式の構造は、すべて同じです。
あえて1つの計算式で表現すると、以下のようになります。

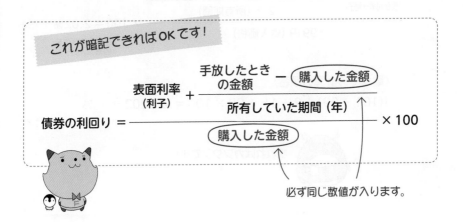

これが暗記できればOKです！

$$
債券の利回り = \cfrac{表面利率（利子） + \cfrac{手放したときの金額 - 購入した金額}{所有していた期間（年）}}{購入した金額} \times 100
$$

必ず同じ散値が入ります。

実際に債券の利回りを計算してみよう

●額面金額100円、発行価格98円、表面利率1%、
償還期限5年の債券の「応募者利回り」

$$\frac{\underset{(表面利率 \to 利子)}{1円} + \dfrac{100円 (額面金額) - 98円 (発行価格)}{5年 (償還期限)}}{98円 (発行価格)} \times 100 = 1.43\%$$

※小数点第3位を
四捨五入。

〈電卓での計算の順番〉

$\{(100 - 98) \div 5 + 1\} \div 98 \times 100 = 1.4285 \cdots\cdots \%$

表面利率は利子にすると
わかりやすいです。
表面利率1%なら1円です。

●額面金額100円、購入価格99円、売却価格101円、
表面利率1%、所有期間2年の債券の「所有期間利回り」

$$\frac{\underset{(表面利率 \to 利子)}{1円} + \dfrac{101円 (売却価格) - 99円 (購入価格)}{2年 (所有期間)}}{99円 (購入価格)} \times 100 = 2.02\%$$

※小数点第3位を
四捨五入。

〈電卓での計算の順番〉

$\{(101 - 99) \div 2 + 1\} \div 99 \times 100 = 2.0202 \cdots\cdots \%$

慣れればカンタンです！

なお、利子の投資元本に対する利回りである「直接利回り」もあります。

公式

$$直接利回り（\%） = \frac{表面利率（利子）}{購入価格} \times 100$$

イールドカーブ

債券の利回り（金利）を縦軸、残存期間を横軸とし、2つの関係を表した曲線をイールドカーブといいます。償還までの期間が長いほうの利回りが高い、右上がりのときを順イールド、償還までの期間が長いほうの利回りが低い、右下がりのときを逆イールドといいます。

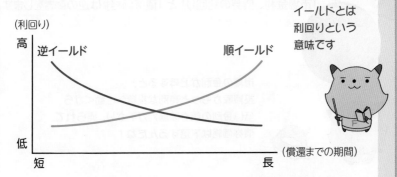

イールドとは利回りという意味です

多くの局面では順イールドとなりますが、急激な金融引締時は逆イールドになる場合もあります。また、カーブの傾きが大きくなることをスティープ化（金融緩和時、景気拡大予想時）、小さくなることをフラット化（金融引締時、景気後退予想時）といいます。

8 「価格変動リスク」（金利変動リスク）

債券の代表的なリスクが「価格変動リスク」です。金融機関などが債券を取引している市場の金利が上昇すると債券の価格は下落し、利回りは上昇します。逆に、市場の金利が下落すると債券の価格は上昇し、利回りは下落します。市場金利に左右されることから「金利変動リスク」とも呼ばれます。

ひと言！

市場金利と債券の利回りは、ほぼ同じ方向と思っていいでしょう。

「価格変動リスク」では金利と価格の動きは反対になる

市場金利		債券価格		債券の利回り（最終利回り）
上昇 ↗	➡	下落 ↘	➡	上昇 ↗
下落 ↘	➡	上昇 ↗	➡	下落 ↘

 Point! 「市場金利、債券の利回り」と「債券価格」は逆の動きをします。

市場の金利が上昇すると、
投資家がもっと有利な投資へと動くから
低い金利の債券は魅力が下がり、売られて、
債券価格は下落するんだね！

9 デュレーション

デュレーションとは、「債券投資の平均回収期間」や「金利の変動に対する債券価格の変動幅」を示す指標です。

債券の残存期間と 価格変動幅の関係 （ほかの条件が同じ場合）	残存期間の長い債券の方が、短い債券よりも価格変動幅が大きい（デュレーションが長い）
債券の表面利率と 価格変動幅の関係 （ほかの条件が同じ場合）	表面利率の低い債券の方が、高い債券よりも価格変動幅が大きい（デュレーションが長い）

※割引債のデュレーションは、利子収入がないため残存期間と等しくなります。

10 「信用リスク（デフォルトリスク）」

債券とは借用証書のようなものです。発行した国や企業が利子を支払えなかったり、満期時に元本を返済できないことがあります。このようなリスクを、「信用リスク」といいます。英語の「デフォルト」が「債務不履行」を意味することから、「デフォルトリスク」とも呼ばれます。

「信用リスクが低い」＝「債務不履行が起こる可能性が低い」ということを意味します。

債務不履行が
起こる可能性のこと

11 「格付け」と「信用リスク」

債券の信用度を判断する材料として「格付け」があります。「S&P（スタンダード・アンド・プアーズ）」や「ムーディーズ」といった格付け機関が、個別の債券について、「A」「B」「C」といった記号を使って格付けをしています。

格付けの高い債券は、信用リスクが低いので債券の価格は高く、利回りは低くなります。逆に、格付けの低い債券は信用リスクが高いので価格は低く、利回りは高くなります。

格付けと信用リスク（S&P社の例）

格付け	区分	債券の名称	債券の信用リスク	債券価格	債券の利回り
AAA	投資適格	投資適格債券	低い＝安全	高い	低い
AA			↑	↑	↑
A	ここで分かれる！				
BBB					
BB	投機的	投資不適格債券 投機的債券 （ジャンク債）			
B					
CCC					
CC			↓	↓	↓
C					
D			高い＝危険	安い	高い

※格付け機関は、米国のS&Pとムーディーズが世界的に有名ですが、日本を含め、さまざまな国に存在し、国内外の債券の格付けを行っています。

「BBB」以上が投資適格とされています

12 債券のその他のリスク

カントリーリスクは、
格付けにも
大きく影響します

　価格変動リスクや信用リスクのほかには、以下のようなリスクがあります。

流動性リスク	債券を途中売却しようとしたとき、その債券の取引量が少ない場合、希望の金額で売却できないことがあるリスク
カントリーリスク	債券の発行元となっている国の政治や経済などの影響による、国の信用度に関するリスク
途中償還リスク	償還期限（満期）前に償還されてしまうことで、予定していた期間や利回りで運用することができなくなるリスク

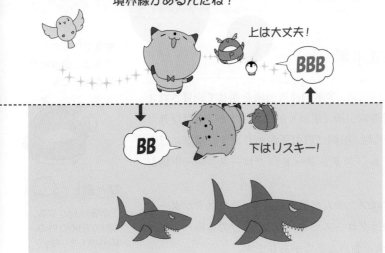

BBBとBBの間に
境界線があるんだね！

株式の基本

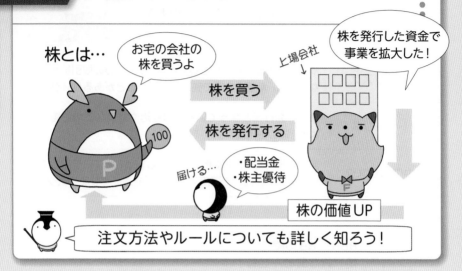

株とは…

お宅の会社の株を買うよ

株を発行した資金で事業を拡大した！

上場会社

株を買う

株を発行する

届ける…
・配当金
・株主優待

株の価値UP

注文方法やルールについても詳しく知ろう！

1 株式市場

　上場株式は通常、金融商品取引所を通じて売買されます。東京証券取引所（東証）が有名ですが、東京以外では名古屋・札幌・福岡に取引所があります。東証には主に「プライム」「スタンダード」「グロース」の三市場があります。

　上場基準はプライムが最も厳しく、次にスタンダード、最も緩いのはグロースです。なお、上位の市場への区分変更は、審査を受ける必要があります。

覚えているかな？
債券は店頭取引がほとんどです

ひと言！

三市場のほか、プロ向けのTOKYO PRO Marketもあります。

プライム	グローバルな投資家との建設的な対話を中心に据えた企業向け
スタンダード	公開された市場における投資対象として十分な流動性とガバナンス水準を備えた企業向け
グロース	高い成長可能性を有する企業向け

2　株式の売買

　株の取引では売買の単位が決まっていて、売買の都度、売買委託手数料がかかります。

　株式の買い注文では、約定代金（取引が成立した価格）の他に、売買委託手数料と消費税がかかります。売り注文では、約定代金から売買委託手数料と消費税が差し引かれます。

売買単位

株式を売買するときの最低単位を「単元株」と呼びます。現在、日本株の1単元株は100株に統一されています。

また、株式を保有すると株主となり、配当金、株主優待、議決権行使など株主の権利を得ることができますが、すべての権利を取得するには1単元以上保有していることが必要です。

売買代金の計算式

> 買付代金 ＝ 約定代金 ＋（売買委託手数料 ＋ 消費税）

> 売付代金 ＝ 約定代金 －（売買委託手数料 ＋ 消費税）

※約定代金：株価×株数

売買の際の委託手数料は、
証券会社によって異なります

3 株式の注文方法

　金融商品取引所に上場している株式の売買はオークション方式で行われます。注文方法には、「指値（さしね）注文」と「成行（なりゆき）注文」の2種類があります。

この値段で指定	指値注文	売買価格を指定して（指値）注文する方法 → この値段または有利な価格で、「買いたい」or「売りたい」
成行に任せる！	成行注文	売買価格を指定せず、銘柄と数量を指定して注文する方法 → いくらでもいいから、「買いたい」or「売りたい」

4 取引のルール

キーワード 🔓

価格優先、時間優先で取引される手法を「オークション方式」といいます。

　金融商品取引所を通じて株式を売買する場合、以下の3つの原則があります。

成行注文優先の原則	指値注文より、成行注文の方が優先される
価格優先の原則	複数の指値注文がある場合、買い注文は高い価格が優先され、売り注文は安い価格が優先される
時間優先の原則	同じ条件で複数の注文がある場合は、時間の早い注文が優先される

Q. 価格と時間どちらが優先？
A. 「 価格優先 ＞ 時間優先 」になります

5 株式の「受渡日」

　株式の売買が成立した日を「約定日（やくじょうび）」といいます。しかし、購入した時点では、その株式は購入した人の名義にはなっていません。株式の名義が購入者になるのは、約定日を含めて3営業日目（約定日を除くと2営業日目、以下同じ）です。この名義が変わる日を「受渡日（うけわたしび）」といいます。受渡日は「決済日」とも呼ばれます。

受渡日の例

・火曜日が約定日（売買成立日）だった場合、その日を含めて3営業日目である木曜日が受渡日となります。

月曜日	火曜日	水曜日	木曜日	金曜日
	①約定日 （1営業日目）	② （2営業日目）	③受渡日 （3営業日目）	

・金曜日が約定日（売買成立日）だった場合、数えるのは営業日なので土日は除き、3営業日目である火曜日が受渡日となります。

金曜日	土曜日	日曜日	月曜日	火曜日
①約定日 （1営業日目）	休業日	休業日	② （2営業日目）	③受渡日 （3営業日目）

　なお、株主優待・配当を受け取るためには、企業が定める権利確定日から起算して3営業日前には株式を購入することが必要です。

6 「株式ミニ投資」と「株式累積投資」

日本株の
売買単位は
100株
だったよね

　日本株の取引は原則100株単位ですが、単元株未満でも可能な取引があります。それが「株式ミニ投資」と「株式累積投資」です。

株式ミニ投資

　一般的に売買単位の10分の1である10株単位で株式を売買できます。なお、指値注文はできません。

株式累積投資

毎月、あらかじめ決めておいた一定額を支払い、積立方式で株式を購入する方法です。「累積投資」の部分を縮めて「るいとう」と呼ばれることも多いです。なお、株式ミニ投資と同じく、指値注文はできません。

※「株式ミニ投資」や「るいとう」では、単位株未満の場合、議決権行使の権利は得られませんが、配当金は株式持分に応じて配分されます。

7 信用取引とは

信用取引とは、証券会社から資金を借りて株式を買ったり、市場から株式を借りて売ったりすることです。

信用取引で株式を買うことを「信用買い」、売ることを「信用売り」と呼び、信用取引では現物株式を保有していなくても、「売り」から取引を開始することもできます。

信用取引をするには、証券会社に「**委託保証金**」を預けなければなりません。

ひと言！

「信用売り」は、いったん証券会社の株を借りて売り、あとで買い戻して返すイメージです。

8 信用取引の「委託保証金」

　信用取引をする際、証券会社に預ける委託保証金は現金が基本です。ただし、上場株式などの有価証券でも代用が可能です。

　委託保証金は、売買代金の30％以上かつ最低30万円が必要です。委託保証金が、最低保証金維持率を下回るときは、追加の委託保証金である「追証（おいしょう）」が必要になります。

委託保証金30％について

証券会社に、売買代金の30％分の委託保証金を預けると、委託保証金の10／3倍までの取引が可能です。

 Point!

委託保証金を300万円預けると、10/3倍の1,000万円までの取引が可能となります。

ひと言！

信用取引の投資額は、委託保証金よりも多くなるため、ハイリスク＆ハイリターンになります。

9 制度信用取引と一般信用取引

信用取引には「制度信用取引」と「一般信用取引」があります。

制度信用取引	・証券取引所の規則にもとづいて行われる ・決済期限は最長6カ月 　→信用買いをしていれば6カ月以内に売却または現引き 　→信用売りをしていれば6カ月以内に買い戻しまたは現渡し
一般信用取引	・証券会社と投資家の合意にもとづいて行われる ・期間は自由に定めることができる 　→無期限も可能

名称とは裏腹に、
制度信用取引の方が一般的です！

なお、一般信用取引の建株を制度信用取引の建株に変更することも、その逆もできません。

10 信用取引の返済方法

信用取引は、証券会社から資金や株式を借りて取引するので、反対売買による「差金決済」か、取引した株を介した「現引き」や「現渡し」を行って返済します。

ここは
さらりと流そう！

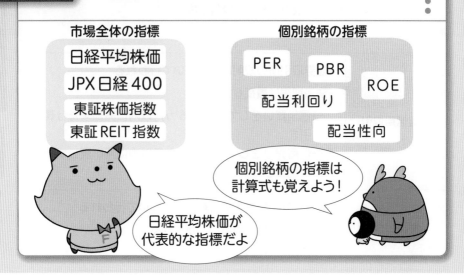

LESSON 9

計算式の中身はシンプルです！

株式の指標

市場全体の指標
- 日経平均株価
- JPX日経400
- 東証株価指数
- 東証REIT指数

個別銘柄の指標
- PER
- PBR
- ROE
- 配当利回り
- 配当性向

個別銘柄の指標は
計算式も覚えよう！

日経平均株価が
代表的な指標だよ

1 日本株式市場の指標

　株式市場を見る場合、「市場全体の動向」と「個別銘柄の動向」の両方をチェックすることが重要です。市場全体の動向を見る際、代表的な指標としては「日経平均株価」、「JPX日経インデックス400」、「東証株価指数（TOPIX）」、「東証REIT指数」などがあります。

次ページの
3つの指標が大事です

	日経平均株価 （日経225）	JPX日経 インデックス400
内容	連続性を保つために、個別銘柄の株価を修正した修正平均型	営業利益、時価総額、ROE等で選定した、投資家にとって魅力が高い400銘柄で構成されている時価総額加重平均型
対象市場	東証プライム市場	東証3市場
対象銘柄	代表的な225銘柄	東証に上場する、一定の基準を満たした400銘柄
特徴	株価の水準が高い銘柄である「値がさ株」の影響を受けやすい	流動性が高い株式（浮動株）が多く、時価総額が大きい銘柄の影響を受けやすい

この指標もチェック！

東証株価指数 （TOPIX）	旧東証一部の内国普通株式全銘柄で、時価総額100億円以上の銘柄等を対象とする時価総額加重平均型（経過措置あり）
東証REIT指数	東京証券取引所に上場しているREIT（不動産投資信託）の全銘柄の時価総額加重平均型

2 米国株式市場の指標

アメリカの株式市場の動向を表す代表的な株価指数には以下の3つがあります。

ダウ工業株30種平均	ニューヨーク証券取引所、NASDAQ上場銘柄のうち、優良30銘柄を対象とした株価平均型の指数
S&P 500	ニューヨーク証券取引所、NASDAQ等上場銘柄のうち代表的な500種を対象とした時価総額加重平均型の指数
NASDAQ総合指数	NASDAQに上場している全銘柄を対象とした時価総額加重平均型の指数

3 個別銘柄の指標

個別銘柄の指標は、株価とその株式を発行している企業の業績や財務状態との関係を見るものです。「PER（Price Earnings Ratio）」や「PBR（Price Book-value Ratio）」などさまざまな指標がありますが、いずれも個別銘柄の投資判断に必要となる重要なものです。

本試験では
計算問題も出題されるよ！

4 PER（株価収益率）

PER（株価収益率）は、株価が1株あたり純利益の何倍になっているかを表し、株価が相対的に割安か割高かを判断するために使う指標です。

「1株あたり純利益」は、企業の純利益を、その企業の発行済株式数で割ることで求めます。

PERのEは
Earnings＝「収入」
という意味だよ

PERの求め方

$$1株あたり純利益 = \frac{純利益}{発行済株式数}$$

↓

1株あたり純利益はEPSといいます。

$$PER（倍） = \frac{株価}{1株あたり純利益}$$

ひと言！

PERは、企業の業績から見て、低い方が株価は相対的に割安、高い方が割高、と判断されます。

計算例

・株価が1,000円、1株あたり純利益が200円のA株の場合

$$A株のPER（倍） = \frac{1,000円}{200円} = 5倍$$

PERの計算式は
覚えてください！

・株価が1,000円、1株あたり純利益が100円のB株の場合

$$B株のPER（倍） = \frac{1,000円}{100円} = 10倍$$

※株価は同じだけど1株あたり純利益はA株の方が多い。
　1株あたりの利益に対して何倍の値段が付けられているか？ と考えると…
→「PERが低いA株の方が株価は割安」と判断できます。

5 PBR（株価純資産倍率）

　PBR（株価純資産倍率）は、株価が1株あたり純資産の何倍になっているか、を表します。

　「1株あたり純資産」は、企業の純資産を、その企業の発行済株式数で割ることで求めます。PERと同様、PBRも低い方が株価は相対的に割安といえます。

PBRのBは
Book-value＝
「帳簿価格」の意味。
帳簿はBookだからね！

PBRの求め方

$$1株あたり純資産 = \frac{純資産}{発行済株式数}$$

↓

1株あたり純資産はBPSといいます。

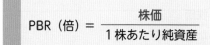

$$PBR（倍） = \frac{株価}{1株あたり純資産}$$

ひと言！

PBRが1倍未満の場合は、理論上、時価総額が会社の解散価値を下回っていることを意味します。

計算例

・株価が1,000円、1株あたり純資産が1,000円のA株の場合

$$A株のPBR（倍） = \frac{1,000円}{1,000円} = 1倍$$

・株価が1,000円、1株あたり純資産が500円のB株の場合

$$B株のPBR（倍） = \frac{1,000円}{500円} = 2倍$$

PBRの計算式も
覚えてください！

※株価は同じだけど1株あたり純資産はA株の方が多い。
→「PBRが低いA株の方が株価は割安」と判断できます。

6 ROE（自己資本利益率）

ROE（自己資本利益率）は、株主が出資したお金を使って、企業がどれだけの利益を上げたかを見る指標です。株主が出資したお金とは、財務上の自己資本（≒純資産）のことです。ROEが高いほど効率的に利益を上げている、と判断されます。※ ROE：Return on Equity

ROEは「%」で
表示され、
数字が高いほど
効率的！

ROE（自己資本利益率）の求め方

公式❶

$$ROE（\%） = \frac{税引後当期純利益}{自己資本} \times 100$$

公式❷

$$ROE（\%） = \frac{1株あたり純利益}{1株あたり純資産（≒自己資本）} \times 100$$

※公式②は、公式③＝（PBR ÷ PER）× 100ともいえます。PBRとPERの数値がわかっていれば、公式③で解答することもできます！

公式❸

$$ROE（\%） = \frac{1株あたり純利益（株価 ÷ PER）}{1株あたり純資産（株価 ÷ PBR）} \times 100$$

$$= \frac{株価}{PER} \times \frac{PBR}{株価} \times 100$$

$$= （PBR ÷ PER） \times 100$$

7 配当利回り

株価（投資金額）に対する配当金の割合を見る指標です。

株式の配当金は、
1株あたりで
公表されます

配当利回りの求め方

公式 配当利回り（％） = $\dfrac{1株あたり年間配当金}{株価} \times 100$

「〜の利回り計算」の計算式の構造は、すべて同じ。分子に1年あたりの利益、分母に投資金額が入ります。

8 配当性向

企業の当期純利益に対する年間配当金の割合を見る指標で、当期純利益の何％を配当金として支払ったかを示します。高いと、株主への利益の還元割合が高いと判断できます。

配当利回りと
配当性向は
間違えやすい！

配当性向の求め方

公式❶ 配当性向（％） = $\dfrac{年間配当金}{当期純利益} \times 100$

公式❷ 配当性向（％） = $\dfrac{（1株あたり）年間配当金}{（1株あたり）純利益} \times 100$

株式受渡日クイズ〜！

投資信託

・金融機関は3つ
・コストも3つ
・分類方法

・「ブル型」「ベア型」
・上場投資信託
　（ETF）

これもしっかり
押さえよう！

1　投資信託とは

　投資信託とは、多数の投資家から集めた資金を、運用の専門会社が、株式や債券、不動産など、さまざまな資産に分散投資をして、そこで得た利益を投資家に分配するという仕組みの金融商品です。投資信託には**元本の保証はありません**。

ひと言！

投資信託の運用で得た利益は一般的に決算時に分配金として投資家に支払われます。

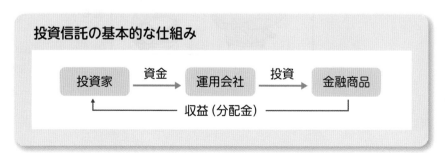

投資信託の基本的な仕組み

投資家 　—資金→　 運用会社 　—投資→　 金融商品

←———— 収益（分配金）————

2　投資信託の基礎用語

最低限知っておきたい投資信託の用語を解説します。

純資産総額

投資信託で運用されている資金の合計です。まず、投資信託に組み入れた株式や債券の毎日の価格を計算し、合計します。その合計した金額から、運用に関わるコストを差し引いたものが純資産総額です。

個別元本

投資信託を購入した投資家の個別の元本のこと。元本は購入のタイミングによって投資家ごとに異なるので個別元本といいます。分配金が出る場合は、この個別元本を上回った部分を普通分配金、下回った部分を特別分配金（元本払戻金）といいます。

基準価額

投資信託の価格のことです。投資している株式や債券などの価格を毎日計算し、集計したものを投資信託の価格＝基準価額として公表しています。通常、基準価額は、1万口あたりで表示されます。

投資信託の当初は、1万口単位（1口＝1円）ですが、運用が始まると、基準価額の変動によって1口あたりの金額も変わります。

※「基準価額 ＝ 純資産総額 ÷ 投資家の保有総口数」
という計算式で求めます。

株式は「1株」
投資信託は
「1口」というよ

3 投資信託を運営する会社

投資信託には、「契約型投資信託」と「会社型投資信託」があります。

日本の投資信託は、ほとんどが「契約型投資信託」です。この契約型投資信託の運営に関わっているのは、販売会社、委託者である投資信託会社、受託者である信託銀行等です。

販売会社 （証券会社等）	委託者に代わり、投資家へ投資信託の販売を行います
委託者 （投資信託会社）	受託者（信託銀行等）に対して運用の指図を行います 「運用会社」ともいいます
受託者 （信託銀行等）	委託者からの指図に基づいて株式や公社債などを売買したり、信託財産の保管をします

日本の投資信託のほとんどが
契約型です

販売会社 → 量販店
委託者 → メーカー
受託者 → 倉庫会社
…と考えるとわかりやすいでしょ？

4 投資信託の仕組み

投資家は投資信託を証券会社や銀行などの販売会社で購入します。資金は、運用会社である投資信託会社、管理会社である信託銀行を経て、証券市場に投資されます。

投資信託を運営する会社と資金の流れ (契約型)

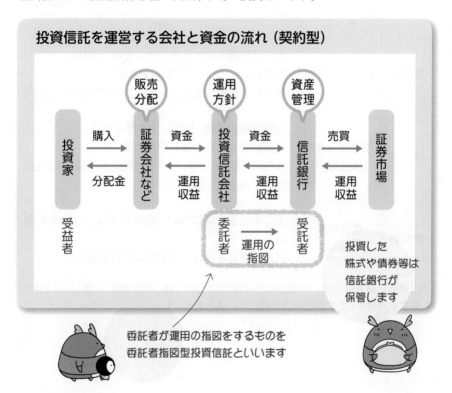

委託者が運用の指図をするものを
委託者指図型投資信託といいます

投資信託のコスト

手数料のかからない
（ノーロードの）
投資信託もあります

　投資信託に投資する場合、さまざまなコスト（費用）がかかります。購入時、保有時、換金時それぞれのコストは以下の通りです。

	コスト	内容
購入時	購入時手数料	投資信託購入時に販売会社に支払う手数料 販売会社によって手数料は異なる 購入時手数料を取らないノーロードファンドもある
保有時	運用管理費用 （信託報酬）	信託財産の運用、管理に対する手数料 信託財産から日々差し引かれる 委託者（運用会社）、受託者（信託会社等）、販売会社のそれぞれに配分される
換金時	信託財産 留保額	主に中途換金時に解約代金から差し引かれる手数料 信託財産留保額が不要の投資信託もある

※投資信託購入時には、「申込時の基準価額×口数＋購入時手数料＋購入時手数料に対する消費税」の金額を販売会社に払い込みます。

6　投資信託のディスクロージャー

　投資家に対して、投資判断に必要な情報を開示することをディスクロージャーといいます。投資家に交付が義務づけられている資料には、目論見書や決算期（原則）ごとの運用報告書があります。

注目！

毎月の運用状況を知らせる「月次報告書」もあります。

目論見書	・投資家に販売する前、あるいは同時に、販売会社が交付 ・投資信託の目的や特色、投資の方針、リスク、手続き、手数料などが記載されている、「投資信託の説明書」 → 作成は運用会社で、交付は販売会社
運用報告書	・投資信託を保有している投資家に交付 ・運用実績や運用状況などが記載されている書類 → 作成は運用会社で、交付は販売会社

交付はどちらも
販売会社

7　設立形態による分類

　投資信託は設立形態により「契約型」と「会社型」の
2つに分類されます。

契約型 投資信託	・販売会社と運用会社と管理会社がそれぞれ信託契約（財産を託すこと）を締結して運営される投資信託 ・日本の投資信託のほとんどが契約型 　→ ETF（上場投資信託）など
会社型 投資信託	・投資を目的とした法人（投資法人）を設立し、投資家がその法人に出資した資金で運営される投資信託 　→ J-REIT（不動産投資信託）など

8　購入時期による分類

購入できる時期の違いによる分類もあります。

追加型投資信託 （オープン型）	いつでも購入できる投資信託
単位型投資信託 （ユニット型）	最初の募集期間にしか購入できない投資信託

9　投資対象による分類

投資対象に株式を組み入れることが可能かどうかによる分類です。

公社債投資信託	公社債を中心に運用 株式の組み入れはいっさいできない → MRF、外貨建てMMFなど
株式投資信託	株式の組み入れが可能 ただし、公社債のみで構成されている株式投資信託もある → 組み入れが「可能」なだけなので、実際には株式が組み入れられていない商品もあります

Point!

「株式が組み入れられていない投資信託は公社債投資信託である」という説明の正誤を問われたら、「×（誤り）」と答えましょう。

試験で狙われる！

10 運用の手法による分類

投資信託の運用手法の違い

バッシブ運用に
比べて
コストは高い

パッシブ運用
（パッシブ＝消極的）

ベンチマークに連動した運用
を目標とする。

【運用の考え方】
「投資対象として、どのよう
な銘柄を選んでも、常に市場
平均以上の運用成績を挙げる
のは困難」という「効率的市
場仮説」にもとづいたもの。

アクティブ運用
（アクティブ＝積極的）

ベンチマークを上回る運
用を目標とする。

【運用の考え方】
金融市場には、"歪み"やア
ノマリー（想定外の動き）
があるので、市場平均以上
の運用も可能というもの。

マクロ的 ↓   ↑ 個別企業

トップダウンアプローチ

国別、
業種別など

まずマクロ的に分析してか
ら、個々の銘柄を選定する。

ボトムアップアプローチ

運用方針に従い、個別銘柄の調
査・分析をして、銘柄を選定する。

バリュー型

企業利益や資産などから割安（バ
リュー）な銘柄に投資すること。例えば、
PBR や PER が低い銘柄など。

グロース型

将来的に成長（グロース）
が見込める銘柄に投資す
ること。

※**割安な銘柄の買い**と**割高な銘柄の売り**を同程度の金額で行い、市場の
変動に影響されない運用を目指すマーケット・ニュートラル運用とい
う手法もあります。

Point!

アクティブ運用の「グロース型」は成長、
「バリュー型」は割安、と覚えましょう。

注目! 📍

ベンチマークとは「日経
平均株価」や「TOPIX」
など、運用の指標を指
します。

11 「ブル型」「ベア型」ファンド

　投資信託には、株式相場や債券相場が上昇したときに
利益が発生する一般的なファンド（投資信託）のほかに、
相場が下落したときに利益が発生するファンドがあります。

ブル型 ファンド	・相場が上昇したときに利益が出るように設計されています ・「ブル」とは「雄牛」のことで、金融市場の用語としては 　「上昇相場」を意味します →「雄牛はツノを突き上げて攻撃する」と覚えましょう
ベア型 ファンド	・相場が下落したときに利益が出るように設計されています ・「ベア」とは「熊」のことで、金融市場の用語としては 　「下落相場」を意味します →「熊が上から下に手を振り下ろし鮭を狩る」と覚えましょう

雄牛ね。
下から角を突き
上げていることから、
強気の上昇相場と
いうわけね！

ブル型とは…

ベア型とは…

こっちは熊ね。
上から押さえこもうと
している、弱気な
下落相場というわけ

両方とも
「強気」にしか
見えないけど…

12 上場している投資信託

市場に上場している投資信託は、株式と同じように取引ができます。主なものに、「ETF（上場投資信託）」と「J-REIT（不動産投資信託）」があります。

	公募 株式投資信託	ETF （上場投資信託）	J-REIT （不動産投資信託）
設立形態	契約型	契約型	会社型
上場／非上場	非上場	上場	
販売窓口	商品によって取扱金融機関（証券会社・銀行等）が異なる	証券会社	
売買方法	ブラインド方式（売買時点で基準価額がわからない） ・指値／成行注文不可 ・信用取引不可	上場株式と同様 ・リアルタイム取引 ・指値／成行注文可 ・信用取引可	
費用	・購入時手数料 ・信託報酬 ・信託財産留保額	・売買委託手数料 　（証券会社により異なる） ・信託報酬	
その他	・基準価額は1日1回更新 ・普通分配金と特別分配金がある	・株式、債券、商品、不動産等の指数に連動するインデックス型のほか、アクティブ型もある ・特別分配金はない	

「ETFは契約型、J-REITは会社型」を忘れずに！

公募株式投資信託やETFにはレバレッジ型、インバース型と呼ばれる変動率に一定の倍数を乗じた値動きをする投資信託もあります。

レバレッジ型	ある指標の日々の変動率に＋○倍を乗じて算出される指数に連動する
インバース型	ある指標の日々の変動率に－○倍を乗じて算出される指数に連動する

例えば、日経平均株価やTOPIXなどの日々の変動率と
逆の動きをするように設計された商品です

13 「トータルリターン」通知制度

　購入日から現在までの期間を通じ、追加購入や分配金なども含めたトータルの損益を、「トータルリターン」といいます。

　販売会社は投資家に対して、年１回以上、総合的な損益状況である「トータルリターン」を通知することが義務づけられています。

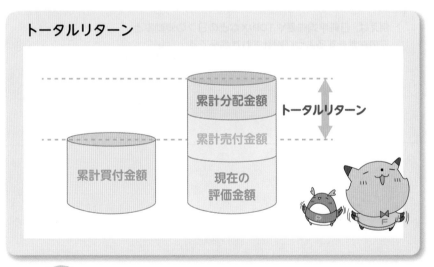

トータルリターン

累計分配金額

トータルリターン

累計売付金額

累計買付金額

現在の
評価金額

トータルリターン＝
評価金額 ＋ 累計売付金額 ＋ 累計受取分配金額（税引き後）
　－ 累計買付金額

トータルリターン制度の
光と影

だいじょうぶ！
そういうキミのような
人のために
トータルリターン
通知制度があるんだよ

投資信託を始めたん
だけど、結局いくら
儲かってるんだかわ
からないんだ

ボク、
大雑把だからね…
てへっ

投資信託の販売会社から
「今、こうなってますよ」
という
まとめみたいなのが
くるわけ

分配金を
もらったものの、
現在の評価額が
下がってたりして
利益と損失が
わからなくなるので

後日…

ガーン！
損失が出てた

そうか…

利益だけの
報告じゃ
ないものね

あくまでも
損益のお知らせ
だからね。
「利益出てます」って
だけの報告じゃない
からね

LESSON 11

外貨建て金融商品・金

聞き慣れない
単語が出てくるけど
要点は
押さえよう！

外貨預金

・外貨建て金融商品

Sell?
Buy?

・TTS・TTB

・外国債券

サムライ？
ショーグン？

1 外貨建て金融商品とは

　外貨建て金融商品とは、取引価格が外貨建て（米ドル、豪ドル、ユーロなど）で表示されている金融商品です。

　円と外貨の両替時に、為替レートの変動による為替変動リスクが発生します。換金時（満期時）のレートが購入時（預入時）より円安（外貨高）になると為替差益が発生し、円高（外貨安）になると為替差損が発生します。

　なお、投資信託等で「為替ヘッジあり」のタイプの場合、コストはかかりますが、為替変動リスクを小さくできます（円高の損失を抑えられますが、円安の収益も少なくなります）。

為替変動リスクの例

購入時：1ドル＝100円

換金時：1ドル＝110円（⇒円安・外貨高）　10円の為替差益

　　　　1ドル＝　90円（⇒円高・外貨安）　10円の為替差損

なお、円安・円高になりやすい要因には以下のようなものがあります。

	円安が進行しやすい	円高が進行しやすい
金利	外国通貨の金利上昇（金利差拡大）	外国通貨の金利下落（金利差縮小）
貿易収益	貿易赤字（外貨の支払い＞受取り）	貿易黒字（外貨の受取り＞支払い）

2 為替レート

　顧客が円を外貨にするとき、つまり、外貨を買う場合のレートを「TTSレート」といいます。逆に、外貨を円にするとき、つまり、外貨を売る場合のレートを「TTBレート」といいます。

TTS（対顧客電信売相場）
　顧客が円を外貨に換えるときの為替相場
　→金融機関が外貨を売る（selling）

TTM（仲値）
　基準となる為替相場

TTB（対顧客電信買相場）
　顧客が外貨を円に換えるときの為替相場
　→金融機関が外貨を買う（buying）

外貨建て商品を
購入したときよりも
円安だと儲かり、
円高だと損をします

ひと言！

英語の表記は金融機関の立場で考えましょう。

為替先物予約

外貨を将来のある時期に一定の価格で受け渡すことを現時点で約束する取引をいいます。為替レートを確定できるため、為替リスクを回避できるメリットがあります。

為替予約を締結していない外貨預金の場合、預入時に満期時の為替レートが確定しておらず、為替レートが預入時より満期時のほうが円安になれば、円を基準とする利回りが上昇（円高になれば下落）します。

3　為替手数料

　TTSレートとTTBレートは、基準となる仲値（TTM）に為替手数料を加味して決められます。手数料は、金融機関や通貨の種類によって異なります。

TTSレートとTTBレートの例

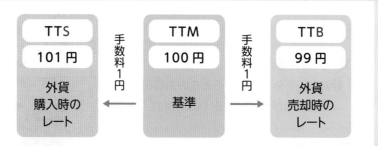

TTS	手数料1円	TTM	手数料1円	TTB
101円		100円		99円
外貨購入時のレート	←	基準	→	外貨売却時のレート

※外貨を購入し、売却する場合、上記の例では、金融機関などに対して、購入時に1円、売却時に1円の往復2円の為替手数料を支払います。

Selling（売る）、Middle（中間）、Buy（買う）なので
金融機関の立場で覚えよう。顧客とは逆になることに注意。

4 外国証券取引口座について

一般に外国証券（外国債券、外国株式、外国投資信託）の取引をするためには、証券会社に外国証券取引口座を開設する必要があります。口座管理手数料がかかる場合があります（外貨建てMMFにはかかりません）。

5 外貨預金

銀行が取り扱っている外貨建て金融商品の代表が外貨預金です。外貨預金のポイントは以下の通りです。

キーワード

為替予約
事前に為替レートと数量を予約する取引のこと。

内容	外貨で行う預金 定期預金は、原則、中途換金できない
保険制度	預金保険の保護の対象外
課税内容	・利子は「利子所得」に該当し、「源泉分離課税」の対象 　税率20.315％（所得税15.315％、住民税5％） ・為替差益は原則「雑所得」として総合課税の対象 ※預入時に為替先物予約がある場合は、利子も為替差益も20.315％（所得税15.315％、住民税5％）の源泉分離課税 ・為替差損は損益通算できない

外貨預金は預金保険の対象外

6 外国債券

外国債券（外債）は、債券の発行元、発行場所、通貨のいずれかが外国である債券のことです。通貨によって以下のように分類されます。サムライ債のような円建ての外国債券は、カントリーリスクはありますが、**為替リスクはありません**。

通貨による分類

名称	払い込み	利払い	償還
サムライ債・ユーロ円債	円	円	円
ショーグン債	外貨	外貨	外貨
デュアルカレンシー債	円	円	外貨
リバース・デュアルカレンシー債	円	外貨	円

リバースとは「逆」という意味です！

7　金

　「有事の金」と言われるように、金融不安、政情不安が高まるときに価格が上昇する傾向にあります。

　金投資には、**金地金**、**金貨**等を購入するほか、毎回一定額を積み立てるドルコスト平均法を用いた**純金積立**などの方法があります。積み立てた金を現物で受け取ることもできます。

取引価格	原則：1トロイオンス当たりの米ドル建て価格 国内価格：1グラム当たりの円建て価格
国内金価格の 変動要因	米ドル建て金価格が一定の場合、 円安：国内金価格の上昇要因 円高：国内金価格の下落要因
税金	保有期間5年以内：短期譲渡所得として総合課税 保有期間5年超　　：長期譲渡所得として総合課税 ※業者との取引では、購入時は消費税を支払い、売却時は消費税相当額を受け取ることができる

意味がわかれば間違わない！
TTS　TTM　TTB

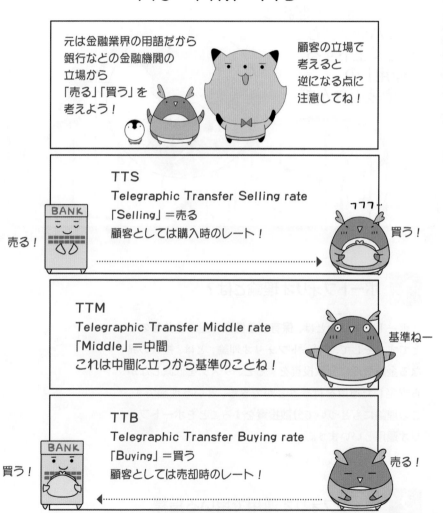

元は金融業界の用語だから
銀行などの金融機関の
立場から
「売る」「買う」を
考えよう！

顧客の立場で
考えると
逆になる点に
注意してね！

TTS
Telegraphic Transfer Selling rate
「Selling」＝売る
顧客としては購入時のレート！

売る！

買う！

TTM
Telegraphic Transfer Middle rate
「Middle」＝中間
これは中間に立つから基準のことね！

基準ねー

TTB
Telegraphic Transfer Buying rate
「Buying」＝買う
顧客としては売却時のレート！

買う！

売る！

LESSON 12 ポートフォリオ理論・デリバティブ

ポートフォリオ理論も
デリバティブも
激しく上下する
「運用」の
安全装置なんだ

1　ポートフォリオ理論とは？

　ポートフォリオとは、保有する資産の組み合わせのことです。そして、「ポートフォリオ理論」とは、複数の異なる金融資産に分散投資をすると、リスクを低減しながら安定した運用を行うことができる、という理論です。この理論にもとづいて**分散投資**をすることを**ポートフォリオ運用**といいます。

2　ポートフォリオ運用で用いる指標

　ポートフォリオ運用で用いられる指標として重要なのは、「期待収益率」と「標準偏差（リスク）」です。

期待収益率

　期待収益率とは、予想されるシナリオ（状況）においてどのくらい収益が見込めるかを示したものです。

　予想した状況が実際に起きた場合の「予想収益率」を、予想される確率（生起確率）で加重平均して求めます。

シナリオによる分類

シナリオ	予想収益率	生起確率
好況	9%	20%
普通	3%	50%
不況	− 5%	30%

この金融商品は、「好況」になったときの予想収益率が9%で、好況になる確率は20%ということです

期待収益率の求め方

期待収益率
＝ 各シナリオの予想収益率 × 予想される確率（生起確率）　の合計

シナリオ	予想収益率		生起確率		
好況	9%	×	20% (0.2)	=	1.8%
普通	3%	×	50% (0.5)	=	1.5%
不況	− 5%	×	30% (0.3)	=	− 1.5%

注目！

加重平均とは、予想収益率にそれぞれの生起確率をかけて、それらを合計することで求める方法をいいます。

シナリオごとの収益率を合計すると……

期待収益率 ＝ 1.8％ ＋ 1.5％ ＋（− 1.5％）＝ 1.8％　となります。

かけて、
足すだけ…

標準偏差（リスク）

　標準偏差とは収益のばらつきのことです。金融用語では、「リスク」といいます。標準偏差（リスク）は、ばらつきが大きいほど、リスクが高いといえます。

> ### リスクの種類
>
> 世界的な金融危機のような場合など、分散投資によっても低減できないリスクを「システマティック・リスク」といいます。一方、分散投資によって低減できるリスクを「アン（非）システマティック・リスク」といいます。

3　ポートフォリオの期待収益率

　ポートフォリオの期待収益率は、組み入れた個別銘柄（証券）の期待収益率を、ポートフォリオの構成比で加重平均したものとなります。

注目！

期待収益率とは、資産の運用によって期待できる収益の平均値です。

ポートフォリオの構成例

	ポートフォリオの構成比	期待収益率
A証券	50%	0.4%
B証券	30%	1.2%
C証券	20%	5.0%

ポートフォリオの期待収益率の求め方

> ポートフォリオの期待収益率 = 各資産の期待収益率 × 構成比　の合計

	ポートフォリオの構成比		期待収益率		
A証券	50%（0.5）	×	0.4%	=	0.2%
B証券	30%（0.3）	×	1.2%	=	0.36%
C証券	20%（0.2）	×	5.0%	=	1%

個別銘柄の期待収益率を合計すると…
期待収益率 = 0.2% + 0.36% + 1% = 1.56%

4　リスク低減効果と相関係数

　ポートフォリオのリスクを低減するためには、異なる値動きをする金融資産や銘柄を組み合わせる必要があります。2つの資産を組み合わせたリスク（標準偏差）は、一つ一つの資産のリスク（標準偏差）をそれぞれ加重平均したもの以下となることがわかっています。これをポートフォリオのリスク低減効果といいます。

　ただし、組入銘柄数が一定水準以上になると、銘柄数を増やしてもリスクが減少しにくくなります。

ポートフォリオの
基本は分散投資で
リスク低減！

相関係数

　リスクの低減効果は、値動きの異なる資産を組み入れることで、大きくすることができます。その際、資産どうしの値動きが似ているのか似ていないのかを判別する数値が相関係数です。相関係数は、「0」を中心として、「－1」～「＋1」の範囲で表されます。

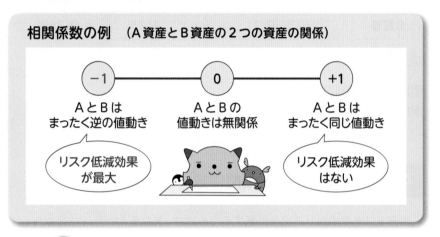

相関係数の例　（A資産とB資産の2つの資産の関係）

−1	0	+1
AとBは まったく逆の値動き	AとBの 値動きは無関係	AとBは まったく同じ値動き
リスク低減効果 が最大		リスク低減効果 はない

Point!

　相関係数は「＋1」でない限り、分散投資によるリスク低減効果はあります。
　ただし、市場全体の影響を受ける「システマティック・リスク」は低減できません。

5 シャープレシオ

シャープレシオとは、投資のリスクを負ったことで、どれだけ効率よく収益をあげることができたのかを見る指標です。数値が大きいほど投資効率がよかったということになります。

標準偏差（リスク）とは収益のばらつきのこと

シャープレシオの計算式

$$\text{シャープレシオ} = \frac{\text{ポートフォリオの収益率} - \text{無リスク資産の利子率}}{\text{ポートフォリオの標準偏差}}$$

分子：ポートフォリオの収益率から、リスクゼロでも得られた資産の収益率を引いたもの

分母：ポートフォリオの標準偏差 ＝ リスク
シャープレシオの数値が大きいほど少ないリスクで高い収益率をあげたということです！

※「無リスク資産の利子率」は理論上、リクスがない資産から生じる利子率をいい、一般的に短期国債の利回り等が用いられます。

例）ファンドAとファンドBでは投資効率が良いのはどっち？

ファンド名	ファンドA	ファンドB
ポートフォリオの収益率	10.0%	9.0%
標準偏差	3.0%	2.0%
無リスク資産の利子率	1.0%	

ファンドBの方が投資効率がよかったということになります

それぞれのシャープレシオを計算すると…
ファンドA ＝（10.0％ － 1.0％）÷ 3.0％ ＝ 3.0
ファンドB ＝（9.0％ － 1.0％）÷ 2.0％ ＝ 4.0

6 ドル・コスト平均法

　毎回、一定額ずつ購入すること（ドル・コスト平均法）で購入時期を分散すると、高いときは購入株（口）数が少なく、安いときは、購入株（口）数が多くなるため、平均購入単価を平準化する効果が期待できます。確定拠出年金や新NISAのつみたて投資枠を利用した投資信託の積立てはドル・コスト平均法を利用した投資方法です。

7 アセットアロケーション

　「アセットアロケーション」とは資産配分のことです。資産には預貯金、株式、債券といった金融資産のほか、不動産や金などいろいろな形態（資産クラス）があります。リスクやリターンを考慮しながら配分を決定していきますが、配分しても、その後の運用状況によって当初の配分が崩れてきます。そのような場合には「リバランス」といって、値上がりした資産クラスを売却して値下がりした資産クラスを購入することで配分を維持するなど、見直しも必要です。

ポートフォリオは各資産クラスの分散投資のこと

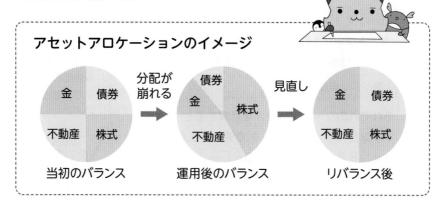

アセットアロケーションのイメージ

| 金 | 債券 |
| 不動産 | 株式 |
当初のバランス

分配が崩れる →

運用後のバランス

見直し →

| 金 | 債券 |
| 不動産 | 株式 |
リバランス後

ポートフォリオについて
おさらいするよ!

ポートフォリオとは
分散投資のこと

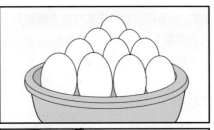

株式だけでなく、
債券や外国株など、
複数の金融商品を
組み合わせて
リスクを低減
させているんだ

１つのカゴに
入れたよ

10 個の卵を…

３個、４個、３個で
３つのカゴに
分けて入れたよ

あっ!

カゴの底が抜けた

ボクのも
１つ抜けた
でも、残り７つの
卵は無事だよ

10 個の卵が全滅!

グシャッ

すべての卵を
１つのカゴに盛るな

１つだけに全力で投資すると
失敗したときのリスクが大きいからね

デリバティブ（金融派生商品）とは？

　「デリバティブ」とは、株式や債券などの金融商品（「原資産」と呼びます）から派生して生まれた金融派生商品のことです。代表的なものには、「先物取引」「オプション取引」「スワップ取引」などがあります。

主なデリバティブ取引

先物取引	将来の一定時点（まで）に、特定の商品（原資産）を一定の価格で売買することを予約する取引 例えば、将来、○月○日（まで）に日経平均株価を18,000円で「買う」「売る」ことを、今の時点で予約する
オプション取引	将来の原資産（日経平均株価）などを、○月○日（まで）に一定の価格で「買う権利」や「売る権利」を売買する
スワップ取引	異なる通貨同士で、将来の元利金を交換する取引を「通貨スワップ」、同一通貨で異なる金利（変動金利と固定金利）を交換する取引を「金利スワップ」という
ヘッジ取引	ヘッジとは回避の意味。現物の価格変動リスクを、反対ポジションの先物取引などで回避や軽減する取引 将来の値下がりリスクに備えて先物などを売り立てておくのを売りヘッジ、将来の値上がりリスクに備えて先物などを買い立てておくのを買いヘッジという
裁定取引	現物価格とこの現物を対象とする先物価格に価格差がある場合、割安な方を買い、割高な方を売るというポジションで価格差を利益として得る取引 アービトラージ取引ともいう
スペキュレーション取引	先物の将来価格を予想したポジションを取り、相場が予想どおりに変動したら反対売買で利益を確定する取引 投機取引ともいう

9 オプション取引

　株式などの原資産を、将来の特定の日（まで）に、特定の価格（権利行使価格）で「買う権利」や「売る権利」を売買する取引です。**買う権利のことを「コール・オプション」、売る権利のことを「プット・オプション」**といいます。オプションの買い手は、**プレミアム（オプション料）**を売り手に支払います。

オプション取引の概要

　オプションの買い手は、権利を行使するかどうかを選択できます。権利を行使すると損をする場合は、権利を行使しなければよいのです。その場合、プレミアム（オプション料）分は損しますが、それ以上に損失が増えることはありません。

	損失	利益	取引の手法
オプションの買い手 （コール・プット）	支払ったプレミアムに限定される	無限（定）	権利を行使した方が有利であれば権利を行使する 不利な場合は権利を放棄でき、その場合の損失はプレミアムに限定される
オプションの売り手 （コール・プット）	無限（定）	受け取ったプレミアムに限定される	買い手が権利を行使してきた場合は、応じる義務があるため、損失は限定されない

プレミアムの決まり方

　オプションの買い手が、売り手に支払うプレミアム（オプション料）は、様々な要因に応じて異なります。

　例えば、「3,000円で買う権利（コール）」と「4,000円で買う権利（コール）」を比較すると、前者のほうが有利であるため、コールでは、前者のプレミアムのほうが高くなります（売る権利（プット）の場合は「反対」になります）。

　また、満期までの期間が長いほうが、短い場合に比べて、収益機会が多いため、コール、プットともに、プレミアムが高くなります。

プレミアムの変動要因と影響

	コールオプションの プレミアム	プットオプションの プレミアム
原資産の価格が上昇	高くなる	低くなる
権利行使の価格が高い	低くなる	高くなる
期日までの残存期間が長い	高くなる	
原資産の値動きが大きい	高くなる	

「買う」はコール

「売る」はプット

そして
「オプション料」は
プレミアムね！

コールオプションと
プットオプション

コールオプションは
「買う」権利

すいませーん
これ買います！
（と、Callする）
←呼ぶ

はーい

プットオプションは
「売る」権利

売るよー
買ってきな！
（とPutする）
←置く

りんご1コ ¥100

金融商品と税金

預貯金

債券

株式

投資信託

金融商品によって
税金の納め方が
違うよ！

1 金融商品の税金

　金融商品に投資して利益を得た場合、通常、利益に対して税金がかかります。課税方法は、金融商品や利益の中身によって変わります。また、金融商品によっては、投資家が課税方法を選ぶこともできます。

2 金融商品への課税方法

　金融商品に対する課税方法は、主に、「申告分離課税」「総合課税」「源泉分離課税」の3つに分類されます。

申告分離課税	投資して得た1年間の所得金額を、ほかの所得と分離して、所得税等を計算する
総合課税	投資して得た1年間の所得金額を、ほかの所得と合計して、所得税等を計算する
源泉分離課税	投資して収益を受け取るときに、一定の税額が源泉徴収等され、それで納税が完了する

3　預貯金と税金

　国内預貯金の利子は、「利子所得」として源泉分離課税の対象となります。税率は20.315%（所得税15.315%、住民税5%）です。

15.315%は、所得税15%、復興特別所得税0.315%です。

4　証券会社の取引口座

　証券会社には4種類の取引口座があります。取引口座の種類によって、確定申告が必要かどうかが異なります。

取引口座の種類

特定口座	1）源泉徴収口座（源泉徴収あり）	原則、確定申告不要
	2）簡易申告口座（源泉徴収なし）	確定申告必要
3）一般口座		
4）新NISA口座		非課税（申告不要）

Point!

特定口座を開設すると、「年間取引報告書」が作成・交付されます。特定口座の源泉徴収口座（源泉徴収あり）を選択すると、20.315%の税金が源泉徴収等されます。

280

特定口座年間取引報告書（抜粋）

※復興特別所得税は考慮しない

①譲渡の対価の額 （収入金額） Ⓐ	②取得費及び譲渡に 要した費用の額等 Ⓑ	③差引金額 （譲渡所得等の金額） （①－②）Ⓒ
2,800,000	3,000,000	-200,000

特定上場株式等の配当等	種類	配当等の額 Ⓓ	源泉徴収税額（所得税） Ⓔ	配当割額（住民税） Ⓕ	特別分配金の額 Ⓖ
	④株式、出資又は基金	100,000	15,000	5,000	
	⑤特定株式投資信託				
	⑥投資信託又は特定受益証券発行信託（⑤、⑦及び⑧以外）				
	⑦オープン型証券投資信託等	200,000	30,000	10,000	
	⑧国外株式又は国外投資信託等				
	⑨合計（④＋⑤＋⑥＋⑦＋⑧）	300,000	45,000	15,000	
上記以外のもの	⑩公社債				
	⑪社債的受益権				
	⑫投資信託又は特定受益証券発行信託（⑬及び⑭以外）				
	⑬オープン型証券投資信託等				
	⑭国外株式又は国外投資信託等				
	⑮合計（⑩＋⑪＋⑫＋⑬＋⑭）				
	⑯譲渡損失の金額　　Ⓗ	-200,000			
	⑰差引金額（⑨＋⑮－⑯）Ⓘ	100,000			
	⑱納付税額　　　　　Ⓙ		15,000	5,000	
	⑲還付税額（⑨＋⑮－⑱）Ⓚ		30,000	10,000	

2023年5月　日本FP協会実技試験より

「特定口座年間取引報告書」の見方

Ⓐ 譲渡の対価の額 ⇒ その年中の上場株式等を売却した合計額
（売却手数料等控除前の金額）

Ⓑ 取得費及び譲渡に要した費用の額等

⇒ その年中に譲渡した上場株式等の取得金額及び売買委託手数料、購入時手数料等を加算した合計額

Ⓒ 差引金額 ⇒ その年中に発生した上場株式等の譲渡損益

Ⓓ 配当等の額 ⇒ 支払われた配当や分配金等の合計額

Ⓔ 源泉徴収税額 ⇒ 支払われた配当や分配金等から源泉徴収された所得税額

Ⓕ 配当割額 ⇒ 支払われた配当や分配金等から源泉徴収された住民税額

Ⓖ 特別分配金の額 ⇒ 元本払戻金の額（非課税）

Ⓗ 譲渡損失の金額 ⇒ 「③差引金額（譲渡所得等の金額）」がマイナスの場合の金額

Ⓘ 差引金額 ⇒ 「⑨合計」と「⑮合計」から「⑯譲渡損失の金額」を差し引いた金額

Ⓙ 納付税額 ⇒ 「Ⓘ」の金額に対して課された源泉徴収税額（所得税・住民税）

Ⓚ 還付税額 ⇒ 源泉徴収された所得税・住民税の金額より「⑱納付税額」が少ない場合、還付される税額（所得税・住民税）

5 債券（特定公社債）と税金

　債券は、国債、地方債、公社債などを「特定公社債」と呼びます。これらの課税方法は以下のとおりです。

	償還差益・譲渡損益	利子
課税方法	上場株式等の譲渡所得として申告分離課税	利子所得として申告分離課税
税率	20.315% （所得税15.315%、住民税5%）	20.315% （所得税15.315%、住民税5%）

6 上場株式の売却と配当金に関する税金

　上場株式を売却したときに発生する譲渡益は、原則20.315%の税率で申告分離課税の対象となります。
　また、配当は、原則20.315%の税率で源泉徴収等されます。

	上場株式等の譲渡益	上場株式等の配当金 （大口株主以外）
課税方法	上場株式等の譲渡所得として申告分離課税	配当所得として総合課税または申告分離課税、または申告不要
税率	20.315% （所得税15.315%、住民税5%）	源泉徴収税率は20.315% （所得税15.315%、住民税5%）

　総合課税を選択した配当は一定要件のもと配当控除を適用できます。
　一方、申告分離課税を選択した配当は上場株式等の譲

渡所得の損失と損益通算・繰越控除できます。申告不要を選択した場合は、いずれも適用できません。

　また、上場株式等の配当所得および譲渡所得は、所得税および住民税について同一の課税方式を選択しなければなりません。

　譲渡所得は以下のとおり求めます。なお、株式を複数回に分けて、購入した場合、取得価額は総平均法に準ずる方法により計算します。

> **ひと言!**
> 売買委託手数料は取得価額（単価）を求める計算では含めませんが、譲渡所得の取得費には含めます。

> **取得価額（単価）**
> ＝（直前の売却後の残株数 × 取得単価
> 　＋ その後の売却までの購入金額）÷ 売却時の保有株数

（例）20XX年内に2回A社株を購入した場合
①3月X日：800円で500株購入　800円×500株＝400,000円
②8月Y日：625円で200株購入　625円×200株＝125,000円
1株当たりの取得価額＝（400,000円＋125,000円）÷（500株＋200株）
　　　　　　　　　　　＝525,000円÷700株＝750円

> **譲渡所得 ＝ 収入 －（取得費 ＋ 譲渡費用 ＋ 借入金利子）**

上場株式等の譲渡損失

上場株式等の譲渡損失は、申告分離課税を選択した配当所得や特定公社債の利子所得・譲渡所得と損益通算をすることができます。譲渡損失を控除しきれない場合には確定申告すれば、翌年以降、最長3年間、繰越控除（損失を繰り越すこと）ができます。

7 投資信託の税金

投資信託の分配金や換金時の利益は課税対象となり、それぞれ税金は以下の通りになります。

公募 公社債投資信託	解約（償還）差益：譲渡所得 収益分配金：利子所得
公募 株式投資信託※	売却益：上場株式等の譲渡所得 普通分配金：配当所得
J-REIT・ETF※	売却益：上場株式等の譲渡所得 分配金：配当所得

※上場株式等と同様の課税が適用される（なお、REITには配当控除はない）

ひと言！

複数回購入した場合の個別元本の計算では購入時手数料等は含めません。

8 「普通分配金」と「特別分配金」

公募株式投資信託の分配金には、課税対象となる「**普通分配金**」と非課税の「**特別分配金**」の2つがあります。

投資家ごとの個別元本にもとづき、投資信託の**値上がり部分から分配があったもの**を「**普通分配金**」、**元本部分から払い戻して分配されたもの**を「**特別分配金**」といいます。追加型投資信託では購入日によって取得価額が異なるため、投資家ごとの個別元本も異なります。

ひと言！

特別分配金は「元本払戻金」と呼ばれることもあります。

元本払戻金は
非課税

普通分配金と特別分配金の税金

普通分配金	利益部分なので、配当所得として課税される 源泉徴収税率は20.315% （所得税15.315%、住民税5％）
特別分配金（元本払戻金）	元本の払い戻しなので非課税

9　個別元本方式について

　分配金の受取時または、投資信託を換金したときの税金は、個別元本にもとづいて行われます。この課税方式を「個別元本方式」といいます。

分配金の見分け方

（例1）　分配落ち後の基準価額 ≧ 個別元本　の場合

購入時の基準価額が 9,000 円で、決算時に 1,000 円の分配があった場合（決算時の基準価額は 10,700 円）

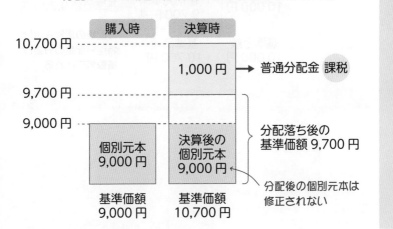

儲けから
分配金が出てるから
元本は変わらないんだね

（例2） 分配落ち後の基準価額 < 個別元本　の場合

購入時の基準価額が 10,000 円で、決算時に 1,000 円の
分配があった場合（決算時の基準価額は 10,700 円）

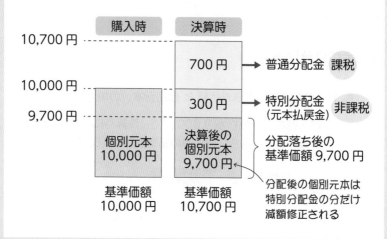

元本からでる分配金の分だけ
元本が減るんだね

10 新 NISA（少額投資非課税制度）

新NISAとは、株式や投資信託等から得た利益について、非課税とする制度です。

新NISAの概要

	つみたて投資枠	成長投資枠
年間投資上限額	年間120万円	年間240万円
非課税保有限度額	1,800万円	
	うち1,200万円	
	売却すると翌年以降、非課税枠を再利用できる	
非課税期間	無期限	
利用者の条件	18歳以上の日本国内居住者等	
対象金融商品	長期・積立・分散投資に適した一定の公募株式投資信託、ETF	上場株式（国内・外国株）公募株式投資信託 ETF、J-REIT
損益通算	NISA口座で生じた損失は、他の配当、分配金や譲渡益との損益通算不可	
その他	・一般口座、特定口座から移管はできない ・上場株式の配当やETF、J-REITの分配金を非課税とするためには、受取方法を株式数比例配分方式（証券口座で受け取る方法）にする必要がある ・毎月分配型は対象外	
2023年までの（つみたて）NISA	上記新NISAの非課税枠と別枠で利用できる	

※ 2023年までにNISA口座で購入した資産は非課税期間内に売却、または非課税期間終了時に一般口座や特定口座に移管します。

新NISAのポイント

口座	「つみたて投資枠」と「成長投資枠」を併用できる
非課税枠	それぞれ、年間非課税投資額に上限が設定されている
損失	新NISA口座で譲渡損失が発生した場合であっても、特定口座や一般口座で発生している譲渡益や配当金などと損益通算はできない

新NISAの概要を
アタマに入れておこう!

何ができて
何ができない
とか!

新NISAの何が「新」なの？

 非課税期間も
無期限に！

 つみたて投資枠と成長投資枠を
同時に使えて、さらに
それぞれが増枠されました！

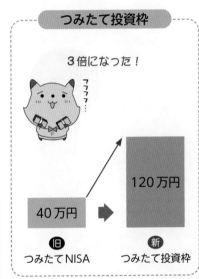

つみたて投資枠

3倍になった！

40万円 → 120万円

旧 つみたてNISA → 新 つみたて投資枠

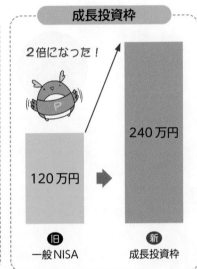

成長投資枠

2倍になった！

120万円 → 240万円

旧 一般NISA → 新 成長投資枠

FP 2級

学科 & 実技
問題集①

- ライフプランニングと資金計画
- リスク管理
- 金融資産運用

簡単アクセス
▼

問題集は
アプリを使って
スマートフォンや PC でも
演習できます！

パソコンの方は特設サイトから
▶ https://sugoibook.jp/fp → 「FP 2級 厳選問題集」をクリック
【アプリ配信期間：2024 年 6 月 1 日〜 2025 年 5 月 31 日】

※学科問題の★の数は過去 10 回のペーパー試験での出題傾向からみた重要度を表しています。
※問題文の最後に記載されている（ ）内の数字は本試験の出題年月です。記載のないものはオリジナル問題です。

ライフプランニングと資金計画

LESSON 1 〜 LESSON 2

1
★★
キャッシュフロー表の作成において、住宅ローンの返済額は、「前年の年間返済額×（1＋物価変動率）」で計算した金額を計上する。

2
★★★
ライフプランニング上の可処分所得は、年間の収入金額から所得税・住民税及び生命保険料を差し引いた金額を使用する。

3
★★
個人の資産や負債の状況を表すバランスシートの作成において、株式などの金融資産や不動産の価額は、取得時点の価額ではなく作成時点の時価で計上する。

4
★★
クレジットカードで無担保借入（キャッシング）をする行為は、貸金業法上、総量規制の対象となる。

5
★★
一定の利率で複利運用しながら一定期間後に目標とする額を得るために必要な毎年の積立額を試算する際、目標とする額に乗じる係数は、減債基金係数である。

ポイント  ＆解答！

1 | 住宅ローンは予定返済額をそのまま計上します。

2 | 可処分所得は、年間の収入金額から所得税・住民税及び社会保険料を差し引いたものです。

1 ✕ **2** ✕ **3** 〇 **4** 〇 **5** 〇

| 6 ★★★ | 税理士の登録を受けていないFPのAさんは、顧客からふるさと納税に関する寄附金控除について相談されたが、所得税法や地方税法の条文等を示しながら一般的な説明をすることはできない。 |

| 7 ★★★ | 金融商品取引業者の登録を受けていないFPのBさんは、顧客から株式投資についてアドバイスを求められた。FPのBさんは特定銘柄の株価チャートを解説し、投資のタイミングを助言することはできる。 |

| 8 ★★★ | 日本政策金融公庫の教育一般貸付（国の教育ローン）の資金使途は、受験にかかった費用（受験料、受験時の交通費・宿泊費など）と学校納付金（入学金、授業料、施設設備費など）に限定されている。 |

| 9 ★★★ | 日本政策金融公庫の教育一般貸付（国の教育ローン）は、学生の保護者が申込人になることはできず、学生本人が申込人となる。 |

| 10 ★★ | 個人事業主や農林漁業者などが被保険者となる国民健康保険は、国が保険者として運営している。 |

ポイント ＆解答!

| 6 | 法令の条文等を示しながら一般的な説明をすることは問題ありません。 |

| 7 | 金融商品取引業者（投資助言・代理業者・投資運用業者）以外の者は、特定銘柄の投資タイミングの助言を行ってはいけません。 |

| 8 | 入学金や授業料だけでなく、定期代や下宿費用にも使えます。 |

| 9 | 申込人は一般的には保護者ですが、一定の条件を満たす場合には学生本人も申込人となることができます。 |

| 10 | 都道府県・市（区）町村か国民健康保険組合が運営しています。 |

6 × 7 × 8 × 9 × 10 ×

11 ★★ 退職により健康保険の被保険者資格を喪失した者が、健康保険の任意継続被保険者となるためには、資格喪失日の前日までの被保険者期間が継続して1年以上なければならない。

12 ★★★ 健康保険の被保険者は、70歳に達したときにその被保険者資格を喪失し、後期高齢者医療制度の被保険者となる。

13 ★★ 公的介護保険の第1号被保険者が介護サービスを利用した場合の自己負担割合は、原則として1割だが、一定以上の所得を有する者は2割または3割となる。

14 ★★ 労災保険の保険料を計算する際に用いる保険料率は、適用事業所の事業の種類による差異はない。

15 ★★ 雇用保険に係る保険料のうち、失業等給付および育児休業給付に係る保険料は、事業主と労働者が折半して負担する。

16 ★★★ 雇用保険の一般被保険者が失業した場合、基本手当を受給するためには、原則として、離職の日以前2年間に被保険者期間が通算して12カ月以上あること等の要件を満たす必要がある。

ポイント &解答!

11 資格喪失日の前日までの被保険者期間が継続して2カ月以上なければなりません。

12 75歳に達したときです。

14 労災保険料率は、厚生労働大臣が業種ごとに定めており、事業の種類により異なります。

11 ✕ **12** ✕ **13** ◯ **14** ✕ **15** ◯ **16** ◯

17
★★
特定受給資格者等を除く一般の受給資格者に支給される基本手当の所定給付日数は、被保険者期間が20年以上の場合、180日である。

18
★★
高年齢雇用継続基本給付金の支給を受けるためには、一定の一般被保険者に対して支給対象月に支払われた賃金の額が、原則として60歳到達時の賃金月額の85％未満になっていることが必要である。

19
★★
一般被保険者や高年齢被保険者が、一定の状態にある家族を介護するために休業する場合、同一の対象家族について、通算3回かつ93日の介護休業を限度とし、介護休業給付金が支給される。

20
★★
育児休業給付金は、一般被保険者の休業開始前1年間に、雇用保険の被保険者期間が通算して6カ月以上なければ支給されない。

21
★★
育児休業給付金に係る支給単位期間において、一般被保険者や高年齢被保険者に対して支払われた賃金額が、休業開始時賃金日額に支給日数を乗じて得た額の60％相当額以上である場合、当該支給単位期間について育児休業給付金は支給されない。

ポイント  ＆解答！

| 17 | 一般の受給資格者の所定給付日数は、被保険者期間によって決まります。20年以上の場合で最長150日です。 |

| 18 | 75％未満になっていることが必要です。 |

| 20 | 休業開始前2年間に、被保険者期間が通算12カ月以上あることが必要です。 |

| 21 | 80％相当額以上である場合、当該支給単位期間について育児休業給付金は支給されません。 |

17 ✕　**18** ✕　**19** ○　**20** ✕　**21** ✕

22 ★★ 国民年金の第1号被保険者が出産する場合、所定の届出により、出産予定月の前月から4カ月間（多胎妊娠の場合は出産予定月の3カ月前から6カ月間）、保険料の納付が免除される。

23 ★★ 国民年金の保険料免除期間に係る保険料のうち、追納することができる保険料は、追納に係る厚生労働大臣の承認を受けた日の属する月前5年以内の期間に係るものに限られる。

24 ★★ 70歳以上の者は、厚生年金保険の適用事業所に勤務していても、原則として、厚生年金保険の被保険者とならない。

25 ★★★ 老齢厚生年金が支給されるためには、老齢基礎年金の受給資格期間を満たし、厚生年金保険の被保険者期間が1年以上あることなどの要件を満たす必要がある。

26 ★★★ 老齢厚生年金の繰下げ支給を申し出る場合、老齢基礎年金の繰下げ支給と同時に申し出なければならない。

ポイント  ＆解答！

23 10年以内であれば追納できます。

25 老齢厚生年金が支給されるためには、老齢基礎年金の受給資格期間を満たし、厚生年金保険の被保険者期間が1カ月以上あることなどの要件を満たす必要があります。

26 老齢基礎年金と老齢厚生年金の繰下げは、同時でも別々でもどちらでも可能です。

22 ○ **23** ✕ **24** ○ **25** ✕ **26** ✕

27 ★★ 国民年金の被保険者でない 20 歳未満の期間に初診日がある傷病により、20 歳に達した日またはその日後において障害等級 1 級または 2 級に該当する障害の状態にある者は、その者の所得に関わらず、障害基礎年金が支給される。

28 ★★ 障害基礎年金の受給権者が、所定の要件を満たす配偶者を有する場合、その受給権者に支給される障害基礎年金には、配偶者に係る加算額が加算される。

29 ★★★ 遺族基礎年金を受給することができる遺族は、国民年金の被保険者などの死亡の当時その者によって生計を維持し、かつ、所定の要件を満たす「子のある配偶者」または「子」である。

30 ★★ 国民年金の第 1 号被保険者としての保険料納付済期間が 36 カ月以上ある者が、老齢基礎年金または障害基礎年金を受けないまま死亡し、その死亡した者によって生計を維持していた遺族が遺族基礎年金の支給を受けられない場合は、原則として、遺族に死亡一時金が支給される。

31 ★★ 遺族厚生年金を受給することができる遺族の範囲は、厚生年金保険の被保険者または被保険者であった者の死亡の当時、その者によって生計を維持し、かつ、所定の要件を満たす配偶者、子、父母、孫または祖父母である。

ポイント &解答!

27 20 歳前の障害が原因の人は国民年金保険料を納めていないので所得制限があります。

28 障害基礎年金に加算されるのは「子の加算額」です。配偶者の加算はありません。

27 ✕ **28** ✕ **29** ◯ **30** ◯ **31** ◯

32 ★★★　厚生年金保険の被保険者である夫が死亡し、子のない30歳未満の妻が遺族厚生年金の受給権を取得した場合、その妻に対する遺族厚生年金の支給期間は、最長で7年間である。

33 ★★★　遺族厚生年金の額は、原則として、死亡した者の厚生年金保険の被保険者記録を基に計算した老齢厚生年金の報酬比例部分の額の3分の2相当額である。

34 ★★　遺族厚生年金と老齢厚生年金の受給権を有している者は、65歳以降、その者の選択によりいずれか一方の年金が支給され、他方の年金は支給停止となる。

35 ★★★　確定拠出年金の個人型年金の加入者が国民年金の第3号被保険者である場合、原則として、掛金の拠出限度額は年額240,000円（月額20,000円）である。

ポイント　＆解答!

32　支給期間は、最長で5年です。

33　原則として報酬比例部分の額の4分の3相当額になります。

34　本人の老齢厚生年金がまず優先して支給され、老齢厚生年金より遺族厚生年金の年金額が多い場合等には、その差額が遺族厚生年金として支給されます。

35　国民年金の第3号被保険者の拠出限度額は年額276,000円（月額23,000円）です。

32 ✕　**33** ✕　**34** ✕　**35** ✕

36
★★★
確定拠出年金の個人型年金の通算加入者等期間が10年以上ある者が、老齢給付金の支給を受けることができるのは、原則として、65歳からである。

37
★★
中小企業退職金共済の掛金は、事業主が全額を負担し、掛金月額は、被共済者1人当たり2万円が上限となっている。

38
★★
国民年金基金の給付には、老齢年金、障害年金、遺族一時金がある。

39
★★
小売業を主たる事業として営む個人事業主が、小規模企業共済に加入するためには、常時使用する従業員数が5人以下でなければならない。

40
★★
財務分析指標の一つである固定比率は、自己資本（株主資本）に対する固定資産の割合を示したものであり、一般に、この数値が高い方が財務の健全性が高いと判断される。

ポイント &解答!

36 原則として60歳から受け取ることができます。

37 掛金月額の上限は1人当たり3万円です。

38 国民年金基金の給付は、老齢の年金、遺族一時金はありますが、障害年金はありません。

40 固定比率は、低い方が財務の健全性が高いと判断されます。

36 ✕ **37** ✕ **38** ✕ **39** ○ **40** ✕

次の設例にもとづいて、下記の（問1）に答えなさい。

《設 例》

　会社員のAさん（45歳）は、妻Bさん（41歳）、長女Cさん（8歳）および二女Dさん（6歳）との4人暮らしである。Aさんは、住宅ローンの返済や教育資金の準備など、今後の資金計画を考えるうえで、自分が死亡した場合に公的年金制度から遺族給付がどのくらい支給されるのかを知りたいと思っている。そこで、Aさんは、懇意にしているファイナンシャル・プランナーのMさんに相談することにした。

＜Aさんとその家族に関する資料＞
（1）Aさん（19XX年11月13日生まれ・45歳・会社員）
　　　・公的年金加入歴：下図の通り（20XX年12月までの期間）
　　　・全国健康保険協会管掌健康保険、雇用保険に加入中

20歳	22歳		45歳
国民年金 保険料納付済期間 （29月）	厚　生　年　金　保　険		
	被保険者期間 （12月）	被保険者期間 （261月）	
	2003年3月以前の 平均標準報酬月額28万円	2003年4月以後の 平均標準報酬額40万円	

（2）妻Bさん（19XX年10月15日生まれ・41歳・パート従業員）
　　　・公的年金加入歴：20歳から22歳の大学生であった期間（30月）は国民年金の第1号被保険者として保険料を納付し、22歳からAさんと結婚するまでの8年間（96月）は厚生年金保険に加入。結婚後は、国民年金に第3号被保険者として加入している。
　　　・全国健康保険協会管掌健康保険の被扶養者である。
（3）長女Cさん（20XX年4月16日生まれ・8歳）
（4）二女Dさん（20XX年12月22日生まれ・6歳）

※妻Bさん、長女Cさんおよび二女Dさんは、現在および将来においても、Aさんと同居し、Aさんと生計維持関係にあるものとする。
※家族全員、現在および将来においても、公的年金制度における障害等級に該当する障害の状態にないものとする。

※上記以外の条件は考慮せず、各問に従うこと。

（問1）　Aさんが本年度現時点で死亡した場合、《設例》の＜Aさんとその家族に関する資料＞および下記の＜資料＞にもとづき、妻Bさんが受給することができる遺族厚生年金の年金額を求め、解答用紙に記入しなさい（計算過程の記載は不要）。なお、年金額は本年度価額にもとづいて計算し、年金額の端数処理は円未満を四捨五入すること。

＜資料＞

遺族厚生年金の年金額（本来水準の額）＝（ⓐ＋ⓑ）× $\dfrac{\square\square\square 月}{\square\square\square 月}$ × $\dfrac{\triangle}{\square}$

ⓐ 2003年3月以前の期間分

平均標準報酬月額× $\dfrac{7.125}{1,000}$ ×2003年3月以前の被保険者期間の月数

ⓑ 2003年4月以後の期間分

平均標準報酬額× $\dfrac{5.481}{1,000}$ ×2003年4月以後の被保険者期間の月数

※問題の性質上、明らかにできない部分は「□□□」「○」「△」で示してある。

解答・解説

STAGE 1／LESSON 16

正解　491,338（円）

遺族厚生年金の年金額＝「老齢厚生年金の報酬比例部分の額×3／4」
Aさんのように厚生年金保険の被保険者が死亡したとき（短期要件）の場合で、被保険者期間が300月未満の場合は**300月**とみなして（300月分に増額して）計算します。

ⓐ 2003年3月以前の期間分

280,000円× $\dfrac{7.125}{1,000}$ ×12月＝23,940円

ⓑ 2003年4月以後の期間分

400,000円× $\dfrac{5.481}{1,000}$ ×261月＝572,216.4円

ⓐ＋ⓑ

23,940円＋572,216.4円＝596,156.4円

遺族厚生年金の年金額

596,156.4× $\dfrac{300月}{（12月＋261月）}$ × $\dfrac{3}{4}$ ＝491,337.6…円

→ （円未満四捨五入）491,338円

次の設例にもとづいて、下記の（問2）に答えなさい。

《設 例》

　X 株式会社（以下、「X 社」という）に勤務する A さん（59 歳）は、妻 B さん（51 歳）および長男 C さん（19 歳）との 3 人家族である。A さんは、大学卒業後、X 社に入社し、以後、現在に至るまで同社に勤務している。

　A さんは、60 歳の定年まであとわずかとなり、今後の資金計画を検討するにあたり、公的年金制度から支給される老齢給付について理解を深めたいと思っている。

　また、今年 20 歳になる大学生の長男 C さんの国民年金の保険料に関して、学生納付特例制度の仕組みを知りたいと思っている。

　そこで、A さんは、ファイナンシャル・プランナーの M さんに相談することにした。

＜A さんとその家族に関する資料＞
（1）A さん（19XX 年 XX 月 XX 日生まれ・会社員）
　　・公的年金加入歴：下図の通り（60 歳までの見込みを含む）20 歳から大学生であった期間（25 月）は国民年金に任意加入していない。
　　・全国健康保険協会管掌健康保険、雇用保険に加入中。

20歳	22歳		60歳
国民年金 未加入期間（25月）	厚　生　年　金　保　険		
	192月	263月	
	（2003 年 3 月以前の 平均標準報酬月額 25 万円）	（2003 年 4 月以後の 平均標準報酬額 40 万円）	

（2）妻 B さん（19XX 年 XX 月 XX 日生まれ・専業主婦）
　　・公的年金加入歴：18 歳で就職してから A さんと結婚するまでの 10 年間（120 月）、厚生年金保険に加入。結婚後は、国民年金に第 3 号被保険者として加入している。
　　・全国健康保険協会管掌健康保険の被扶養者である。
（3）長男 C さん（20XX 年 7 月 10 日生まれ・大学生）
　　・全国健康保険協会管掌健康保険の被扶養者である。

※妻 B さんおよび長男 C さんは、現在および将来においても、A さんと同居し、A さんと生計維持関係にあるものとする。
※家族全員、現在および将来においても、公的年金制度における障害等級に該当する障害の状態にないものとする。
※上記以外の条件は考慮せず、各問に従うこと。

（問2）　初めに、Mさんは、Aさんに対して、Aさんが受給することができる公的年金制度からの老齢給付について説明した。Mさんが説明した以下の文章の空欄①〜②に入る最も適切な数値を解答用紙に記入しなさい。なお、年金額は本年度価額にもとづいて計算し、年金額の端数処理は円未満を四捨五入すること。

　Aさんが65歳に達すると、老齢基礎年金および老齢厚生年金の受給権が発生します。Aさんが65歳から受給することができる老齢基礎年金の額は（　①　）円です。

　また、65歳から受給することができる老齢厚生年金には、妻Bさんが65歳に達するまでの間、配偶者の加給年金額が加算されます。したがって、Aさんが65歳から受給することができる老齢厚生年金の額は（　②　）円となります」

<資料>

○老齢基礎年金の計算式（4分の1免除月数、4分の3免除月数は省略）

$$816,000円 \times \frac{保険料納付済月数 + 保険料半額免除月数 \times \frac{□}{□} + 保険料全額免除月数 \times \frac{□}{□}}{480}$$

○老齢厚生年金の計算式（本来水準の額）

ⅰ）報酬比例部分の額（円未満四捨五入）＝ⓐ＋ⓑ

　ⓐ 2003年3月以前の期間分

　　平均標準報酬月額 $\times \frac{7.125}{1,000} \times$ 2003年3月以前の被保険者期間の月数

　ⓑ 2003年4月以後の期間分

　　平均標準報酬額 $\times \frac{5.481}{1,000} \times$ 2003年4月以後の被保険者期間の月数

ⅱ）経過的加算額（円未満四捨五入）＝ 1,701円 × 被保険者期間の月数

　　　　　－ 816,000円 × $\dfrac{1961年4月以後で20歳以上60歳未満の厚生年金保険の被保険者期間の月数}{480}$

ⅲ）加給年金額＝ 408,100円

① 773,500（円）　② 1,327,156（円）

①老齢基礎年金の額

　保険料未納期間が25月、免除期間などはなし

　保険料納付済月数＝480月－25月（未納期間）＝455月

　816,000円×455月÷480月＝773,500円（円未満がある場合四捨五入）

②老齢厚生年金の額

　＜資料＞老齢厚生年金の計算式より

　　　ⅰ．報酬比例部分

　　　　ⓐ2003年3月以前の期間分

$$250,000円 \times \frac{7.125}{1,000} \times 192月 = 342,000円$$

　　　　ⓑ2003年4月以後の期間分

$$400,000円 \times \frac{5.481}{1,000} \times 263月 = 576,601.2円$$

　　　　ⓐ＋ⓑ

　　　　342,000円＋576,601.2円＝918,601.2円

　　　　　　→（円未満は四捨五入）918,601円

　　　ⅱ．経過的加算額

　　　　被保険者期間の月数＝192月＋263月＝455月

　　　　　1,701円×455月－816,000円×455月÷480月

　　　＝773,955円－773,500円

　　　＝455円（円未満がある場合四捨五入）

　　　ⅲ．加給年金

　　　　Aさんは厚生年金期間が20年以上あり、Aさんによって生計を維持し
ている65歳未満の配偶者がいるため加給年金額408,100円が加算さ
れます。

　　Aさんが受給できる老齢厚生年金の額

　　ⅰ～ⅲの合計額

　　918,601円＋455円＋408,100円＝1,327,156円

下記の（問1）について解答しなさい。 (21 年 1 月)

（問1） ファイナンシャル・プランナー（以下「FP」という）が、ファイナンシャル・プランニング業務を行ううえでは関連業法等を順守することが重要である。FP の行為に関する次の（ ア ）～（ エ ）の記述について、適切なものには〇、不適切なものには×を解答欄に記入しなさい。

（ア）生命保険募集人・保険仲立人・金融サービス仲介業の登録をしていない FP が、生命保険契約を検討している顧客のライフプランにもとづき、有償で必要保障額を具体的に試算した。

（イ）税理士資格を有していない FP が、相続対策を検討している顧客に対し、有料の相談業務において、仮定の事例にもとづく一般的な解説を行った。

（ウ）社会保険労務士資格を有していない FP が、有償で顧客である個人事業主が受ける雇用関係助成金申請の書類を作成して手続きを代行した。

（エ）弁護士資格を有していない FP（遺言者や公証人と利害関係はない成年者）が、顧客から依頼されて公正証書遺言の証人となり、顧客から適正な報酬を受け取った。

(ア) ○　　**(イ)** ○　　**(ウ)** ×　　**(エ)** ○

(ア)　○ 適切
FPは生命保険募集人、保険仲立人、金融サービス仲介業の登録をしていない場合でも、必要保障額を具体的に試算することができます。たとえそれが有償でも可能です。

(イ)　○ 適切
税理士資格を有していないFPは、仮定の数値での試算や一般的な税法の解説を行うことができますが、個別具体的な税務相談、税務書類の作成、税務代理行為については**有償・無償を問わず**できません。

(ウ)　× 不適切
社会保険労務士ではないFPが、申請書類の作成および手続きの代行を**有償で行う**ことはできません。なお、公的年金の受給見込額の計算や、社会保険制度の一般的な説明などは社会保険労務士の資格がなくても**有償で行う**ことができます。

(エ)　○ 適切
弁護士ではないFPは、**公正証書遺言の証人**や、**任意後見契約の任意後見人**となることはできますが、有償で個別具体的な法律相談について単独で法律判断することはできません。

下記の（問2）、（問3）について解答しなさい。

(21年1月)

《設例》

＜浜松家の家族データ＞

氏名	続柄	備考
浜松　賢人	本人	会社員
未来	妻	パートタイマー
菜々	長女	
竜太郎	長男	

＜浜松家のキャッシュフロー表＞

（単位：万円）

	経過年数		基準年	1年	2年	3年	4年
家族構成／年齢	浜松　賢人	本人	32歳	33歳	34歳	35歳	36歳
	未来	妻	32歳	33歳	34歳	35歳	36歳
	菜々	長女	3歳	4歳	5歳	6歳	7歳
	竜太郎	長男	0歳	1歳	2歳	3歳	4歳
ライフイベント		変動率		菜々幼稚園入園	住宅購入		菜々小学校入学竜太郎幼稚園入園
収入	給与収入（夫）	1%	468				
	給与収入（妻）	0%	80	80	80	80	80
	収入合計	—	548				
支出	基本生活費	1%	204				（　ア　）
	住居費	—	102	102	168	168	168
	教育費	—	35	40	40	40	40
	保険料	—	48	40	40	40	40
	一時的支出	—			1,000		
	その他支出	1%	30	30	31	31	31
	支出合計	—	419	418	1,478	489	
年間収支		—	129	135	▲930	73	56
金融資産残高		1%			171	（　イ　）	

※年齢および金融資産残高は各年12月31日現在のものとし、当年を基準年とする。

※給与収入は可処分所得で記載している。

※記載されている数値は正しいものとする。

※問題作成の都合上、一部を空欄としている。

（問2）浜松家のキャッシュフロー表の空欄（ア）に入る数値を計算しなさい。
　　　なお、計算過程においては端数処理をせず計算し、計算結果については万
　　　円未満を四捨五入すること。

正解　212（万円）

（ア）
基準年の金額に、複利計算で4年分の変動率を乗じることで計算します。計算式は
以下のとおりです。
現在の金額×（1＋変動率)^{経過年数}

基準年の生活費は204万円　変動率が1％なので、4年後の基本生活費は
204万円× 1.01^4 ＝212.2832…万円
万円未満を四捨五入し、212万円となります。

（問3）浜松家のキャッシュフロー表の空欄（イ）に入る数値を計算しなさい。
　　　なお、計算過程においては端数処理をせず計算し、計算結果については万
　　　円未満を四捨五入すること。

正解　246（万円）

（イ）
前年（経過年数2年）金融資産残高の171万円を変動率1％で運用した数値を求め
ます。
171万円×1.01＝172.71万円
次に当年の年間収支を反映します。
172.71万円＋73万円＝245.71万円
万円未満を四捨五入し、246万円となります。

下記の（問4）～（問6）について解答しなさい。 (21年1月)

─────《設 例》─────

下記の係数早見表を乗算で使用し、各問について計算しなさい。なお、税金は一切考慮しないこととし、解答にあたっては、解答用紙に記載されている単位に従うこと。

[係数早見表（年利1.0％）]

	終価係数	現価係数	減債基金係数	資本回収係数	年金終価係数	年金現価係数
1年	1.010	0.990	1.000	1.000	1.000	0.990
2年	1.020	0.980	0.498	0.508	2.010	1.970
3年	1.030	0.971	0.330	0.340	3.030	2.941
4年	1.041	0.961	0.246	0.256	4.060	3.902
5年	1.051	0.951	0.196	0.206	5.101	4.853
6年	1.062	0.942	0.163	0.173	6.152	5.795
7年	1.072	0.933	0.139	0.149	7.214	6.728
8年	1.083	0.923	0.121	0.131	8.286	7.652
9年	1.094	0.914	0.107	0.117	9.369	8.566
10年	1.105	0.905	0.096	0.106	10.462	9.471
15年	1.161	0.861	0.062	0.072	16.097	13.865
20年	1.220	0.820	0.045	0.055	22.019	18.046
25年	1.282	0.780	0.035	0.045	28.243	22.023
30年	1.348	0.742	0.029	0.039	34.785	25.808

※記載されている数値は正しいものとする。

（問4）岡さんは、将来の生活費の準備として新たに積み立てを開始する予定である。毎年年末に 40 万円を積み立てるものとし、30 年間、年利 1.0％で複利運用しながら積み立てた場合、30 年後の合計額はいくらになるか。

解答・解説

正解 13,914,000（円）

「毎年 40 万円を積み立て」て「30 年後の合計額」とあります。
将来（終了時点）の一時金（終価）を、コツコツ積み立てる（年金）ので「年金終価係数」を用います。

年利 1.0％、30 年の年金終価係数は 34.785
400,000 円× 34.785 ＝ 13,914,000 円

（問5）増田さんは、独立開業の準備資金として、5 年後に 1,000 万円を用意しようと考えている。年利 1.0％で複利運用しながら毎年年末に一定額を積み立てる場合、毎年いくらずつ積み立てればよいか。

解答・解説

正解 1,960,000（円）

「毎年一定金額を積み立てる」「毎年いくらずつ」とあります。
積立というキーワードがあり、毎年の金額を求める問いですので「減債基金係数」を用います。

年利 1.0％、5 年の減債基金係数は 0.196
10,000,000 円× 0.196 ＝ 1,960,000 円

（問6）大久保さんは、退職金として受け取った1,000万円を将来の有料老人ホームの入居金のために運用しようと考えている。これを20年間、年利1.0%で複利運用した場合、20年後の合計額はいくらになるか。

解答・解説

正解 12,200,000（円）

「一定額の元本」を複利運用して、「20年後の合計額」とあります。
退職金（一時金）を、一定期間にわたり複利運用したあとの将来（終了時点）の一時金（終価）を計算するときは「終価係数」を用います。

年利1.0%、20年の終価係数は1.220
10,000,000円×1.220 ＝ 12,200,000円

下記の（問7）、（問8）について解答しなさい。

━━━━━━━━━━ 《設 例》 ━━━━━━━━━━

布施三四郎さんは、民間企業に勤務する会社員である。三四郎さんと妻の輝美さんは、今後の資産形成や家計の見直しなどについて、FPで税理士でもある谷口さんに相談をした。なお、下記のデータはいずれも20XX年9月1日現在のものである。

[家族構成]

氏名	続柄	生年月日	年齢	職業等
布施　三四郎	本人	19XX年5月25日	42歳	会社員（正社員）
輝美	妻	19XX年6月10日	40歳	会社員（正社員）
大貴	長男	20XX年4月15日	17歳	高校2年生

[収入金額（20XX年）]
三四郎さん：給与収入550万円（手取り額）。給与収入以外の収入はない。
輝美さん：給与収入250万円（手取り額）。給与収入以外の収入はない。

[金融資産（時価）]
・三四郎さん名義
　銀行預金（普通預金）：100万円
　銀行預金（定期預金）：100万円
・輝美さん名義
　銀行預金（普通預金）：50万円
　銀行預金（定期預金）：50万円

[住宅ローン]
契約者：三四郎さん
借入先：PS銀行
借入時期：20XX年12月
借入金額：3,200万円
返済方法：元利均等返済（ボーナス返済なし）
金利：固定金利型（年2.0％）
返済期間：35年間

[保険]
・定期保険A：保険金額2,500万円。保険契約者（保険料負担者）および被保険者は三四郎さんである。
・学資保険B：満期保険金200万円。保険契約者（保険料負担者）は三四郎さん、被保険者は大貴さんである。18歳満期。
・火災保険C：保険金額2,000万円。保険の目的は建物、保険契約者は三四郎さん。

（問7）　三四郎さんは、現在居住している自宅の住宅ローン（全期間固定金利、返済期間35年、元利均等返済、ボーナス返済なし）の繰上げ返済を検討しており、FPの谷口さんに質問をした。三四郎さんが住宅ローンを120回返済後に、100万円以内で期間短縮型の繰上げ返済をする場合、この繰上げ返済により軽減される返済期間として、正しいものはどれか。なお、計算にあたっては、下記＜資料＞を使用し、繰上げ返済額は100万円を超えない範囲での最大額とすること。また、繰上げ返済に伴う手数料等は考慮しないものとする。

＜資料：布施家の住宅ローンの償還予定表の一部＞

返済回数（回）	毎月返済額（円）	うち元金（円）	うち利息（円）	残高（円）
120	106,004	64,125	41,789	25,009,500
121	106,004	64,322	41,682	24,945,178
122	106,004	64,429	41,575	24,880,749
123	106,004	64,537	41,467	24,816,212
124	106,004	64,644	41,360	24,751,568
125	106,004	64,752	41,252	24,686,816
126	106,004	64,860	41,144	24,621,956
127	106,004	64,968	41,036	24,556,988
128	106,004	65,076	40,928	24,491,912
129	106,004	65,185	40,819	24,426,727
130	106,004	65,293	40,711	24,361,434
131	106,004	65,402	40,602	24,296,032
132	106,004	65,511	40,493	24,230,521
133	106,004	65,620	40,384	24,164,901
134	106,004	65,730	40,274	24,099,171
135	106,004	65,839	40,165	24,033,332
136	106,004	65,949	40,055	23,967,383
137	106,004	66,059	39,945	23,901,324
138	106,004	66,169	39,835	23,835,155

1.　　9カ月
2.　1年3カ月
3.　1年4カ月
4.　1年5カ月

正解　2

住宅ローンの繰上げ返済には、「期間短縮型」と「返済額軽減型」があります。
「期間短縮型」は、繰上げ返済分を元本に充当、毎月の返済額をそのままとして、返済期間を短縮する方法です。

（資料：償還予定表より）
120回返済後の残高は25,009,500円となっています。
この残高から100万円繰上げ返済したとすると、繰上げ返済後の残高は
25,009,500円－1,000,000円＝24,009,500円となります。

＜資料＞から残高が24,009,500円以上となっている返済回数までは返済を完了できることになります。残高が24,009,500円より多く、最も先の返済回数は135回目の24,033,332円です。135回－120回＝15回
121回目から135回目までの15回分、すなわち15カ月分の返済期間が短縮されますので、短縮される返済期間は1年3カ月です。

（問8）　輝美さんは、三四郎さんが死亡した場合の公的年金の遺族給付について、FP の谷口さんに相談をした。仮に三四郎さんが、本年度9月に42歳で在職中に死亡した場合、三四郎さんの死亡時点において輝美さんが受け取ることができる公的年金の遺族給付の額として、正しいものはどれか。なお、遺族給付の額の計算にあたっては、下記<資料>の金額を使用することとする。

<資料>

遺族厚生年金の額：600,000円

中高齢寡婦加算額：612,000円（本年度価額）

遺族基礎年金の額：816,000円（本年度価額）

遺族基礎年金の子の加算額（対象の子1人あたり）

第1子・第2子：234,800円（本年度価額）

第3子以降：78,300円（本年度価額）

※三四郎さんは、20歳から大学卒業まで国民年金に加入し、大学卒業後の22歳から死亡時まで継続して厚生年金保険に加入しているものとする。

※家族に障害者に該当する者はなく、記載以外の遺族給付の受給要件はすべて満たしているものとする。

1．1,212,000 円

2．1,416,000 円

3．1,650,800 円

4．2,262,800 円

正解 3

遺族基礎年金が支給されるのは死亡した者に生計を維持されていた子のある配偶者、または子です。輝美さんは子のある配偶者に該当します。

遺族基礎年金の額＋子の加算分
816,000円＋234,800円＝1,050,800円 …①

三四郎さんは厚生年金の被保険者（在職中）であったので、生計を維持されていた輝美さんに遺族厚生年金が支給されます。
600,000円…②

なお、輝美さんは、遺族基礎年金が支給されるため、中高齢寡婦加算は支給されません。輝美さんが受け取ることができる公的年金の遺族給付の額は①＋②となります。
1,050,800円＋600,000円＝1,650,800円

下記の（問9）〜（問11）について解答しなさい。

(21年1月・改)

《設 例》

国内の上場企業に勤務する近藤正之さんは、今後の生活のことなどに関して、FPで税理士でもある羽田さんに相談をした。なお、下記のデータは20XX年9月1日現在のものである。

Ⅰ. 家族構成（同居家族）

氏名	続柄	年齢	備考
近藤　正之	本人	55歳	会社員
景子	妻	52歳	パート勤務
美樹	長女	18歳	高校生
和人	長男	16歳	高校生

Ⅱ. 近藤家の親族関係図

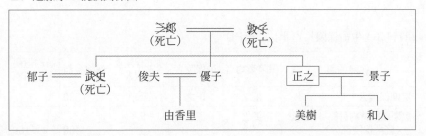

Ⅲ. 近藤家（正之さんと景子さん）の財産の状況

[資料１：保有資産（時価）]　（単位：万円）

	正之	景子
金融資産 　預貯金等 　株式・投資信託	1,560 770	300
生命保険（解約返戻金相当額）	［資料３］を参照	［資料３］を参照
不動産 　土地（自宅の敷地権） 　建物（自宅の家屋）	770 715	770 715
その他（動産等）	120	100

注１：不動産はマンションであり、正之さんと景子さんの共有である（持分50％ずつ）。

[資料２：負債残高]

住宅ローン：880万円（債務者は正之さん）

自動車ローン：80万円（債務者は正之さん）

[資料３：生命保険]　（単位：万円）

保険種類	保険契約者	被保険者	死亡保険金受取人	保険金額	解約返戻金相当額
定期保険A	正之	正之	景子	300	―
定期保険特約付終身保険B 　（終身保険部分） 　（定期保険部分）	正之	正之	景子	 400 2,000	 180 ―
変額個人年金保険C	正之	正之	景子	300	350
終身保険D	正之	景子	正之	200	50

注２：解約返戻金相当額は、現時点で解約した場合の金額である。

注３：変額個人年金保険Cは、据置期間中に被保険者が死亡した場合には、一時払保険料相当額（300万円）と被保険者死亡時における解約返戻金相当額のいずれか大きい金額が死亡保険金として支払われるものである。

注４：すべての契約において、保険契約者が保険料を全額負担している。

注５：契約者配当および契約者貸付については考慮しないこと。

Ⅳ. その他

上記以外の情報については、各設問において特に指示のない限り一切考慮しないこと。

（問9） FPの羽田さんは、まず現時点における近藤家（正之さんと景子さん）のバランスシート分析を行うこととした。下表の空欄（ア）に入る数値を計算しなさい。

＜近藤家（正之さんと景子さん）のバランスシート＞ （単位：万円）

[資産]		[負債]	
金融資産		住宅ローン	×××
預貯金等	×××	自動車ローン	×××
株式・投資信託	×××		
生命保険（解約返戻金相当額）	×××	負債合計	×××
不動産			
土地（自宅の敷地権）	×××		
建物（自宅の家屋）	×××	[純資産]	（ア）
その他（動産等）	×××		
資産合計	×××	負債・純資産合計	×××

STAGE 1／LESSON 1

解答・解説

正解 5,440（万円）

個人バランスシートの純資産＝「資産合計－負債合計」で求めます。家族の資産は合算して計算します。

〔資産〕

預貯金等	1,560 + 300 = 1,860（万円）
株式・投資信託	770（万円）
生命保険	180 + 350 + 50 = 580（万円）
土地（自宅の敷地権）	770 + 770 = 1,540（万円）
建物（自宅の家屋）	715 + 715 = 1,430（万円）
その他	120 + 100 = 220（万円）
資産合計	1,860 + 770 + 580 + 1,540 + 1,430 + 220 = 6,400（万円）

〔負債〕

住宅ローン	880（万円）
自動車ローン	80（万円）
負債合計	880 + 80 = 960（万円）

〔純資産〕

6,400（万円）－ 960（万円）= 5,440（万円）

（問10）　正之さんは、20XX年12月中に業務外の事由による病気の療養のため休業した日がある。FPの羽田さんが下記＜資料＞に基づいて計算した正之さんに支給される傷病手当金の額として、正しいものはどれか。なお、正之さんは全国健康保険協会管掌健康保険（協会けんぽ）の被保険者であり、記載以外の受給要件はすべて満たしているものとする。

＜資料＞

[正之さんの12月中の勤務状況]　休業：休業した日

16日 （月）	17日 （火）	18日 （水）	19日 （木）	20日 （金）	21日 （土）	22日 （日）	23日 （月）	24日 （火）	25日 （水）	26日 （木）
出勤	休業	出勤	休業	休業	休業	休業	休業	出勤	休業	出勤

▲　休業開始日　　　　　　　　　　　　　　　　　　　　　　　　　　　▲　休業終了日

[正之さんのデータ]

・標準報酬月額：20XX年1月〜20XX年8月　　440,000円
　　　　　　　　　20XX年9月〜20XX年12月　470,000円

・上記の休業した日について、給与の支給はない。

・上記以外に休業した日はない。

[傷病手当金の1日当たりの支給額（円未満を四捨五入）]

$$\underbrace{\text{支給開始日以前の継続した12カ月間の各月の標準報酬月額の平均額} \div 30\text{日}}_{\text{10円未満を四捨五入}} \times \frac{2}{3}$$

1．　20,000円
2．　30,000円
3．　40,000円
4．　70,000円

解答・解説

正解　2

傷病手当金の1日あたりの支給額を計算します。

(支給開始日以前の継続した12カ月間の各月の標準報酬月額の平均額 ÷ 30日) × $\dfrac{2}{3}$

= {(44万円 × 8カ月 + 47万円× 4ヵ月) ÷ 12} ÷ 30日 × $\dfrac{2}{3}$

= 540万円 ÷ 12 ÷ 30日 × $\dfrac{2}{3}$

= 15,000円 × $\dfrac{2}{3}$

= 10,000円

傷病手当金は、連続して3日以上休業して待期が完成した後、4日目から支給されます。
正之さんの休業日のうち、傷病手当金の支給対象となるのは、22日（日）、23日（月）、25日（水）の3日間です。
傷病手当金の額 = 10,000円 × 3日分 = 30,000円

（問 11）　景子さんは、病気療養のため 20XX 年 10 月、ＫＡ病院に 10 日間入院し、退院後の同月内に同病院に 5 日間通院した。景子さんの 20XX 年 10 月の 1 ヵ月間における保険診療分の医療費（窓口での自己負担額）が 24 万円、入院時の食事代が 2 万円、差額ベッド代が 10 万円であった場合、下記＜資料＞に基づく高額療養費として支給される額として、正しいものはどれか。なお、正之さんは全国健康保険協会管掌健康保険（協会けんぽ）の被保険者であって標準報酬月額は 47 万円であり、景子さんは正之さんの被扶養者であるものとする。また、ＫＡ病院に「健康保険限度額適用認定証」の提示はしておらず、世帯合算および多数該当は考慮しないものとする。

＜資料＞

［20XX 年 10 月分の高額療養費の算定］

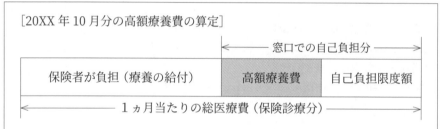

［医療費の 1 ヵ月当たりの自己負担限度額（70 歳未満の人）］

標準報酬月額	自己負担限度額（月額）
83 万円以上	252,600 円＋（総医療費−842,000 円）×1%
53 万～79 万円	167,400 円＋（総医療費−558,000 円）×1%
28 万～50 万円	80,100 円＋（総医療費−267,000 円）×1%
26 万円以下	57,600 円
市区町村民税非課税者等	35,400 円

1．153,370 円
2．154,570 円
3．270,570 円
4．274,570 円

解答・解説

正解　2

高額療養費の対象となるのは、20XX年10月（同一月）にかかった保険診療分の医療費のみで、入院時食事代と差額ベッド代は対象外です。高額療養費の自己負担限度額は、被扶養者である景子さんの場合は被保険者である正之さんの標準報酬月額による限度額が適用されます。

「窓口での自己負担額」24万円、また52歳である景子さんの医療費の一部負担金の自己負担割合は3割であるので、総医療費は24万円÷3割＝80万円と計算します。

自己負担限度額は
80,100円＋（総医療費800,000円－267,000円）×1％
＝80,100円＋5,330円
＝85,430円

したがって、高額療養費として支給される額は
窓口での負担額240,000円－自己負担限度額85,430円
＝154,570円　となります。

リスク管理

1
★★★
破綻した少額短期保険業者と締結していた保険契約は、生命保険契約者保護機構または損害保険契約者保護機構による保護の対象となる。

2
★★
保険業法上、保険期間が1年以内の保険契約の申込みをした者は、契約の申込日から8日以内であれば、申込みの撤回等をすることができる。

3
★★
保険法は、生命保険契約、損害保険契約だけでなく、保険契約と同等の内容を有する共済契約も適用対象となる。

4
★★★
保険料の内訳は、将来の保険金・給付金等の支払いの財源となる純保険料と、保険会社が保険契約を維持・管理していくために必要な経費等の財源となる付加保険料とに分けられる。

5
★★★
10年保証期間付終身年金では、被保険者の性別以外の契約条件が同一である場合、保険料は女性の方が男性よりも高くなる。

6
★★
保険期間の経過に伴い保険金額が増加する逓増定期保険は、保険金額の増加に伴い保険料も増加する。

7
★★★
収入保障保険の死亡保険金を年金形式で受け取る場合の受取総額は、一時金で受け取る場合の受取額よりも多くなる。

ポイント &解答!

1 | 少額短期保険業者は、保険契約者保護機構の保護の対象外です。

2 | 保険期間1年以内の保険契約は、クーリング・オフをすることはできません。その他にも医師の診査を受けた場合も対象外です。

6 | 逓増定期保険の保険金額は、保険期間の経過に伴い所定の割合で増加しますが、保険料は一定です。

1 × **2** × **3** ○ **4** ○ **5** ○ **6** × **7** ○

8 ★
終身保険の保険料は、被保険者の年齢、死亡保険金額、保険料払込期間など契約内容が同一の場合、一般に、被保険者が女性である方が男性であるよりも高くなる。

9 ★★★
低解約返戻金型終身保険では、他の契約条件が同じで低解約返戻金型ではない終身保険と比較して、保険料払込期間中の解約返戻金が低く抑えられており、割安な保険料が設定されている。

10 ★★★
変額保険（終身型）では、契約時に定めた保険金額（基本保険金額）が保証されておらず、運用実績によっては、死亡保険金の額が基本保険金額を下回ることがある。

11 ★★
定期保険特約付終身保険（更新型）は、定期保険特約を同額の保険金額で更新する場合、被保険者の健康状態についての告知や医師の診査が必要であり、その健康状態によっては更新することができない。

12 ★★★
定期保険特約付終身保険（更新型）では、定期保険特約を同額の保険金額で自動更新すると、更新後の保険料は、通常、更新前よりも高くなる。

ポイント &解答！

8
死亡保険は、予定死亡率が低いほど保険料は安くなります。男性に比べ女性の方が長寿ですから、他の条件が同一なら、一般に、女性の方が保険料は安くなります。

10
変額保険は、契約時に定めた保険金額（基本保険金額）は保証されています。運用実績により死亡保険金が基本保険金額を上回ることはありますが、下回ることはありません。

11
更新型の定期保険特約を更新する場合、健康状態の告知等は不要です。更新前に入院給付金等の支払いを受けていたとしても、更新はできます。

8 × **9** ○ **10** × **11** × **12** ○

13 ★★★ 確定年金は、10年、15年などの契約時に定めた年金支払期間中に被保険者が死亡した場合、その時点で契約が消滅して年金支払いは終了する。

14 ★ 個人年金保険（有期年金）の保険料は、被保険者が同年齢で、基本年金額や保険料払込期間、年金受取開始年齢などの契約内容が同一の場合、個人年金保険（確定年金）よりも高くなる。

15 ★★★ 変額個人年金保険は、特別勘定による運用実績によって、将来受け取る年金額や解約返戻金額が変動する。

16 ★★★ がん保険では、通常、90日間または3カ月間の免責期間が設けられており、その期間中に被保険者ががんと診断確定された場合であっても、がん診断給付金は支払われない。

17 ★★★ 特定（三大）疾病保障定期保険は、悪性新生物・急性心筋梗塞・脳卒中により所定の状態と診断され、特定（三大）疾病保障保険金が支払われたとしても、死亡保険金や高度障害保険金が支払われなければ、保険契約は継続する。

ポイント &解答!

13 確定年金は有期年金と違い、年金支払期間中に被保険者が死亡しても、残りの期間の年金は消滅せず遺族が受け取れます。

14 受取期間中に被保険者が死亡すると、有期年金は年金が終了するのに対して、確定年金は残りの期間分は遺族が受け取れます。有期年金の方が受け取れる確率が低くなる分、保険料が安くなります。

17 特定（三大）疾病保障保険は、一度保険金が支払われると契約自体が消滅します。そのため、保険金支払い後に死亡等があっても再び保険金が支払われることはありません。

13 × 14 × 15 ○ 16 ○ 17 ×

18
★★
「従業員の自助努力による死亡保障の準備を支援したい」という企業に対して、団体信用生命保険の活用をアドバイスした。

19
★★★
総合福祉団体定期保険のヒューマン・ヴァリュー特約は、従業員の死亡などによる企業の経済的損失に備えるものであり、その特約死亡保険金の受取人は、従業員の遺族ではなく企業となる。

20
★★★
終身保険の月払保険料のうち、本年1月に払い込まれた前年12月分の保険料は、本年分の生命保険料控除の対象となる。

21
★★★
養老保険の月払保険料について、保険料の支払いがなかったため、自動振替貸付により保険料の払込みに充当された金額は、生命保険料控除の対象となる。

22
★★
2011年12月31日以前に締結した医療保険契約を2012年1月1日以後に更新した場合、更新後の保険料は介護医療保険料控除の対象とならず、一般の生命保険料控除の対象となる。

ポイント & 解答!

18 団体信用生命保険は、住宅ローン等の借入時に利用できる保険のため、設問のニーズには合いません。本設に適しているのは団体定期保険（Bグループ保険）です。

22 2011年以前に契約した医療保険を2012年以降に更新すると、介護医療保険料控除の対象となります。

18 ✕　19 ◯　20 ◯　21 ◯　22 ✕

23 ★★★ 契約者および保険金受取人が夫、被保険者が妻である終身保険において、妻が死亡して夫が受け取る死亡保険金は、相続税の課税対象となる。

24 ★★ 契約者と被保険者、年金受取人が同一人である個人年金保険（保証期間付終身年金）において、保証期間中に被保険者が死亡して遺族が取得した残りの保証期間の年金受給権は、一時所得として所得税の課税対象となる。

25 ★★ 契約者（個人）と被保険者が同一人である医療保険において、被保険者が疾病のため入院治療をしたことにより受け取る入院給付金は、一時所得として課税対象となる。

26 ★★★ 契約者が法人、被保険者が役員、死亡保険金受取人及び満期保険金受取人が法人である養老保険の支払保険料は、その2分の1相当額を資産に計上し、残額を損金の額に算入することができる。

ポイント &解答!

23 契約者と被保険者、受取人の関係により、死亡保険金に対する課税が異なります。契約者と受取人が同じ場合は、一時所得として所得税・住民税の課税対象となります。

24 契約者と被保険者が同じである個人年金保険の、保証期間内に被保険者が死亡した場合、残りの保証期間の年金を受け取る権利は、雑所得や一時所得ではなく、相続税の課税対象となります。

25 入院給付金は、被保険者本人や配偶者など一定の親族が受け取る場合は非課税です。

26 設問の場合、支払保険料の全額が資産計上となります。

23 ✕ **24** ✕ **25** ✕ **26** ✕

27 ★★★ 新たに契約する、被保険者が役員、死亡保険金受取人が法人で、最高解約返戻率が60％である定期保険（保険期間20年、年払保険料100万円）の支払保険料は、保険期間の前半100分の40相当期間においては、その40％相当額を限度に損金の額に算入することができる。

28 ★ 被保険者が役員、死亡保険金受取人が法人である終身保険を法人が解約して受け取った解約返戻金は、その全額を益金の額に算入する。

29 ★★ 失火の責任に関する法律によれば、失火により他人に損害を与えた場合、その失火者に重大な過失がなかったときは、民法第709条（不法行為による損害賠償）の規定が適用される。

30 ★ 住宅用建物及び家財を保険の対象とする火災保険では、住宅用建物を保険の対象として契約した場合、時間の経過によりその建物の壁に発生したカビによる損害は補償の対象となる。

ポイント & 解答！

27 設問のような定期保険では、保険期間の前半4割（100分の40）の期間は、支払保険料の60％が損金算入で、40％が資産計上です。

28 法人が解約返戻金を受け取った場合、資産計上していた保険料積立金等を差し引きし、マイナス（解約返戻金が少ない）の場合は差額を雑損失に、プラスなら差額を雑収入とします。

29 失火責任法によれば、故意や重過失による失火でなければ民法上の不法行為責任の規定は適用されません。

30 火災保険では、経年劣化や、時間の経過により発生するカビやシロアリ等による損害は対象外です。

27 ✕ 28 ✕ 29 ✕ 30 ✕

31 被保険者が被保険自動車を運転中に、ハンドル操作を誤って路上にいる自分の子にケガを負わせた場合、対人賠償保険の補償の対象となる。
★★★

32 被保険自動車を運転中に交通事故で被保険者が死亡した場合、その損害のうち、被保険者自身の過失割合に相当する部分を差し引いた損害が人身傷害補償保険の補償の対象となる。
★★★

33 普通傷害保険（特約なし）では、地震・噴火またはこれらによる津波によって生じたケガは補償の対象となる。
★★★

34 家族傷害保険では、記名被保険者またはその配偶者と生計を共にする別居の未婚の子は被保険者となる。
★★★

35 所得補償保険は、被保険者が保険会社所定の病気により就業不能になった場合には補償の対象となるが、ケガにより就業不能になった場合には補償の対象とならない。
★★★

ポイント  ＆解答！

31 対人賠償保険や対物賠償保険は、他人を死傷させたり、他人の財物に損害を与えたときに補償されます。そのため自分の子や親等に与えた損害への補償は対象外です。

32 人身傷害補償保険は、自身の過失割合に関わらず、保険金額の範囲内で損害額について保険金が支払われるのが特徴であり、過失割合に相当する部分は差し引かれません。

33 地震・噴火またはこれらによる津波によるケガは、普通傷害保険や国内旅行傷害保険では特約がない限り対象になりません。

35 所得補償保険は、病気のみならず、ケガによる就業不能も補償対象です。なお、入院が伴わなくとも補償されます。

31 ✕ **32** ✕ **33** ✕ **34** ○ **35** ✕

36
★★★
レストランを営む事業者が、食中毒を発生させ、顧客に対して法律上の損害賠償責任を負うリスクに備えるため、生産物賠償責任保険（ＰＬ保険）に加入することを検討している。

37
★★
清掃業務を請け負っている事業者が、清掃業務中の事故により従業員がケガをして、法律上の損害賠償責任を負担する場合に備えて、請負業者賠償責任保険を契約した。

38
★★
契約者（＝保険料負担者）及び被保険者を同一の個人とする損害保険の場合、契約者が受け取る保険期間10年の積立火災保険の満期返戻金は、一時所得として課税対象となる。

39
★★
地震保険料控除の控除限度額は、所得税において50,000円であり、年間支払保険料の2分の1の金額が控除される。

40
★★★
契約者（＝保険料負担者）が法人の場合で、法人が所有する建物が火災で焼失し、受け取った火災保険の保険金で同一事業年度に代替の建物を取得した場合、所定の要件にもとづき圧縮記帳が認められる。

ポイント & 解答！

37
請負業者賠償責任保険では、従業員のケガへの補償はされません。設問のリスクで公的な労災保険の上乗せとして備えるには労働災害総合保険が適切です。

39
地震保険料控除における、所得税の控除限度額は最高50,000円で、支払保険料の全額が控除対象です。支払保険料の2分の1の金額（最高2万5,000円）が控除されるのは住民税です。

36 ○ **37** × **38** ○ **39** × **40** ○

次の設例にもとづいて、下記の（問1）に答えなさい。 (21年1月)

《設例》

X株式会社に勤務するAさん（35歳）は、専業主婦である妻Bさん（30歳）および長女Cさん（0歳）との3人暮らしである。Aさんは、長女Cさんが誕生したことを機に、死亡保障や就業不能時の保障の必要性を感じていたところ、生命保険会社の営業担当者から下記の生命保険の提案を受け、加入を検討している。

Aさんは、現在、医療保険には加入しているが、死亡保険には加入しておらず、どのくらいの死亡保障の額を準備すべきなのかよくわからないでいる。

また、Aさんは、自分が就業できない状態になった場合に健康保険からどのような保険給付を受けることができるのかについても理解を深めたいと思っている。

そこで、Aさんは、ファイナンシャル・プランナーのMさんに相談することにした。

＜Aさんが提案を受けた生命保険に関する資料＞

- 保険の種類 ：5年ごと配当付終身保険
- 月払保険料 ：16,800円（保険料払込期間：65歳満了）
- 契約者（＝保険料負担者）・被保険者 ：Aさん
- 死亡保険金受取人 ：妻Bさん

主契約および特約の内容	保障金額	保険期間
終身保険	200万円	終身
定期保険特約	300万円	20年
逓減定期保険特約（注1）	2,500万円	20年
傷害特約	500万円	10年
災害割増特約	500万円	10年
就業不能サポート特約（注2）	月額20万円×所定の回数	10年
リビング・ニーズ特約	―	―
指定代理請求特約	―	―

（注1）加入後の死亡保険金額は、毎年所定の割合で逓減する。

（注2）病気やケガ等により入院または在宅療養が30日間継続した場合に6カ月分の給付金が支払われ、その後6カ月ごとに所定の就業不能状態が継続した場合に最大24カ月分の就業不能給付金が支払われる（死亡保険金の支払はない）。

※Aさんは、全国健康保険協会管掌健康保険の被保険者である。

※上記以外の条件は考慮せず、各問に従うこと。

（問１）　Mさんは、Aさんに対して、必要保障額およびAさんが提案を受けた生命保険の死亡保障の額等について説明した。Mさんが説明した以下の文章の空欄①〜③に入る最も適切な数値を、下記の〈数値群〉の中から選び、その記号を解答用紙に記入しなさい。なお、問題の性質上、明らかにできない部分は「□□□」で示してある。

「提案を受けた生命保険に加入する前に、現時点での必要保障額を算出し、準備すべき死亡保障の額を把握しましょう。下記の＜算式＞および＜条件＞を参考にすれば、Aさんが現時点で死亡した場合の遺族に必要な生活資金等の総額は□□□万円となり、必要保障額は（　①　）万円となります。

仮に、提案を受けた生命保険に加入し、加入した年中にAさんが死亡（不慮の事故や所定の感染症以外）した場合、妻Bさんに支払われる死亡保険金額は□□□万円となります。他方、加入した年中にAさんが不慮の事故で180日以内に死亡した場合の死亡保険金額は（　②　）万円となります。

また、提案を受けた生命保険にはリビング・ニーズ特約が付加されているため、加入後にAさんが重い病気等で余命（　③　）カ月以内と判断された場合、所定の範囲内で死亡保険金の全部または一部を生前に受け取ることができます」

＜算式＞

必要保障額＝遺族に必要な生活資金等の総額－遺族の収入見込金額

＜条件＞

1. 長女Cさんが独立する年齢は、22歳（大学卒業時）とする。
2. Aさんの死亡後から長女Cさんが独立するまで（22年間）の生活費は、現在の日常生活費（月額25万円）の70％とし、長女Cさんが独立したあとの妻Bさんの生活費は、現在の日常生活費（月額25万円）の50％とする。
3. 長女Cさん独立時の妻Bさんの平均余命は、35年とする。
4. Aさんの死亡整理資金（葬儀費用等）は、300万円とする。
5. 長女Cさんの教育費の総額は、1,000万円とする。
6. 長女Cさんの結婚援助費の総額は、200万円とする。
7. 住宅ローン（団体信用生命保険に加入）の残高は、2,000万円とする。
8. 死亡退職金見込額とその他金融資産の合計額は、1,200万円とする。
9. Aさん死亡後に妻Bさんが受け取る公的年金等の総額は、7,500万円とする。
10. 現在加入している医療保険の死亡給付金額は考慮しなくてよい。

〈語句群〉

イ. 6　　ロ. 10　　ハ. 12　　ニ. 2,670　　ホ. 3,000　　ヘ. 3,500
ト. 4,000　　チ. 4,670　　リ. 9,870

① ニ　　② ト　　③ イ

①＜条件＞の内容を＜算式＞に当てはめて計算を行います。
【遺族に必要な生活資金等の総額】
　　1．2．　長女Cさん独立までの遺族の生活費
　　　　　　25万円×70％×12カ月×22年＝4,620万円
　　2．3．　長女Cさん独立後の妻Bさんの生活費
　　　　　　25万円×50％×12カ月×35年＝5,250万円
　　4．死亡整理資金300万円
　　5．教育費の総額1,000万円
　　6．結婚援助費200万円
　　7．住宅ローン残高2,000万円については団体信用生命保険に加入しているため
　　　必要資金に含めない
　　　※住宅ローン返済者が返済中に死亡した場合に住宅ローンの残債が保険金で返済される。

4,620万円＋5,250万円＋300万円＋1,000万円＋200万円＝11,370万円

【遺族の収入見込金額】
　　8．死亡退職金見込額とその他金融資産の合計額　1,200万円
　　9．妻Bさんが受け取る公的年金等の総額　7,500万円

1,200万円＋7,500万円＝8,700万円

【必要保障額】
　　11,370万円－8,700万円＝2,670万円

②生命保険に関する資料より計算を行います。
　　終身保険　200万円
　　定期保険特約　300万円
　　逓減定期保険特約　2,500万円
　　傷害特約　500万円
　　災害割増特約　500万円
　　傷害特約・災害割増特約→不慮の事故で180日以内に死亡した場合にも保険金が
　　支払われる

200万円＋300万円＋2,500万円＋500万円＋500万円＝4,000万円

③リビング・ニーズ特約とは被保険者が余命6カ月以内と判断された場合、原因に関
　わらず、死亡保険金の全部または一部（通常3,000万円以内）を生前に受け取る
　ことができます。

次の設例にもとづいて、下記の各問（問2）、（問3）に答えなさい。 （22年5月・改）

《本問は、「リスク管理」を主たる内容とする総合問題ですが、「STAGE 4」の問題も含まれます。一通り学習してから、再度ここに戻って解いてみましょう。》

《設例》

Aさん（55歳）は、X株式会社（以下、「X社」という）の創業社長である。X社 は、近年、売上金額・利益金額ともに減少傾向にある。X社は、今後の保険料負担も考慮し、現時点において下記<資料>の生命保険契約を解約しようと考えている。

そこで、Aさんは、生命保険会社の営業担当者であるファイナンシャル・プランナーのMさんに相談することにした。

<資料>解約を検討中の生命保険の契約内容

保険の種類	：5年ごと利差配当付定期保険（特約付加なし）
契約年月日	：2010年7月1日
契約者（＝保険料負担者）	：X社
被保険者	：Aさん
死亡保険金受取人	：X社
保険期間・保険料払込期間	：95歳満了
死亡保険金額	：1億円
年払保険料	：200万円
現時点の解約返戻金額	：2,700万円（単純返戻率90.0%）
65歳時の解約返戻金額	：4,700万円（単純返戻率94.0%）

※保険料の払込みを中止し、払済終身保険に変更することができる。
※単純返戻率＝解約返戻金額÷払込保険料累計額×100

※上記以外の条件は考慮せず、各問に従うこと。

（問2）　仮に、X社がAさんに役員退職金5,000万円を支給した場合、Aさんが受け取る役員退職金について、次の①、②を求め、解答用紙に記入しなさい（計算過程の記載は不要）。〈答〉は万円単位とすること。なお、Aさんの役員在任期間（勤続年数）を28年9カ月とし、これ以外に退職手当等の収入はなく、障害者になったことが退職の直接の原因ではないものとする。

① 退職所得控除額
② 退職所得の金額

① 1,430（万円）　② 1,785（万円）

①勤続年数20年超の場合の退職所得控除額の計算式

　800万円＋70万円×（勤続年数－20年）

　勤続年数28年9カ月→29年（1年未満の端数切り上げ）

　800万円＋70万円×（29年－20年）＝800万円＋630万円＝1,430万円

②退職所得の計算式

　（退職に係る収入金額 － 退職所得控除額）× $\dfrac{1}{2}$

　（5,000万円 － 1,430万円）× $\dfrac{1}{2}$ ＝ 1,785万円

（問３）　《設例》の生命保険を現時点で解約した場合のＸ社の経理処理（仕訳）について、下記の＜条件＞を基に、空欄①〜④に入る最も適切な語句または数値を、下記の〈語句群〉のなかから選び、その記号を解答用紙に記入しなさい。

＜条件＞

・Ｘ社が解約時までに支払った保険料の総額は 3,000 万円である。
・解約返戻金の金額は 2,700 万円である。
・配当等、上記以外の条件は考慮しないものとする。

＜解約返戻金受取時のＸ社の経理処理（仕訳）＞

借　方		貸　方	
現金・預金　（　①　）万円		前払保険料　（　②　）万円	
		（　③　）（　④　）万円	

〈語句群〉

イ. 150　　ロ. 300　　ハ. 1,200　　ニ. 1,350　　ホ. 1,500　　ヘ. 1,650
ト. 2,700　　チ. 3,000　　リ. 雑収入　　ヌ. 雑損失　　ル. 保険料積立金

① ト　② ホ　③ リ　④ ハ

①Ｘ社が受け取る解約返戻金の金額を計上するため、<u>2,700</u>万円
　　　　　　　　　　　　　　　　　　　　　　　　①

②設例の生命保険は2019年7月7日以前に契約した長期平準定期保険（保険期間
　満了時における被保険者の年齢が70歳超で、かつ、保険開始時の年齢＋保険期間
　×2が105超）です。この場合、保険料支払時には、保険期間のうち前半6割の
　期間は支払保険料の2分の1相当額を前払保険料として資産計上しています。解
　約返戻金受取時には資産計上していた前払保険料を取り崩します。
　支払保険料の総額3,000万円×1/2＝前払保険料<u>1,500</u>万円
　　　　　　　　　　　　　　　　　　　　　　　　②

③、④解約返戻金受取時に、取り崩した前払保険料よりも解約返戻金が多いため、差
　額を雑収入として計上します。
　解約返戻金2,700万円－前払保険料1,500万円＝<u>雑収入</u>　<u>1,200</u>万円
　　　　　　　　　　　　　　　　　　　　　　③　　　　④

下記の（問1）、（問2）について解答しなさい。 (21年1月・改)

（問1） 杉山英雄さんが本年中に支払った生命保険の保険料は下記＜資料＞の通りである。この場合における英雄さんの本年分の所得税における生命保険料控除の金額として、正しいものはどれか。なお、下記＜資料＞の保険について、これまでに契約内容の変更は行われていないものとする。また、本年分の生命保険料控除額が最も多くなるように計算すること。

＜資料＞

［終身保険（無配当）］	［医療保険（介護医療保険契約）］
契約日：2010年1月12日	契約日：2017年9月14日
保険契約者：杉山　英雄	保険契約者：杉山　英雄
被保険者：杉山　英雄	被保険者：杉山　英雄
死亡保険金受取人：杉山　香織（妻）	死亡保険金受取人：杉山　香織（妻）
当年の年間支払保険料：94,800円	当年の年間支払保険料：32,400円

＜所得税の生命保険料控除額の速算表＞
（1）2011年12月31日以前に締結した保険契約（旧契約）等に係る控除額
○一般生命保険料控除、個人年金保険料控除

年間の支払保険料の合計		控除額
	25,000円 以下	支払金額
25,000円 超	50,000円 以下	支払金額×1／2＋12,500円
50,000円 超	100,000円 以下	支払金額×1／4＋25,000円
100,000円 超		50,000円

（2）2012年1月1日以後に締結した保険契約（新契約）等に係る控除額
○一般生命保険料控除、個人年金保険料控除、介護医療保険料控除

年間の支払保険料の合計		控除額
	20,000円 以下	支払金額
20,000円 超	40,000円 以下	支払金額×1／2＋10,000円
40,000円 超	80,000円 以下	支払金額×1／4＋20,000円
80,000円 超		40,000円

（注）支払保険料とは、その年に支払った金額から、その年に受けた剰余金や割戻金を差し引いた残りの金額をいう。

1．28,700 円

2．50,000 円

3．68,700 円

4．74,900 円

正解 4

2011年までに締結した契約（旧契約）と2012年以後に締結した契約（新契約）では所得税の控除限度額が異なります。

なお、＜資料＞の「終身保険」は旧契約の一般生命保険料控除の対象であり、「医療保険」は2012年1月1日以後の契約のため、介護医療保険料控除の対象となります。

＜終身保険についての計算＞

　契約日　2010年1月12日（旧契約）

　年間支払保険料94,800円は（1）の表中で「50,000円超100,000円以下」に該当します。

　94,800円×1／4＋25,000円＝48,700円が控除額となります。

＜医療保険についての計算＞

　契約日　2017年9月14日（新契約）

　年間支払保険料32,400円は（2）の表中で「20,000円超40,000円以下」に該当します。

　32,400円×1／2＋10,000円＝26,200円が控除額となります。

　それぞれの控除額を合計します。

　48,700円＋26,200円＝74,900円

（問２）荒木陽介さん（48歳）が加入の提案を受け、加入することにした生命保険の保障内容は下記＜資料＞のとおりである。次の記述の空欄（ア）〜（ウ）にあてはまる数値を解答欄に記入しなさい。なお、保険契約は有効に継続し、かつ特約は自動更新しているものとし、荒木さんはこれまでに＜資料＞の保険から、保険金・給付金を一度も受け取っていないものとする。また、各々の記述はそれぞれ独立した問題であり、相互に影響を与えないものとする。

(23年1月・改)

＜資料／生命保険提案書＞

ご提案書 保険種類：利率変動型積立保険	（ご契約者） 荒木 陽介 様 （被保険者） 荒木 陽介 様 （年齢・性別） 48歳・男性

予定契約日：２０××年２月１日
払込保険料合計：××,×××円
支払方法：月払い、口座振替

長期生活保障保険	60歳まで
普通定期保険	60歳まで
医療保険　　入院サポート特約	終身払込 終身
生活習慣病保険　７大疾病一時金特約	終身払込 終身
利率変動型積立保険	終身

▲ 48歳契約

◇ご提案内容

ご契約内容	保険期間	保険金・給付金名称	主なお支払事由など	保険金額・給付金額
利率変動型積立保険	終身	死亡給付金 災害死亡給付金	死亡のとき（※1） 事故などで死亡のとき	積立金額 積立金額の1.5倍
長期生活保障保険	60歳まで	死亡・高度障害年金	死亡・高度障害のとき	毎年120万円×10年間
普通定期保険	60歳まで	死亡・高度障害保険金	死亡・高度障害のとき	300万円
医療保険	終身払込 終身	入院給付金 手術給付金	入院のとき1日目から （1入院120日限度） （イ）入院中に所定の手術のとき （ロ）外来で所定の手術のとき （ハ）がん・脳・心臓に対する所定の手術のとき	日額10,000円 20万円 5万円 （イ）または（ロ）にプラス 20万円
入院サポート特約	終身払込 終身	入院準備費用給付金	1日以上の入院のとき	10万円
生活習慣病保険	終身払込 終身	生活習慣病入院給付金	所定の生活習慣病（※2）で1日以上入院のとき （1入院120日限度）	日額10,000円
リビング・ニーズ特約	―	特約保険金	余命6カ月以内と判断されるとき	死亡保険金の範囲内 （通算3,000万円限度）
７大疾病一時金特約	終身払込 終身	７大疾病一時金	７大疾病で所定の診断・入院・手術（※2）のとき	複数回支払（※2） 300万円

（※1）災害死亡給付金が支払われるときは、死亡給付金は支払いません。

（※2）生活習慣病入院給付金、7大疾病一時金特約の支払対象となる生活習慣病は、以下のとおりです。
がん／心臓病／脳血管疾患／腎疾患／肝疾患／糖尿病／高血圧性疾患

　　　7大疾病一時金を複数回お支払いするときは、その原因が新たに生じていることが要件となります。ただし、7大疾病一時金が支払われた最後の支払事由該当日からその日を含めて1年以内に支払事由に該当したときは、お支払いしません。なお、拡張型心筋症や慢性腎臓病・肝硬変・糖尿病性網膜症・（解離性）大動脈瘤と診断されたことによるお支払いは、それぞれ1回限りとなります。

・加入後の同年3月に、荒木さんが交通事故で死亡（入院・手術なし）した場合、保険会社から支払われる保険金・給付金の合計は（　ア　）万円である。なお、死亡時の利率変動型積立保険の積立金額は4万円とする。

・加入後の同年5月に、荒木さんが余命6カ月以内と判断された場合、リビング・ニーズ特約の請求において指定できる最大金額は（　イ　）万円である。なお、利率変動型積立保険と長期生活保障保険のリビング・ニーズ特約の請求はしないものとし、指定保険金額に対する6カ月分の利息と保険料相当額は考慮しないものとする。

・加入後の同年6月に、荒木さんが初めてがん（悪性新生物）と診断され、治療のため20日間入院し、その間に約款所定の手術を1回受けた場合、保険会社から支払われる保険金・給付金の合計は（　ウ　）万円である。なお、上記内容は、がんに対する所定の手術、所定の生活習慣病、7大疾病で所定の診断に該当するものとする。

(ア) 1,506（万円）　**(イ)** 300（万円）　**(ウ)** 390（万円）

（ア）積立利率変動型積立保険：4万円×事故死亡1.5倍＝6万円
　　　長期生活保障保険　　　　：120万円×10年＝1,200万円
　　　普通定期保険　　　　　　：300万円
　　　以上により支払われる保険金・給付金の合計は
　　　6万円＋1,200万円＋300万円＝1,506万円となります。

（イ）リビング・ニーズ特約の特約保険金は、死亡保険金の範囲内で最大3,000万円
　　　まで請求できますが、設問では利率変動型積立保険と長期生活保障保険の請求
　　　はしないことになっているため、普通定期保険の300万円のみとなります。

（ウ）医療保険の入院給付金　　　：10,000円×20日＝20万円
　　　医療保険の手術給付金（イ）：20万円
　　　医療保険の手術給付金（ハ）：20万円
　　　入院サポート特約　　　　　：10万円
　　　生活習慣病保険　　　　　　：10,000円×20日＝20万円
　　　7大疾病一時金特約　　　　：300万円
　　　以上により支払われる保険金・給付金の合計は
　　　20万円＋20万円＋20万円＋10万円＋20万円＋300万円＝390万円とな
　　　ります。

金融資産運用

1 ★★ 国内総生産（支出側）の構成項目のうち、民間最終消費支出は、最も高い構成比を占めている。

2 ★★ 経済成長率には名目値と実質値があり、名目値が上昇していても、実質値は下落することがある。

3 ★★★ 景気動向指数は、生産、雇用などさまざまな経済活動での重要かつ景気に敏感に反応する指標の動きを統合することによって作成された指標であり、コンポジット・インデックス（CI）を中心として公表される。

4 ★★ 景気動向指数において、東証株価指数は、景気の動きに対してほぼ一致して動く、一致系列に分類されている。

5 ★★ 日銀短観の調査は毎月実施され、翌月（12月は当月）に調査結果が公表される。

6 ★★ マネーストック統計は、金融部門から経済全体に供給されている通貨の総量を示す統計であり、一般法人、金融機関、個人、中央政府、地方公共団体などの経済主体が保有する通貨量の残高を集計したものである。

ポイント ＆解答！

4 景気動向指数において、東証株価指数は、景気に先行して動く「先行指数」に分類されています。

5 日銀短観は、年4回（3月・6月・9月・12月）に調査しています。

6 国（中央政府）や金融機関が保有する通貨量は含まれません。

1 ○ **2** ○ **3** ○ **4** ✕ **5** ✕ **6** ✕

7
★★
米国の物価が日本と比較して相対的に上昇することは、一般に、円安米ドル高の要因となる。

8
★★★
国内銀行に預け入れられている外貨預金は、元本1,000万円までとその利息が預金保険制度による保護の対象となる。

9
★★
国内に本店のある銀行で購入した投資信託は、日本投資者保護基金による補償の対象とならない。

10
★★
消費者契約法では、事業者の不適切な勧誘により締結した消費者契約について、消費者は、同法に基づく損害賠償を請求することができるとされている。

11
★★
金融商品取引法では、金融商品取引契約を締結しようとする金融商品取引業者等は、あらかじめ顧客（特定投資家を除く）に契約締結前交付書面を交付しなければならないとされているが、顧客から交付を要しない旨の意思表示があった場合、その交付義務は免除される。

ポイント＆解答！

7 米国の物価が日本と比較して上昇することは米ドルの価値が相対的に下がることを意味するため、一般に円高米ドル安になりやすいとされています。

8 国内銀行に預けられている外貨預金は、預金保険制度の対象ではありません。

10 事業者の不適切な勧誘により締結した消費者契約について、消費者はその契約を取り消すことができます。消費者契約法に損害賠償請求できる規定はありません。

11 一般投資家である顧客から交付不要の申出があった場合でも、交付義務は免除されません。

7 ✕　8 ✕　9 ◯　10 ✕　11 ✕

12 ★ 犯罪収益移転防止法では、金融機関等の特定事業者が顧客と特定業務に係る取引を行った場合、特定事業者は、原則として、直ちに当該取引に関する記録を作成し、当該取引の行われた日から5年間保存しなければならないとされている。

13 ★ 期日指定定期預金は、据置期間経過後から最長預入期日までの間で、金融機関が指定した日が満期日となる。

14 ★ アンダーパー発行の債券を発行時に購入した場合、償還時に償還差損が発生する。

15 ★ 債券のデュレーションは、他の条件が同一であれば、表面利率が高いほどデュレーションは長くなる。

ポイント  ＆解答！

12 取引日から7年間の保存が必要です。

13 預金者が任意の日を満期日として指定できますが、指定しない場合は、最長預入期日に一括して払戻しされます。

14 アンダーパー発行とは、発行価格が額面金額を下回るため、償還差益が発生します。

15 債券のデュレーションは他の条件が同一の場合、表面利率が低いほどデュレーションは長くなります。

16 ★ 固定利付債券（個人向け国債を除く）では、一般的に、市場金利の上昇は債券価格の上昇要因となり、市場金利の低下は債券価格の下落要因となる。

17 ★★ 債券を発行体の信用度で比較した場合、ほかの条件が同じであれば、発行体の信用度が高い債券の方が価格は低い。

18 ★ 株式の信用取引は、保有していない銘柄であっても、「売り」から取引することができる

19 ★ JPX日経インデックス400は、プライム市場、スタンダード市場、グロース市場を主市場とする普通株式の中から、ROEや営業利益等の指標等により選定された400銘柄を対象として算出される。

20 ★★★ 株価が2,500円、当期純利益が12億円、自己資本が300億円、発行株式数が600万株である場合、この株式のPERは12.5倍である。

ポイント  ＆解答！

16 金利が上がると債券価格は下がります。市場金利と債券利回りは同じ動きですが、市場金利と債券価格は反対の動きになります。

17 ほかの条件が同じであれば、一般的には発行体の信用度が高い債券の方が人気が高くなりますので、債券の価格は高く、利回りは低くなります。

 16 ✕ **17** ✕ **18** ◯ **19** ◯ **20** ◯

21 ★★
ROEは、自己資本に対する当期純利益の割合を示す投資指標であり、これが低いほど、会社が自己資本を活用して効率良く利益をあげていることを示す。

22 ★★
配当利回り（%）は、「配当金総額÷純資産×100」の算式により計算され、この値が高いほど投資価値が高いと考えられる。

23 ★★
ベンチマークを上回る運用成果を目指す株式投資信託の運用手法は、パッシブ運用と呼ばれる。

24 ★★
マクロ的な環境要因などをもとに国別組入比率や業種別組入比率などを決定し、その比率に応じて、個別銘柄を組み入れてポートフォリオを構築する手法をボトムアップアプローチという。

ポイント ＆解答！

21
ROEは高いほど、会社が自己資本を活用して効率よく利益をあげていることを示します。

22
配当利回り(%)は、「1株当たりの年間配当金÷株価×100」で算出します。本問で示しているのは純資産配当率（会社の自己資本からどれだけ配当に回っているか）です。

23
ベンチマークを上回る運用成果を目指す株式投資信託の運用手法は、アクティブ運用です。

24
本問のポートフォリオ構築手法は、トップダウンアプローチといいます。

21 ✕　**22** ✕　**23** ✕　**24** ✕

25 ★★ ETFには、株価指数に連動するものはあるが、REIT指数や商品指数に連動するものはない。

26 ★★ ETFは、売買の際に上場株式と同様に売買委託手数料が発生するが、非上場の投資信託と異なり、運用管理費用（信託報酬）は発生しない。

27 ★★ 為替先物予約をしていない外貨定期預金の満期時の為替レートが預入時の為替レートに比べて円高になれば、当該外貨定期預金に係る円換算の投資利回りは向上する。

28 ★ デュアルカレンシー債は、購入代金の払込みおよび利払いの通貨と、償還される通貨が異なる債券である。

29 ★ 国内の証券取引所に上場している外国株式を、国内店頭取引により売買する場合、外国証券取引口座を開設する必要がある。

STAGE **3** 学科問題　金融資産運用

 ポイント ＆解答!

25 インデックス型のETFには、REIT指数、商品指数のほか債券の指数など、さまざまな指数に連動するものがあります。また、アクティブ型もあります。

26 ETFも運用管理費用はかかります。

27 為替先物予約をしていない外貨預金は、円高（外貨安）になれば、投資利回りは低下します。

25 ✕　**26** ✕　**27** ✕　**28** ○　**29** ○

30 ★★ ポートフォリオのリスクは、組入れ銘柄数を増やすことで減少していくが、組入れ銘柄数が一定水準以上になると、銘柄数を増やしてもリスクが減少しにくくなる。

31 ★★★ 異なる2資産からなるポートフォリオの相関係数が−1の場合、ポートフォリオを組成することによる分散投資の効果（リスクの軽減）は得られない。

32 ★★ シャープレシオは、数値が小さいほど、効率よく収益をあげられたと評価できる。

33 ★ 運用期間を通して、定められた各資産クラスの投資金額の配分比率を維持する方法の一つとして、値上がりした資産クラスを売却し、値下がりした資産クラスを購入するリバランスという方法がある。

34 ★★ わが国における個人によるデリバティブ取引のオプション取引では、オプションの買い手の損失は限定されないが、オプションの売り手の損失はプレミアム（オプション料）に限定される。

ポイント ＆解答！

31 相関係数が「−1」の場合は、分散投資の効果は最大になります。

32 分母がリスク（標準偏差）、分子がリスクに応じたリターン（ポートフォリオの収益率−無リスク資産利子率）ですので、数値が大きいほど、効率よく収益をあげられたと評価できます。

34 オプションの買い手の損失はプレミアム（オプション料）に限定され、オプションの売り手の損失は限定されません。

30 ◯ **31** ✕ **32** ✕ **33** ◯ **34** ✕

35 ★★ オプション取引において、コール・オプションの買い手は「権利行使価格で買う権利」を放棄することができるが、プット・オプションの買い手は「権利行使価格で売る権利」を放棄することができない。

36 ★ ヘッジ取引には、将来の価格上昇リスク等を回避または軽減する売りヘッジと将来の価格下落リスク等を回避または軽減する買いヘッジがある。

37 ★★ 特定口座（源泉徴収口座）を選択している場合、上場株式等の譲渡損失を翌年以降に繰り越すためには確定申告は必要ない。

38 ★★ 上場株式の配当金について申告分離課税を選択して確定申告をした場合、配当控除の適用を受けることができる。

39 ★★★ 新NISAのつみたて投資枠を通じて購入することができる金融商品は、所定の要件を満たす公募株式投資信託やETF（上場投資信託）であり、長期の積立・分散投資に適した一定の商品性を有するものに限られている。

40 ★★ 新NISA口座で保有する上場株式の配当金を非課税扱いにするためには、配当金の受取方法として、株式数比例配分方式を選択しなければならない。

STAGE **3** 学科問題　金融資産運用

ポイント &解答!

| 35 | コール、プットいずれの場合も、オプションの買い手は権利行使を放棄できます。売り手は権利放棄できず、買い手の権利行使に応じる義務があります。 |

| 36 | 将来の価格上昇リスク等を回避または軽減するのは買いヘッジ、将来の価格下落リスク等を回避または軽減するのは売りヘッジです。 |

| 37 | 特定口座（源泉徴収口座）を選択している場合であっても、上場株式等の譲渡損失を翌年以降に繰り越すためには確定申告は必要です。 |

| 38 | 配当控除を受けられるのは、総合課税を選択した場合のみです。 |

35 ✕　**36** ✕　**37** ✕　**38** ✕　**39** ○　**40** ○

次の設例にもとづいて、下記の各問（問1）、（問2）に答えなさい。 (21年1月)

─────《設 例》─────

　会社員のAさん（40歳）は、預貯金を500万円程度保有しているが、上場株式を購入した経験がない。Aさんは、証券会社で新NISA口座を開設し、同じ業種のX社株式またはY社株式（2銘柄とも東京証券取引所プライム市場上場）を同口座で購入したいと考えている。そこで、Aさんは、ファイナンシャル・プランナーのMさんに相談することにした。

<財務データ>（単位：百万円）

	X 社	Y 社
資 産 の 部 合 計	920,000	720,000
負 債 の 部 合 計	370,000	480,000
純資産の部合計	550,000	240,000
売 上 高	910,000	670,000
営 業 利 益	90,000	40,000
経 常 利 益	80,000	30,000
当 期 純 利 益	56,000	20,000
配 当 金 総 額	20,000	10,000

※純資産の金額と自己資本の金額は同じである。

<株価データ>

X社：株価1,250円、発行済株式数5億株、1株あたり年間配当金40円

Y社：株価1,354円、発行済株式数2億株、1株あたり年間配当金50円

※《設例》および各問において、以下の名称を使用している。

・少額投資非課税制度に係る非課税口座を「新NISA口座」という。

※上記以外の条件は考慮せず、各問に従うこと。

（問１） 《設例》のデータにもとづいて算出される次の①〜④を求め、解答用紙に記入しなさい（計算過程の記載は不要）。〈答〉は表示単位の小数点以下第３位を四捨五入し、小数点以下第２位までを解答すること。

① X 社の ROE
② Y 社の ROE
③ X 社の PER
④ Y 社の PER

解答・解説

①　10.18（%）　　②　8.33（%）　　③　11.16（倍）　　④　13.54（倍）

①ROE（自己資本利益率）→数値の高い方が効率的に利益をあげている
　ROE（%）＝当期純利益÷自己資本×100
　X社の当期純利益は56,000百万円、自己資本（純資産）550,000百万円
　ROE＝56,000百万円÷550,000百万円×100＝10.181…
　（小数点以下第３位を四捨五入）10.18%

②Y社の当期純利益は20,000百万円、自己資本（純資産）240,000百万円
　ROE＝20,000百万円÷240,000百万円×100＝8.333…
　（小数点以下第３位を四捨五入）8.33%

③PER（株価収益率）→株価が１株あたり純利益の何倍であるかを示す。数値の低い方が株価が割安であると判断される。
　PER（倍）＝株価÷１株あたり当期純利益

　X社の発行済株式数５億株、当期純利益56,000百万円＝560億円
　１株あたりの当期純利益＝560億円÷５億株＝112円
　PER＝1,250円÷112円＝11.160…
　（小数点以下第３位を四捨五入）11.16倍

④Y社の発行済株式数２億株、当期純利益20,000百万円＝200億円
　１株あたりの当期純利益＝200億円÷２億株＝100円
　PER＝1,354円÷100円＝13.54（倍）

（問2） Mさんは、Aさんに対して、《設例》のデータにもとづいて、株式の投資指標等について説明した。Mさんが説明した次の記述①～③について、適切なものには〇印を、不適切なものには×印を解答用紙に記入しなさい。

① 「PBRは、株価（時価総額）が企業の純資産（自己資本）と比べて割高であるか、割安であるかを判断するための指標です。PBRが1倍を下回るX社株式およびY社株式は割安と判断できます」

② 「一般に、配当利回りが高いほど、株主に対する利益還元の度合いが高いと考えることができます。Y社株式の配当利回りは50％であり、X社株式の配当利回りを上回ります」

③ 「一般に、自己資本比率が高いほど、経営の安全性が高いと考えられています。自己資本比率はY社よりもX社の方が高くなっています」

① ✕　　② ✕　　③ ◯

① 不適切

PBR（倍）＝株価÷1株あたり純資産→数値の低い方が割安

X社の1株あたりの純資産＝5,500億円÷5億株＝1,100円

X社のPBR＝1,250円÷1,100円＝1.1363…倍

Y社の1株あたりの純資産＝2,400億円÷2億株＝1,200円

Y社のPBR＝1,354円÷1,200円＝1.1283…倍

X社・Y社ともにPBRが1倍を上回っているので不適切です。

② 不適切

選択肢は配当性向の説明です。

配当性向（％）＝年間配当金÷当期純利益×100

Y社の配当性向（％）＝10,000百万円÷20,000百万円×100＝50％

（参考）

配当利回り（％）＝1株あたりの年間配当金÷株価×100

X社の配当利回り＝40円÷1,250円×100＝3.2％

Y社の配当利回り＝50円÷1,354円×100＝3.692…％

③ 適切

自己資本比率（％）＝純資産（自己資本）÷資産×100

X社の自己資本比率＝550,000÷920,000×100＝59.782…％

Y社の自己資本比率＝240,000÷720,000×100＝33.333…％

自己資本比率はX社の方が高いので適切です。

下記の（問1）～（問3）について解答しなさい。

（問1）雅之さんが20XX年から20XX年の間に行った国内公募追加型株式投資信託RQファンドの取引は、下記<資料>のとおりである。20XX年末時点におけるRQファンドの個別元本（1万口当たり）として、正しいものはどれか。なお、記載のない事項については一切考慮しないものとする。

(24年1月・改)

<資料>

取引年月	取引内容	基準価額 （1万口当たり）	購入時手数料等 （消費税込み、外枠）
20XX年5月	250万口購入	10,000円	55,000円
20XX年9月	100万口売却	11,000円	－
20XX年3月	50万口購入	12,000円	13,200円

1.　10,500円
2.　10,731円
3.　11,000円
4.　11,242円

正解 1

同じ投資信託を複数回に分けて購入した場合の個別元本は、**取得費÷口数**で求めます。
その際、購入時手数料および購入時手数料に対する消費税は含めません。

20XX年9月：100万口売却したので、口数は150万口
　　　　　　⇒個別元本は10,000円のまま

20XX年3月：基準価額12,000円で50万口購入
　　　　　　⇒売却前の取得費（1万口あたり）
　　　　　　　＝10,000円×150＋12,000円×50＝2,100,000円
　　　　　　　口数＝150万口＋50万口＝200万口
　　　　　　　1万口当たりの個別元本＝210万円÷200＝10,500円

したがって、個別元本は**10,500円**となります。

STAGE **3** 実技問題 金融資産運用

（問2）長谷川さんは、保有しているRM投資信託（追加型国内公募株式投資信託）の収益分配金を本年2月に受け取った。RM投資信託の運用状況が下記＜資料＞のとおりである場合、収益分配後の個別元本として、正しいものはどれか。

(22年5月)

＜資料＞

> ［長谷川さんが保有するRM投資信託の収益分配金受取時の状況］
> 収益分配前の個別元本：15,750円
> 収益分配前の基準価額：16,500円
> 収益分配金　　　　　：1,000円
> 収益分配後の基準価額：15,500円

1. 15,000円
2. 15,500円
3. 15,750円
4. 16,500円

正解　2

公募株式投資信託の収益分配金は、利益から支払われる普通分配金と、元本から払戻しされる特別分配金（元本払戻金）があり、

分配落ち後の基準価額≧分配前の個別元本 ⇒ 全額普通分配金
分配落ち後の基準価額＜分配前の個別元本 ⇒ 個別元本を上回る部分が普通分配金、
　　　　　　　　　　　　　　　　　　　　　下回る部分が特別分配金

となります。

設問では、分配落ち後の基準価額（15,500円）＜分配前の個別元本（15,750円）なので、

普通分配金：16,500円－15,750円＝750円
特別分配金：1,000円－750円＝250円

となります。

特別分配金の分、個別元本が減るので、
収益分配後の個別元本：15,750円－250円＝15,500円
となります。

（問3）下記＜資料＞に関する次の記述の空欄（ア）、（イ）にあてはまる数値または語句の組み合わせとして、正しいものはどれか。なお、空欄（ア）の解答に当たっては、小数点以下第2位を四捨五入すること。 (19年9月)

＜資料＞

	ＹＡ株式	ＹＢ株式
株価	7,500円	3,000円
1株当たり利益	400円	200円
1株当たり純資産	2,000円	900円
1株当たり年間配当金	150円	45円

・ＹＡ株式のＰＥＲ（株価収益率）は、（ア）倍である。
・ＹＡ株式とＹＢ株式の配当利回りを比較すると、（イ）株式の方が高い。

1．（ア）3.8 　　（イ）ＹＡ
2．（ア）3.8 　　（イ）ＹＢ
3．（ア）18.8 　　（イ）ＹＡ
4．（ア）18.8 　　（イ）ＹＢ

解答・解説

正解　3

（ア）　PER(倍)＝株価÷1株当たりの当期純利益で求めます。
　　　　ＹＡ株式のPER＝7,500円÷400円＝18.75倍 ⇒ 18.8倍

（イ）　配当利回り(%)＝1株当たりの年間配当金÷株価×100で求めます。
　　　　ＹＡ株式の配当利回り＝150円÷7,500円×100＝2％
　　　　ＹＢ株式の配当利回り＝45円÷3,000円×100＝1.5％
　　　　比較するとＹＡ株式のほうが配当利回りが高いです。

索引

英字

ア行

カ行

タ行

スゴい!
だけじゃない!!
FP2級AFP

テキスト&問題集
2024-25

2

厳選! FP2級
学科&実技問題集(STAGE 4～6)

スゴい！だけじゃない!!

FP

2級

AFP

テキスト & 問題集

マイナビ出版
FP試験対策
プロジェクト

マイナビ

CONTENTS 2

タックスプランニング

ここで学ぶ内容です！

所得税の基本

所得の10分類と計算

所得税の計算手順

確定申告

個人住民税・個人事業税

法人税と消費税

....

学科試験 すべての分野をつなぐ重要分野

出題の半分は所得税、残り半分が法人税、消費税、決算書です。所得税では所得税の基本、所得の10分類からは不動産所得、退職所得と一時所得がよく出題されます。損益通算に加え、所得控除では配偶者控除と扶養控除、医療費控除などを重点的に押さえましょう。税額控除では住宅ローン控除の適用要件、その他に確定申告も頻出です。

....

実技試験 受検先別の傾向と対策

【金財　個人資産相談業務】

事例を用いて、一時所得や損益通算を絡めた総所得金額の計算問題があります。損益通算できない例と所得税の計算手順も確認しましょう。所得控除では基礎控除、配偶者控除、扶養控除が頻出です。

【金財　生保顧客資産相談業務】

所得の種類では役員の退職所得と給与所得は頻出で、その他に不動産所得が狙われやすいです。所得控除は配偶者控除、扶養控除をメインに押さえましょう。所得税額の計算と青色申告制度も頻出です。

【日本FP協会　資産設計提案業務】

計算問題は、減価償却費、一時所得、退職所得、雑所得に加えて総所得金額を求められるようにしておきましょう。損益通算できない例や医療費控除、住宅ローン控除の適用要件も確認しておきましょう。

所得税

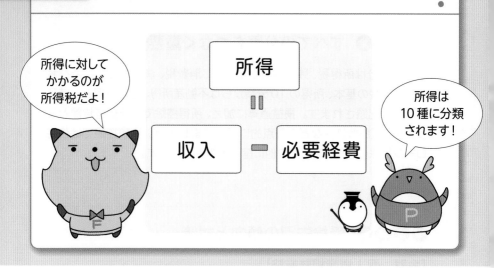

所得に対して
かかるのが
所得税だよ！

所得

=

収入 - 必要経費

所得は
10種に分類
されます！

1 国税と地方税

　税金は、国が課税する国税と地方公共団体（都道府県、市区町村）が課税する地方税の２つに分けられます。

> **国税** …… 所得税、法人税、相続税、贈与税、登録免許税など
> **地方税** … 個人事業税、不動産取得税、住民税、固定資産税など

2 直接税と間接税

　税金を負担する人（担税者）と納める人（納税義務者）が同じ税金を直接税、税金を負担する人と納める人が違う税金を間接税といいます。

直接税　… 所得税、法人税、相続税、贈与税、固定資産税など
間接税　… 消費税、酒税など

3　申告納税方式と賦課課税方式

　納税者自らが税金を計算して自ら納める方法を申告納税方式といいます。一方、国や地方公共団体が計算した税額を納税者が納める方法を、賦課課税方式といいます。

申告納税方式　… 所得税、法人税、相続税、贈与税など
賦課課税方式　… 個人住民税、固定資産税など

　固定資産税は地方税で賦課課税方式。
原則、3年毎に評価替えが行われます。

4　所得税の納税方式

　所得税納税の原則は、納税者が1年間の所得金額と税額を自分で計算して、翌年2月16日～3月15日の間に確定申告をして納税する、申告納税方式です。

ただし、
多くの会社員は
年末調整により
申告は不要となります

語呂合わせ　確定申告に一郎　さぁ行こう
に（2月）一郎（16日）
さぁ（3月）行こう（15日）

5 所得税の対象

　所得税は、個人が1年間（1月1日〜12月31日）に得た所得に対して課税される**個人単位課税**です。

　なお、1月1日〜12月31日のことを暦年（れきねん）といい、所得税は**暦年課税**だと覚えておきましょう。

6 収入と所得の違い

　所得とは、収入から必要経費等を差し引いたものです。収入と所得の違いを理解しておきましょう。

公式	所得 ＝ 収入 − 必要経費等

（例）　給与所得 ＝ 給与収入 − 給与所得控除額

収入は現金や
現物支給を含めた、
手元に入ってくるお金や
物品の総額です

7 所得税の納税義務者と課税対象の範囲

　所得税の納税義務者は個人と法人です。個人の納税義務者は、国内に居住しているかどうかによって居住者と非居住者に区分され、課税対象となる所得の範囲が異なります。

| 個人の納税義務者 | 居住者 | ＜居住者（非永住者以外）＞
国内に住所を有する、または現在まで引き続いて1年以上居所を有する個人
→ 国内外を問わず、**全ての所得**が課税対象

＜非永住者＞
居住者のうち日本国籍がなく、かつ過去10年以内に日本国内に住所または居所を有していた期間の合計が5年以下である個人
→ 国内源泉所得に加えて、国外源泉所得で日本国内で支払われた、または国内に送金されたものが課税対象 |
| | 非居住者 | 居住者以外の個人 → **国内源泉所得のみ**課税対象 |

8　非課税所得

　所得の中には、税金が課税されない次のような非課税所得があります。

①障害年金、遺族年金
　→ 老齢年金は雑所得（課税所得）なので注意！
②雇用保険や健康保険等からの給付金
③生活に通常必要な動産の譲渡による所得
　（1個または1組の価額が30万円を超える貴金属等を除く）
④宝くじの当選金
⑤通勤手当（月額15万円まで）
⑥生命保険契約や損害保険契約で身体の傷害に基因して支払われる給付金（手術給付金、入院給付金等）

9 　10 種類の所得

　個人の所得は、収入の性質に応じて次の 10 種類に分類され、それぞれの性質に応じた計算方法で所得金額を計算します。

ひと言！

まずは所得は 10 種類という数を押さえましょう。

① 利子所得　……　預貯金や公社債の利子等
② 配当所得　……　株式の配当金等
③ 不動産所得　…　不動産貸付けによる家賃収入等
④ 事業所得　……　個人事業主が事業で得た売上等
⑤ 給与所得　……　給与・賞与、役員報酬等
⑥ 退職所得　……　退職金等
⑦ 山林所得　……　山林の伐採の譲渡等で得た収入
⑧ 譲渡所得　……　資産の売却で得た収入
　　　　　　　　　　（土地・建物等、株式等、それ以外の3区分あり）
⑨ 一時所得　……　生命保険の満期保険金、解約返戻金等
⑩ 雑所得　………　公的年金（老齢給付等）や業務（副業収入等）、
　　　　　　　　　　その他の収入（個人年金保険の年金等）

10 　総合課税と分離課税

　10 種類の所得に対する課税方法は、**総合課税**（それぞれの所得を合計してから課税）と**分離課税**（所得ごとに課税）に分けられます。原則は総合課税ですが、一部の所得については分離課税になります。

原則 総合課税		各種所得金額を合計してから税額を計算し、確定申告により納税する
分離課税	申告分離課税	総合課税の対象となる所得とは分離して税額を計算し、確定申告により納税する
	源泉分離課税	源泉徴収で納税が完了する

総合課税と分離課税の主な分類

総合課税の所得 ↓ 合算した総所得金額に課税	分離課税の所得 ↓ 所得ごとに課税
・配当所得（原則） ・事業所得 ・雑所得 ・譲渡所得 （土地・建物等、株式等以外） ・不動産所得 ・給与所得 ・一時所得	・利子所得 （総合課税の場合あり） ・退職所得 ・山林所得 ・譲渡所得 （土地・建物等、株式等）

　分離課税には、申告分離課税と源泉分離課税があります。申告分離課税は、自分で確定申告が必要です。一方、源泉分離課税は、支払いを受ける際に収入から税額が差し引かれて（源泉徴収）納税が完了するため、確定申告は不要です。

ひと言！

源泉分離課税は、預貯金の利子などをイメージしてみてください。預貯金の利子は確定申告していませんよね！

11 超過累進税率

　総合課税の所得税の税率は一律ではなく、所得が多くなるにしたがって段階的に税率が高くなる**超過累進税率**となっています。

併せて覚えよう！

　住民税は超過累進税率ではなく、一律10％の比例税率（所得割）と均等割。法人税（会社に課される税金）も原則は、比例税率です。

所得税の速算表

所得税額 ＝（A）×（B）−（C）

課税所得金額（A）		税率（B）	控除額（C）
	195万円以下	5％	−
195万円超	330万円以下	10％	9万7,500円
330万円超	695万円以下	20％	42万7,500円
695万円超	900万円以下	23％	63万6,000円
900万円超	1,800万円以下	33％	153万6,000円
1,800万円超	4,000万円以下	40％	279万6,000円
4,000万円超		45％	479万6,000円

ひと言！

速算表を覚える必要はありませんが、表を使って計算できるようにしておきましょう！

12 復興特別所得税

　復興特別所得税とは、東日本大震災からの復興に必要な財源を確保するための税金で、2013年から2037年まで、所得税額に2.1%を上乗せしています。

復興特別所得税は国税だから
住民税にはかからないよ！

（例）課税所得金額が500万円の場合、所得税額と復興特別所得税額は？

所得税額　＝ 5,000,000円 × 20% − 427,500円 = 572,500円
復興特別所得税額 ＝ 572,500円 × 2.1% = 12,022円

(1円未満切り捨て)

よく出てくる税率「20.315%」の内訳とは？

①所得税：15%
②住民税：　5%
③復興特別所得税：所得税15% × 2.1% = 0.315%
　→ ① ＋ ② ＋ ③ = 20.315%

問題文をよく読もう！

試験の計算問題では
「復興特別所得税は考慮しない」
かチェックしよう

所得税の計算の主な流れ

所得税の計算は、次の Step 1 から Step 5 の順番で行います。

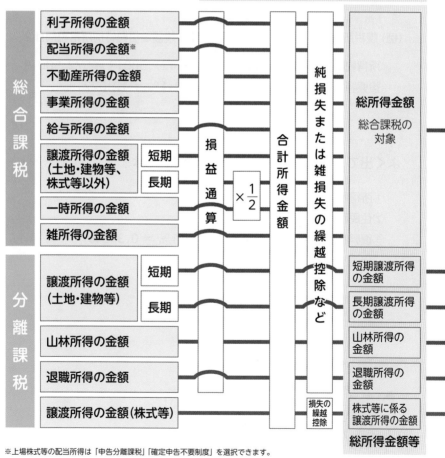

Step 1	Step 2
所得金額の算出	**所得金額の算出**
所得の金額を計算する	損益通算する
10種類の所得に分ける。 それぞれの収入金額から必要経費等を引く。	マイナスの所得を他のプラスの所得と相殺して、損失の繰越分を引く。 損益通算できるのは不動産所得、事業所得、山林所得、譲渡所得の損失のみ。

総合課税
- 利子所得の金額
- 配当所得の金額※
- 不動産所得の金額
- 事業所得の金額
- 給与所得の金額
- 譲渡所得の金額（土地・建物等、株式等以外）　短期／長期
- 一時所得の金額
- 雑所得の金額

分離課税
- 譲渡所得の金額（土地・建物等）　短期／長期
- 山林所得の金額
- 退職所得の金額
- 譲渡所得の金額（株式等）

損益通算　× 1/2　合計所得金額

純損失または雑損失の繰越控除など

損失の繰越控除

総所得金額　総合課税の対象

短期譲渡所得の金額
長期譲渡所得の金額
山林所得の金額
退職所得の金額
株式等に係る譲渡所得の金額

総所得金額等

※上場株式等の配当所得は「申告分離課税」「確定申告不要制度」を選択できます。

全体の流れを
イメージしてね！

Step 3
課税所得金額の算出
所得控除

所得金額から所得控除（15種類）を引く。

Step 4
所得税額の算出
税率を掛けてから税額控除を引く

課税所得金額に税率を掛けて所得税額を求め、該当する税額控除を引く。

Step 5
納税額の算出
納税する

所得控除（15種類）

・基礎控除
・配偶者特別控除
・地震保険料控除
・扶養控除
・医療費控除
・生命保険料控除
・配偶者控除
・社会保険料控除
・その他

課税総所得金額
総合課税の対象

× 税率（速算表）＝ 所得税額

課税短期譲渡所得の金額
× 分離課税率 ＝ 所得税額

課税長期譲渡所得の金額
× 分離課税率 ＝ 所得税額

課税山林所得の金額
$\times \dfrac{1}{5} \times$ 税率（速算表）$\times 5$ ＝ 所得税額

課税退職所得の金額
× 税率（速算表）＝ 所得税額

株式等に係る課税譲渡所得の金額
× 分離課税率 ＝ 所得税額

課税所得金額

税額控除
・配当控除
・住宅借入金等特別控除
・その他

－

源泉徴収税額
（すでに天引きされている金額）

＝

申告する所得税の納税額

12

所得の10分類

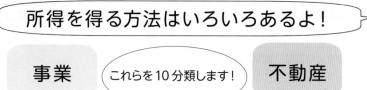

所得を得る方法はいろいろあるよ！

事業

これらを10分類します！

不動産

福引きで10万円
当たった！

会社員

1 利子所得

利子所得とは、預貯金の利子、公社債（債券）の利子、公社債投資信託の収益分配金等による所得のことです。

国内預貯金の利子は、原則として、**20.315％（所得税15％＋復興特別所得税0.315％＋住民税5％）**の税率による**源泉分離課税**の対象となります。

ひと言！

収入から経費を差し引いたものが所得ですが、利子所得には経費がないので、所得額は収入金額と同額になります。

利子所得の計算方法

公式

利子所得 ＝ 収入金額（受け取った金額）

利子所得の課税方法

国内預貯金の利子	20.315％（所得税・復興特別所得税15.315％、住民税5％）の税率で源泉徴収等されて納税が完了する源泉分離課税
一般公社債の利子など（原則）	
特定公社債の利子など	20.315％（所得税・復興特別所得税15.315％、住民税5％）の税率で源泉徴収等される申告分離課税だが、<u>確定申告不要</u>を選択することもできる

確定申告をせず
源泉徴収のみで
完了すること

ㄱㄱ…

2 配当所得

　配当所得とは、個人の株主が受ける株式の**配当金**や株式投資信託、不動産投資信託等の**収益分配金等**による所得のことで、原則は総合課税です（公社債投資信託の収益分配金は利子所得）。

配当所得の計算方法

> 公式
>
> **配当所得 ＝ 収入金額 － 株式等を取得するための負債の利子**

お金を借りて株式を購入した場合、
その利子分は経費として
差し引くことができるよ

3 配当所得の課税方法

　上場株式等（一定の大口株主を除く）の配当金等には、その支払いの都度、所得税および復興特別所得税と住民税の合計 20.315%が源泉徴収等されます。そのため、原則、確定申告は不要ですが、総合課税、申告分離課税の選択もできます。それらにより、累進税率の適用や**配当控除**の適用を受けることができるか否か、**損益通算**ができるか否かなどの違いがあります。

　非上場株式の配当金は、一定の金額以下であれば所得税の確定申告不要制度を選択することができます。

一定の
大口株主を除いて
上場株式等の
配当所得は
課税方法が選べます

上場株式等の配当所得の課税方法
（一定の大口株主等を除く）

○ できる　× できない

課税方法 （税率）	確定申告必要		確定申告不要
	総合課税 （超過累進税率）	申告分離課税 （20.315%）	源泉徴収 （20.315%）
配当控除の適用	○	×	×
上場株式等の 譲渡損失との 損益通算・繰越控除	×	○	×

上場株式等の配当所得は、この3つのうちのいずれかを選択することになります。○×の組み合わせを覚えておきましょう。

4 不動産所得

　不動産所得とは、不動産の**貸付け**（土地やアパートなどの貸付け）による所得のことで、**総合課税**です。貸付けが**事業的規模**であれば、青色申告特別控除の適用を受けることができます。

注目！

事業的規模とは、一軒家は5棟以上、アパートなどは10室以上保有していることを指します。

「不動産の事業的規模の貸付は事業所得」というひっかけ問題は誤りで、正しくは「事業的規模の貸付でも不動産所得」です。

不動産所得の計算方法

> 公式
>
> **不動産所得**
> ＝ 総収入金額 − 必要経費（− 青色申告特別控除額）

総収入金額：家賃、地代、礼金、更新料など
　　　　　　（敷金や保証金等で返還しないものは総収入に含める）
必要経費　：固定資産税、火災保険料、修繕費、管理費、仲介手数
　　　　　　料、借入金の利子、減価償却費など
　　　　　　（新たに取得した建物の減価償却方法は定額法のみ）

事業所得

事業所得とは、個人事業主などが行う農業、漁業、製造業、小売業、サービス業やその他の事業から生じる所得のことで、総合課税です。

事業所得？　譲渡所得？

商品の売却代金（売上）は事業所得ですが、事業用資産を売却したことによる所得は、原則、譲渡所得です。

例えば、中古車販売業を営む個人事業主が、商品の車を売却したときは事業所得になりますが、自分が事業の用に供している車を売却したときは譲渡所得になります。

事業所得の計算方法

> 公式
>
> **事業所得**
> = 総収入金額 − 必要経費（−青色申告特別控除額）

総収入金額：事業による収入
　　　　　　（未収でも年内に確定した売上を含む）

必要経費　：収入に対する売上原価、従業員に対する給与、通信費、水道光熱費、減価償却費など

個人事業主（青色申告者）の事業所得の計算例
事業所得の金額
＝ 売上（収入）金額 − 売上原価 − 必要経費（減価償却費等）
　 − 青色事業専従者給与等 − 青色申告特別控除額

売上原価とは？

売上に対する商品の製造原価・仕入原価のことで、以下の計算式で求められます。

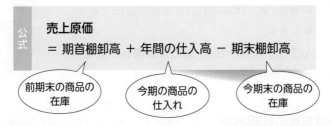

公式　**売上原価**
　　　　= 期首棚卸高 ＋ 年間の仕入高 － 期末棚卸高

前期末の商品の
在庫

今期の商品の
仕入れ

今期末の商品の
在庫

6　減価償却費

　建物や車両、備品、機械などの資産は、時間の経過によって価値が減少していきます。こうした資産は、購入した年に購入金額の全額を経費として計上するのではなく、資産ごとに定められた耐用年数で割って経費化します。その経費のことを**減価償却費**といいます。

土地は
減価償却
しないよ！

土地は消耗しない
からね

7 減価償却費の計算方法

　減価償却費の計算方法は、資産・設備の種類ごとに定額法か定率法を選択して、所轄の税務署長に届け出ます。個人事業主の場合、届け出なければ法定償却方法である定額法で計算します。

　個人、法人どちらの場合でも、新たに取得した建物、建物附属設備、構築物は、定額法で計算します。

少額減価償却資産や
一括償却資産は
P.68 だよ

減価償却費の計算方法

定額法

取得価額に、所定の耐用年数に応じた償却率を掛けて計算した金額で、毎年同じ額（定額）を必要経費として計上する方法。

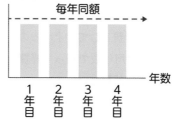

減価償却費

毎年同額

年数

1
年
目

2
年
目

3
年
目

4
年
目

計算方法（2007 年 4 月以降に取得した資産の場合）

$$減価償却費 = 取得価額 × 定額法の償却率 × \frac{使用月数}{12 カ月}$$

使用月数が1カ月に満たない場合は、切り上げて1カ月にします
（例：使用開始10月10日 → 10月から12月までの3カ月が使用月数）

定率法

取得価額から、すでに必要経費として計上した減価償却費を引いた後の額（未償却残高）に、一定の償却率を掛けて計算した金額を、必要経費として計上する方法です。年を経るごとに減価償却費が減少していきます。

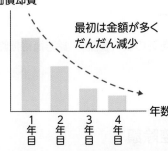

減価償却費

最初は金額が多く
だんだん減少

年数

1年目 2年目 3年目 4年目

計算方法

減価償却費 ＝
（取得価額 － 既償却額）× 定率法の償却率 × $\dfrac{使用月数}{12カ月}$

使用月数が1カ月に満たない場合は、切り上げて1カ月にします
（例：使用開始10月10日 → 10月から12月までの3カ月が使用月数）

8　給与所得

　給与所得とは、会社員やアルバイト、パートタイマーなどの人が、勤務先から受け取る給与や賞与などの所得のことで、総合課税です。なお、出張旅費や通勤に通常必要な通勤手当は**非課税**（月額上限**15万円**）となります。

給与所得の計算方法

> 公式　**給与所得 ＝ 給与等の収入金額 － 給与所得控除額**

9　給与所得控除額

　給与所得は、給与等の収入金額に応じて一定の給与所得控除額が定められています。

会社員やアルバイト、パートタイマーの方のみなし必要経費のことだよ

給与所得控除額の速算表

給与等の収入金額		給与所得控除額
	162.5万円以下	55万円
162.5万円超	180万円以下	収入金額 × 40% － 10万円
180万円超	360万円以下	収入金額 × 30% ＋ 8万円
360万円超	660万円以下	収入金額 × 20% ＋ 44万円
660万円超	850万円以下	収入金額 × 10% ＋ 110万円
850万円超		195万円（上限）

※上の表は覚えなくて大丈夫ですが、数値をあてはめて計算できるようにしておきましょう。

所得金額調整控除

給与収入金額が850万円を超える者で、以下いずれかの要件に該当するときは、総所得金額の計算の際、給与収入金額（1,000万円を超える場合には1,000万円）から850万円を控除した金額の10％に相当する金額を、給与所得の金額から控除することができます。この控除を所得金額調整控除といいます。

- ・本人が特別障害者
- ・23歳未満の扶養親族がいる
- ・特別障害者である同一生計配偶者もしくは扶養親族がいる

上記のほかに、給与所得と公的年金等（雑所得）の双方がある場合に、給与所得から最高10万円を控除できる所得金額調整控除もあります。

10 特定支出控除

　給与所得者が特定の支出（通勤費、転居費用、職務上の研修費、資格取得費、単身赴任者の帰宅旅費など）をした場合で、その支出額が給与所得控除額の2分の1を超えるときは、その超える部分の額を確定申告により、給与所得控除後の金額から差し引くことができます。

11 年末調整

　給与や賞与の支払時には、勤務先が所得税の概算額を源泉徴収しています。年末になると、勤務先は給与所得者のために「1年間に源泉徴収した所得税額」と「実際に納めるべき所得税額」の過不足を精算し、納税や還付などを行います。この手続きを**年末調整**といいます。

　確定申告をする必要がない給与所得者の場合、所得税の納税は年末調整で完了します。

　年末調整では、生命保険料控除や地震保険料控除等の適用を受けることができます。ただし、医療費控除や雑損控除等は年末調整での適用は受けられないため、確定申告が必要です。

ほとんどの会社員は
年末調整で
納税はおしまい！

12 退職所得

　退職所得とは、退職によって勤務先から受け取る退職一時金等のことで、**分離課税**です。

ひと言！

確定拠出年金の老齢給付金を、一時金として受け取った場合も退職所得となります。

退職所得の計算方法

> 公式　退職所得 ＝（収入金額 － 退職所得控除額）× $\dfrac{1}{2}$

特定役員退職手当等

　勤続年数5年以下の役員等に対する退職一時金等の場合は、2分の1を掛けないで計算します。

短期退職手当等

　役員等ではない民間従業員で、勤続年数が5年以下の者が受け取る退職一時金等は、退職所得控除額を控除した残額のうち300万円を超える部分については、2分の1を掛けないで計算します。

13　退職所得控除額

絶対暗記！
ビシ！

　退職所得控除額は、勤続年数によって以下のように定められています。

退職所得控除額

勤続年数	退職所得控除額
20年以下	40万円 × 勤続年数（最低控除額80万円）
20年超	800万円 ＋ 70万円 ×（勤続年数－20年）

※勤続年数について、1年未満の端数は、1年に切り上げます。

Point!

試験問題では、「退職所得控除額」と「退職所得」のどちらが問われているのか、という点に注意しましょう。

例えば、「退職所得は？」という問題であれば、前ページの計算式で1/2を掛けた後の数字ということになります（特定役員退職手当等、短期退職手当等ではない場合）。

例）退職金2,000万円、勤続年数34年1カ月の場合

退職所得控除額 ＝ 800万円 ＋ 70万円 × （35年 − 20年）
　　　　　　　 ＝ 800万円 ＋ 1,050万円
　　　　　　　 ＝ 1,850万円

退職所得 ＝ （2,000万円 − 1,850万円 ）× $\dfrac{1}{2}$

　　　　 ＝ 75万円

14 退職所得の課税方法

　退職所得は**分離課税**です。退職一時金等を受け取るまでに、勤務先へ**「退職所得の受給に関する申告書」**を提出していれば、所得税と住民税が源泉徴収されるため、原則、確定申告は不要です。

　なお、退職一時金等を**年金（分割）**で受け取る場合は、公的年金と同様に**雑所得**となります。

退職所得の受給に関する申告書の提出

あり：退職一時金等の支払時に退職所得控除額が適用され、所得税（超過累進税率）等と住民税が源泉徴収されるため、原則として確定申告は必要ない

なし：退職所得控除額が適用されず、一律で、退職一時金等（収入金額）の20.42％の所得税および復興特別所得税が源泉徴収されるため、確定申告をして精算する必要がある

15　山林所得

　山林所得とは、取得後5年超の山林を伐採して譲渡（売却）した場合や立木のまま譲渡した場合の所得で、分離課税です。

ここは
サラっと流そう

山林所得の計算方法

最高
50万円

公式	山林所得 ＝ 総収入金額 － 必要経費 － 特別控除額

16 譲渡所得

　譲渡所得とは、資産を譲渡（売却）したことによる所得のことです。**分離課税である①土地・建物等、②株式等**と、**総合課税である③その他**（ゴルフ会員権、書画、骨董、金地金等）の３つに分かれます。

分離課税	①土地・建物等	譲渡した年の１月１日時点の所有期間が５年以下（短期譲渡）
		譲渡した年の１月１日時点の所有期間が５年超（長期譲渡）
	②株式等（株式や特定公社債等）	長期・短期の区別なし
総合課税	③その他（金地金等）	所有期間が５年以下（短期譲渡）
		所有期間が５年超（長期譲渡）

注意！

①土地・建物等の所有期間は、年の途中で売却しても、その年の１月１日時点での所有期間を数えます。
③その他の資産の所有期間は、買ってから売るまでの期間を所有期間として数えます。
②株式等には、短期／長期の区分はありません。

土地・建物等の
譲渡所得は
STAGE5 不動産に
詳しく出てるよ

譲渡所得の計算方法

公式
①土地・建物等 ＝ 総収入金額 －（取得費 ＋ 譲渡費用）

公式
②株式等
＝ 総収入金額－（取得費＋譲渡費用＋購入にかかる本年分の負債利子）

公式
③その他
＝ 総収入金額 －（取得費 ＋ 譲渡費用）－ 特別控除額（最高50万円）

※③で長期譲渡の場合は、損益通算後に2分の1をして、総所得金額に算入する。

17 一時所得

一時所得とは、一時的な所得のことをいい、**総合課税**
です。

一時所得の例

- ・生命保険（契約者＝保険料負担者）の満期保険金、解約返戻金
- ・一時払終身保険の解約返戻金（5年以内の解約を含む）
- ・法人からの贈与（雇用関係があれば給与所得）
- ・ふるさと納税の返礼品
- ・遺族が受け取った老齢年金の未支給年金

注意！
一時払養老保険で保険期間が5年以内、または契約から5
年以内に解約したものは、金融類似商品に該当し20.315％
の源泉分離課税の対象となります。

一時所得の計算方法

> 最高
> 50万円

公式	
	一時所得 ＝ 総収入金額 － 支出金額 － 特別控除額

注意！

一時所得を他の所得と合算するために、総所得金額へ含めるときは、損益通算した後の一時所得の金額に2分の1を乗じてから、総所得金額へ含めます。

18 雑所得

　雑所得とは、10種類の所得のうち、ほかの9種類のいずれにも該当しない所得のことで、原則は総合課税です。主に次のようなものがあり、大きく分けると①公的年金等、②業務、③その他、に区分されます。

注目！

知人への貸付け金の利子は、利子所得ではなく、雑所得となります。

雑所得の例

①**公的年金等** ：老齢基礎年金、老齢厚生年金、確定拠出年金、中小企業退職金共済等

②**業務** ：事業ではない（副業）原稿料や講演料等

③**その他** ：個人年金保険（契約者＝年金受取人）、外貨預金の為替差益（予め為替予約を締結していないもの）等

雑所得の計算方法

公式

雑所得 ＝ ① ＋ ② ＋ ③

①公的年金等 ＝ 公的年金等の収入金額 － 公的年金等控除額

②業務 ＝ 総収入金額 － 必要経費

③その他 ＝ 総収入金額 － 必要経費

　副業であっても、その活動や規模、営利性等から見て社会通念上は「業務」といえるのであれば、帳簿書類等の保存の有無により事業所得として扱うことがあります。

＜雑所得と事業所得の判別＞

収入金額	記帳・帳簿書類の保存あり	記帳・帳簿書類の保存なし
300万円以下	概ね事業所得	雑所得（②業務）
300万円超		概ね、雑所得（②業務）（事業所得としての扱いもあり）

公的年金等控除額

公的年金等の受給者の年齢（その年の12月31日時点）と公的年金等の収入金額に応じて、公的年金等控除額が算出されます。公的年金等の収入金額が1,000万円超の場合の控除額は、上限が原則、195.5万円になります。

公的年金等控除額（原則）

受給者年齢	公的年金等の収入金額		公的年金等控除額
65歳未満		130万円以下	60万円
	130万円超	410万円以下	収入金額×25％＋27.5万円
	410万円超	770万円以下	収入金額×15％＋68.5万円
	770万円超	1,000万円以下	収入金額×5％＋145.5万円
	1,000万円超		195.5万円
65歳以上		330万円以下	110万円
	330万円超	410万円以下	収入金額×25％＋27.5万円
	410万円超	770万円以下	収入金額×15％＋68.5万円
	770万円超	1,000万円以下	収入金額×5％＋145.5万円
	1,000万円超		195.5万円

退職金を年金で受け取る場合は、公的年金と同様に雑所得になり、「公的年金等控除」の適用を受けることができます。

退職金 ┌─ 一時金で受け取り → 退職所得（退職所得控除）
　　　　└─ 年金（分割）で受け取り → 雑所得（公的年金等控除）

所得の10分類はこう覚える！

利子配当で不事給退
山譲一時、雑

① 利子と配当をもらい

通帳

こんなに！

利子
配当

② 富士は球体のように太り

むしゃ　むしゃ
むしゃ　むしゃ

もう食べられないよー

不動産（富）
事業（士）
給与（球）
退職（体）

③ 山上は一時、雑になった

あの山富士山?

違うんじゃない?

山林
譲渡（上）
一時
雑

LESSON 3

損益通算の基本

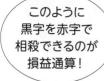

このように黒字を赤字で相殺できるのが損益通算！

こっちが100万円の黒字であっちが40万円の赤字なら

黒字は60万円！

所得が減ると課税対象が少なくなるのです！

ただし…
不（ふ）
事（じ）
山（さん）
譲（じょう）
にしか
使えないよ！

1 損益通算とは

　所得に損失（赤字）が発生した場合、他の所得の利益（黒字）と相殺することができ、これを損益通算といいます。ただし、損益通算できる損失は、次の4つに限定されています。

ひと言！

損益通算は、総所得金額を求める計算と合わせて出題されます。

 損益通算できる損失

不動産所得の損失
事業所得の損失
山林所得の損失
譲渡所得の損失

2　損益通算できない損失

「不事山譲」の損失であっても、次の損失は損益通算することができません。

損益通算できない損失

不動産所得の例外
- 土地等を取得するために要した負債の利子等

譲渡所得の例外
- 土地・建物等の譲渡損失
  ※ただし、一定の要件を満たす居住用財産の譲渡損失は損益通算できます。
- 株式等の譲渡損失
  ※ただし、上場株式等の譲渡損失については、確定申告をすることで申告分離課税を選択した配当所得・特定公社債の利子所得との間で損益通算できます。
- 生活に通常必要でない資産の譲渡損失（ゴルフ会員権、別荘等）

損益通算の計算例（給与所得、不動産所得、一時所得がある場合）

給与所得	700万円
不動産所得	▲260万円（土地等を取得するために要した負債の利子60万円を含む）
一時所得	50万円（1/2をする前）
損益通算後の総所得金額	700万円 － 200万円 ＋ 25万円（50万円×1/2） ＝ 525万円　（土地の負債利子控除後）

所得控除

人的控除と物的控除に分けられる!

| 人的控除 | 配偶者／扶養／障害者…とか |
| 物的控除 | 各種保険料／医療費／寄附金…とか |

全部で15種類あるよ!

1 所得控除とは

　所得税額の計算において、所得金額から控除できるものを所得控除といいます。

　所得控除が増えれば結果として税金が少なくなります。

2 15種類の所得控除

　所得税の所得控除は15種類あり、その内容から人的控除と物的控除の2つに分けることができます。

所得は10種類、
所得控除は15種類

35

所得控除の一覧表（所得税）

	控除	主な適用要件	控除額（限度額）
人的控除	基礎控除	合計所得金額が2,500万円以下	最高48万円
	配偶者控除	納税者の合計所得金額が1,000万円以下 配偶者の合計所得金額が48万円以下	最高38万円 （老人控除対象配偶者の場合 最高48万円）
	配偶者特別控除	納税者の合計所得金額が1,000万円以下 配偶者の合計所得金額が48万円超～ 133万円以下	最高38万円
	扶養控除	生計を一にする扶養親族で、 合計所得金額が48万円以下	一般38万円 特定63万円 老人48万円または 58万円（同居老親等）
	障害者控除	本人、または配偶者・扶養親族が障害者	一般27万円
	寡婦控除	納税者本人が寡婦で、合計所得金額が500万円以下	27万円
	ひとり親控除	納税者本人がひとり親で、合計所得金額が500万円以下	35万円
	勤労学生控除	納税者本人が勤労学生	27万円
物的控除	社会保険料控除	社会保険料の支払いがある	支出額全額
	生命保険料控除	生命保険料などの支払いがある	最高12万円（新契約の場合）
	地震保険料控除	地震保険料の支払いがある	最高5万円
	小規模企業共済等掛金控除	小規模企業共済の掛金、確定拠出年金の掛金の支払いがある	支出額全額
	医療費控除[※1]	医療費が一定額を超えている	最高200万円
	雑損控除[※1]	災害、盗難、横領により損害を受けた（詐欺や恐喝の被害は対象外）	①、②のうち多い方の額[※2] ①損失額－総所得金額等×10% ②災害関連支出－5万円
	寄附金控除[※1]	国・地方公共団体、一定の団体に寄附した（自治体に対する寄附金を「ふるさと納税」[※3]という）	①、②のうち低い方の金額－2,000円 ①支出した特定寄附金の合計額 ②総所得金額等の40%相当額

※1：□ これらの控除は年末調整されないので、給与所得者でも確定申告が必要になります

※2：P.45「雑損控除の控除額」の計算式参照

※3：確定申告不要の給与所得者等が年間に5自治体以内にふるさと納税を行い、「ふるさと納税ワンストップ特例制度」を申請した場合は、原則、寄附金控除に関わる確定申告は不要となります

3　基礎控除

　納税者本人の合計所得金額が 2,500 万円以下の場合に適用を受けることができる控除です。控除額は合計所得金額が 2,400 万円以下だと **48 万円**となり、2,400 万円超から 2,500 万円以下の間は、所得金額に応じて段階的に減額されます。

注目!

合計所得金額とは、損益通算後、純損失や雑損失の繰越控除前の合計金額のこと。

基礎控除の控除額

本人の合計所得金額		控除額
	2,400 万円以下	48 万円
2,400 万円超	2,450 万円以下	32 万円
2,450 万円超	2,500 万円以下	16 万円

4　配偶者控除

　納税者本人の合計所得金額が 1,000 万円以下で、本人と生計を一にする配偶者の合計所得金額が **48 万円以下**（給与収入金額のみなら 103 万円以下）である場合に、納税者本人の合計所得金額に応じて次の金額の控除を受けることができます。

配偶者控除の控除額

本人の合計所得金額		一般の控除対象配偶者の場合	老人控除対象配偶者の場合
	900 万円以下	38 万円	48 万円
900 万円超	950 万円以下	26 万円	32 万円
950 万円超	1,000 万円以下	13 万円	16 万円

※老人控除対象配偶者とは 12 月 31 日時点で 70 歳以上の配偶者です。

　配偶者控除と配偶者特別控除は、**青色事業専従者**として給与を受けている配偶者や、白色申告者の事業専従者である配偶者は対象になりません。また、**内縁関係（法律婚でない）**も対象にはなりません。

社会保険制度での
配偶者は事実婚でも
対象となるけど
配偶者控除では
対象外だよ

5　配偶者特別控除

　配偶者控除の対象外でも、納税者本人の合計所得金額が1,000万円以下で、本人と生計を一にする配偶者の合計所得金額が48万円超133万円以下の場合は、本人と配偶者の合計所得金額に応じて、**最高38万円**の控除を受けることができます。

　なお、配偶者控除と配偶者特別控除は、重複して適用を受けることはできません。

配偶者控除と配偶者特別控除の関係図（70歳未満）

納税者本人の合計所得金額が900万円以下の場合

38万円

控除額　←　配偶者控除　配偶者特別控除

収入額 →

| 配偶者の合計所得金額 | 48万円 | 95万円 | 133万円 |
| （参考）配偶者の給与収入 | 103万円 | 150万円 | 約201.4万円 |

配偶者の合計所得金額が
95万円を超えると
段階的に控除額が
少なくなるよ

6 扶養控除

控除対象扶養親族がいる場合、扶養控除を受けることができます。

控除対象扶養親族とは、配偶者を除く納税者本人と生計を一にする16歳以上の親族で、合計所得金額が48万円以下（給与収入金額のみなら103万円以下）、青色事業専従者として給与を受けていない、または事業専従者ではない人です。所得と年齢は、その年の12月31日時点で判断します。

特定扶養親族の控除額と年齢は押さえましょう！

Point! 扶養控除の控除額

扶養親族の年齢	区分	控除額
16歳未満	対象外	—
16歳以上 19歳未満	一般の控除対象 扶養親族	38万円
19歳以上 23歳未満	特定扶養親族	63万円
23歳以上 70歳未満	一般の控除対象 扶養親族	38万円
70歳以上	老人扶養親族	58万円（同居老親等） 48万円（上記以外）

「同居老親等」とは、老人扶養親族のうち、納税者本人または配偶者の直系尊属（父母や祖父母）で、本人または配偶者と同居している70歳以上の人のことです。

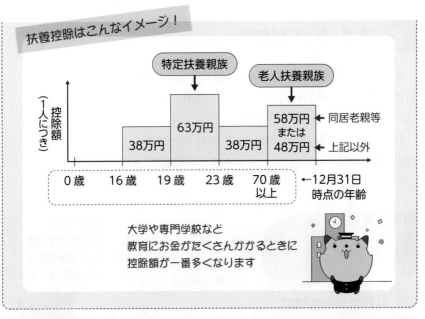

扶養控除はこんなイメージ！

特定扶養親族

老人扶養親族

（一人につき）控除額

38万円　63万円　38万円　58万円または48万円

← 同居老親等
← 上記以外

0歳　16歳　19歳　23歳　70歳以上　← 12月31日時点の年齢

大学や専門学校など
教育にお金がたくさんかかるときに
控除額が一番多くなります

Point! 年の途中で死亡した配偶者※や扶養親族がいた場合でも、死亡時に控除対象の要件を満たしていれば、その年分の控除の適用を受けることができます。※納税者本人は再婚していない

7 障害者控除

　納税者本人が障害者である場合や、同一生計の配偶者や扶養親族（16歳未満も含む）が障害者である場合に、適用を受けることができます。

障害者控除の控除額

一般障害者の場合：27万円
特別障害者の場合：40万円
同居特別障害者の場合：75万円

障害者控除には
所得制限はないよ！

8　寡婦・ひとり親控除

　納税者本人が寡婦、またはひとり親である場合に、**合計所得金額が500万円以下など一定の要件に該当すれば、適用を受けることができます。**

　控除額は、寡婦の場合は27万円、生計を一にする子（総所得金額等が48万以下）がいるひとり親は35万円です。

寡婦控除の控除額

27万円

ひとり親控除の控除額

35万円

どちらにも
該当する女性は、
ひとり親控除が
優先適用されるよ！

9　勤労学生控除

　納税者本人が勤労学生であり、合計所得金額が75万円以下等である場合に適用を受けることができます。

勤労学生控除の控除額

27万円

10 社会保険料控除

　納税者が、本人または生計を一にする配偶者・その他の親族の負担すべき社会保険料を支払った場合に、適用を受けることができます。

　控除額は支払った社会保険料の**全額**です。

社会保険料控除の控除額

支払った社会保険料の全額

11 生命保険料控除

　一定の生命保険料を支払った場合に適用を受けることができます。控除額は、支払った生命保険料を、契約締結時期ごとに、一般の生命保険料控除、介護医療保険料控除、個人年金保険料控除に区分し、それぞれ保険料に応じた金額です。

団体信用生命保険は対象外

生命保険料控除の控除限度額（所得税）

保険契約の締結時期	一般の生命保険料控除	介護医療保険料控除	個人年金保険料控除	合計（適用限度額）
2011年以前	5万円	制度なし	5万円	10万円
2012年以降	4万円	4万円	4万円	12万円

12 地震保険料控除

　居住用建物や家財を保険の対象とする地震保険料を支払った場合に、適用を受けることができます。

地震保険料控除の控除額

所得税の控除額：支払った地震保険料の全額（最高5万円）

住民税の控除額：支払った地震保険料の2分の1（最高2万5,000円）

13 小規模企業共済等掛金控除

　小規模企業共済の掛金や確定拠出年金（iDeCoなど）等の、加入者が掛金を支払った場合に適用を受けることができます。支払った掛金の全額が控除額になります。

小規模企業共済等掛金控除の控除額

支払った掛金の全額

これも
全額ガー！

14 医療費控除

1. 医療費控除

　納税者が、本人または生計を一にする配偶者・その他
の親族の医療費等を支払った場合に、適用を受けること
ができます。医療費控除を受けるには確定申告が必要で
す。

医療費控除の控除額

> 医療費控除額※ ＝
> 支出した医療費の金額 － 保険金等で補てんされる金額 －
> ① 10 万円 or ②総所得金額等 × 5 ％、のいずれか少ない金額

※控除限度額は 200 万円

医療費控除の対象となる医療費、ならない医療費の例

医療費控除の 対象と なる医療費	・医師または歯科医師による診療費や治療費 ・治療や療養のための薬代（市販の風邪薬なども含む） ・病院に支払う食事代 ・出産費用 ・通院のための公共交通機関の交通費
医療費控除の 対象と ならない医療費	・美容整形の費用 ・健康増進や病気の予防のための医薬品購入費 ・通院のための自家用車のガソリン代 ・自己の都合による差額ベッド代 ・健康診断や人間ドックの費用 　※診断の結果、重大な疾病がみつかり治療した場合は医療 　　費控除の対象となります。 ・未払い分の医療費

2. セルフメディケーション税制
（特定一般用医薬品等購入費を支払った場合の 医療費控除の特例）

　健康の維持・増進および疾病の予防を目的に、**一定の取り組み**（健康診断、予防接種、メタボ検診、がん検診など）を行っている**納税者**が、本人または生計を一にする配偶者・その他の親族の特定医薬品（スイッチOTC）等の購入費用を支払った場合に、適用を受けることができます。

　医療費控除とセルフメディケーション税制の医療費控除は、**併用できません**。

セルフメディケーション税制の医療費控除額

セルフメディケーション税制の医療費控除額※ ＝
医薬品の購入費用 － 保険金等で補てんされる金額 － 1万2,000円

※控除限度額は8万8,000円

15　雑損控除

　納税者本人または生計を一にする配偶者・その他の親族が保有する生活に必要な資産（住宅、家財、現金など）が災害・盗難・横領により損失を受けた場合に、適用を受けることができます。

詐欺の損失は
対象外だよ！

雑損控除の控除額

下記①または②のどちらか多い方
　①（損害金額等－保険金等の額）－総所得金額等の合計額×10％
　②（災害関連支出－保険金等の額）－5万円

16　寄附金控除

　納税者本人が、特定寄附金（国や地方公共団体などへの寄附）や特定の自治体に寄附をするふるさと納税をした場合、確定申告により適用を受けることができます。

　ふるさと納税には「ふるさと納税**ワンストップ特例制度**」があります。これは、元々確定申告が不要な給与所得者等が、1年間に**5自治体以内**でふるさと納税をしてワンストップ特例の申請をすると、原則、**確定申告不要**で寄附金控除が受けられる制度です。この制度を適用した場合、所得税の控除額分が翌年度の個人住民税から控除されます。

注目！

ふるさと納税とは、市区町村などの自治体に寄附できる制度。2,000円を超える寄附金については所得税・住民税の控除を受けることができます。

寄附金控除の控除額

寄附金控除額 ＝ 次のいずれか少ない金額 － 2,000円
　①その年に支出した特定寄附金の額の合計額
　②その年の総所得金額等の40％相当額

①寄附して
②ワンストップ特例の申請をして

③確定申告なし（原則）で
寄附金控除！

税額控除

所得税

納税分 | 税額控除

・配当控除
・住宅借入金等特別控除
（住宅ローン控除）
・外国税額控除

こちらが
実際払う
所得税だよ

この部分が
控除される！

1 税額控除とは

　税額控除は所得控除と違い、算出された所得税額から直接控除されます。所得控除と税額控除の違いに注意しましょう。

2 配当控除

　国内株式の配当金は、**総合課税**を選択して確定申告をすると、配当控除を受けることができます。ただし、次の配当金等は、配当控除を受けることはできません。

注目！

所得控除
税率を掛ける前の、総所得金額等から差し引きます。

税額控除
算出された所得税額から差し引きます。

配当控除の対象にならない配当金等

①申告分離課税を選択した上場株式等の配当金等
②確定申告不要制度を選択した配当金等
③上場不動産投資信託（J-REIT）から受け取る分配金
④外国株式から受け取る配当金等

配当控除の控除額

配当控除額＝配当所得の金額 × 10％※
※課税総所得金額等が1,000万円超の場合は、
　超過部分の5％

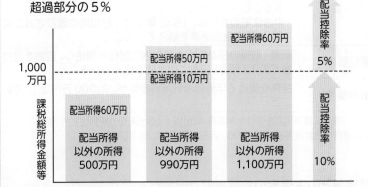

配当金は、企業の税引後の利益から株主に分配されるものです。企業が一度税金を支払っているのに、その利益から支払われた配当金に対してさらに課税されるのは二重課税となります。それを軽減させるために配当控除という制度があるのです。J-REITは税引前利益の90％超を投資家に還元するので、配当控除を受けることはできません。

3　住宅借入金等特別控除(住宅ローン控除)

　住宅ローンを利用して住宅を新築等や中古住宅（既存住宅）の購入をし、一定の要件を満たした場合には、住宅借入金等特別控除（住宅ローン控除）を受けることができます。控除期間は新築等の場合13年間、その他（通常の中古住宅）は10年間で、控除額は「年末の住宅ローン残高（限度額内）×控除率」で計算されます。

控除を受ける要件（2022年以降の取得・入居）

住宅ローンの要件	返済（償還）期間が10年以上であること
住宅の要件	・住宅の床面積が50㎡以上※で、店舗併用住宅等の場合には床面積の2分の1以上の部分が自己の居住用に供するものであること ・中古住宅の場合は、1982年1月1日以降に建築された住宅か、一定の耐震基準を備えていること
居住要件	新築・取得の日から6カ月以内に居住を開始し、控除を受ける各年の12月31日まで引き続き住んでいること
所得要件	控除を受ける年分の合計所得金額が、2,000万円以下※であること

※2024年末までに建築確認を受けた床面積40㎡以上50㎡未満の新築住宅等の取得も対象ですが、この場合は合計所得金額が1,000万円以下の年に限り利用できます

新築住宅等と中古住宅の控除概要(カッコ内は通常の中古住宅)

入居年		2024年子育て特例※	2024年～2025年
住宅ローンの年末残高限度額	認定住宅	5,000万円 (3,000万円)	4,500万円 (3,000万円)
	ZEH水準省エネ住宅	4,500万円 (3,000万円)	3,500万円 (3,000万円)
	省エネ基準適合住宅	4,000万円 (3,000万円)	3,000万円 (3,000万円)
控除率		0.7%（0.7%）	
控除期間		13年（10年）	

※対象者は、40歳未満の既婚者、もしくは40歳以上でも40歳未満の配偶者がいる、または19歳未満の扶養親族がいる者

住宅借入金等特別控除の控除限度額

1〜13年目（新築等）
1〜10年目（通常の中古住宅）

控除限度額 ＝ 住宅ローンの年末残高 ×0.7％

ここが狙われる！

・給与所得者は、初年度分の利用のみ確定申告が必要。
　通常、2年目以降は年末調整で控除することができます。

・繰上げ返済などによって償還期間が10年未満になった場合、
　それ以降は控除を受けることができません。

・転勤等により住まなくなり（単身赴任を除く）住宅ローン控
　除が受けられなくなった場合でも、控除期間中に再入居すれ
　ば、原則、残りの控除期間は適用を受けることができます。

・控除限度額から所得税額を差し引いてもまだ控除額が余る場
　合は、その部分、または所得税の課税総所得金額等の5％（最
　高97,500円）のいずれか小さい方を限度として、翌年度分の
　個人住民税から控除されます（住民税の申告不要）。

4　外国税額控除

　国外で発行された外国株式の配当金は、国外で源泉徴
収されたのちに、国内でも源泉徴収されます。その国際
間の二重課税を調整するために、総合課税か申告分離課
税のいずれかを選択することで外国税額控除を受けるこ
とができます。

LESSON 6 確定申告

申告期間は 2/16〜3/15

ぜいむしょ

1月1日から
12月31日までの
所得を翌年に
申告するよ！

給与所得者でも
確定申告が必要な
場合があるよ！

1 確定申告の概要

　確定申告は、1月1日から12月31日までの1年間に生じた所得について、原則として翌年の2月16日から3月15日までの間に自分で所得税額を計算して申告と納税を行うものです（申告納税方式）。

　確定申告は、納税地（住所地）を所轄する税務署長へ郵送・持参する方法のほか、e-Taxを利用して申告・電子納税する方法もあります。

　確定申告における納税は、原則的に全額を一括で納めますが延納もできます。延納は、一定の利子税がかかるものの、申告期限までに税額の2分の1以上を納めることで、残りの税額の納期限を5月31日まで伸ばすことができます。

覚え方

確定申告に一郎　さぁ行こう
↓　↓　　　↓　　↓
2　16　　　3　　15
月　日　　　月　　日

2 準確定申告

　死亡した人の所得税は、その相続人等が、死亡した年の1月1日から死亡日までの所得税額を計算し、相続の開始があったことを知った日の翌日から4カ月以内に申告・納税します。これを準確定申告といいます。

チェック！

相続の開始日からではなく、知った日の翌日からです！

3 更正の請求と修正申告

　確定申告をしたあとに納税額が多過ぎた、もしくは還付税額が少な過ぎた場合は、法定申告期限から原則、5年以内に限り、更正の請求を行うことで納め過ぎた税金の還付を受けることができます。

　一方、納税額が少な過ぎた、もしくは還付税額が多過ぎた場合は修正申告を行います。修正申告には期限がありません。

還付の請求期限は5年…
しかし
追加で納める場合は無期限…

法人の確定申告にも
更正の請求や修正申告があって、
更正の請求期限は原則、5年だよ

4 給与所得者と確定申告

　給与所得者は、原則、勤務先が行う年末調整で所得税額が確定・精算されるため、確定申告は不要です。ただし、給与所得者であっても、以下のいずれかの例に該当する人は確定申告が必要です。

給与所得者で確定申告が必要な人の例

- その年の給与収入金額（年収）が2,000万円を超える
- 給与所得および退職所得以外の所得金額が20万円を超える
- 給与を2カ所以上から受け取っている
- 住宅借入金等特別控除の初年度の適用を受ける
  （通常、2年目以降は確定申告不要）
- 医療費控除、雑損控除、寄附金控除の適用を受ける
- 同族会社の役員などで、その同族会社から貸付金の利子や資産の賃貸料を受け取っている（1円でも必要）

5 年金受給者の確定申告

　公的年金等の収入が400万円以下で、かつ公的年金等に係る雑所得以外の所得が20万円以下の場合に、所得税の還付や所得税の確定申告が必要のない人は、申告不要です。

6 青色申告制度（個人事業主の場合）

　青色申告制度とは、一定水準の記帳により所得税を計算して申告をする人が利用できる制度で、税法上の特典を受けることができます。青色申告ができるのは**不動産所得、事業所得、山林所得**のいずれかがある人です。

　青色申告者は、原則として所定の帳簿や電子データを**7年間（一部は5年間）保存**しなければなりません。

　なお、青色申告以外の申告を一般的に、白色申告といいます。

帳簿類は
7年保存！

青色申告制度を利用するための申請手続き（個人の場合）

原則	青色申告をしようとする年の3月15日までに「所得税の青色申告承認申請書」を納税地（一般には住所地）の所轄税務署長に提出する
承認・却下	新たに本年分からの「所得税の青色申告承認申請書」を提出したあと、その年の12月31日までに却下の処分がないときは、承認があったものとみなされる
新規開業する場合	1月16日以降に新規開業する場合は、開業日から2カ月以内に「所得税の青色申告承認申請書」を納税地の所轄税務署長に提出する
取りやめる場合	青色申告を取りやめようとする年の翌年3月15日までに「所得税の青色申告の取りやめ届出書」を納税地の所轄税務署長へ提出する

「税法上の特典が受けられる」
なんて聞くと
やる気がでるなー！

7 青色申告特別控除

青色申告をすることによって、所得金額から最高65万円、55万円、または10万円を差し引くことができます。

青色申告特別控除の適用要件

控除額	適用要件
65万円	下記55万円控除の要件を満たしている人が、優良電子帳簿の保存、または電子申告（e-Tax）を行う場合
55万円	不動産所得が事業的規模（5棟10室基準）である人、事業所得のある人で、次に掲げる要件をすべて満たしている場合 ①正規の簿記の原則に基づいて記帳する ②貸借対照表と損益計算書を確定申告書に添付する ③法定申告期限内（原則、翌年の3月15日まで）に確定申告をする
10万円	上記以外の場合

8 青色事業専従者給与

青色申告者が青色事業専従者（青色申告者と生計を一にする親族で、その事業に専従している配偶者や親族）に支払った給与は、原則として、必要経費に算入することができます。

事業的規模でない不動産所得者が支払った給与は対象外です

9 純損失の繰越控除・繰戻還付

青色申告をしていると、事業で損失（赤字）が出た場合に、純損失の繰越控除や繰戻還付を受けることができます。

純損失の繰越控除

青色申告者の所得に損失が生じ、損益通算後もなお損失が残った場合、その損失（純損失）を翌年以後3年間にわたり繰り越して各年分の合計所得金額から控除できます。

純損失の繰戻還付

純損失が発生した前年も青色申告をしている場合は、その純損失を繰越控除するのではなく、前年の合計所得金額から控除して前年分（納付済）の所得税の還付を受けることができます。

10 棚卸資産の評価方法の選択

青色申告者は、決算時の在庫を評価する際に**低価法**（資産の取得価額と期末の時価を比較し、低い方で評価）を選択できます。

青色申告をしていれば　　　　　純損失の控除や
　　　　　　　　　　　　　　　還付が受けられるんだね

令和 X 年分　　**給与所得の源泉徴収票**

支払を受ける者	住所又は居所	東京都練馬区○○町1-2-3		
		（受給者番号）		
		（個人番号）		
		（役職名）		
		氏名　（フリガナ）　スズキ　タロウ 鈴木　太郎		

種　別	支　払　金　額	給与所得控除後の金額 調整控除後	所得控除の額の合計額	源泉徴収税額
給与・賞与	❶ 6 000 000	❷ 4 360 000	❸ 2 539 000	❹内 92 900

（源泉）控除対象配偶者 の有無等		配偶者（特別） 控除の額	控除対象扶養親族の数 （配偶者を除く。）						16歳未満 扶養親族 の数	障害者の数 （本人を除く。）		非居住者 である 親族の数
有	老人		特定		老人		その他			特別	その他	
	従有		人 従人 内	人	従人 内	人	従人	人	人	内 人	人	人
○		Ⓐ 380 000	Ⓑ 1									

社会保険料等の金額	生命保険料の控除額	地震保険料の控除額	住宅借入金等特別控除の額
Ⓒ内 934 000	Ⓓ 100 000	Ⓔ 15 000	

（摘要）

生命保険料の 金額の内訳	新生命保険料 の金額	旧生命保険料 の金額 150,000	介護医療保 険料の金額	新個人年金 保険料の金 額	旧個人年金 保険料の金額 120,000
住宅借入金等 特別控除の額 の内訳	住宅借入金等 特別控除適用数 住宅借入金等 特別控除可能額	居住開始年月日 （1回目）　年　月　日 居住開始年月日 （2回目）　年　月　日	住宅借入金等特別 控除区分(1回目) 住宅借入金等特別 控除区分(2回目)	住宅借入金等 年末残高(1回目) 住宅借入金等 年末残高(2回目)	

（源泉・特別） 控除対象 配偶者	（フリガナ）スズキ　ハナコ 氏名　鈴木　花子	区分	配偶者の 合計所得 0	国民年金保 険料等の金額	旧長期損害 保険料の金額
	個人番号			基礎控除の額 Ⓕ	所得金額 調整控除額

控除対象扶養親族	1	（フリガナ）スズキ　イチロウ 氏名　鈴木　一郎	区分		16歳未満の扶養親族	1	（フリガナ） 氏名	区分	（備考）
		個人番号							
	2	（フリガナ） 氏名	区分			2	（フリガナ） 氏名	区分	
		個人番号							
	3	（フリガナ） 氏名	区分			3	（フリガナ） 氏名	区分	
		個人番号							
	4	（フリガナ） 氏名	区分			4	（フリガナ） 氏名	区分	
		個人番号							

未成年者	外国人	死亡退職	災害者	乙欄	本人が障害者 特別／その他	寡婦	ひとり親	勤労学生	中途就職・退職					受給者生年月日			
									就職	退職	年	月	日	元号　昭和	年 47	月 12	日 10

支払者	個人番号又は 法人番号	（右詰で記載してください。）	
	住所（居所） 又は所在地	東京都世田谷区○○○ 4-5-6	
	氏名又は名称	株式会社○○○○	（電話）

給与などを支払う会社などは、給与所得者に対して、その年に支払った源泉徴収税額（所得税額）が記載されている源泉徴収票を交付します。給与所得者の源泉徴収票の見方は、次の通りです。

所得税の速算表は
次ページにあるよ

❶1年間の給与など　6,000,000円

❷給与所得の金額（参考 P.21）

給与所得控除額
の一覧表より

給与所得控除額 ＝ 6,000,000円×20%＋440,000円 ＝ 1,640,000円

給与所得 ＝ 6,000,000円 − 1,640,000円 ＝ 4,360,000円

給与所得控除額の速算表

給与の収入金額		給与所得控除額
	162.5万円以下	55万円
162.5万円超	180万円以下	収入金額 × 40% − 10万円
180万円超	360万円以下	収入金額 × 30% ＋ 8万円
360万円超	660万円以下	収入金額 × 20% ＋ 44万円
660万円超	850万円以下	収入金額 × 10% ＋ 110万円
850万円超		195万円（上限）

この例は
年収600万円なので
ここの式を使って計算しています

❸所得控除額（参考 P.35〜）

Ⓐ配偶者控除380,000円＋Ⓑ特定扶養親族の扶養控除630,000円
＋Ⓒ社会保険料控除934,000円＋Ⓓ生命保険料控除100,000円
＋Ⓔ地震保険料控除15,000円＋Ⓕ基礎控除480,000円
＝ 合計2,539,000円

「基礎控除の額」
が空欄の場合は
48万円

課税所得金額

❷4,360,000円 − ❸2,539,000円 ＝ 1,821,000円

（※ 1,000円未満は切り捨て）

所得税額（参考 P.9〜10）

所得税の速算表より

・❶所得税：1,821,000円 × 5% ＝ 91,050円

・❷復興特別所得税：91,050円 × 2.1% ＝ 1,912.05円 → 1,912円

（※ 1円未満は切り捨て）

・❶ 91,050円＋ ❷ 1,912円＝ 92,962円 → 92,900円 … ❹源泉徴収税額

（※ 100円未満は切り捨て）

所得税の速算表

課税所得金額		税率	控除額
	195万円以下	5%	－
195万円超	330万円以下	10%	9万7,500円
330万円超	695万円以下	20%	42万7,500円
695万円超	900万円以下	23%	63万6,000円
900万円超	1,800万円以下	33%	153万6,000円
1,800万円超	4,000万円以下	40%	279万6,000円
4,000万円超		45%	479万6,000円

確定申告の
おさらいをするよ！

確定申告は
2月16日から
3月15日まで

確定
申告

に (2月)
一郎 (16日)
さぁ (3月)
行こう
(15日)

給与所得者の
確定申告は

・2,000万
(収入)
・20万
(他の所得)

2カ所
以上

2が3つ
で覚えとこう！

個人住民税・個人事業税

1 個人住民税

　個人住民税とは、都道府県が課税する道府県民税（東京都は都民税）と市区町村が課税する市町村民税（東京都特別区は特別区民税）を合わせたものをいいます。

　個人住民税には、所得金額の多い少ないにかかわらず一定額が課税される**均等割**と、所得金額に比例して課税される**所得割**があります。

　前年の課税所得金額に応じて計算される所得割の税率は、**一律10%（比例税率）**です。個人住民税は、賦課課税方式で、課税される年の1月1日時点の住所地で課税されます。徴収（＝納税）方法には、納税通知書で、年4回に分けて自身で納税する**普通徴収**と、給与や年金から天引きで納税する**特別徴収**があります。

2 個人住民税の所得控除

　個人住民税にも所得税と同様に所得控除がありますが、基礎控除（最高43万円）や配偶者控除（70歳未満は最高33万円）など、所得税とは**控除額が異なる**ものがあります。

　個人住民税は原則として**賦課課税方式**であり、所得税の確定申告をした人は、個人住民税の申告は不要です。

3 個人事業税

　個人事業税は、一定の事業を営む個人（事業所得、事業的規模の不動産所得を得ている人等）に対して、都道府県が課税します。**翌年3月15日までに申告**する必要がありますが、所得税の確定申告や住民税の申告をした人は個人事業税の申告は不要です。

税額

個人事業税の額＝
（事業の所得の金額 － 事業主控除額290万円）× 税率※

※業種により3〜5％（標準税率）

法人税

利益 → 申告調整 → 所得

ここで加算・減算します！

法人税が課税されるのはココ！

1 法人税と申告

　法人税は、法人の所得に課税されるもので、**申告納税方式**です。事業年度は、会計期間が法人の定款や法令等で定められているときには、これを事業年度とし、その期間ごとに課税所得金額を計算します。**事業年度の期間は１年以内**です。

　確定申告は原則として、事業年度終了の日の翌日から**２カ月以内**に、その本店または主たる事務所所在地の所轄税務署長に提出します。

　法人税の申告の際、財務状況などを示した次ページの書類を添付する必要があります。これらを総称して「決算報告書（決算書）」と言います。

貸借対照表 （バランスシート）	決算期末などの一定時点における財務状態を示した表 資産の合計と負債＋純資産の合計が等しくなるのが特徴
損益計算書	1会計期間の売上から費用を差し引き当期利益を計算した表
キャッシュフロー 計算書	1会計期間の、営業活動・投資活動・財務活動におけるキャッシュ（現金）の増減を示した表

2 法人税の青色申告制度

　法人税にも個人の所得税と同様、青色申告制度があります。青色申告の承認を受けた法人は、税法上の特典を受けることができます。

法人が青色申告制度を利用するための申請手続き

原則	青色申告の適用を受けようとする事業年度開始の日の前日までに、「青色申告の承認申請書」を納税地の所轄税務署長へ提出する
新設法人の 場合	次の①②のいずれか早い日の前日までに、「青色申告の承認申請書」を納税地の所轄税務署長へ提出する 　①設立の日以後、3カ月経過日 　②最初の事業年度終了の日

法人の青色申告制度の特典

欠損金の 繰越控除	青色申告制度の承認を受けた法人は、その事業年度の欠損金 （赤字）を翌年以降 10 年間繰越控除できる
欠損金の 繰戻還付	一定の中小法人は、欠損金が出た場合に、その欠損金を前事 業年度に繰り戻し、前事業年度分の法人税の還付を受けるこ とができる
中小企業の 減価償却	※説明は後述

中小企業の減価償却に
ついてはP.67 参照

3 企業会計上の利益と法人税法上の所得金額

　法人税は、法人の所得金額に課税されます。この場合
の所得金額は、法人税法で範囲が定められており、企業
会計上の利益（当期純利益）とは範囲が異なります。

企業会計上の利益と法人税法上の所得は異なる

企業会計上の利益 ＝ 収益 － 費用
法人税法上の所得 ＝ 益金 － 損金

収益と益金、費用と損金は少し違うため、通常、利益と所得は一致
しません

4 法人税法上の所得金額の計算手順

法人税法上の所得金額は、企業会計上の利益に対して、会計上と税法上で異なる部分について**税務調整（申告調整）**の作業で**加算・減算**を行い算出します。

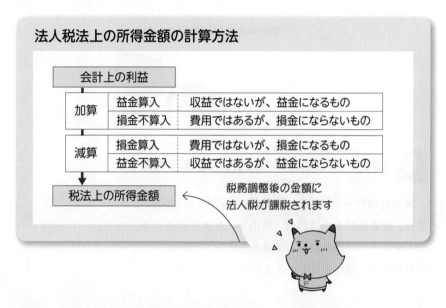

法人税法上の所得金額の計算方法

会計上の利益

加算	益金算入	収益ではないが、益金になるもの
	損金不算入	費用ではあるが、損金にならないもの

減算	損金算入	費用ではないが、損金になるもの
	益金不算入	収益ではあるが、益金にならないもの

税法上の所得金額 ← 税務調整後の金額に法人税が課税されます

5 法人税額の計算

法人税額は、法人税法の規定に則って計算した所得金額に、法人税の税率を掛けて計算します。税率は一律**23.2%**です（**比例税率**）。ただし、中小法人（期末資本金1億円以下等）は、通常、所得金額のうち**800万円以下の部分には15%の軽減税率**が適用されます。

法人税の税率（普通法人）

大法人		23.2％
中小法人 （原則）	所得金額のうち、800万円超の部分	23.2％
	所得金額のうち、800万円以下の部分	15％（軽減税率）

期末資本金1億円以下

6 損金（法人税法上の経費）にできるもの

　減価償却費や役員給与、交際費、寄附金、租税公課などは、企業会計上では経費（費用）に計上されますが、法人税法上では損金に算入できるものと、できないものがあります。詳しく見ていきましょう。

7 減価償却費

　法人税法上、損金に算入できる減価償却費の金額は、法人が選んだ償却方法で損金経理した（企業会計上で費用として計上した）金額のうち、償却限度額に達するまでの金額です。

　償却限度額を超える部分は、法人税法上は損金不算入となります。

法人税法上の減価償却費の計算方法は、資産の種類によっては届け出により**定額法**か**定率法**かを選択できますが、届け出ない場合は法定償却方法である定率法（一部定額法）で計算することになります。

償却方法で
法人税は「率」
所得税は「額」
一文字違いに注意ね！

法人税と所得税の償却方法の違い

	法人税	所得税
建物※1.※2	定額法のみ	
建物附属設備・構築物※2	定額法のみ	
その他の減価償却資産	定額法または定率法（法定償却方法は定率法）	定額法または定率法（法定償却方法は定額法）

※1　1998年4月1日以後に取得したもの
※2　2016年4月1日以後に取得したもので、鉱業用を除く

少額の減価償却資産の取り扱い※1

中小企業者等の少額減価償却資産の特例	資本金1億円以下などの中小企業者で青色申告している法人※2は、取得価額が30万円未満のものは、取得価額の全額を事業の用に供した年の年度に損金算入できる（1事業年度で合計300万円が限度）
一括償却資産	取得価額が10万円以上20万円未満のものについては、一括して3年間で均等に償却できる
少額減価償却資産	使用期間が1年未満のものや取得価額が10万円未満のものは減価償却せず、取得価額の全額を事業の用に供した年度内で損金算入できる

※1　貸付け（主な事業として行われるものは含めない）の用に供したものを除く
※2　常時使用する従業員数が500人を超える法人等を除く

8 役員給与

　法人が役員に対して支給する役員給与のうち、①定期同額給与、②事前確定届出給与、③業績連動給与に該当するものは損金に算入できますが、**不相当に高額な部分の金額は損金に算入できません。**

損金に算入できる役員給与

①定期同額給与	1カ月以下の期間ごとに一定の額が支払われる給与
②事前確定届出給与	所定の時期に確定額を支給することを、あらかじめ納税地の所轄税務署長に届け出ている給与
③業績連動給与	業績連動型給与で、支給額の算定方法が客観的で一定の要件を満たす給与

　役員退職金も、事業年度の損金に算入できます。ただし、不相当に高額な部分は、損金に算入できません。

9 交際費等

　交際費等とは、法人が得意先や仕入先などに対して行った、接待、供応、慰安等の支出をいいます。

　企業会計上は全額費用として計上されますが、法人税法上は、交際費等のうちの接待飲食費（得意先などとの一定の飲食費）の50％相当額が、損金に算入されます。一定の中小法人（期末資本金1億円以下等の法人）は、「年間交際費のうち、800万円以下の金額」と「年間交際費のうち接待飲食費の50％」のいずれか多い金額を、損金に算入できます。

損金に算入できる交際費等の限度額

法人の区分	損金算入の限度額
資本金1億円超 100億円以下の法人	接待飲食費の50％
資本金1億円 以下等の法人	下記①または②のいずれか多い金額 　①接待飲食費の50％ 　②年間交際費のうち800万円以下の金額

　次のような費用は、法人税法上の交際費等に該当しないため、損金算入することができます。

法人税法上の交際費等に該当しないものの例（＝勘定科目）

・会議でのお茶菓子や弁当代などの飲食費（会議費）
・カレンダーや手帳などの作成費用（広告宣伝費）
・従業員のための旅行などに通常必要な費用（福利厚生費）
・得意先との1人あたり10,000円以下の飲食費（会議費）

10 租税公課等

なんとなく
罰金的なものは
損金にならない…

　企業会計上では租税公課として費用に計上されても、法人税法上では損金算入されないものがあります。

損金算入できる例	損金算入できない例
・法人事業税 ・固定資産税、都市計画税 ・消費税 ・印紙税、登録免許税 ・自動車税 ・国、地方公共団体への寄附金	・法人税の本税 ・法人住民税の本税 ・過怠税 ・延滞税 ・罰金、過料、科料 ・交通反則金

11 会社と役員間の取引き

　会社が役員に、会社が保有する資産を時価よりも高く、あるいは安く譲渡したときは、時価との差額について経理処理が発生します。また、役員が会社へ資産を譲渡した場合も同様です。

会社が役員に譲渡した場合

安く売る 低額譲渡 （無償譲渡）	損 会社側	適正な時価で譲渡したものとみなされ、時価と譲渡価額の差額は役員給与となる
	得 役員側	適正な時価との差額（得をした部分）が役員の給与所得の収入金額となる
高く売る 高額譲渡	得 会社側	適正な時価で譲渡したものとみなされ、時価と譲渡価額の差額は受贈益（益金算入）となる
	損 役員側	時価で取得したものとされ、適正な時価と譲渡価額の差額（高かった部分）は会社への寄附とみなされる

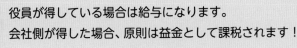

役員が得している場合は給与になります。
会社側が得した場合、原則は益金として課税されます！

役員が会社に譲渡した場合

安く売る 低額譲渡 （無償譲渡）	㊢ 会社側	適正な時価で譲渡されたものとみなされ、時価と譲渡価額の差額は**受贈益（益金算入）**とされる
	㊭ 役員側	①適正な時価の1/2未満で譲渡した場合は、時価で譲渡したものとみなして譲渡所得を計算する ②適正な時価の1/2以上で譲渡した場合は、実際の譲渡価額で譲渡したものとみなして譲渡所得を計算する
高く売る 高額譲渡	㊭ 会社側	適正な時価で譲渡されたものとみなされ、時価と譲渡価額の差額は役員給与とされる
	㊢ 役員側	適正な時価との差額は役員給与を支給されたものとして、給与所得とされる

12 資産の貸借

会社が所有する社宅に、役員が無償や通常より低い金額で居住している場合は、通常の賃貸料相当額との差額が役員の**給与所得**の収入金額となります。

この視点で判断！
いずれの場合も
役員が得をしている
場合は給与になる！

13 金銭の貸付け

　会社と役員との間で金銭の貸付けが行われた場合にも
経理処理が発生します。

会社が役員に無利息、または低い利息で金銭を貸した	得 役員が得をした	会社側：適正な利息との差額を益金算入する 役員側：適正な利息との差額が役員の給与所得の収入金額となる
会社が役員への金銭債務を免除した		債務免除の額が、役員の給与所得の収入金額となる
役員が会社に無利息、または低い利息で金銭を貸した	得 会社が得をした	会社側：原則、経理処理は不要 役員側：原則、所得にはならない
役員が会社への金銭債務を免除した		会社は債務免除の額を益金算入する

どっちの得になるかを
イメージすると
わかりやすいね！

役員のプラスは
会社のマイナス
その逆も…
だねえ

LESSON 9

消費税

※国外事業者の特例を除きます。

1 消費税の課税対象

消費税の課税対象は、以下4つの要件を満たす取引です。これに該当しない取引（個人間取引や配当金など）には消費税はかからず不課税取引となります。

消費税の課税対象となる取引

①日本国内での取引
②事業者が譲渡を事業として行う取引
③対価を得て行う取引
④資産の譲渡や貸付け、サービス（役務）の提供

なお、前記の4つの要件を満たしているものでも、非課税とされている取引があります。

消費税のかからない非課税取引の例

・土地の譲渡
　→ 注意! 仲介手数料は課税取引
・土地の貸付け（貸付け期間1カ月以上）
・住宅の貸付け（貸付け期間1カ月以上）
　→ 注意! 事務所用（テナント）の店舗の貸付けは課税取引
　→ 注意! 事業者による住宅の譲渡は課税取引
・株式などの譲渡
・預貯金や貸付金の利子
・行政手数料
・保証料

2　消費税の税率と納税義務者

　消費税率は現在、原則10%です。消費税の課税対象になる取引を行う事業者は納税義務者となりますが、一定の条件を満たす場合は免税事業者となります。

　免税事業者とは、課税期間の基準期間（法人では原則として前々事業年度、個人事業主は前々年）における**課税売上高**（消費税が課税される取引の売上金額）が1,000万円以下、かつ前年の特定期間（後述）の課税売上高または給与等支払額が1,000万円以下の事業者です。

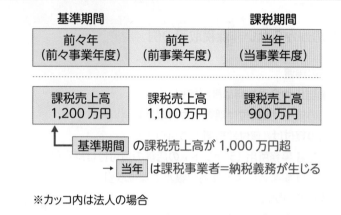

消費税の課税期間の基準期間と納税義務の判定

基準期間		課税期間
前々年 （前々事業年度）	前年 （前事業年度）	当年 （当事業年度）

課税売上高 1,200万円	課税売上高 1,100万円	課税売上高 900万円

基準期間 の課税売上高が 1,000 万円超

→ 当年 は課税事業者＝納税義務が生じる

※カッコ内は法人の場合

3 消費税の特定期間による判定

　消費税の課税期間の基準期間における課税売上高が**1,000万円以下**であったとしても、**特定期間**（法人の場合は原則として、前事業年度の前半6カ月間、個人事業主は前年の1〜6月）における**課税売上高が1,000万円超、かつ給与等支払額が1,000万円超**の場合には課税事業者になります。

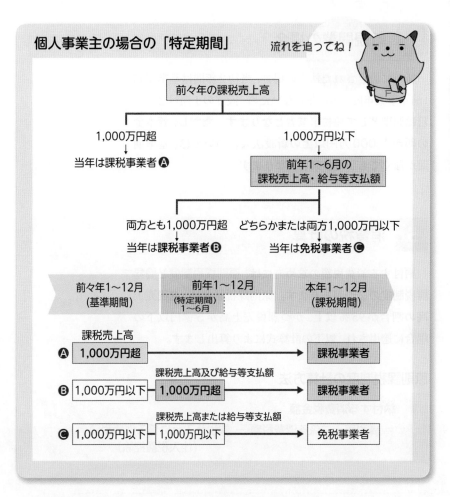

個人事業主の場合の「特定期間」

流れを追ってね！

前々年の課税売上高

1,000万円超 → 当年は課税事業者 Ⓐ

1,000万円以下 → 前年1～6月の課税売上高・給与等支払額

両方とも1,000万円超 → 当年は課税事業者 Ⓑ

どちらかまたは両方1,000万円以下 → 当年は免税事業者 Ⓒ

| 前々年1～12月
（基準期間） | 前年1～12月
（特定期間）
1～6月 | 本年1～12月
（課税期間） |

Ⓐ 課税売上高 1,000万円超 → 課税事業者

Ⓑ 1,000万円以下 ｜ 課税売上高及び給与等支払額 1,000万円超 → 課税事業者

Ⓒ 1,000万円以下 ｜ 課税売上高または給与等支払額 1,000万円以下 → 免税事業者

　免税事業者であっても、「消費税課税事業者選択届出書」を提出することにより、課税事業者になることができます。

　ただし、事業を廃止する場合を除き、原則として**2年間は免税事業者に戻ることができません。**

4　新規開業の場合

　新たに設立された法人の場合、当初2年間は基準期間（前々事業年度）が存在しないため、設立の1期目と2期目は原則として免税事業者となります。ただし、資本金の額が1,000万円以上の新設法人については、基準期間がなくても課税事業者となります。

5　消費税の計算

　納付する消費税額の求め方には、原則課税制度と簡易課税制度の2つがあります。原則課税制度は、課税売上高の割合が95％以上、かつ課税売上高が5億円以下の場合に適用され、以下の計算式により算出します。

原則課税制度の計算方法

公式	納付する消費税金額 ＝ 課税売上に係る消費税額 － 課税仕入れに係る消費税額 （仕入税額控除）

適格請求書等保存方式（インボイス制度）

2023年10月から、仕入税額控除の対象となる消費税額は、原則として適格請求書発行事業者が発行する「適格請求書」に記載されている額になりました（経過措置あり）。
適格請求書発行事業者になるには、納税地を管轄する税務署長に申請をして登録を受ける必要があります。

適格請求書発行事業者になると

- ・消費税の課税事業者になる
- ・簡易課税制度の選択も可能
- ・適格請求書に、事業者の氏名または名称、登録番号、税率ごとに 区分した消費税額などの記載をする

　簡易課税制度は、課税期間の基準期間における課税売上高5,000万円以下の事業者が、原則課税方式に代えて選択することができます。初めて簡易課税制度の適用を受けるには、あらかじめ「消費税簡易課税制度選択届出書」を所轄税務署長に提出します。

　ただし、その場合、事業の廃止や一部の例外を除き最低2年間はこの制度を取りやめることができません。

消費税の計算が
簡単になるから
事務負担を
軽減できるよ

簡易課税制度の計算方法

簡易課税制度では、事業区分ごとに定められたみなし仕入率を用いて課税仕入れに係る消費税額を計算します。

公式

納付する消費税金額
= 課税売上に係る消費税額 − (課税売上に係る
　消費税額 × みなし仕入率)

みなし仕入率

第1種	第2種	第3種	第4種	第5種	第6種
卸売業	小売業	製造業 建設業 農業等	その他	金融・保険業 サービス業 など	不動産業
90%	80%	70%	60%	50%	40%

6 消費税の申告と納付

　消費税の確定申告書の提出期限と納付期限は、次の通りです。

法人	原則、課税期間（事業年度）の終了の日の翌日から2カ月以内
個人事業主	課税期間の翌年3月31日まで

金額や割合、期間など、
数字を間違えないようにね！

税金関係は
数字が多いからね！

法人と個人事業主、
消費税申告＆納付の差とは？

法人と
個人事業主で
違うよ！

消費税の
申告と納付は

法人の場合は
事業年度末！
会社によって事業年
度の締めが違うから

そこから２カ月以内！

個人事業主は
１月１日〜12月31日の
１年間で締めて、
そこから３月31日まで！

個人事業主は
３カ月余裕が
あるのか…

だからって
ほっとくと
忘れちゃうよ！

不動産

ここで学ぶ内容です！

不動産の基本

不動産取引

不動産に関する法律

不動産にかかる税金

不動産の有効活用

2024〜2025年度
傾向と対策

....

学科試験 頻出・定番問題を中心に学習しましょう

全体的にバランスよく出題されますが、同じところが繰り返し出題される傾向です。まずは不動産の価格、不動産登記、借地借家法、建築基準法、不動産の税金、不動産の有効活用を押さえておきましょう。その上で、手付金や危険負担、区分所有法、都市計画法というように幅を広げて学習していくようにしましょう。

....

実技試験 受検先別の傾向と対策

【金財　個人資産相談業務】
建蔽率と容積率の計算問題は高確率で出題されます。建蔽率の緩和措置、容積率の前面道路幅員による制限や、角地の場合の計算問題にも対応できるように準備をしておきましょう。不動産の税金では譲渡の税金を中心に、特例部分を理解し、不動産の有効活用ではそれぞれの特徴を理解しておきましょう。

【金財　生保顧客資産相談業務】
この分野からは、空き家に係る譲渡所得の特別控除が出題されています。

【日本FP協会　資産設計提案業務】
登記記録や不動産広告の見本から読み解く出題があるので過去問でも慣れておきましょう。建蔽率や容積率の計算問題ではセットバックがある場合にも対応できるように準備が必要です。不動産の税金では譲渡所得の計算が狙われやすい傾向にあります。不動産投資の収益性では、実質利回り計算ができるように準備が必要です。

LESSON

1

不動産の基本

不動産は住むだけじゃなく、資産形成も！

価格	鑑定	権利	売買	登記

だから
こんな視点からも
見てみよう

特に
不動産の要ともいえる
「不動産登記」は
重要だよ！

---

1 土地の価格

　不動産の価格には、実際の売買価格である実勢価格のほかに、土地の価格を評価するものとして以下4つの価格があります。

・公示価格
・基準地標準価格
・相続税路線価
・固定資産税評価額

土地1㎡あたりの
価格を評価
しているよ

土地の価格（公的価格）

	公示価格	基準地 標準価格	相続税路線価	固定資産税 評価額
内容・ 利用目的	土地取引の目安となる価格	土地取引の目安となる価格 （公示価格を補完するもの）	相続税や贈与税の計算の基礎となる価格	不動産取得税、固定資産税、都市計画税などの計算の基礎となる価格
所管	国土交通省 （土地鑑定委員会）	都道府県	国税庁	市町村 （東京23区は都）
基準日	毎年 1月1日	毎年 7月1日	毎年 1月1日	3年ごとに 評価替え 1月1日
発表時期	3月	9月	7月	4月
価格水準	100%	公示価格の 100%	公示価格の 80%	公示価格の 70%

基準日と価格水準は試験で
よく狙われるから覚えておこう！

基準日は、基準地標準価格のみが7月1日で、そのほかは
1月1日です。

公示価格を基準（100%）とした場合の各価格の価格水準は、
相続税路線価が80%、固定資産税評価額が70%ですが、試
験では名称と数字が入れ替わるひっかけ問題が出題されます。

評価替えは、固定資産税評価額だけは原則、3年ごと。ほか
の3つは毎年行われます。

公示価格の標準地と基準地標準価格の基準地は、一部同じです。

不動産の鑑定評価

不動産の適正な価格を求めるための鑑定評価の手法には次の3つがあります。

「原価法」

「取引事例比較法」

「収益還元法」

鑑定時には複数の手法を併用すべきとされています。

また、不動産の価格は、その不動産が最も有効的に使われることを前提にして価格が形成されるという、「最有効使用の原則」にもとづいて鑑定をします。

引っ掛け問題で「○○法のみを使用するべき」と出たら、それは×！複数の手法を使うべきだからね！

3種類の鑑定評価手法

原価法	対象不動産の再調達原価（例えば今、同程度の建物を建てる場合はいくらか？）を求め、これに老朽化等を考慮して減価修正を行い、価格を求める方法
取引事例比較法	対象不動産に類似した複数の取引事例を参考に、その取引価格に時点修正・事情補正等をして、価格を求める方法
収益還元法	対象不動産が将来生み出すであろうと期待される、純収益の現在価値の総和から、価格を求める方法 収益還元法には、直接還元法とDCF法がある

収益還元法の2つの手法

直接還元法	対象不動産の一期間（通常は1年間）の純収益（賃貸収入から経費を差し引いたもの）を還元利回りで割り戻して現在価値を求める方法
DCF法	対象不動産の保有期間中に生み出される複数年の純収益の現在価値の総和と、保有期間満了時における対象不動産の売却価格（復帰価格）の現在価値を合計して、価格を求める方法

単年でみるか、トータルでみるか

Point! 試験問題では、DCF法と直接還元法の説明が入れ替えて書かれることがありますが、それはひっかけ。

3 不動産登記

　不動産登記とは、土地や建物の所在・面積・構造や所有者の住所・氏名などを**法務局**（登記所）の登記記録に記載しているものです。

登記の内容は
誰でも
確認できますよ！

　登記をするということは、ほかの誰かに対して「この不動産には、わたしの権利が付いています」と主張するためにも必要となるものです。

ここは、ざっと
理解しておけば大丈夫！

不動産登記の代表例

種類	内容
表題登記	新築住宅など登記されていない不動産に、初めて（表題部を登録）する登記 → 建物を新築した場合、表題登記を1カ月以内に申請しなければならない
所有権保存登記	新築マンションの購入時など、最初に（権利部の甲区へ）所有権を登録するための登記
所有権移転登記	売買や相続等により、所有権を移転したとき甲区へする登記
抵当権設定登記	不動産の購入時などでローンを組んだ際、抵当権を設定したとき乙区へする登記

不動産登記記録の構成

　登記記録は、1筆の土地（登記上のひとつの土地の単位）または1個の建物ごとに、表題部と権利部に区分して作成されます。権利部はさらに甲区と乙区の2つに区分されています。

登記記録の構成

表題部 （表示に関する登記）		土地・建物に関する物理的状況を記録している 土地 … 所在、地番、地目、地積など 建物 … 所在、家屋番号、床面積など
権利部 （権利に関する登記）	甲区	所有権に関する事項を記録している （所有権の保存、移転、差押え等）
	乙区	所有権以外の権利に関する事項を記録している（抵当権、賃借権など）

権利部（乙区）の抵当権設定と抹消のイメージ

権　利　部（×××）　（所有権以外の権利に関する事項）			
順位番号	登記の目的	受付年月日・受付番号	権利者その他の事項
1	抵当権設定	平成9年5月8日 第×6225号	原因　平成9年5月8日金銭消費貸借同日設定 債権額 金3,000万円 利息 年2.625％（12分の1月利計算） 損害金 年14.5％（年365日日割計算） 債務者 ××市○×二丁目3番4号 　有馬純一 抵当権者 △△区○△二丁目1番1号 　株式会社RM銀行
2	1番抵当権抹消	令和2年6月25日 第×9378号	原因 令和2年6月25日弁済

※下線のあるものは抹消事項であることを示す。

語呂合わせ

乙区の代表例は抵当権
「おっと抵当権！」と覚えましょう

Point!

・地番や家屋番号は、日常的に使われている住居表示と一致
　しているとは限りません！
　→ 郵便物のあて先となる住居表示とは異なります。

・表題登記は登記の義務がありますが、権利部への登記は原
　則、任意です！
　ただし、2024年4月以降、相続により不動産を取得した
　者は、取得を知った日から3年以内に相続登記をすること
　が義務化されました。2024年3月以前に不動産を相続
　していて相続登記をしていない者も2024年4月から3
　年以内に登記をする必要があります。

・抵当権の登記記録には、債権額や抵当権者の氏名等も記載
　されます！
　→ただし、債務残高がいくらあるのかは読み取れません。

・抵当権の登記は、債務を完済しても自動的には抹消されな
　いため、抹消させるにはその登記が必要です。

Point!

区分所有建物（分譲マンションなど）の登記される床面積
は内法（うちのり）面積（壁の内側の面積）で記載され、そ
れ以外の建物の床面積は壁芯（へきしん）面積（壁の中心か
ら測った面積）で記載されます。「マンション内側、戸建て
は壁の中心」と覚えましょう。

※内法面積と壁芯面積についてはP.100に図説があります

4 不動産登記の効力

不動産登記をすると、第三者に対して「自分にはこの不動産に関する権利がある」ということを主張できます。これを**対抗力**といいます。不動産に関する権利は、原則、登記をしなければ第三者に対抗することができません。

不動産の二重譲渡があった場合は、先に所有権の登記を済ませた方が、所有権を主張できます。

例えば、Aさんが所有している不動産をBさんにもCさんにも同時に売った場合、BさんとCさんのうち、先に所有権の登記をした方が所有権を得ます！ 契約の先後ではありません。

登記には**公信力**がありません。そのため、実際には登記記録上の権利者と真の権利者が異なっていた場合、登記記録を信頼して取引をした人は、原則、**法的には保護**されません。

めちゃめちゃ
試験に出ます！

登記には対抗力（権利を主張する力）はありますが、公信力はありません。

余裕があれば
ここも押さえよう！

本来なら、不動産に関する権利を主張するためには登記が必要ですが、登記がなくても第三者に対抗 (権利を主張) できる場合があります。

借りている土地

借地上に借地権者を所有者として登記した建物がある場合。
借地権者とは、借地料を支払って土地を借り、自分の建てている人のことです。その建物に自己名義の登記をしていれば、借地権に関する登記をしなくても第三者に借地権を対抗でききます。

借りている建物

建物の賃借人が建物の引渡しを受けている場合。
具体的には、建物や部屋を借りている人が鍵の引渡しを受けていれば、建物の賃借権 (借家権) を第三者に対抗できます。

このあとのページで
出てくるからね

※借地権と借家権についてはP.108、P.110

登記がなくても
権利を主張できる場合が
あるんだね！

5 仮登記とは

　仮登記とは、登記の順位を保全するために行うものです。すでに権利変動は生じているものの、登記の手続き上の不備があって正式な登記ができない場合や、権利変動はまだ生じていないものの、将来の登記上の順位を保全しておきたい場合は、**仮登記**をすることで順位を保全することができます。なお、仮登記には**対抗力はありません**。

言い方は悪いけど
ツバつけとくみたいな…

6 登記記録の交付

　手数料を納付して申請すれば、**誰でも**登記記録の内容が書かれている登記事項証明書や登記事項要約書の**交付請求**をすることができます。

　登記事項証明書の交付請求は登記所（法務局）の**窓口**へ出向くほか、郵送、**オンライン**による請求（受取りは郵送か窓口）もできます。

登記事項証明書 … 登記事項の全部または一部を証明した書面

登記事項要約書 … 登記事項の概要を記載した書面

登記記録は誰でも交付請求OK！
引っ掛け問題で「司法書士のみ請求可能」
と書かれていたら、
それは×

7 登記記録以外の調査

　登記所（法務局）において、不動産の状況を確認できる資料として、登記記録のほかに地図や公図を調査することができます。

地図 （14条地図）	不動産登記法第14条の規定にもとづいて備え付けられた地図 現地を測量して作成されており、精度は高いが、すべての土地に備え付けられているわけではない
公図	土地の形状や近隣地との位置関係等を表した地図 14条地図に準ずる図面で精度は低い

意外にも公図は精度が低い。
「公」の文字から信用できそうな
印象を持たないでね

登記記録の読み取り方

権　利　部（甲区）　　（所有権に関する事項）			
順位番号	登記の目的	受付年月日・受付番号	権利者その他の事項
1 ❶	所有権保存	平成10年5月8日 ❷	原因　平成10年5月8日売買 所有者　×市○町三丁目4番5号 　山田　一郎

権　利　部（乙区）　　（所有権以外の権利に関する事項）			
順位番号	登記の目的	受付年月日・受付番号	権利者その他の事項
<u>1</u>	抵当権設定	平成10年5月8日 第××654号	原因　平成10年5月8日金銭消費貸借同日設定 債権額　金3,500万円 利息　年2.343％（12分の1月利計算） 損害金　年14.5％（年365日日割計算） 債務者　×市○町三丁目4番5号 　山田　一郎 抵当権者　△市△区二丁目1番2号 　株式会社MY銀行
2	1番抵当権抹消	令和2年5月1日 第××302号	原因　令和2年5月1日弁済

※下線のあるものは抹消事項であることを示す。

❸は乙区の表の「1　抵当権設定」行に対応する。
❹は乙区の表の「2　1番抵当権抹消」行に対応する。

上記の登記記録から読み取れることは次のとおりです。

所有権

❶ この不動産に初めて所有権の登記をしたのは山田一郎氏である。

→所有権保存登記は甲区に初めて登記する際に使われ、売買等で所有権が移るときは「所有権移転登記」になる。

❷ 現在の所有者は山田一郎氏と推定される。

抵当権

・山田一郎氏は平成10年5月8日に株式会社MY銀行から3,500万円の借入れをしたが、令和2年5月1日に全て返済した。

→❸下線が引かれている部分はすでに消滅していることを意味していることと、❹乙区の順位番号2に、弁済して抵当権が抹消されたことが記録されている。

→債務を弁済すると抵当権は消滅するが、登記記録自体は抹消登記を するまで残る。

→抵当権の登記記録からは現在の借入金残高を知ることはできない。

・他の債権者も抵当権を登記することができる。

・債務者が弁済しない場合、抵当権者は裁判所に競売を申立てて債権を 回収することができる。

ここからは売買契約の解説だよ

8 手付金

　手付金とは、一般に、不動産の売買契約を結ぶ際に買主が売主に渡すお金で、代金の一部に充当されます。通常は解約手付として扱われます。

　民法上、売買契約において買主が売主に手付金（解約手付）を交付した場合、**相手方**が契約の履行に着手するまでは、「買主」は手付金を**放棄**することにより、「売主」は、買主へ手付金の**倍額**を現実に**提供**することにより契約を解除できます。

相手方っていうのがポイント
たまに引っ掛け問題があるよ

注目！
売主が倍額なのは、売主から契約を解除するには、買主から受け取った手付金を返したうえで、さらに同額を渡すからです。

注目！
買主側から見た場合、「相手方」とは売主のこと。売主側から見た場合の「相手方」は買主です。

注意！
売主が宅地建物取引業者で、買主が宅地建物取引業者でない場合には、売主は売買代金の2割を超える手付金を受け取ることはできません。（P.106参照）

9 危険負担

　契約締結から引渡しまでに、売主の責めによらない事由（天災等）によりその物件が滅失してしまった場合、その**危険（リスク）は売主が負担**します。そのため、**買主は目的物の滅失を理由に代金の支払いを拒む**ことができ、売主の引き渡し債務が履行不能の場合、売主および買主は契約を解除することができます。

10 契約不適合責任

　民法では、売主が買主に引き渡した**目的物（物件等）が契約の内容に適合しない**場合、買主は売主に対して、修理や不足部分の引渡しを求める追完請求や代金減額請求、損害賠償請求、契約の解除などの請求をすることができます。

売主と買主の
立場に立って
イメージしてみてね

契約不適合責任の通知期間と特約の有効性

民法	買主は、目的物の種類・品質に関する不適合の事実を知った時から、1年以内に売主に通知する必要がある なお、売主の責任を軽減したり、契約不適合責任を免除する特約（免責特約）は有効
宅地建物取引業法	売主が宅地建物取引業者、買主が宅地建物取引業者以外の場合には、通知期間を引渡し日より2年以上とする旨の特約は有効（それよりも買主に不利な特約は無効）

11 住宅の品質確保の促進に関する法律（品確法）

　新築住宅の売買および請負契約において、売主等は構造耐力上主要な部分（屋根、壁、柱等）および雨水の浸入を防ぐ部分について、建物の引渡し日から**10年間**は瑕疵担保責任（＝契約不適合責任）を負うことが、品確法により定められています。

12 債務不履行

　売買契約をすると、当事者は互いに債務（義務）を負い、権利を得ます。その債務を実行していないことを債務不履行といいます。

　債務不履行には、主に**履行遅滞**（履行可能なのに期限を過ぎても履行しない状態）と**履行不能**（履行が不可能な状態）の２つがあります。

　債務不履行があると、相手方は**損害賠償請求**や契約の解除をすることができます。

債務不履行は、
さらりと流そう

契約不履行と契約解除

履行遅滞	債権者は、債務者に相当の期間を定めて履行を催告し、催告期間内に履行がない場合には、債権者は契約を解除することができる
履行不能	債権者は履行の催告をすることなく直ちに契約の解除をすることができる

13　共有

　共有とは、1つのものを2人以上で共同して所有することをいいます。各共有者の共有物に対する所有権割合や所有している部分のことを、**持分**といいます。自己の持分は自由に処分することができますが、共有物全ての処分には、共有者全員の同意が必要です。

余裕があれば
覚えよう！

14　面積

（1）土地の面積と売買契約

　土地の売買には、公簿取引と実測取引の2つの取引方法があります。

　公簿取引とは、登記記録上の面積にもとづいた取引をいいます。実測取引とは、実際に測量した面積にもとづいた取引をいいます。

公簿取引：取引対象面積は登記面積として契約し、後日測量した場合に、実測面積が登記面積と異なっていても、代金の増減額精算は行いません。

実測取引：測量した面積で契約します。もしくは、登記面積で契約しますが、引渡しまでの間に測量した実測面積が登記面積と異なっていた場合、代金の増減額精算を行います。

（2）マンションの面積

　一戸建ての建物の場合、登記記録上の面積は<ruby>壁芯<rt>へきしん</rt></ruby>面積で表示されますが、区分所有建物（マンション等）の登記記録上の専有面積は<ruby>内法<rt>うちのり</rt></ruby>面積で表示されますが、一般に、マンションのパンフレットでは壁芯面積で表示されています。

住宅ローン控除の
面積要件は
登記記録上の面積だよ

> **マンションパンフは壁芯面積**　（ ＝ 内法面積より大きい）
> **マンション登記は内法面積**　　（ ＝ 壁芯面積より小さい）

壁芯面積と内法面積との違い（上から見た図）

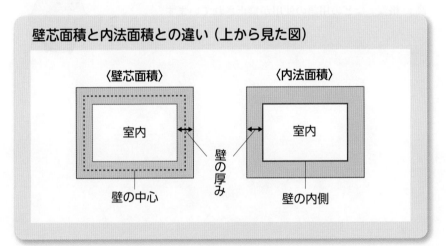

〈壁芯面積〉　　　　　　〈内法面積〉

室内　　　　　　　　室内

壁の厚み

壁の中心　　　　　　　壁の内側

15 未成年者との売買

　未成年者が、法定代理人（親または未成年後見人）の同意を得ずに不動産の売買契約を締結した場合、未成年者本人または法定代理人はその契約を**取り消す**ことができます。

注目!

未成年者が、成年者であると偽るなどして詐欺的手段で契約した場合は、取り消せません。

16 不動産広告

　不動産の広告は、規制等により表示方法に一定のルールが定められています。例えば、合理的な根拠なく「最高」「格安」などの用語の使用が禁止されています。

＜マンションの広告例＞

○○マンション203号室

販売価格	3,450万円	所在地	□県×市○町2-1
交　　通	○×線△駅まで徒歩8分	間取り	3LDK
専有面積	68.66㎡（壁芯）	バルコニー面積	14.55㎡
階／階建て	3階/5階	築年月	1996年4月
総戸数	46戸	構　　造	鉄筋コンクリート造
管理費	22,200円/月	修繕積立金	17,600円/月
土地権利	所有権	取引態様	売主

上記の広告内容から読み取れることは次のとおりです。

- **この物件から△駅までの距離は560ｍ超640ｍ以下です。**

  →不動産広告では80ｍを徒歩1分で表示し、80ｍ未満でも徒歩1分とします。

- **登記記録上の面積は68.66㎡よりも小さくなります。**

  →区分所有建物（マンション）では、床面積を壁芯面積で測りますが、登記は内法面積のため、壁芯面積よりも小さくなります。

  →バルコニーは共用部分のため、専有面積には含まれません。

- **この物件を購入する際、仲介手数料はかかりません。**

  →取引態様が「売主」であるからです。「媒介」等の表示であれば宅地建物取引業者への仲介手数料（報酬）が発生します。

宅地建物取引業法

1 宅地建物取引業法

　次の取引を業として行うためには、宅地建物取引業の免許が必要です。

（1）宅地・建物を自ら、売買・交換する
（2）宅地・建物の売買・交換・貸借の代理をする
（3）宅地・建物の売買・交換・貸借の媒介をする

取引の種類	自ら	代理	媒介
売買	○	○	○
交換	○	○	○
貸借	×	○	○

○＝宅地建物取引業の免許が必要　　×＝宅地建物取引業の免許は不要

チェック！

（1）に「貸借」は含まれません。自ら所有する不動産で自らが賃貸業を営むことは、宅地建物取引業の免許が不要です。

103

2 宅地建物取引士

宅地建物取引業者は、事務所ごとに業務に従事する者5人に対して1人以上の割合で「成年の専任の宅地建物取引士」を置くことが義務づけられています。

宅地建物取引士の独占業務（専任でなくてもよい）

（1）重要事項の説明
（宅地建物取引士証を提示し、契約締結前に説明）

（2）重要事項説明書への記名

（3）契約内容を記載した書面（37条書面、いわゆる契約書）への記名

3 媒介契約

宅地建物業者は、宅地や建物の売買等の仲介（＝媒介）を依頼されたときは、依頼者と媒介契約を締結します。媒介契約には、一般媒介契約、専任媒介契約、専属専任媒介契約の3種類があります。

依頼者との
トラブルを防ぐために
きちんと契約を
結ぶんだね

3つの媒介契約と契約内容

（○＝できる、×＝できない）

売買・交換の媒介	一般 媒介契約	専任 媒介契約	専属専任 媒介契約
ほかの業者にも重ねて依頼できるか	○	×	×
自己発見取引ができるか （依頼者が自ら見つけた相手と直接取引すること）	○	○	×
契約の有効期間	法律上の 定めなし	最長 ３カ月※	最長 ３カ月※
依頼者への業務報告義務	なし	２週間に １回以上	１週間に １回以上
指定流通機構への物件情報の登録義務	なし	７営業日 以内	５営業日 以内

※３カ月を超える部分は無効となります。更新は依頼者が申し出ればできます。

覚え方

みんなにお願い → 一般媒介契約

あなたにお願い、でも自分で探すかも → 専任媒介契約

あなただけにお願い、すべてをお任せして自分では探さない
→ 専属専任媒介契約

4 宅地建物取引業者の報酬限度額

　宅地建物取引業者が依頼者から受け取ることのできる
報酬の額は、取引の種類と金額に応じて国土交通大臣が
定めた額を超えてはなりません。

報酬とは
仲介手数料のことだよ

報酬限度額　売買の媒介の場合

売買価格が 400 万円超の場合、売主と買主の一方から受け取れる報酬は、「売買価格×3％＋6万円（＋消費税）」が上限です。

報酬限度額　貸借の媒介の場合

貸主と借主から受け取れる報酬の合計額は、双方合わせて「借賃の1カ月分（＋消費税）」が上限です。

依頼者との合意があっても、限度額を超える報酬を受け取ってはいけません。

5　手付金の額の制限

　宅地建物取引業法では、**売主が宅地建物取引業者で、買主が宅地建物取引業者でない場合**に、売主（宅地建物取引業者）は売買代金の2割を超える手付金を受け取ることはできません。

手付金の額の制限は、買主が一般人（アマ）のときです。買主が宅地建物取引業者（プロ）である場合は、制限されません。

プロ（売主）とアマ（買主）→ 2割に制限
プロとプロ → ご自由にどうぞ

LESSON 3 借地借家法

1 借地借家法

借地借家法は、土地や建物の賃貸借契約に関するルールで、借主側の保護に重点を置いた法律です。

民法は一般法で、私人間の問題を解決するためのものです。しかし、立場や力関係が違う者の間に生じる問題の解決には対応しきれないことがあります。そこで、弱者側（借主）の保護に重きを置いた借地借家法という特別法が登場します。特別法と一般法が重なるときは、弱者を守るために特別法が優先されます。

2 借地権

　借地権とは、**建物の所有を目的**とする地上権または土地の賃借権のことをいいます。つまり、建物を建てるために土地を借りる権利のことです。

　契約期間の満了後も更新できる**普通借地権**と、更新のない**定期借地権**があります。

（1）普通借地権

　契約の存続期間（契約期間）は**30年以上**で定めます。存続期間が満了する際、当事者の合意、もしくは**借地上に建物がある場合に限り**、法定更新（原則、同一条件）によって更新されます。借地権設定者（貸主）が更新を拒絶するためには、正当事由が必要です。

　更新後の存続期間は、最初の更新後が**20年以上**、2回目以降は**10年以上**で定めます。

　存続期間満了後、契約の更新がされない場合は、借地権者（借主）は借地権設定者（貸主）に対して、借地上の建物を時価で買い取ることを請求できます（**建物買取請求権**）。

（2）定期借地権

　定期借地権には、一般定期借地権、**事業用定期借地権**等、建物譲渡特約付借地権の3種類があります。

　存続期間終了後、借地権者（借主）は土地を**必ず返さ**なければいけません。

借地権は
借りている側の
権利です

注目！

債務不履行などにより普通借地権の設定が解除された場合は、建物買取請求権は行使できません。

普通借地権と定期借地権のまとめ

出題されることが多い！

	普通借地権	定期借地権		
		一般定期借地権	事業用定期借地権等	建物譲渡特約付借地権
存続期間	30年以上	50年以上	10年以上50年未満	30年以上
更新	更新あり※1	更新なし		
建物の用途	制限なし	制限なし	事業用建物のみ（一部でも居住用は×）	制限なし
契約方法	制限なし	公正証書等の書面※2	公正証書に限る	制限なし
契約期間終了後	時価で建物の買取請求可	原則として更地で返還		建物付きで返還

※1 最初の更新後は20年以上、2回目以降の更新後は10年以上で定めます。
※2 電磁的記録も可

まずは
事業用定期借地権等を
覚えよう

普通借地権の存続期間は3.2.1（30年以上、20年以上、10年以上）と覚えましょう。

「公正証書等の書面」とは、公正証書に限定されていません。

3 借地権の対抗力

借地権の登記がなくても、土地の上に借地権者の名義で登記された建物を所有していれば、借地権を第三者に対抗（権利を主張）することができます。

火災などで借地上の建物が滅失したときは、土地の見やすい場所に滅失日や建物を新たに築造する旨を掲示すれば、滅失後2年間は借地権を第三者に対抗することができます。

ここは復習だね、
以前出てきているよ

4 借家権

借家権とは、**建物を借りる権利**です。契約期間満了後に更新可能な普通借家契約と、更新のない定期借家契約があります。

（1）普通借家契約

普通借家契約の期間を定める場合は、**1年以上**で定めます。契約期間を**1年未満**とした場合は「**期間の定めのない契約**」とみなされます。

契約期間が満了する場合、当事者の合意、もしくは一定の要件のもとに更新（法定更新）されます。**貸主**が更新を拒絶するためには、**正当事由**が必要です。

（2）定期借家契約

　定期借家契約では、期間満了後、契約は**更新されずに
終了**します。契約を締結するときは、貸主は借主に対し、
契約前に「契約の更新がなく、契約期間満了により賃貸
借契約が終了する」旨を、**書面（借主の承諾があれば電
磁的方法も可）を交付して説明する必要があります。

　契約期間が**1年以上の契約において、貸主は、契約期
間満了の1年前から6カ月前までの間に、借主に対して
契約期間満了により賃貸借契約が終了する旨の通知**が必
要です。このとき貸主の**正当事由は不要**です。

　定期借家契約は、原則として中途解約できません。た
だし、床面積200㎡未満の居住用建物の定期借家契約は、
借主にやむを得ない事情（転勤、療養、親族の介護など）
がある場合に限り、特約がなくても借主から中途解約す
ることができます。

基本的に「定期（借家契約）は定められた期間だから、更新
はない」と覚えましょう。

普通借家契約と定期借家契約のまとめ

	普通借家契約	定期借家契約
契約の存続期間	1年以上 (1年未満の契約は期間の定めのない契約となる)	契約で定めた期間 (1年未満でも可能)
更新	借主は更新請求が可能 (貸主が更新を拒絶する場合は正当事由が必要)	更新なし (契約前に、貸主による書面※での説明が必要)
契約方法	制限なし	書面、または電磁的記録
契約の終了	期間の定めのない契約の場合、貸主からは、正当事由＋6カ月前の通知、借主からは、正当事由がなくても3カ月前の通知があれば契約終了が可能	**＜貸主側＞** 契約期間が1年以上の場合、貸主は、期間満了の1年前から6カ月前までの間に、借主に対して期間満了により賃貸借が終了する旨の通知が必要 **＜借主からの中途解約＞** 床面積200㎡未満の居住用建物の定期借家契約は、借主にやむを得ない事情（転勤等）がある場合に限り、中途解約可能

※借主の承諾があれば電磁的方法も可能

建物賃借権の対抗力

建物の賃借権は、その登記がなくても、**建物の引き渡し**（具体的には鍵の引き渡し）があれば第三者にその権利を対抗（主張）することができます。

（3）借賃の増減額請求権

貸主および借主は、契約で定めている借賃（賃料）が社会経済の変化等により、近隣の相場と比較して不相当となった場合には、将来に向かって借賃の増額や減額を相手方に請求できます。ただし、一定の期間、借賃を増額しない旨の特約がある場合は、その期間は増額請求をすることができません。

定期借家契約では、特約によって借賃増減額請求権を排除することができるため、**減額しない旨の特約も有効**となります。

借賃増減額請求権

	「一定期間増額しない」旨の特約	「一定期間減額しない」旨の特約
普通借家契約	有　効	無　効
定期借家契約		有　効

（4）造作買取請求権

　借主が貸主の同意を得て取り付けたエアコンなどの造作は、契約終了時に、借主は貸主に対して時価で買い取ることを請求できます（造作買取請求権）。ただし、契約に**買取り請求しない旨の特約**を付けることができます。

（5）原状回復義務

　借主が退去をする際、借主の故意・過失、善管注意義務違反、その他通常の使用を超える損耗等は復旧する義務（原状回復義務）を負いますが、**通常損耗**（ポスターの貼り跡や家具設置によるカーペットのへこみ等）や**経年変化は原状回復義務を負わない**とされています。

経年変化とは
日光による壁の変色や、
水道のゴムやネジの傷み
なんかが代表例だね！

通常損耗とは
普通に生活していても
避けられない
傷や汚れのことね！

ビシ！

LESSON 4

区分所有法

集合住宅での専有部分と
共用部分などを定めた法律だよ！

1 区分所有法

　区分所有法（建物の区分所有等に関する法律）は、マンションなどの区分所有建物で生活する際のさまざまなルールを定めた法律です。

区分所有法と聞いたら
マンションを
思い浮かべましょう！

2 区分所有権

　区分所有建物には、各持ち主（区分所有者）が専用で使うことができる専有部分と、ほかの所有者等と共同で使用する共用部分があります。専有部分を所有する権利のことを**区分所有権**といいます。

（1）専有部分と共用部分

[専有部分]

　区分所有建物において、構造上・利用上独立した空間で、区分所有権の対象となる部分を指します。

（例）マンションの一室（202号室など）

[共用部分]

　区分所有建物における、専有部分以外の部分には、法定共用部分と規約共用部分があります。共用部分は区分所有者全員の共有となり、各区分所有者の持分は、原則として専有部分の床面積の割合によります。

　共用部分の共有持分は、原則、専有部分と分離処分はできません（**分離処分の禁止**）。

[法定共用部分]

（例）エントランス、廊下、階段、エレベーター、
　　　バルコニー・ベランダ、界壁、床等

区分所有権は
登記によって
第三者に対抗できる

処分とは
売ることなどをいうよ

ひと言！

法定共用部分は当然、法律上共有となる部分なので、登記はできません。

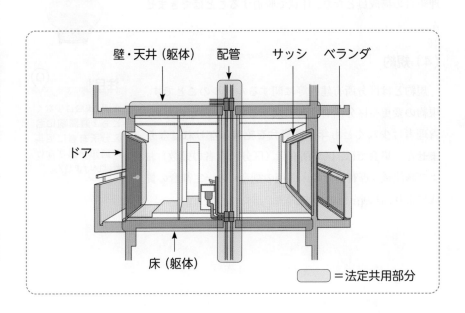

壁・天井（躯体）　配管　サッシ　ベランダ

ドア→

床（躯体）

[　　] ＝法定共用部分

規約共用部分

　本来は専有部分となる部分ですが、規約により共用部分とした部分です。

→規約共用部分は**登記がなければ第三者に対抗できません**。

（例）管理人室、集会室、倉庫

（2）敷地利用権

　専有部分を所有するための、敷地に関する権利を**敷地利用権**といいます。原則として、敷地利用権は専有部分（区分所有権）と**分離処分できません**。ただし、規約で別段の定めをすることができます。

（3）管理組合

　管理組合は、区分所有建物の管理をするための団体で、**区分所有者全員で構成**されます。区分所有者は全員が管理組合の構成員となり、任意で脱退することはできません。

（4）規約

　規約とは区分所有建物等に関するルールのことです。規約の変更や区分所有建物に関する事項の決定のため、管理者は少なくとも**年1回集会を招集**しなければなりません。集会では、区分所有者（区分所有者の頭数）および議決権（専有部分の床面積の割合）の一定割合の賛成により、決議を行います。

注目！

原則、集会は少なくとも1週間前に各区分所有者に招集の通知を出さなければいけません。

集会の決議

決議要件	決議内容
区分所有者と議決権の過半数の賛成※1	普通決議 （共用部分の変更で形状や効用の著しい変更を伴わないもの、管理者の選任・解任など）
区分所有者と議決権の4分の3以上の賛成※2	規約の設定、変更、廃止 共用部分の変更など
区分所有者と議決権の5分の4以上の賛成※3	建替え ⇒ 建物を取り壊して新たに建築する

※1 規約で別段の定めができる。
※2 共用部分の変更の決議は、区分所有者の定数を過半数まで減らすことができる。
※3 規約で別段の定めはできない。

覚え方

「建替え5分の4」は試験でよく出題されますよ！
建替えご（5）用（4）と覚えましょう。

規約や集会の決議の効力

規約や集会の決議は、区分所有者だけでなく、包括承継人（相続した人）や特定承継人（買った人）にも効力がおよびます。

なお、専有部分の占有者（賃借人等）は、使用方法に関する事項のみ効力がおよび、そのことに関して利害がある場合は意見を述べることができます。ただし、**議決権はありません**。

LESSON 5 都市計画法

1 都市計画区域

　計画を立てて街づくりを行うために、都市計画法という法律があります。

　この都市計画法によって都道府県や国土交通大臣が指定した区域のことを都市計画区域といいます。

　都市計画区域は、市街化区域と市街化調整区域に区分することができ、区分した区域を線引き区域といい、それ以外の都市計画区域を非線引き区域といいます。

右ページの図を
よく見てね！

市街化区域と市街化調整区域とは

全 国

都市計画区域

線 引 き 区 域

市街化区域

①既に市街地を形成している区域
②おおむね10年以内に優先的かつ
　計画的に市街化を図るべき区域
→どんどん市街地にしていきたい
　区域

用途地域を定める

市街化調整区域

市街化を抑制すべき区域
→ 農林漁業を守る区域

原則として用途地域を定
めない

非 線 引 き 区 域

市街化区域でもなく、市街化調整区域でもない区域

準都市計画区域

都市計画区域外だが、そのままの状態にしておくと、
将来的に街づくりに支障が出るおそれがある区域

試験では、「市街化調整区域は市街化を促進する区域であ
る」という文章が提示され、それが正しいか誤りかを答え
させる問題が出題されることがあります。この場合、解答
は「誤り」です（「市街化調整区域」の正しい説明は「市街
化を抑制すべき区域」）。

2 用途地域

　用途地域は、土地の計画的な利用を図るために、地域ごとに**建物の用途に対して制限を設けたもの**で、次のように全部で13種類あります。

> 住居系（8種類）…… 住居の環境を保護する地域
> 商業系（2種類）…… 商業等の利便を増進する地域
> 工業系（3種類）…… 工業の利便を増進する地域

Point!　市街化区域については、少なくとも用途地域を定めるものとしますが、市街化調整区域については原則として用途地域は定めません。

3 開発許可

・開発行為

　開発行為とは、主として建築物の建築または特定工作物の建設のために行う**土地の区画形質の変更**のこと（土地の造成など）をいいます。

・開発許可

　開発行為をしようとする場合、原則として、あらかじめ**都道府県知事等の許可**が必要ですが、次の場合には許可不要となります。

ひと言！

特定工作物とは、周辺地域の環境悪化をもたらすおそれがある工作物やゴルフコースなどの大規模な工作物のことをいいます。

　なお、どの区域でも図書館など、公益上必要な建築物を建築する場合は許可不要です。

許可が不要とされる主な開発行為（原則）

全国

都市計画区域

線 引 き 区 域

市街化区域	**市街化調整区域**
原則、1,000㎡未満 （三大都市圏の一部は 500 ㎡未満）	農林漁業用の建築物や農林漁業従事者の居住用建築物を建築するための開発行為 上記以外は規模に関わらず許可が必要

非 線 引 き 区 域
3,000㎡未満

準都市計画区域
3,000㎡未満

上記以外の区域：1ha（10,000㎡）未満

- ・農林漁業用の建築物や農林漁業従事者の居住用の建物を建築するための開発行為は、市街化区域以外は許可不要です。
- ・市街地再開発事業、土地区画整理事業、都市計画事業の施行として行う開発行為は許可不要です。
- ・開発許可を受けた区域内では、工事完了の公告があるまでは、原則、建築物の建築はできません。

建築基準法

そこにホテルを
建てちゃダメ！

第一種
低層住居
専用地域

えっ？

用途地域ごとに
建てていいものと
いけないものが
決まっているよ！

都市計画区域、準都市計画区域の
規定を見ていこう！

1 用途制限

　建築基準法とは、建物を建築する際の最低限のルール
を定めた法律です。建築基準法では、都市計画法で区分
した用途地域（住居系、商業系、工業系の全13種類）ご
とに建築できる建物とできない建物を具体的に定めてい
ます。これを**用途制限**といいます。

用途制限の主なもの

すべて覚える必要は
ありませんが
赤字の箇所は
覚えましょう

	住居系								商業系		工業系		
	第一種低層住居専用地域	第二種低層住居専用地域	田園住居地域	第一種中高層住居専用地域	第二種中高層住居専用地域	第一種住居地域	第二種住居地域	準住居地域	近隣商業地域	商業地域	準工業地域	工業地域	工業専用地域
診療所、公衆浴場、保育所、神社、教会、派出所	○	○	○	○	○	○	○	○	○	○	○	○	○
住宅、図書館、老人ホーム	○	○	○	○	○	○	○	○	○	○	○	○	×
幼稚園、小・中学校、高校	○	○	○	○	○	○	○	○	○	○	○	×	×
大学、病院	×	×	×	○	○	○	○	○	○	○	○	×	×
カラオケボックス	×	×	×	×	×	×	○	○	○	○	○	○	×
ホテル、旅館	×	×	×	×	×	○	○	○	○	○	○	×	×

○＝建築できる　×＝建築できない

Point!

敷地が2つ以上の用途地域にわたる場合、敷地の過半の属する地域（面積の広い方）の用途制限が敷地全体に適用されます。

道路と接道義務

　建築基準法上の道路は、原則、幅員（道路幅）4m以上の一定の道のことです。

　ただし、幅員4m未満の道であっても、建築基準法第42条第2項により道路として認められるものもあり、この道を2項道路といいます。

接道義務

　建築物の敷地は、原則として、建築基準法上の道路（幅員4m以上の道）に、2m以上接しなければなりません

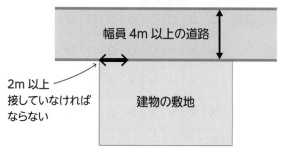

接道義務

幅員4m以上の道路

2m以上
接していなければ
ならない

建物の敷地

Point!

接道義務は「4（m）の2（m）」と覚えよう。試験では、「2m」と「4m」の記述が逆になっているひっかけ問題が出題されます。

なお、「建築物の敷地は道路に接していないと建てられない！」という接道義務があるのは、火災の際に消火活動ができるようにするためでもあります。

2項道路とセットバック

2項道路は、原則として、その道路の中心線から水平距離で2m下がった線を道路境界線とみなし、この部分をセットバックといいます。セットバック部分は建蔽率や容積率の計算において、敷地面積に算入されません

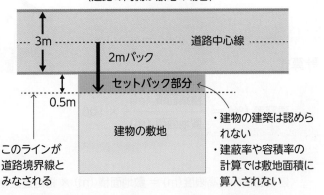

セットバックの例
(道路の両側が敷地の場合)

道路の反対側が河川などの場合は、反対側の道路境界線から手前へ4m下がった線を、道路境界線とみなします。

「道路の中心線から2m」だからね！

「セットバックが2m」じゃないよ！

3　建蔽率 (建ぺい率)

　建蔽率とは、敷地面積に対する建物の建築面積の割合のことです。敷地に建てられる建築面積の最高限度は、敷地面積に、用途地域ごとに都市計画で定められた建蔽率の上限 (指定建蔽率) を乗じて算出します。土地を上から見てどのくらいの面積の建物を建てられるか (建坪) をイメージするとわかりやすいです。

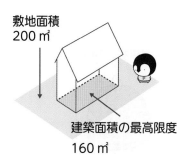

計算式

公式

$$建蔽率（\%）= \frac{建築面積（㎡）}{敷地面積（㎡）} \times 100$$

公式

$$建築面積の最高限度（㎡）= 敷地面積（㎡）\times 指定建蔽率（\%）$$

※上記の敷地面積にセットバック部分は含めません

計算例

指定建蔽率が80％の地域で、敷地面積200㎡の土地に建物を建てる場合の建築面積の最高限度は
200㎡ × 80％ ＝ 160㎡

敷地面積
200 ㎡

建築面積の最高限度
160 ㎡

建蔽率の緩和措置

　次の場合は、指定建蔽率にプラスされます。これにより、建築面積を増やすことができます。

① 特定行政庁が指定する角地等	指定建蔽率　＋10％
② 防火地域内にある耐火建築物等 （指定建蔽率が80％以外の地域）	指定建蔽率　＋10％
③ 準防火地域内にある耐火建築物等、 または準耐火建築物等	指定建蔽率　＋10％
④ 上記の条件を同時に満たしている場合 （①＋②）または（①＋③）	指定建蔽率　＋20％
⑤ 指定建蔽率が80％の地域内で、 防火地域内にある耐火建築物等	建蔽率の制限なし → 建蔽率は100％となる

商業地域の指定建蔽率は
80％です

「① の角地等」とは？

下図のような街区の角にある敷地です。

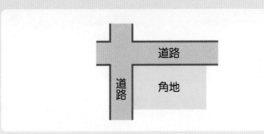

建蔽率の異なる地域にわたる場合の建蔽率

建築物の敷地が建蔽率の異なる地域にわたる場合、加重平均した建蔽率が敷地全体に適用されます

（例）
地域Aと地域Bにわたる500㎡の敷地に建築する場合の建蔽率の求め方

地域A 指定建蔽率：80% 面積：300㎡	地域B 指定建蔽率：50% 面積：200㎡

・地域Aの建築面積の最高限度 ＝ 300㎡×80% ＝ 240㎡
・地域Bの建築面積の最高限度 ＝ 200㎡×50% ＝ 100㎡

建築面積の最高限度の合計＝240㎡＋100㎡＝340㎡

公式　$\text{敷地全体の建蔽率（\%）} = \dfrac{\text{建築面積の最高限度の合計（㎡）}}{\text{敷地面積の合計（㎡）}} \times 100$

$$\text{敷地全体の建蔽率} = \frac{340㎡}{（300㎡＋200㎡）} \times 100 = 68（\%）$$

4 容積率

容積率とは、敷地面積に対する建物の**延べ面積**の割合のことです。敷地に建てられる延べ面積の最高限度は、敷地面積に、用途地域ごとに都市計画で定められた容積率の上限（指定容積率）を乗じて算出します。建物全体の大きさをイメージするとわかりやすいです。

計算式

公式

$$容積率（\%）＝ \frac{延べ面積（㎡）}{敷地面積（㎡）} × 100$$

公式

延べ面積の最高限度（㎡）＝ 敷地面積（㎡）× 指定容積率（%）

※上記の敷地面積にセットバック部分は含めません

建蔽率と容積率は
試験によく
出題されるよ！

しっかり
覚えてね！

計算例

指定容積率が150%の地域で、敷地面積200㎡の土地に建物を建てる場合の延べ面積の最高限度は

200㎡ × 150% = 300㎡

【例えばこんなイメージ】

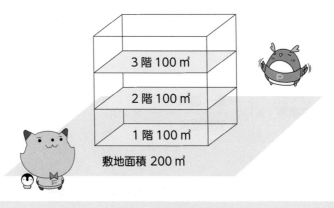

容積率の異なる地域にわたる場合の容積率

建築物の敷地が容積率の異なる地域にわたる場合、加重平均した容積率が敷地全体に適用されます。
計算の方法は建蔽率と同じです。

前面道路の幅員による容積率の制限

前面道路（2つ以上ある場合は幅が最も広い道路）の幅員が12m未満の場合、次の（1）、（2）のいずれか低い方が容積率の上限となります。

（1）都市計画で定められた指定容積率
（2）前面道路の幅員（m）× 法定乗数

住居は4、
その他は6！

法定乗数の原則

住居系用途地域 $\dfrac{4}{10}$　　その他の用途地域 $\dfrac{6}{10}$

※（2）の「前面道路の幅員」には、セットバック部分を含めます。

（例）　前面道路幅員が12m未満の場合の容積率の求め方

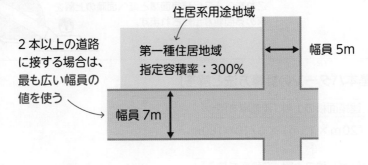

住居系用途地域

第一種住居地域
指定容積率：300%

幅員 5m

2本以上の道路
に接する場合は、
最も広い幅員の
値を使う

幅員 7m

①指定容積率　300%

②前面道路の幅員 × 法定乗数
　＝ 7m × $\dfrac{4}{10}$ ＝ 280%

比べて低い方が上限になるので、この場合の容積率は280%

奥義！
こう来たら、
こうする式

特別講義

建蔽率・容積率の計算問題は 3つのパターンで攻略できる！

建築面積（建蔽率）と延べ面積（容積率）の計算問題は実技試験では定番で、パターンから条件を変化させて出題されます。基本パターン（設例）を基にして条件がどのように変化したら何に注意して解くのかを見ていきましょう。

[基本パターン（設例）]

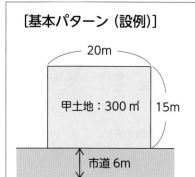

20m

甲土地：300㎡　15m

市道 6m

用途地域　：第一種住居地域
指定建蔽率：6/10
指定容積率：30/10
前面道路幅員による容積率の制限
　　　　：前面道路幅員× 4/10

これがよく出題される典型的なパターンね。
これをベースに建築面積と延べ面積の上限を
求める問題が出題されます。

[基本パターンの計算方法と解答]

建築面積の上限（建蔽率を使う）

$(20m × 15m) × 6/10 = 180㎡$

延べ面積の上限（容積率を使う）

前面道路幅が 12 m未満の場合、以下①②のいずれか低い容積率を使う
　　①指定容積率 30/10 = 300%
　　②前面道路幅員 6 m×法定乗数 4/10 = 24/10 = 240%
　　↓
$(20m × 15m) × 240% = 720㎡$

この条件なら、こう対処する!

出題される問題によって
各条件が変わってきます!

変更された各条件に合わせて。
基本形のそれぞれの数値を
変えて対処すればOK!

問われて いること	条件	対応
建築面積 の上限 **建蔽率 を使う**	特定行政庁指定の角地	建蔽率を10%アップする
	防火地域・準防火地域 ＋耐火建築物	建蔽率を10%アップする
	指定建蔽率80% ＋防火地域 ＋耐火建築物	建蔽率を100%にする
	セットバック	敷地面積から セットバック部分を引く
両方 共通	用途地域をまたぐ	それぞれの敷地部分で建築面積を 計算して足し合わせる（加重平均）
延べ面積 の上限 **容積率 を使う**	角地	道路幅の広い方（m）×法定乗数
	前面道路幅員が 12m未満	①指定容積率 ②道路幅員×法定乗数 上記①②のうち低い方とする
	セットバック	敷地面積から セットバック部分を引く

建蔽率と容積率を求める問題で頻出するパターンは次に紹介
する3つ。基本パターンと比べて、どこの数字を変えればい
いかを押さえれば、色んな出題に対応できるはず!

角 地 → **パターン1** 防火地域 → **パターン2** セットバック → **パターン3**

134

パターン1　特定行政庁指定の角地

例題：特定行政庁指定の角地であるこの土地に、建築物を建てる場合の（1）建築面積と（2）延べ面積（床面積の合計）の最高限度を計算しなさい。

建蔽率は
1／10上乗せ、
容積率は道路幅の
広い方で計算！

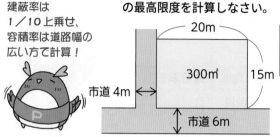

指定建蔽率：6／10
指定容積率：30／10
前面道路幅員による容積率の制限
：前面道路幅員× 4／10

パターン2　防火地域・準防火地域 ＋ 耐火建築物

例題：この土地（防火地域）に耐火建築物を建てる場合の（3）建築面積と（4）延べ面積（床面積の合計）の最高限度を計算しなさい。

建蔽率は
1／10上乗せで！

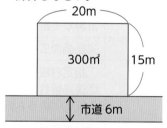

指定建蔽率：6／10
指定容積率：30／10
前面道路幅員による容積率の制限
：前面道路幅員× 4／10

パターン3　セットバック

例題：甲土地に建築物を建てる場合の（5）建築面積の最高限度と（6）延べ床面積の最高限度を計算しなさい。

建蔽率・容積率ともに
セットバック分を
引いて計算！

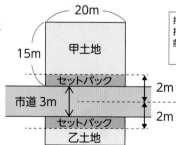

指定建蔽率：6／10
指定容積率：30／10
前面道路幅員による容積率の制限
：前面道路幅員× 4／10

135

（1）このパターン[※]で建築面積の最高限度を求める際は、建蔽率を1/10上乗せできます。　※特定行政庁が指定する角地であること。

> 計算　300㎡×（6/10+1/10）=300㎡×70％=210㎡

（2）道路幅員が12m未満の角地で延べ面積の最高限度を求める際は、①指定容積率と②広い道路幅員×法定乗数により求めた容積率のどちらか小さい方を使います。

> 計算　①指定容積率：30/10=300％　②が小さい
> 　　　②6m×4/10=24/10=240％　→300㎡×240％=720㎡

（3）このパターンで建築面積の最高限度を求める際は、建蔽率を1/10上乗せできます。

> 計算　300㎡×（6/10+1/10）=300㎡×70％=210㎡

（4）前面道路が12m未満なので①指定容積率と②道路幅員×法定乗数により求めた容積率のどちらか低い方を使います。

> 計算　①指定容積率：30/10=300％　②が低い
> 　　　②6m×4/10=24/10=240％　→300㎡×240％=720㎡

（5）このパターンで建築面積の最高限度を求める際は、セットバック部分を除いた敷地面積で計算をします。乙土地もセットバックできる土地なので、道路の中心線から2mずつ割り振りをして甲土地・乙土地ともに0.5mのセットバックが生じます。

> 計算　20m×（15m−0.5m）×6/10=290㎡×6/10=174㎡

（6）上記（5）と同様にセットバック部分は敷地面積から除きます。前面道路幅員はセットバックを含めて4mとなりますが、12m未満のため以下の計算をしてどちらか低い方の容積率を使います。

> 計算　①指定容積率：30/10=300％　②が低い
> 　　　②4m×4/10=16/10=160％　→20m×（15m−0.5m）×160％
> 　　　　　　　　　　　　　　　　=464㎡

5 防火規制

　駅前の繁華街や建物の密集地など、火災による被害を防止・抑制するため、都市計画で防火地域や準防火地域に指定されている地域があります。

　建築物が、防火規制の異なる地域にわたる場合には、原則として**厳しい方**の規制が適用されます。

　準防火地域よりも、防火地域の方が厳しい規制です。

試験に出るよ！

異なる地域にわたるシリーズ

用途制限………… 敷地の過半の属する地域の用途制限が適用されます

建蔽率・容積率… 加重平均した率が適用されます

防火規制………… 原則として厳しい方の規制が適用されます

「火事には厳しい」
と覚えましょう！

6 建築物の高さの制限

低層住居専用地域等での制限（絶対高さ制限）

第一種低層住居専用地域、第二種低層住居専用地域および田園住居地域では、建築物の高さの限度は、原則として10mまたは12mです。どちらになるかは都市計画で定められます。

斜線制限

斜線制限とは、建築物の高さの制限の一つです。建築物の高さは、道路や隣地の境界線上から上方斜めに引いた線の内側におさまらなければなりません。

隣地斜線制限	高い建物間の空間を確保するための制限 「高い建物」を建てられない低層住居専用地域（第一種・第二種低層住居専用地域）や田園住居地域には適用がありません
北側斜線制限	住宅地における日当たりを確保するための制限 日当たりに支障が出るおそれのある住居専用地域等（第一種・第二種低層住居専用地域、田園住居地域、第一種・第二種中高層住居専用地域※）のみに適用されます ※日影規制が適用される区域は除きます
道路斜線制限	道路および道路上空の空間を確保するための制限 すべての用途地域、および用途地域の指定がない区域に適用されます

日影規制

　日影規制とは、高い建築物の周りに生じる日影を一定以内にとどめて日当たりを確保するための規制で、冬至の日において周囲が日影となる時間を制限します。日影規制は、商業地域、工業地域、工業専用地域には原則、適用されません。

高さ制限の適用地域まとめ

用途地域	絶対高さ制限	隣地斜線制限	北側斜線制限	道路斜線制限
第一種低層住居専用地域	○	×	○	○
第二種低層住居専用地域				
田園住居地域				
第一種中高層住居専用地域	×	○	△	○
第二種中高層住居専用地域				
第一種住居地域	×	○	×	○
第二種住居地域				
準住居地域				
近隣商業地域				
商業地域				
準工業地域				
工業地域				
工業専用地域				
用途地域の指定がない区域	×	○	×	○

○ = 適用あり　　× = 適用なし　　△ = 日影規制の適用区域を除く

接道義務について
おさらいするよ！

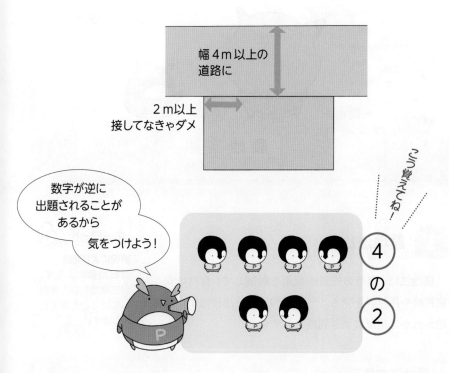

幅4m以上の
道路に

2m以上
接してなきゃダメ

こう覚えてね！

数字が逆に
出題されることが
あるから
気をつけよう！

④
の
②

LESSON 7

農地法

1 農地法とは

　農地法は、農地の売買や転用を規制して、食料の安定供給や耕作者を守ることを目的とした法律です。農地か否かは現況により判断されます。

現況により判断
登記地目によらず、現在農地として使用しているか否かで判断します。

農地法の許可

　農地を売買したり、農地を農地以外の用途（宅地など）に転用する場合には、原則として許可が必要です。

農地法のまとめ

農地法	規制内容	許可をする者	市街化区域内の特例
3条 （権利移動）	農地を農地のまま売買・貸借等	農業委員会	適用なし
4条 （転用）	農地を農地以外のものに転用	都道府県 知事等	市街化区域内の農地は、あらかじめ農業委員会へ届出をすれば許可不要
5条 （転用目的の 権利移動）	農地を農地以外のものに転用するために売買・貸借等 （3条＋4条）		

「市街化区域は市街化を進める地域！」だから、市街化区域内の農地を農地以外に転用することは、あらかじめ農業委員会への届出をすれば許可不要です。

農地は食糧自給のためにも
大事だからね

勝手に転用しちゃ
ダメなんだね！

LESSON 8

不動産の税金

不動産の

取得	保有
譲渡	賃貸

これらに各種税金がかかってくるよ

金額が大きいからね

1 不動産と税金の概要

不動産にかかる税金は、大きく分けて次の4種類です。

①**不動産を取得したときの税金**
　→ 不動産取得税、登録免許税、消費税、印紙税

②**不動産を保有しているときの税金**
　→ 固定資産税、都市計画税

③**不動産を譲渡したときの税金**
　→ 所得税、住民税（譲渡所得）

④**不動産を賃貸したときの税金**
　→ 所得税、住民税（不動産所得）

2 不動産取得税

　不動産取得税は、不動産を取得した場合（購入、増改築、贈与など）、登記の有無に関わらず**都道府県が課税し**ます。

課税される …… 売買、贈与、交換、建築（新築、増改築）等による取得

課税されない … 相続による取得、法人の合併等による取得

（1）税額

税額 ＝ 固定資産税評価額（課税標準）× 税率

（2）宅地等の課税標準の特例

固定資産税評価額は、公示価格の**70%**です

　2027年3月31日までに取得した宅地等は、固定資産税評価額が2分の1に引き下げられます。

税額 ＝ 宅地等の固定資産税評価額（課税標準）× $\dfrac{1}{2}$ × 税率

上記の特例の他に、一定の住宅用地には税額軽減の特例もあります。

（3）住宅の課税標準の特例

　要件を満たす新築住宅の固定資産税評価額（課税標準）から、最高1,200万円（認定長期優良住宅の場合は最高1,300万円）を控除できます。要件を満たす中古住宅の場合の控除額は建築時期に応じて異なります。

（4）税率

　本則は4％、宅地等および一定の要件を満たす住宅は特例（2027年3月31日まで）により3％となります。

不動産取得税と特例のまとめ

	課税標準	課税標準の特例		特例税率
宅地等	固定資産税評価額	$\times \dfrac{1}{2}$		×3％ （本則は4％）
要件を満たす住宅		一般住宅　　　　　→ −1,200万円 認定長期優良住宅 → −1,300万円		

中古住宅は建築時期により
控除額が異なります

特例で1％お得に
なっているんだ！

3 登録免許税

　登録免許税は、不動産に関する権利を登記する際にかかる税金（国税）です。ただし、建物を新築したときなどにする表題登記には課税されません。

　課税標準は、原則、固定資産税評価額ですが、抵当権設定登記の課税標準は債権金額（根抵当権は極度額）になります。

　税率は登記原因により異なり、例えば所有権移転登記の場合、相続（0.4%）よりも贈与（2%）の方が高くなります。税率には軽減税率が設けられており、土地売買による所有権移転登記や住宅の新築購入等で、一定要件を満たせば適用を受けられます。

税額

公式	税額 ＝ 固定資産税評価額（課税標準）× 税率

 注意！　抵当権設定登記の場合は、固定資産税評価額ではなく、債権金額（根抵当権は極度額）が課税標準です。

ここは
たまに狙われるよ

4 消費税

　不動産の取引においては、原則として事業者が事業として行う建物の譲渡・貸付、役務の提供（仲介手数料）は消費税の課税取引となりますが、**土地の譲渡・貸付（1カ月以上）や住宅の貸付（1カ月以上）は非課税取引**です。

課税取引……　建物の譲渡、建物の貸付け（1カ月以上の住宅を除く）、不動産の仲介手数料、融資事務手数料等

非課税取引…　土地の譲渡・貸付け（1カ月未満を除く）、住宅の貸付け（1カ月未満を除く）

土地の貸付け、住宅の貸付けは
1カ月未満の場合は課税されます

5 印紙税

　印紙税は、一定の課税対象となる一定の文書（売買契約書など）を作成した場合に、国が課税します。契約書に印紙を貼り、消印することにより納付します。

①売買契約書を2通作成し、売主と買主の双方が保管する場合は、その2通ともが課税されます。

②相手方の承諾があれば売買契約書を電磁的方法によることができ、その際、印紙税は課されません。

6 固定資産税

　固定資産税は、毎年1月1日時点における不動産の所有者（固定資産課税台帳などに登録されている人）に対して、**市町村**（東京23区は都）が課税します。したがって、1月1日時点で所有していたのであれば、その年の途中で売却や取り壊した場合でも、その年度分の固定資産税の**全額**を納付する義務があります。

　売買の実務上では、売主と買主との間でその年の所有期間に応じて案分することが慣例となっています。

(1) 税額

| 税額 ＝ 固定資産税評価額（課税標準）× 1.4％（標準税率）

標準税率 → 通常用いることとされる税率で、市町村等は条例で異なる税率を定めることができます

(2) 新築住宅の税額の減額措置

　新築住宅で、床面積等の一定の要件を満たした一戸建て住宅は**3年間**（認定長期優良住宅は5年間）、地上3階建以上の耐火・準耐火建築物は**5年間**（認定長期優良住宅は7年間）にわたり、1戸あたり**床面積120㎡以下**の部分の税額が**2分の1**に減額されます。

（3）住宅用地に対する固定資産税の課税標準の特例

　住宅用地の固定資産税評価額（課税標準）には、次のような特例措置があります。

住宅用地とは
自宅以外にも
アパートの敷地
もだよ！

小規模住宅用地

公式

住宅1戸につき200㎡以下の部分

＝ 固定資産税評価額（課税標準）× $\dfrac{1}{6}$

一般住宅用地

公式

住宅1戸につき200㎡超の部分

＝ 固定資産税評価額（課税標準）× $\dfrac{1}{3}$

7 都市計画税

　都市計画税は、都市計画事業等の費用にあてるための目的税で、原則として、**市街化区域内**の土地・家屋の所有者に対して、市町村（東京23区は都）が課税します。

（1）税額

公式

税額 ＝ 固定資産税評価額（課税標準）× 0.3％（制限税率）

制限税率 → 市町村等で異なる税率を定める際の上限です。

固定資産税の税率 → 標準税率

都市計画税の税率 → 制限税率

（2）住宅用地に対する 都市計画税の課税標準の特例

都市計画税においても、住宅用地の固定資産税評価額（課税標準）には、次のような特例措置があります。

小規模住宅用地

| 公式 | 住宅1戸につき200㎡以下の部分 $= $ 固定資産税評価額（課税標準）$\times \dfrac{1}{3}$ |

一般住宅用地

| 公式 | 住宅1戸につき200㎡超の部分 $= $ 固定資産税評価額（課税標準）$\times \dfrac{2}{3}$ |

余裕があれば
覚えよう

固定資産税と都市計画税の特例のまとめ

固定資産税			
新築住宅	一般住宅は3年間 地上3階建以上の耐火・準耐火建築物の住宅は5年間	課税標準	$\times 1.4\%$（標準税率）↓ 床面積120㎡以下の部分は税額1/2
住宅用地	200㎡以下の部分	課税標準 $\times 1/6$	$\times 1.4\%$（標準税率）
	200㎡超の部分	課税標準 $\times 1/3$	
都市計画税			
住宅用地	200㎡以下の部分	課税標準 $\times 1/3$	$\times 0.3\%$（制限税率）
	200㎡超の部分	課税標準 $\times 2/3$	

土地・建物等の譲渡所得

土地・建物等を売却したときの収入は譲渡所得となり、所得税・住民税が課税されます。この場合の譲渡所得はほかの所得と分けられ、**分離課税**の対象となります。

譲渡所得金額の計算式

公式　譲渡所得金額 ＝ 譲渡価額 －（取得費 ＋ 譲渡費用）

買った金額

売った金額

売るためにかかった金額

取得費

　　譲渡資産の取得に要した金額、その後の設備費や改良費

　（例）購入代金、仲介手数料、登録免許税、不動産取得税、設備費、改良費など

譲渡費用

　　資産を売る（譲渡する）ための費用

　（例）仲介手数料、賃借人への立退料、建物の取り壊し費用、印紙税など

固定資産税や都市計画税は売るための費用ではないですからね！

取得費について

概算取得費
取得費が不明な場合は「譲渡価額×5％」を概算取得費とすることができます。実際の取得費が譲渡価額の5％を下回る場合でも、概算取得費を適用できます。

取得費の引き継ぎ
相続や贈与によって取得した場合は、被相続人（亡くなった人）や贈与者の取得費（買った金額等）を引き継ぎます。

相続税の取得費加算の特例
相続により取得した財産を、相続開始の日の翌日から相続税の申告期限の翌日以後3年以内に譲渡した場合は、支払った相続税のうち一定金額を取得費に加算できます。

建物の取得費
建物の取得費は、減価償却費を控除したあとの金額になります。建物は劣化するためです。

長期譲渡所得と短期譲渡所得
土地・建物等の譲渡所得は、譲渡した年の1月1日時点の所有期間が、5年以下か、5年超かにより短期譲渡所得と長期譲渡所得に区分され、異なる税率が適用されます。

譲渡した年の1月1日時点の所有期間

・5年以下→ 短期譲渡所得 → 税率は 39.63％
（所得税・復興特別所得税 30.63％、住民税9％）

・5年超　→ 長期譲渡所得 → 税率は 20.315％
（所得税・復興特別所得税 15.315％、住民税5％）

※相続・贈与により取得した不動産の譲渡においては、前の所有者（被相続人等）が取得した日を引き継ぎます。

9 居住用財産の譲渡の特例

　居住用財産を譲渡して利益が出たときに、一定の要件を満たした場合には、主に以下3つの特例があります。

3つの特例

①居住用財産を譲渡した場合の
3,000万円の特別控除の特例

②居住用財産の軽減税率の特例

③特定の居住用財産の買換えの特例

〈特例の共通要件〉
- ・配偶者、父母、子など特別な関係者への譲渡ではないこと
- ・居住しなくなってから3年経過後の12月31日までに譲渡していること
- ・前年、前々年に居住用財産の譲渡の特例を受けていないこと

①居住用財産を譲渡した場合の3,000万円の特別控除の特例

居住用財産を譲渡した場合は、所有期間を問わず、譲渡所得から最高3,000万円を控除することができます。

※その居住用財産を共有していた場合は1人につき最高3,000万円が控除されます。

②居住用財産の軽減税率の特例

譲渡した年の1月1日時点の所有期間が10年超の居住用財産を譲渡した場合（長期譲渡所得）、①の3,000万円の特別控除を控除したあとの6,000万円以下の部分に対して、軽減税率が適用されます。

買換え特例は
併用できない！

3,000万円の特別控除と
軽減税率の特例は重複適用できる！

Point!

課税長期譲渡所得金額に課される税率

6,000万円以下の部分（軽減税率）
→ 所得税10%（復興特別所得税を含む税率は10.21%）、
住民税 4%

6,000万円を超える部分
→ 所得税15%（復興特別所得税を含む税率は15.315%）、
住民税 5%

③特定の居住用財産の買換えの特例

譲渡した年の1月1日時点の所有期間が10年超で、居住期間が10年以上の居住用財産を譲渡して新たな居住用財産に買い換えた場合は、譲渡益に対する税金を将来の売却時まで繰り延べることができます。
「①居住用財産を譲渡した場合の3,000万円の特別控除の特例」と「②居住用財産の軽減税率の特例」は重複適用できません。

> **譲渡価額（旧居住用）≦ 買換資産（新居住用）の場合**
> 譲渡益に対する課税を、全額繰り延べできます。

＜主な適用要件＞

- ・譲渡価額が1億円以下であること
- ・譲渡した年の1月1日時点の所有期間が10年超で、かつ居住期間が10年以上であること
- ・買換資産（新居住用）の床面積が50㎡以上で、敷地面積が500㎡以下であること

> **譲渡価額（旧居住用）> 買換資産（新居住用）の場合**
>
> **課税対象となる譲渡所得の計算方法**
> 　譲渡価額よりも買換資産の価額が安いときは、その差額を収入金額とし、案分した必要経費を控除して譲渡所得金額を算出します。
>
> ①譲渡価額－買換資産の価額＝収入金額（A）
>
> ②（取得費＋譲渡費用）× $\dfrac{収入金額（A）}{譲渡価額}$ ＝必要経費（B）
>
> ③収入金額（A）－必要経費（B）＝課税対象となる譲渡所得
> 　この場合、長期譲渡所得の税率（20.315%）となります。

155

居住用財産を譲渡した場合の 3つの特例のまとめ

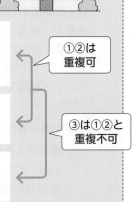

譲渡した年の1月1日時点の所有期間の要件

①居住用財産を譲渡した場合の **3,000万円の 特別控除の特例** → **なし** （所有期間は問わない）

②居住用財産の 軽減税率の特例 → 所有期間10年超

③特定の居住用財産の 買換えの特例 → 所有期間10年超かつ 居住期間10年以上

①②は 重複可

③は①②と 重複不可

重複適用の可否を問う問題は めちゃくちゃ試験に出るよ

居住用財産の譲渡で損失が出た場合

譲渡した年の1月1日時点で所有期間が5年超の居住用財産を譲渡して譲渡損失が生じた場合で、一定の要件に該当すれば、ほかの所得の金額と損益通算することや3年間にわたり繰越控除をすることができます。

<その他の主な適用要件>
・買換資産を償還期間10年以上の住宅ローンで取得し、繰越控除の各年末時点で、一定の借入金残高を有すること（損益通算、繰越控除ともに要件）
・繰越控除を受けようとする年の合計所得金額が3,000万円以下であること（損益通算の年は問わない）

なお、要件を満たせば譲渡資産についてこの特例の適用を受け、併せて買い換えた住宅に係る住宅借入金等特別控除も適用できます

被相続人の居住用財産（空き家）に係る
譲渡所得の特別控除の特例

相続開始の直前において、被相続人の居住用であった家屋を相続・遺贈により取得して一定期間内に譲渡した場合、譲渡所得の金額から最高3,000万円※を控除することができます。被相続人が、要介護認定等を伴うため相続開始直前まで老人ホームなどに入所していた場合においても、被相続人が居住用に使っていたものとして適用できます。

※取得した相続人が3人以上である場合は2,000万円

＜主な適用要件＞

（1）譲渡する建物の要件
　① 1981年5月31日以前に建築された家屋であること
　② 区分所有建物でないこと
　③ 相続開始の直前において被相続人以外に住んでいた人がいなかったこと
　④ 相続開始から譲渡のときまで、事業用・貸付用・居住用に使用されていないこと
　⑤ 新耐震基準を満たして譲渡する、建物を取り壊して敷地のみを譲渡する、または譲渡した翌年2月15日までの間に前記要件に該当すること

（2）譲渡の要件
　① 相続開始日から3年を経過する年の12月31日までに譲渡すること
　② 譲渡対価の額が1億円以下であること
　③ 相続税の取得費加算の特例等を利用していないこと
　④ 譲渡先が親子等の特別な関係者ではないこと

（3）その他
　所定の書類を添付して確定申告をすること

「相続税の取得費加算の特例」とは
重複しては使えません！

不動産の税金について
おさらいするよ！

不動産を
買ったよ！

ハイ！
不動産取得税！

いい住み心地〜

ハイ！
固定資産税！

でも
そろそろ売ろうかな

ハイ！
譲渡所得ね！

でもやっぱり
貸そうかな…

ハイ！
不動産所得ね！

不動産にはいろんな使い方があります！

不動産の有効活用・不動産投資

マンションを建てて賃貸に！

大家さん！

土地を貸して地代を得る！

土地を貸すよ！

不動産は有効活用や投資でお金を生むのだ！

1 土地の有効活用

　土地所有者が土地を有効活用するには、さまざまな方法があります。例えば、土地に建てた建物を賃貸して賃料を得る方法や、土地を貸して地代を得る方法などが考えられます。代表的な方式としては、次のものがあります。

土地で
お金を生み出す方法…
ってわけだね

自己建設方式　→ 自分でやる方法

土地所有者が自己所有の建物を建設し、賃貸業を行います。土地所有者が建設資金の調達を行います。すべての業務を土地所有者が行うため外注コストを抑えられます。うまくいけば収益性は高くなりますが専門知識が必要です。

事業受託方式　→ 業者に任せる方法

デベロッパー（不動産開発業者）が、企画、建物の設計、施工・管理、運営を受託して不動産投資を行います。土地所有者の業務負担は軽減されますが、デベロッパーに報酬を支払う必要があります。建設資金は土地所有者が負担します。

土地信託方式（賃貸型）→ 信託銀行に任せる方法

土地を信託銀行に信託し、信託銀行がその土地を有効活用するための企画・運営・管理等を行います。土地所有者は、土地活用の収益から必要経費や信託報酬等を差し引いた配当金を受け取れます（実績配当）。土地や建物の名義は、信託期間中は信託銀行に移りますが信託期間終了後は土地所有者に戻ります。
建設資金の調達は信託銀行が行いますが、最終的な返済責任は土地所有者が負います。

等価交換方式　→ 土地と建物を交換する方法

土地所有者はデベロッパーに土地を提供し、デベロッパーは建物の建設資金を出資してその土地に建物を建設します。それぞれの出資比率に応じて土地・建物を所有します（土地所有者は、土地の価値と建物の価値を交換します）。等価交換方式には、次の2つの方式があり、取得した建物部分を賃貸するなどして収益を得ます。

①部分譲渡方式：所有する土地の一部をデベロッパーに譲渡し、建物完成後、建物のうち譲渡した土地の価格に相当する部分を取得（区分所有）する方法です。

②全部譲渡方式：所有する土地全部をデベロッパーに譲渡し、出資比率に応じた土地・建物を取得（区分所有）する方法です。

定期借地権方式　→ 一定期間土地を貸す方法

土地を一定期間、借地人に賃貸し借地人が建物を建設します。土地所有者は、一定期間安定した地代収入を確保することができますが、契約期間が比較的長くなり、その間、土地は拘束されてしまいます。土地所有者は建設資金を負担することはありません。

建設協力金方式 → 入居予定のテナントが出資する方法

入居予定のテナントが、建物の建築資金を建設協力金（保証金）として土地所有者に差し入れ（または貸し付けて）、その資金で土地所有者が建物を建設します。建物の完成後は差し入れられた建設協力金は家賃の一部に充当する形でテナントに返還されます。土地所有者は建設資金を全額負担しなくてもいいというメリットがある反面、テナントが退去した後の建物は汎用性が低いというデメリットもあります。

相続税の計算上、建設協力金は債務控除になり、財産評価では、土地は貸家建付地（要件を満たせば「小規模宅地等の評価減の特例（貸付事業用宅地等）」の適用可）、建物は貸家として評価します。

ここは全部自分（本人）と覚えましょう！

土地の有効活用まとめ

活用方法	土地の所有名義	建物の所有名義	事業推進者	建設資金の自己負担
自己建設方式	本人	本人	本人	あり
事業受託方式	本人	本人	デベロッパー	あり
土地信託方式	信託期間中は信託銀行 信託終了後は本人	信託期間中は信託銀行 信託終了後は本人	信託銀行	最終的な返済責任は本人
等価交換方式	本人・デベロッパー	本人・デベロッパー	デベロッパー	なし
定期借地権方式	本人	借地権者	デベロッパーまたは借地権者等	なし
建設協力金方式	本人	本人	本人、テナント等	なし、または少なくなる

賃貸住宅管理業法（賃貸住宅の管理業務等）（の適正化に関する法律）

　賃貸住宅管理業法は、賃貸住宅のサブリース業者等への規制で、マスターリース契約の勧誘や契約時における禁止事項等が定められています。

居住用賃貸住宅オーナー

⬆⬇ **マスターリース契約（特定賃貸借契約）**
オーナーから物件の建物を一括して賃借する契約

サブリース業者

⬆⬇ **サブリース契約（転貸借契約）**
一括借り上げした建物を転貸し、入居者との間で交わす契約

入居者

住宅のマスターリースにおいて禁止されている事項

・家賃が減額することがある等の事実を告げない、または不実を告げること。
・マスターリース契約の募集広告で、著しく事実とは異なる表示をすること。

義務化されている事項

・マスターリース契約の締結前に、家賃や契約期間、維持保全の方法、借賃の増減がある旨等を記載した重要事項を、書面を交付して説明する。
・マスターリース契約締結時に一定内容を記載した書面を交付する。

3　不動産投資の収益性を評価する手法

　不動産投資をする際には、採算が合うかどうかを検討する必要があります。採算性や収益性を評価する手法には、投資利回りやDCF法があります。

投資利回りの種類

　不動産投資をする場合の収益性を評価する利回りには、年間収入合計をもとにして計算する表面利回りと、年間収入合計から年間費用（運営コスト）を差し引いた純収益をもとに計算する実質利回り（NOI 利回り、純利回り）があります。

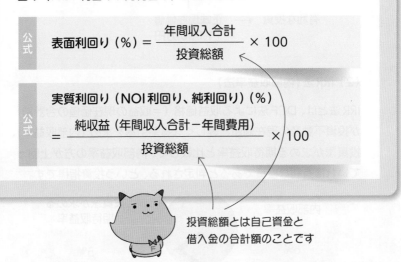

公式
$$表面利回り（\%）= \frac{年間収入合計}{投資総額} \times 100$$

公式
$$実質利回り（NOI利回り、純利回り）（\%）$$
$$= \frac{純収益（年間収入合計 - 年間費用）}{投資総額} \times 100$$

投資総額とは自己資金と借入金の合計額のことです

DCF 法 (ディスカウンテッド・キャッシュ・フロー法)

　投資不動産の保有期間中に得られる純収益の総和と、保有期間満了時点における売却価格（復帰価格）をそれぞれ現在価値に換算し、それらを合計して収益価格を求める方法です。

不動産投資分析の指標

（1）NPV 法（正味現在価値法）

NPV 法とは、DCF 法によって求めた収益価格（=収益の現在価値の合計額）と、投資不動産の現在価値を比べて、DCF 法による収益価格の方が上回っていれば有利な投資であると判定される、という投資指標です。

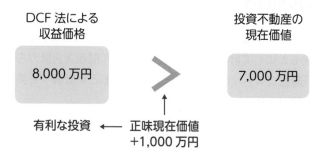

（2）IRR 法（内部収益率法）

IRR 法とは、DCF 法による収益価格（＝収益の現在価値の合計額）が投資不動産の現在価値と等しくなる割引率を求め（内部収益率）、投資家が求める期待収益率と比較して、内部収益率の方が上回っていれば有利な投資であると判定される、という投資指標です。

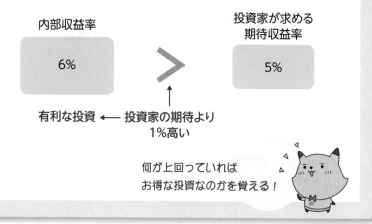

4 不動産投資に関するその他の分析

不動産投資に関するその他の分析には次のようなものがあります。

(1) DSCR（借入金償還余裕率）

DSCRは、借入金の返済に対してどれだけ収益に余裕があるかを測るもので、次の算式で計算されます。DSCRは、**数値が1.0を上回り、大きいほど借入金の返済に余裕がある**ことを意味します。

投資収益
（キャッシュ）で
借入金を返せるか？

$$DSCR（倍）= \frac{元利金返済前の年間キャッシュフロー（純収益）}{年間元利金返済額}$$

(2) レバレッジ効果

レバレッジ効果とは、全額を自己資金で投資を行うより、借入金を併用した方が、自己資金に対する投資利回りが高くなる効果をいいます。借入金の金利よりも投資不動産の利回りが上回っている場合にレバレッジ効果があります。

注目！

レバレッジとは「てこ」のことです。てこで大きな効果をもたらすという意味です。

借金をしてでも
利回りが高ければプラスに…
ってやつですね

相続・事業承継

ここで学ぶ内容です！

相続の基本

相続税

贈与税

財産の評価

相続・事業承継

傾向と対策

🅛🅚🅣🅣 相続の法律と相続税、贈与税が幅広く

相続では、宅地の相続税評価はほぼ毎回出題されるほか、民法の規定、遺言、遺産分割に関する出題も多いです。相続税は課税（非課税）財産、債務控除、基礎控除額、相続税の計算など、幅広く出題されるので、相続税算出までの流れを理解しましょう。

贈与では、贈与の形態と概要はほぼ毎回出題されるほか、贈与税の課税（非課税）財産、暦年贈与、相続時精算課税、申告と納付なども押さえておきましょう。

事業承継では、非上場株式の評価方法や事業承継対策、非上場株式の贈与税・相続税の納税猶予・免除制度を押さえましょう。

🅢🅣🅣🅣 受検先別の傾向と対策

【金財　個人資産相談業務】
相続税の総額の計算はほぼ毎回出題されます。FPアドバイス問題では、遺言、相続税の基礎控除、2割加算、小規模宅地等の評価減の特例、贈与税の非課税制度、基礎控除、暦年課税と相続時精算課税など幅広く問われます。

【金財　生保顧客資産相談業務】
相続税の総額の計算のほか、相続税の基礎控除、死亡保険金の非課税金額は頻出です。遺言、小規模宅地等の評価減の特例、贈与税の非課税制度なども押さえましょう。

【日本FP協会　資産設計提案業務】
親族図から民法上の相続人・法定相続分を求める問題はほぼ毎回出題されるほか、贈与税額の計算、相続税の課税価格の計算、路線価方式による評価方法や小規模宅地等の評価減の特例、相続税の債務控除なども押さえておきましょう。

相続の基礎知識

1 相続とは

相続とは、死亡した人の財産（資産および負債）を残された人に承継することで、人の死亡によって開始されます。死亡した人のことを**被相続人**といい、財産を承継する人のことを**相続人**といいます。

民法上での親族とは、**配偶者、6 親等内の血族、3 親等内の姻族**を指しますが、民法上の相続人は、配偶者と一定の血族です。

注目！

父母や祖父母など被相続人よりも上の世代を直系尊属、子や孫など下の世代を直系卑属といいます。

注意！

血族 → 血がつながっている関係
姻族 → 結婚によりつながった関係（「義理の〇〇」など）

2 相続人

被相続人の配偶者、子（養子、非嫡出子も含む）、直系尊属、兄弟姉妹が相続人となります。胎児も相続人となります。民法上の相続人は、実子と養子、嫡出子と非嫡出子に区別はなく、同等に扱います。

注目！

法律上の婚姻関係がない男女間に生まれた子を非嫡出子といいます。

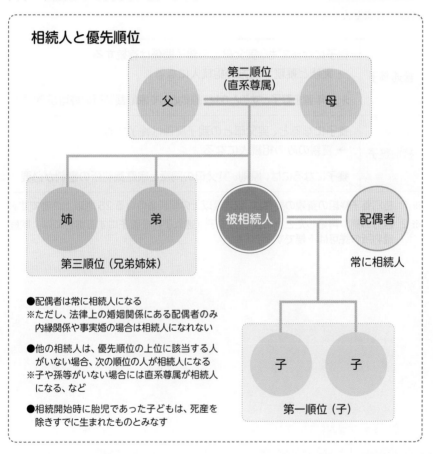

相続人と優先順位

第二順位
（直系尊属）

父 ═══ 母

姉　弟

第三順位（兄弟姉妹）

被相続人 ═══ 配偶者

常に相続人

子　子

第一順位（子）

●配偶者は常に相続人になる
※ただし、法律上の婚姻関係にある配偶者のみ
　内縁関係や事実婚の場合は相続人になれない

●他の相続人は、優先順位の上位に該当する人
　がいない場合、次の順位の人が相続人になる
※子や孫等がいない場合には直系尊属が相続人
　になる、など

●相続開始時に胎児であった子どもは、死産を
　除きすでに生まれたものとみなす

170

3 実子と養子

　民法上の相続人においては、実子も養子も同じように「子」とされ、第一順位となります。

　養子には普通養子と特別養子がありますが、**特別養子**は**実父母**との親子関係が**終了**しますので、実親の相続人にはなれません。

普通養子	養子になっても、実父母との親子関係は存続する → 実親と養親[1]両方の相続人になる 未成年者を養子とするときは、原則として家庭裁判所の許可が必要[2]
特別養子	養子になると、実父母との親子関係は終了する → 養親のみの相続人になる 養子になるには、原則、実父母の同意と家庭裁判所の審判が必要

※1　特別養子縁組の養親の要件は、20歳以上の配偶者のいる25歳以上の者です。
※2　自分の孫や再婚したときの配偶者の子（連れ子）を養子にする場合には、家庭裁判所の許可は不要です

4 代襲相続

　代襲相続とは、相続人となる人が、死亡、欠格、廃除の
いずれかによって、相続開始時に相続権を有していない
場合に、その人の子が代わりに相続することです。

※**相続放棄**には代襲相続はありません →初めから相続
　人でなかったことになるから。

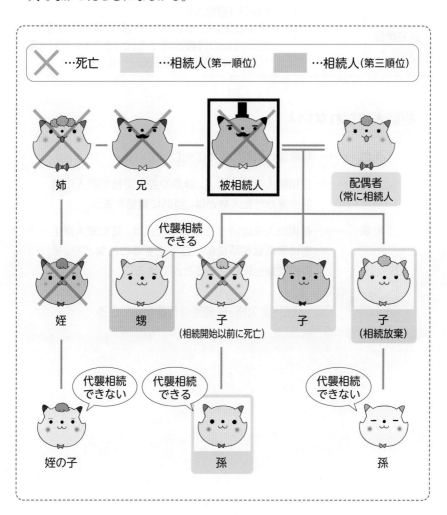

血族相続人が死亡している場合

優先順位	婚姻関係	血縁関係
第一順位	配偶者	子（相続人） → 子が亡くなっていれば孫（代襲相続） → 孫がいなければひ孫（再代襲相続）……
第二順位		直系尊属（相続人） → 父母が全員亡くなっていれば祖父母……
第三順位		兄弟姉妹（相続人） → 兄弟姉妹が亡くなっていれば甥・姪（代襲相続） 　兄弟姉妹の代襲相続は1代（その子）限り（再 　代襲相続、再々代襲相続……はない）

相続人になれない人

①**死亡**　………相続開始以前にすでに死亡している人

②**欠格**　………被相続人を殺した人、詐欺や強迫で被相続人に遺言を書かせた人などは、当然に資格を失う

③**廃除**　………被相続人を虐待するなどした人は、被相続人が生前に家庭裁判所に申し立てをすることなどで、その相続権を失わせることができる

ここに注意！　①死亡・②欠格・③廃除は代襲相続できる

これが代襲相続です

5 相続分

　被相続人の財産は相続人で分割します。その割合を相続分といい、指定相続分と法定相続分があります。被相続人が遺言などで相続分を指定した場合は、指定相続分となり、原則、法定相続分より優先されます。

相続の優先順位と法定相続分

優先順位	婚姻関係	法定相続分	血縁関係	法定相続分
第一順位	配偶者	2分の1	子	2分の1
第二順位		3分の2	直系尊属	3分の1
第三順位		4分の3	兄弟姉妹	4分の1

※同順位の相続人が複数いる場合は、原則、法定相続分を均等に相続します。

間違えやすい相続分のポイント

　嫡出子・非嫡出子と全血兄弟姉妹・半血兄弟姉妹は、
間違えやすいので要注意です。

相続の第一順位における子	嫡出子 → 法律上の婚姻関係にある男女から生まれた子	
	非嫡出子 → 法律上の婚姻関係にない男女から生まれた子	
	Point　相続分は平等、いずれも第一順位 ※非嫡出子が父の相続人となるためには父の認知が必要	
相続の第三順位における兄弟姉妹	全血兄弟姉妹 → 父母が同じ兄弟姉妹	
	半血兄弟姉妹 → 父母の一方のみが同じ兄弟姉妹	
	Point　半血兄弟姉妹の相続分は全血兄弟姉妹の1/2になる、いずれも第三順位の場合	

※嫡出子・非嫡出子は、相続第一順位の「配偶者と子」
　に関連します。また、全血兄弟姉妹・半血兄弟姉妹は、
　相続第三順位の「配偶者と兄弟姉妹」に関連しますの
　で、しっかり覚えておきましょう。

代襲相続と法定相続分

被相続人には配偶者と子が2人いたが、そのうち1人（次男）は相続開
始前に亡くなっている。次男には子ども（被相続人の孫）が2人いる。
この場合、次男の法定相続分を均等に孫2人が相続します。
※×は、死亡を表します。

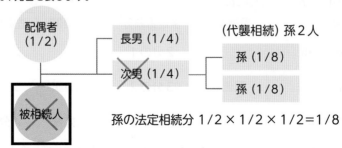

孫の法定相続分　1/2×1/2×1/2＝1/8

6 相続の承認と放棄

ここは、試験で
よく問われるよ！

相続人は、被相続人の財産（資産や負債）を相続するか否かを選ぶことができます。

以下の３つの選択肢があります。

単純承認	・被相続人の財産のすべて（資産も負債も）を無条件で相続する
限定承認	・被相続人の財産のうち資産の範囲内で負債を相続する ・相続があったことを知った時から３カ月以内に、相続放棄した人を除く相続人の全員が家庭裁判所に申述する 　→期間内に申述がなかった場合は、単純承認したものとみなされる
相続放棄	・すべての財産を（資産も負債も）相続しない ・相続があったことを知ったときから３カ月以内に、放棄する相続人が単独で家庭裁判所に申述できる 　→期間内に申述がなかった場合は、単純承認したものとみなされる ・放棄した相続人に代襲相続は発生しない

相続税の項目で出るよ

相続放棄をすると
被相続人の負債も
放棄できる！

亡くなった親の借金とかね…
借金も「マイナスの財産」と
考えるんだね

民法上と相続税計算上の違い

　民法上の相続人・法定相続分と、相続税計算上の法定
相続人・法定相続分には、扱いの違いがあります。

重要！	民法上の 相続人・法定相続分	相続税計算上の 法定相続人・法定相続分
相続放棄 した人	除く 「初めから相続人でなかった」 とみなし、代襲相続もない	含める 相続放棄があったとしても、放棄がなかったものとして数える
普通養子	何人でも 全員相続人となる	・被相続人に実子がいる場合 ⇒法定相続人に含める養子 は1人まで ・被相続人に実子がいない場合 ⇒同養子は2人まで ※特別養子縁組による養子、 　配偶者の連れ子を養子とし 　た場合は実子とみなす

注意点1）相続税計算上の法定相続人・法定相続分を使用する場面

　　　　・遺産に係る基礎控除額の計算
　　　　・生命保険金・死亡退職金の非課税金額の計算
　　　　・相続税の総額
　　　　・配偶者の税額軽減など

注意点2）相続税の計算において、養子が実子扱いになる場合の例

　　　　・民法上の特別養子
　　　　・被相続人の配偶者の実子で被相続人の養子になった人
　　　　（再婚後、連れ子を養子にした場合など）

相続放棄の一族

財産なんか
いらねえよ！
孫にやってくれ！
（相続放棄）

相続放棄した場合、
代襲相続が
なくなるので
孫は相続できない
のであった…

ややこしいけど
頻出論点だよ！

LESSON
2

遺産分割

主な方法は3つ

長男　　次男　長女

現物分割	換価分割	代償分割

現物分割

- 自宅をもらう
- 預貯金をもらう
- 株式をもらう

相続財産をそのままもらう！

換価分割

財産を売った分のお金でもらう

代償分割

評価額4,000万円の家

長男がもらう

その代わり

次男と長女に1,000万円ずつ渡すよ！

1　遺産分割の種類

　遺産分割とは、相続財産を相続人で分けることです。代表的なものには、遺言による**指定分割**と、遺言がない場合などに相続人全員が協議して全員の同意をもって分割方法を決める**協議分割**などがあります。

遺言が無い時は
相続人全員で
分け方を決めるよ！

指定分割	遺言にもとづいて遺産を分割する方法 原則、協議分割より優先される 資産の一部についてだけ行うこともできる
協議分割	相続人全員が協議し、全員の合意にもとづいて遺産を分割する方法 遺言で分割が禁止されていない場合などは、遺言と異なる分割もできる →協議終了後、遺産分割協議書を作成する

※協議分割でも遺産分割が決まらないときには家庭裁判所の調停による「調停分割」が、調停分割でも決まらないときには家庭裁判所の審判による「審判分割」となります。

2　遺言

　自身の死後の財産について、意思表示しておくことを遺言といい、遺言を書面にしたものが遺言書です。また、遺言によって財産を相続人等に贈ることを遺贈といいます。

遺言の3つのポイント

1. 満15歳以上で、意思能力があれば、誰でも遺言を作成できます
2. 遺言が複数ある場合は、作成日の新しいものが有効となります
3. 遺言によって、5年以内の期間を定めて、遺産の全部または一部についてその分割を禁止することができます

遺言の方式

遺言の作成には3つの方式があります。

方法	作成方法	証人	検認
自筆証書遺言	・遺言者が遺言の全文、日付、氏名を自筆して、押印する ・財産目録はパソコンで作成可能 （ページごとに署名・押印が必要） ・法務局での保管制度あり	不要	必要※
公正証書遺言	・遺言者が口述したものを、公証人が筆記する ・原本は公証役場に保管される	2人以上	不要
秘密証書遺言	・遺言者が遺言書に署名・押印して、封印した後、公証人が日付等を記入。遺言の内容は秘密だが、遺言の存在は明らかになる ・パソコンでの作成、代筆もできる ・押印は実印でなくてよい（自筆による署名は必要）	2人以上	必要

※法務局での保管制度利用の場合は検認が不要です。

検認とは

　遺言書を発見した相続人や遺言書の保管者は、その遺言書を家庭裁判所に提出して、検認手続きを受ける必要があります。これは、遺言の偽造を防止するためなどの形式的な手続きで、遺言の内容が有効かどうかの判断はされません。

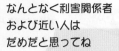

遺言の証人について

なんとなく利害関係者
および近い人は
だめだと思ってね

証人になれない人の具体例

（1）未成年者

（2）推定相続人や受遺者

（3）（2）の配偶者ならびに直系血族

（4）公証人の配偶者ならびに4親等以内の親族など

※現状で相続が発生した場合、相続人になるはずの人を推定相続人と
いいます。

試験問題で、「司法書士資格を有しないFPは、公正証書遺言の
証人になることはできない」と書かれていたら、それは誤りです。

証人になるのに資格は不要で、誰でもなれます。ただし、前出の
(1)〜(4) に該当する場合は、証人となることはできません！

---

4 遺留分

　民法では、一定の要件を満たす相続人が最低限の遺産
を受け取ることができるように配慮されています。この
権利のことを遺留分といいます。

　遺言（指定分割）があった場合に、遺言の内容が遺留
分を侵害していたとしても、遺言自体は**有効**ですが、遺
留分を侵害された相続人は、遺留分侵害額の支払いを請
求できます。

　なお、相続開始前の遺留分放棄は、**家庭裁判所の許可**
を受けたときに限りできます。

注目！

遺留分侵害額請求権
一定の相続人が遺留
分の侵害者（多く遺
産をもらっている人）
に侵害額分の金銭を
請求する権利。

相続放棄と遺留分放棄の違いを押さえよう！
・相続放棄は相続が開始した後にしかできない
・遺留分の放棄は相続開始前でもできる

遺留分の権利者と遺留分

相続人	権利者全体に対する遺留分	遺留分割合			
		配偶者	子	父母など（直系尊属）	兄弟姉妹
配偶者と子	1/2	1/4	1/4		
配偶者と父母など		1/3		1/6	
配偶者と兄弟姉妹		1/2			なし
配偶者のみ		1/2			
子のみ			1/2		
父母などのみ（直系尊属のみ）	1/3			1/3	
兄弟姉妹のみ	なし				なし

この３つを押さえよう！

①兄弟姉妹には遺留分はない

②遺留分の権利者が直系尊属のみの場合の
　遺留分 ＝ 相続財産 × 1/3

③上記以外の場合の遺留分 ＝ 相続財産 × 1/2

通常、もらうはずだった
法定相続分の1/2が
その人の遺留分！

5 遺産分割協議

　相続人全員で遺産分割について協議を行うことを、遺産分割協議といいます。全員が合意したら、その内容をまとめた**遺産分割協議書**を作成します。**形式には決まりがありませんが、**相続人**全員が記名・押印**をします。

　なお、全員が合意すれば、遺言と異なる分割をすることや、すでに成立した協議を解除し、再度遺産分割協議を行うことも可能です。遺産分割に期限はありません。

6 主な遺産分割の方法

　遺産分割の方法には、現物分割、換価分割、代償分割などがあります。

現物分割	個別の特定財産について、数量、金額、割合を決めて現物のまま分割する方法
換価分割	共同相続人が相続で取得した財産の全部または一部をお金に換えて、そのお金を分割する方法 → 売却代金は所得税の課税対象
代償分割	共同相続人のうち、特定の人が遺産を現物で取得し、その人が代償財産（現金など）をほかの相続人に支払う方法

遺産の分割が終わるまでは
複数人で財産を共有するので
共同相続人というよ

代償分割と税金 (現金以外は要注意)

・代償財産として渡したものが現金
 → この現金をもらった人に相続税が課されます

・代償財産として渡したものが現金以外 (土地や家屋等)
 → 渡した人には、譲渡所得として所得税、住民税が課される場合があります
 もらった人には相続税が課されます

7 配偶者居住権と配偶者短期居住権

配偶者居住権は、相続開始時に被相続人の所有する建物に居住していた配偶者に限り、自宅の所有権を相続しなくても、原則、終身使用・収益することができる権利です。第三者への譲渡はできず、配偶者の死亡により消滅します。

ただし、居住建物が、被相続人以外の者 (配偶者を除く) との共有の場合は、配偶者居住権は成立しません。

配偶者短期居住権は、相続開始時に被相続人の所有する建物に居住していた配偶者に限り、自宅の所有権を相続しなくても、一定期間 (少なくとも6カ月)、無条件かつ無償で住み続けられる権利です。

急に住居から
出て行かなければならない…
なんてことがないようにする
措置なんだね!

8 成年後見制度

　判断能力が不十分な人が、財産管理、協議、契約等をするときに不利益にならないよう保護・支援する制度です。**法定後見制度**と**任意後見制度**があります。

	法定後見制度	任意後見制度
効力発生時期	判断力が衰えた後	家庭裁判所が任意後見監督人を選任したときから
選任方法	一定の申立て権者からの申し立てにより、家庭裁判所が選任	本人があらかじめ選任 ※公正証書で契約
判断能力	成年後見人は、成年被後見人が自ら行った法律行為について、一定の行為を除き取り消すことができる 後見：判断能力を欠く常況 保佐：判断能力が特に不十分 補助：判断能力が不十分	現在は判断能力があるが、将来判断能力が不十分になったときに備える

相続した財産には相続税が課税されます

相続税の計算の流れ

1　相続税とは

　相続税は、相続や遺贈（死因贈与も含む、以下同じ）によって被相続人の財産を取得した場合に課される国税です。

2　納税義務者

納税義務者は、被相続人と相続人の住所や国籍により、
①居住無制限納税義務者
②非居住無制限納税義務者
③制限納税義務者
に分かれます。

ここは一見複雑ですが、相続人（財産を相続する側）の視点から整理すれば簡単！

被相続人または相続人が国内に居住していれば、国内財産、国外財産両方とも課税され、納税義務を負う人を無制限納税義務者といいます。

なお、以下の両方の要件を満たす場合は、原則、国内財産のみに課税されます。

余裕があれば…

被相続人	相続人
10年を超えて日本に住所がない	・日本に住所がない ・国籍が日本以外（外国籍）、または、国籍は日本だが、日本に住所がない期間が10年超

上記のように、国内財産についてのみ納税義務を負う人を制限納税義務者といいます。

ほぼ日本にいない場合は
国外の財産は
課税されないのね…

相続税の計算

　相続税の計算は、5つのステップで計算します。ここでは、それぞれのステップごとに計算する項目を説明します。少しややこしいですが、1つずつ攻略していけば、決して難解ではありません。

Step 1　各人の課税価格を計算

公式　課税価格 ＝ 取得財産 － 非課税財産 － 債務控除

課税価格は、相続や遺贈によって、財産をもらった人ごとに計算します。

❶ 本来の相続財産	相続や遺贈でもらった、被相続人が所有していた財産
＋	
❷ みなし相続財産	❶以外で被相続人が亡くなったことで相続人がもらった、相続財産とみなされる財産
＋	
❸ 生前贈与加算	亡くなる前に被相続人から贈与された財産
＋	
❹ 相続時精算課税制度による贈与財産	相続時精算課税制度により贈与された財産
－	
❺ 非課税財産	相続税の課税対象とならない財産
－	
❻ 債務控除	被相続人の債務や葬式費用
＝	
課税価格	相続や遺贈によって財産をもらった人の「相続税の計算のもとになる金額」

財産の内容と非課税・控除枠の対応表

❷みなし相続財産	❺非課税財産
生命保険金 死亡退職金	生命保険金のうち一定額 死亡退職金のうち一定額
※死亡後3年以内に支給が確定したもの	弔慰金のうち一定額 墓地、墓碑、仏壇、仏具など
❶本来の相続財産 現預金、株式、不動産 ゴルフ会員権など	❻債務控除 債務（借入金） 葬式費用など
❸生前贈与加算 ※死亡前に被相続人から受けた贈与財産	❶❷❸❹の合計から ❺❻の合計を差し引いた ものが課税価格
❹相続時精算課税制度による 贈与を受けた財産	

ここが
対応しています

Step 2 各人の課税価格を合計する

Step 3 課税遺産総額を求める

Step2で求めた課税価格の合計から基礎控除額を差し引くと課税遺産総額が算出されます。

> 課税遺産総額＝課税価格の合計−遺産に係る基礎控除額

法定相続人が配偶者と子2人の場合

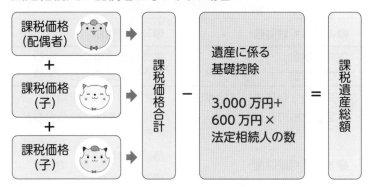

Step 4　相続税の総額を求める

実際の取得割合にかかわらず、課税遺産総額を法定相続人が法定相続分で取得したと仮定して求めた取得金額に応じた税率を乗じて、各人の仮の相続税額を算出します。

各人の仮の相続税額
＝法定相続分に応じた取得金額×税率－控除額

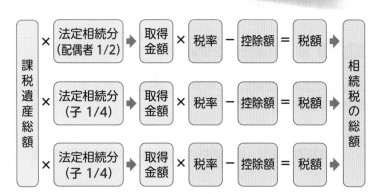

各人の取得金額を合計したものに税率を掛けるのではなく、各人の取得金額に税率を掛けて算出されたそれぞれの税額を合計します。

これが相続税の総額となります。

各人の納付税額の算出

実際に取得した割合にもとづいて相続税を案分する。

> 取得割合に応じた各相続人の算出税額
> ＝ 相続税の総額 ×（各相続人の課税価格 ÷ 課税価格合計）

※相続人が兄弟姉妹などの場合はさらに2割加算を行う。

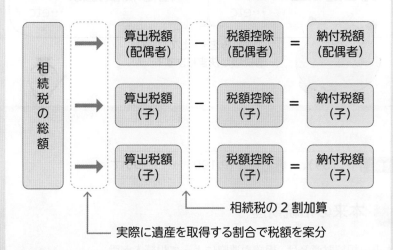

相続税の総額を、実際の取得割合に応じて案分し、必要に応じて
2割加算や税額控除をすると、各人の納付税額が確定します。

> 各人の納付税額
> ＝ 各人の算出税額（＋2割加算 － 税額控除）

財産、各種控除、非課税の理解と相続税の計算

相続財産いろいろ

土地・家屋
生命保険金
死亡退職金
…etc

控除いろいろ

債務控除
基礎控除
贈与税額控除
…etc

これらを＋－して
納税額が決まります！

Step 1 （P.189）、　Step 2 （P.190）…　について

1　本来の相続財産

　本来の相続財産とは、相続や遺贈によって相続人が受け継いだ、被相続人が生前に所有していたすべての財産で、預貯金、株式、不動産、ゴルフ会員権、売掛金等などが該当します。

　未支給年金（所得税の一時所得）や自動車保険契約に基づいて遺族が受け取った損害賠償金（非課税）は相続税の課税対象外です。

2 みなし相続財産

みなし相続財産とは、本来の相続財産以外に、被相続人の死亡によって相続人が受け継いだ、相続税の計算上、相続財産とみなされるもので、主に**生命保険金や死亡退職金**などがあります。

生命保険金	被相続人が保険料を負担した保険契約で、被相続人の死亡にともない支払われる生命保険金など
死亡退職金	被相続人の死亡により、3年以内に支給が確定した退職金

3 生前贈与加算

被相続人から相続や遺贈によって財産を取得した相続人が、相続開始前**一定期間内**[※]に暦年課税方式により被相続人から贈与を受けた財産は、相続税の課税価格として加算されます。加算される価額は、**贈与を受けたときの価額**です。

※ 2024年1月1日以後の贈与により取得する財産にかかる相続税（2027年1月1日以後の相続）から3年超7年未満の期間で段階的に拡大され、2031年1月1日から加算期間が7年となります。
　ただし、相続開始前3年超7年以内に受けた贈与については合わせて100万円まで加算されません。

贈与時の価額
というのが
狙われます！

4 相続時精算課税制度※による贈与財産

　原則として、贈与年の1月1日時点で**60歳以上**の父母または祖父母から、**18歳以上の子または孫への贈与**の制度です。贈与の時期や相続や遺贈等により財産を取得したかどうかにかかわらず、相続時に相続税の課税価格として加算します。加算される価額は、原則、**贈与を受けたときの価額**です。

※詳細はP.225
※※ 2024年以降特別控除とは別に、年間110万円までの贈与であれば、相続財産に加算されません。

5 非課税財産

非課税財産には次のようなものがあります。

・相続人が受け取る生命保険金・死亡退職金のうち、一定額

　相続税の対象となる生命保険金・死亡退職金を相続人が受け取る場合の非課税金額については、以下の算式で計算します。

公式	**500万円 × 法定相続人の数** （相続税計算上の法定相続人）

　相続放棄した人や、相続人でない人が受け取る場合は、非課税金額の適用はありません。

・**弔慰金**

次の金額までは非課税となる

業務上での死亡

→ 非課税限度額 ＝ 死亡時の普通給与 × 36 カ月分

業務外での死亡

→ 非課税限度額 ＝ 死亡時の普通給与 × 6 カ月分

・**墓地、墓碑、仏壇、仏具など**

や<ややこしい！>

注意！

相続放棄した人や相続人でない人が受け取る保険金、退職金には、非課税金額はありません。相続放棄した人がいても、放棄がなかったとして非課税限度額の計算上の法定相続人には含めますが、放棄した人自体はその非課税金額は使えません。

相続放棄をした人が
受け取った死亡保険金については、
死亡保険金の非課税金額の適用を
受けることはできないんだ

6　債務控除

　被相続人の債務や葬式費用も、被相続人が死亡したときにすでにある債務で確実と認められるものは、プラスの財産から控除できます。

	控除できるもの	控除できないもの
債務	・借入金 ・未払いの医療費 ・未払いの税金　など	・生前に購入した墓碑や仏壇などの未払金 ・税理士に支払う相続税申告費用 ・遺言執行費用　など
葬式費用	・葬式・通夜・火葬の費用、戒名料　など	・香典返しの費用 ・法要費用（初七日など）

Step 3 （P.190）································· について

7　遺産に係る基礎控除

　各人の課税価格の合計から、遺産に係る基礎控除額を差し引いて、課税遺産総額を計算します。

> **公式**　課税遺産総額＝課税価格の合計－遺産に係る基礎控除額
>
> **遺産に係る基礎控除額**
> ＝ 3,000万円 ＋ 600万円×法定相続人の数
>
> 相続税計算上の法定相続人

まずは相続人それぞれの
納付税額を算出するよ!

まずは
相続人それぞれの
課税価格を
算出するよ!

生前贈与…
非課税…

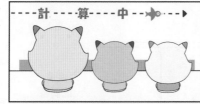

引いたり、
足したり、

やっと
各人の課税価格が
出たー

途中までは
別々に計算するのね

で、最後に
全部合算すると
課税価格が
出るわけです

特別講義 民法上と相続税の計算上では相続人の数が変わる！

民法上の相続人と相続税の計算上の法定相続人は扱いが異なります。
このため、「民法上は4人なのに相続税の計算をするときには5人に増えた！」ということから、民法上と相続税計算上の法定相続分が異なるという現象も起こります。相続関連の問題を解く際に毎回出くわす論点ですから、ここは一度しっかりと整理して理解しておきましょう！

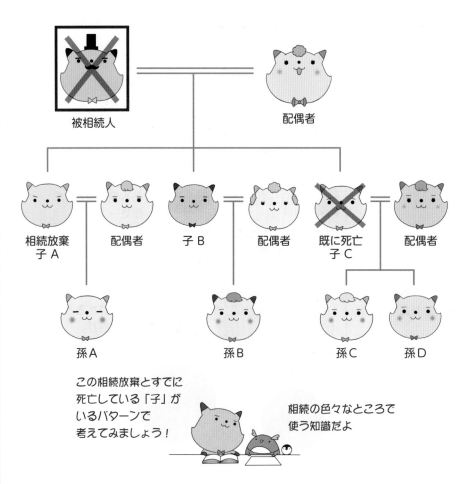

この相続放棄とすでに死亡している「子」がいるパターンで考えてみましょう！

相続の色々なところで使う知識だよ

その1 民法上は、相続放棄している人を含めない

民法上の相続人は、相続放棄をした人を数に入れず、「最初から相続人ではなかった」こととして処理します。

したがって、その孫に代襲相続されることもなく、相続人の数は4人となります。

| 配偶者
1/2 | 子B
1/4 | 孫C
代襲相続で1/8 | 孫D
代襲相続で1/8 |

すでに死亡していた子Cの法定相続分1/4を孫CとDで分け1/8ずつ相続する

その2 相続税の計算上は、相続放棄している人も含める

相続税計算上、基礎控除や非課税限度額の計算で用いる法定相続人は相続放棄している人も含めます。

したがって相続放棄した子Aもカウントし、法定相続人の数は5人になります。

| 配偶者
1/2 | 子A
1/6 | 子B
1/6 | 孫C
1/12 | 孫D
1/12 |

すでに死亡していた子Cの法定相続分1/6を孫CとDで分け1/12ずつ相続する

▼非課税限度額の計算はこうなります

生命保険金	500万円×法定相続人の数（相続人が受け取る場合）
死亡退職金	500万円×法定相続人の数（相続人が受け取る場合）

非課税限度額は500万円×5人＝2,500万円

▼遺産にかかる基礎控除の計算はこうなります

3,000万円＋600万円×法定相続人の数
3,000万円＋600万円×5人＝6,000万円

8 相続税の総額の計算

　実際に相続人の間でどのような割合で分割したかにかかわらず、課税遺産総額を法定相続人が法定相続分に応じて取得したものと仮定して、各人の取得金額を計算し、それぞれの相続税率を乗じた各人の仮の相続税額を算出します。この合計額が相続税の総額となります。

| 公式 | 各人の仮の相続税額 ＝
法定相続分に応じた取得金額 × 税率 − 控除額 |

相続税額速算表より

相続税額速算表

法定相続分に応じた取得金額		税率	控除額
	1,000万円以下	10%	―
1,000万円超	3,000万円以下	15%	50万円
3,000万円超	5,000万円以下	20%	200万円
5,000万円超	1億円以下	30%	700万円
1億円超	2億円以下	40%	1,700万円
2億円超	3億円以下	45%	2,700万円
3億円超	6億円以下	50%	4,200万円
6億円超		55%	7,200万円

各人の仮の相続税額を
合計したものが
相続税の総額になります

相続税の総額の計算の流れ
（法定相続人が配偶者と子1人の場合）

	課税価格の合計	
遺産に係る基礎控除額を差し引いて課税遺産総額を計算	課税遺産総額	▲遺産に係る基礎控除額 3,000万円＋600万円×2人
課税遺産総額に法定相続分をかける	課税遺産総額 × 1/2（配偶者）	課税遺産総額 × 1/2（子）
仮の取得金額に相続税率をかける	仮の相続税額（配偶者）	仮の相続税額（子）
仮の相続税額を合計する	相続税の総額 ←	

まずは課税遺産総額を法定相続分に応じて取得したものと仮定して、相続税の総額を求めるよ

9 各人の税額

　各人の税額は、前項目で計算した相続税の総額を、各人の実際の取得割合に応じて案分します。

　必要に応じて相続税の2割加算や税額控除を行い、各人の納付税額が決まります。

> 公式
> 取得割合に応じた各人の相続税額
> ＝ 相続税の総額 ×（各人の課税価格 ÷ 課税価格合計）

10 相続税の2割加算

　被相続人の配偶者および1親等の血族（子、父母、代襲相続人となった孫）以外の人（兄弟姉妹など）が、相続や遺贈によって財産を取得した場合には、各人の税額の2割が加算されます。

> 相続税の加算額 ＝ 各人の税額 × 20％

注意：代襲相続人である孫は2割加算の対象外
　　　代襲相続人でない孫は、養子であっても2割加算の対象

各人の税額が算出できたら、そこから「相続税の税額控除」を差し引いて納付額が確定するよ

11 贈与税額控除

　相続または遺贈により財産を取得した人で、被相続人の生前に暦年課税方式で贈与を受け、相続財産に加算された財産につき、すでに贈与税を支払っている場合は、その贈与税額を相続税額から控除できます。

12 配偶者の税額軽減

　被相続人の配偶者が相続や遺贈で取得した財産が、以下の金額のうち**多い方**の金額までであれば、相続税はかかりません。

> ① 1億6,000万円
> ② 配偶者の法定相続分相当額

注目！

法律婚は要件ですが、婚姻期間は関係ありません。贈与税の配偶者控除と間違えやすいので注意が必要です。

13 未成年者控除

　相続や遺贈で財産を取得した法定相続人が未成年である場合、未成年者が18歳に達するまでの年数1年につき、10万円が相続税額から控除されます（1年未満は1年として計算）。

> 公式　控除額 ＝（18歳 － 相続開始時の年齢）× 10万円

14 障害者控除

　相続や遺贈で財産を取得した法定相続人が障害者である場合、障害者自身が85歳に達するまでの年数1年につき、10万円（または20万円）が相続税額から控除されます（1年未満は1年として計算）。

> **公式**　控除額 ＝（85歳 － 相続開始時の年齢）× 10万円※
> ※特別障害者の場合は20万円

15 相続時精算課税制度による贈与税額控除

　相続時精算課税制度を適用し、すでに贈与税を支払っている人は、その贈与税額を相続税額から控除します。
※控除しきれない贈与税額がある場合は、還付を受けることができます。

LESSON8で
詳しく解説するよ

相続税計算上の
法定相続人の数を
おさらいするよ！

富豪の会話

相続税って
どのくらい基礎控除が
あるんだっけ？

基礎控除
3,000万円＋600万円
×法定相続人の数よ！

物知りだね

フフフ…

この際
100人くらい
養子にしない？

すごい！
さえてるぜ！

よし！
そうしよう！

後日 ——

あれ
控除額
少なくない？

実子がいる場合
法定相続人の
カウントは
養子は1人まで
いない場合は
2人までです！

LESSON 5

相続税の申告と納付

1 相続税の申告

　課税価格の合計が、遺産に係る基礎控除額を超える場合には、相続税の申告が必要です。

　原則、相続の開始があったことを知った日の翌日から10カ月以内に、被相続人の住所地を管轄する**税務署長**に申告します。

相続の開始の日からではない！

注意！

課税価格の合計が、遺産に係る基礎控除額以下
　→ 相続税の申告は不要

特例を使う場合
　→ 申告が必要
　　（例：配偶者の税額軽減、小規模宅地等の評価減の特例）

特例といえば申告！
特例を使って税金がゼロになったとしても、申告が必要です。

2　相続税の納付

　相続税は、申告期限＝納付期限までに、金銭で一括納付するのが原則ですが、分割して納付する延納や相続財産によって納付する物納といった方法も認められています。

　なお、相続または遺贈によって取得した土地、建物、株式などの財産を、一定期間内に譲渡した場合、納付する相続税額のうち、一定金額を譲渡所得の**取得費として加算**できます。

延納　（金銭で一括納付が困難な場合）

・納付すべき金額が10万円を超えている場合

・担保の提供が必要 → 提供する担保は、相続した財産に限らない
　（延納金額が100万円以下、かつ延納期間が3年以下の場合は
　不要）

・延納するには、延納申請書を申告書の提出期限までに提出する

・申告期限から10年以内に限り、延納から物納に変更できる

物納　（延納しても納付が困難な場合）

・物納する財産は日本国内にある相続財産に限られ、優先順位がある

　　第一順位… 国債、地方債、船舶、不動産
　　　　　　　　（抵当権などの担保権が設定されていないこと）
　　　　　　　　上場している株式、社債、証券投資信託など

　　第二順位… 非上場の株式、社債、証券投資信託など

　　第三順位… 動産

・相続時精算課税制度で贈与された財産は物納できない
・暦年課税方式で贈与を受け、相続税の課税価格に加算された財産については物納できる
・物納する財産の収納価額は原則、相続発生時の相続税評価額となる

※小規模宅地等の特例を受け、評価額が軽減された場合は、特例適用後の軽減された価額が収納価額となる

3　被相続人の準確定申告

　準確定申告の申告期限は、原則、相続の開始があったことを知った日の翌日から4カ月以内に、被相続人の死亡時の納税地（一般的に住所地）を管轄する税務署長に申告します。

相続税の特例を使うには
まずは申告！

相続税には
いろいろな
特例があるよ！

◉ 配偶者の税額軽減

◉ 小規模宅地等の
評価減の特例

減税できるよ！
お得だよ！！！

でも、
特例を使うには
まずは申告！！！

えっ!?

やらなきゃ
申告！

ひーーー

LESSON 6

贈与と贈与税

1 贈与とは

　贈与とは、贈与者（あげる人）と受贈者（もらう人）の、「あげます⇆もらいます」の合意によって成立します。贈与契約は、**口頭（口約束）**でも**書面**でも**有効**となります。

　口頭による贈与契約は、履行が終わった部分を除き、各当事者が解除することができますが、**書面**による贈与契約は原則、履行前・履行後ともに贈与者が一方的に**解除することはできません**。

　なお、通常、贈与者は、贈与の目的として特定したときの状態で贈与の目的物を引き渡すことを合意していたものと推定します（契約不適合責任は負いません）が、負担付贈与の場合は、負担を限度として契約不適合責任を負います。

ひと言！

夫婦間の贈与は第三者の権利を侵害しない限り、いつでも取消しできます。

書面による贈与と書面によらない贈与の比較（原則）

	書面による贈与	書面によらない贈与
取得時期	贈与契約の効力が発生したとき	贈与の履行があったとき
履行前の解除	解除できない	いつでも解除できる
履行後の解除	解除できない	解除できない

 書面による贈与 → 原則、履行される前でも解除できない！

2 贈与の種類

　贈与の形態には、通常の贈与のほか、定期贈与、負担付贈与、死因贈与などがあります。

贈与の形態	特徴	対象となる税
単純贈与	・都度、贈与者と受贈者の意思表示で成立する贈与	贈与税
定期贈与	・最初から定期的に一定の贈与を行う 「この先10年間にわたって毎年100万円をあげる」など ・年金受給権が贈与税の対象 ・贈与者、受贈者いずれかの死亡で契約終了	
負担付贈与	・贈与とともに、受贈者に一定の債務を負担させる契約 「マンションをあげるから残りのローンを払って」など。利益を受ける者は贈与者に限られない ・受贈者が債務を履行しない場合は履行を催告し、その期間に履行がない場合、贈与者は契約を解除できる ・贈与者は負担を限度として不適合責任を負う（売買契約と同様の担保責任を負う）	
死因贈与	・贈与者の死亡を条件に、生前に交わした贈与契約 「私が死んだとき、この家と土地をあげる」など ・受贈者が先に死亡した場合は、効力が生じない	相続税

3　贈与税の納税義務者

　贈与税は、原則として、個人（贈与者）から贈与により財産を取得した個人（受贈者）に課されます。

　ただし、個人が**法人**から財産の贈与を受けた場合には贈与税ではなく、**所得税**の課税対象となります。

法人から個人への贈与の場合、雇用関係があれば給与所得、なければ一時所得として所得税の課税対象となります。

4　贈与財産

本来の贈与財産

　贈与によって取得した財産（預貯金、株式、不動産など）で、金銭に換算することができる財産のことです。

みなし贈与財産

　本来の贈与財産ではないが、贈与者の死亡により受贈者が受け取った、贈与とみなされる財産です。

生命保険金等

　契約者、被保険者、受取人がすべて異なる場合の死亡保険金
　契約者と受取人が異なる場合の満期保険金

　例）父が保険料を負担していた生命保険が満期になり、子が受け取った満期保険金

負担付贈与

贈与と合わせて債務が引き渡された場合、贈与財産の時価と債務の額の差額

- ・上場株式等、土地等・建物
  債務の額と通常の取引価額との差額
- ・上記以外の財産
  債務の額と相続税評価額との差額

低額譲受

著しく低い価額の対価で財産を譲り受けた場合に、その財産の時価と支払った対価の額との差額に相当する金額

例）時価1,000万円の土地を200万円で譲ってもらった場合、差額の800万円

- ・上場株式等、土地等・建物
  譲り受けた価額と通常の取引価額との差額
- ・上記以外の財産
  譲り受けた価額と相続税評価額との差額

債務免除益（原則）

借金の免除や肩代わりをしてもらった場合、その金額。ただし、債務が弁済不能な場合、弁済が困難である部分の金額は非課税

例）子の借金2,000万円を親が肩代わりして支払った場合、肩代わり分の2,000万円

定期金の権利

例）契約者と受取人が異なる収入保障保険や、個人年金の年金受給権

非課税財産

　贈与税の課税対象とならない財産のことです（他の税金が課税される場合もあります）。

（例）　・扶養義務者から受け取った、社会通念上必要の範囲とされる生活費や教育費
　　　・個人からの常識的な範囲内で祝金、香典、見舞金など
　　　・個人が法人から贈与された財産（所得税の対象）
　　　・離婚による財産分与によって取得した、社会通念上相当な範囲内の財産
　　　・使用貸借によって借り受けた土地
　　　・相続、遺贈で財産を取得した者が、相続開始年に贈与を受けた財産（相続税の対象）

5　贈与税の基礎控除

複数の人から
受贈しても
110万円となります

　贈与税の基礎控除は、1年間に**受贈者ごとに110万円**です。

　自分が、110万円入る紙コップを持っているところをイメージしてください。その紙コップに、ほかの人から1年間にもらった贈与財産を入れていき、溢れ出たら課税される、と理解しましょう。

6 贈与税の税額

　贈与税の税額は、1年間（1月1日から12月31日＝暦年という）に贈与された財産から、基礎控除である110万円を引いた金額に対して、税率（速算表参照）をかけて計算します。

　税率は一般贈与財産の一般税率と、特例贈与財産の特例税率の2つがあります。

贈与税（暦年課税）

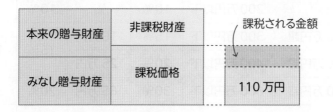

| 本来の贈与財産 | 非課税財産 | 課税される金額 |
| みなし贈与財産 | 課税価格 | 110万円 |

　1月1日〜12月31日の1年間（＝暦年）に贈与された財産の合計（複数の個人から贈与を受けた場合はその合計額）から、基礎控除の110万円を引いた金額に対して、受贈者に課税されます。

公式　贈与税額 ＝（課税価格 － 110万円）× 税率 － 控除額

　　　　　　　　　　　　　　↑　　　　　　↑
　　　　　　　　　　　　基礎控除　　贈与税額速算表より

特例税率を適用できる要件

原則、直系尊属（父母や祖父母）から贈与により財産を取得した受贈者が、贈与を受けた年の1月1日において18歳以上であること。

贈与税額速算表※

基礎控除後の課税価格 （A）		一般贈与財産		特例贈与財産	
		一般税率 （B）	控除額 （C）	特例税率 （D）	控除額 （E）
	200万円以下	10%	－	10%	－
200万円超	300万円以下	15%	10万円	15%	10万円
300万円超	400万円以下	20%	25万円		
400万円超	600万円以下	30%	65万円	20%	30万円
600万円超	1,000万円以下	40%	125万円	30%	90万円
1,000万円超	1,500万円以下	45%	175万円	40%	190万円
1,500万円超	3,000万円以下	50%	250万円	45%	265万円
3,000万円超	4,500万円以下	55%	400万円	50%	415万円
4,500万円超				55%	640万円

※直系尊属からの教育資金の一括贈与、結婚・子育て資金の一括贈与の非課税制度の適用により取得する贈与資金のうち、非課税期間終了時に課税される一定の部分については一般税率が適用されます。

間違えやすい！
これは110万円の基礎控除を
引いたあとの金額

問題 税率を使った特例贈与財産の計算例

1月1日〜12月31日（暦年）に父親から金銭510万円の
贈与を受けた25歳の長男の贈与税は？

（解答）

税額＝A×D−E

※基礎控除の110万円を引いた数字がAに入ります。

したがって、

（510万円−基礎控除110万円）× 15％−10万円 ＝ 50万円

ここに注意！

510万円から基礎控除の110万円を引くと、400万円です。ここで
贈与税額速算表の「特例贈与財産」欄を見ると、税率は15％で、
控除額は10万円であることがわかります。まずは、表を見る前に
贈与された金額から基礎控除の110万円を引くのを忘れないこと！

贈与税の特例

ほら、出して
あげるよ

ありがとう！
おじいちゃん！

・マイホーム資金

・学費

・結婚費用

・子育て費用

年齢や金額の制限はあるけど
これらの贈与には非課税措置があるよ！

1 贈与税の配偶者控除

　婚姻期間が 20 年以上の配偶者から、居住用不動産の贈与または居住用不動産を取得するための金銭の贈与があった場合、基礎控除 110 万円とは別に 2,000 万円までを贈与税の課税価格から控除することができます。

合計で 2,110 万円
まで控除できる！

贈与税の配偶者控除適用のポイント

・贈与日時点で婚姻期間が 20 年以上の配偶者が対象

・居住用不動産または、居住用不動産を取得するための金銭の贈与が対象

・その居住用不動産に、贈与を受けた年の翌年 3 月 15 日までに居住しており、その後も引き続き居住の見込みがあること

・この特例を適用すると贈与税が 0 円となる場合も、申告が必要

・この特例を適用した贈与財産のうち、2,000 万円以下の部分は、相続税の生前贈与加算の対象とならない

ここが狙われる！

贈与税の配偶者控除 → 婚姻期間 20 年以上が適用要件
相続税の配偶者の税額軽減 → 婚姻期間は問わない

公式 贈与税額 ＝（課税価格 － 2,000 万円－ 110 万円）× 税率 － 控除額

↑
贈与税額速算表より

直系尊属から住宅取得等資金の贈与を受けた場合の非課税制度

2026年12月31日までの間に、贈与年1月1日時点において、18歳以上の子または孫が、直系尊属（父母や祖父母）から、一定の住宅を新築、取得、増改築等するための資金の贈与を受けた場合には、原則500万円まで（一定の省エネ等住宅の場合は1,000万円まで）が非課税となります。

住宅取得等資金贈与の特例適用のための主な要件

贈与者要件	受贈者の直系尊属である父母、祖父母
受贈者要件	・贈与を受けた年の1月1日において18歳以上 ・原則、合計所得金額が2,000万円以下 　（床面積が40㎡以上50㎡未満の場合、合計所得金額1,000万円以下）
物件要件	・取得する住宅の床面積が40㎡以上（または50㎡以上）240㎡以下 ・床面積の2分の1以上に相当する部分が受贈者の居住用
その他	・自己の配偶者、親族などの一定の特別の関係がある人から住宅用の家屋の取得をしたものではないこと ・贈与年の翌年2月1日から3月15日までの間に贈与税の申告をすること

・暦年課税（基礎控除110万円）or 相続時精算課税制度のいずれかと併用することができます。

・住宅取得等資金贈与後、すぐに贈与者が死亡した場合でも、非課税金額は相続税の課税価格には加算されません。

3 教育資金の一括贈与に係る贈与税の非課税制度

　2026年3月31日までの間に、前年の合計所得金額1,000万円以下である**30歳未満の子・孫**が、直系尊属（父母・祖父母）から教育資金の一括贈与を受けた場合には、受贈者1人につき**1,500万円**まで（うち、学校等以外への支払いは受贈者1人につき**500万円**が限度）が非課税となります。

・教育資金の一括贈与後、贈与者死亡時に使い残しがあれば、一定の場合（相続税の課税価格が5億円以下で、かつ受贈者が23歳未満である場合など）を除き一定の残額が相続税の課税対象となります。

・贈与を受けた子・孫が30歳（一定の要件を満たす場合最長40歳）に到達したとき、在学中でなく、残額がある場合は、残額が贈与税の課税対象となります。

※上記、使い残しが相続財産に加算され相続税が発生する場合、受贈者が相続人ではない孫やひ孫であれば2割加算の対象となります。

4 　結婚・子育て資金の一括贈与に係る贈与税の非課税制度

　2025年3月31日までの間に、前年の合計所得金額1,000万円以下である **18歳以上50歳未満の子・孫**が、直系尊属（父母・祖父母）から結婚・子育て資金の一括贈与を受けた場合には、受贈者1人につき **1,000万円**まで（うち、結婚費用については **300万円**が限度）が非課税となります。

・結婚・子育て資金の一括贈与後、贈与者が死亡した場合は、死亡時に使い残しがあれば、残額が相続税の課税対象となります。

・贈与を受けた子・孫が50歳に到達したときに残額がある場合は、その残額が贈与税の課税対象となります。

※受贈者が相続人ではない孫やひ孫で、贈与者が死亡し使い残しがあり相続税が発生する場合、2割加算の対象となります。

直系尊属からの一括贈与のまとめ（原則）

贈与の種類	受贈者の年齢	非課税金額
住宅取得資金の贈与	18歳以上	500万円まで 省エネ等住宅は 1,000万円まで
教育資金の一括贈与	30歳未満	1,500万円まで うち学校等以外 500万円まで
結婚・子育て資金の一括贈与	18歳以上 50歳未満	1,000万円まで うち結婚資金 300万円まで

直系尊属からの贈与、
その非課税額は…

結婚して
子どもができたよ！

じゃ、
1,000万
あげよう！

家を買ったよ！

今度は
500万
あげるよ！

子どもの
教育には
お金をかけたいなぁ

よし！
1,500万
あげよう！

使った分は全部
税金は
かからないよ！

すごいねー

LESSON 8 制度の使い方を理解しておこう
相続時精算課税制度

2,500万円までは贈与税がかかりません！

はい、2,500万円あげる！

特別控除前に使える110万円の基礎控除も！

60歳以上の父母または祖父母

18歳以上の子または孫

概要

　相続時精算課税制度とは、贈与者が亡くなった時に、相続時精算課税を適用した贈与財産の価額（原則、**贈与時の価額**）を、相続財産に加算して相続税を計算する制度です。

　原則、贈与年の1月1日において**60歳以上の父母**または祖父母から、**18歳以上の推定相続人である子**（代襲相続を含む）または孫に対して贈与した場合、贈与者ごと累計で**2,500万円**までは贈与税がかかりません（それを超える部分は一律**20%**の税率で贈与税が課税されます）。

　すでに納めた贈与税額は、相続税から控除されます。この制度を適用することを選択した贈与者からの贈与は、暦年課税に戻すことはできません。

注目！

事業承継制度の特例の適用を受ける場合には、推定相続人でなくても18歳以上の特例後継者であれば適用されます。

相続時精算
課税制度は
片道切符です！

相続時精算課税の計算式

＜2023年まで＞

> 公式
> 贈与税額 ＝（課税価格 － 2,500万円）× 20％

＜2024年以降＞

> 公式
> 贈与税額 ＝
> ｛（課税価格 － 受贈者ごと110万円※） － 2,500万円｝ × 20％

※特別控除前に暦年課税とは別枠で年間110万円を控除でき、110万円以内であれば、贈与税が課税されず、申告も不要で、相続財産にも加算されません。

手続き

　相続時精算課税制度を選択する場合は、最初の贈与を受けた年の翌年2月1日から3月15日までに「相続時精算課税選択届出書」を提出します。

相続時精算課税制度適用のポイント

- ・贈与者ごと、受贈者ごとに、この制度を使うかどうかを選択できる
- ・相続税の課税価格に加算される価額は、原則、贈与時の価額
- ・一度この制度を適用した者の間での贈与は、暦年課税には戻せない
- ・住宅取得等資金の贈与について、相続時精算課税制度を利用する場合には、親の年齢要件は不問

暦年課税と相続時精算課税の贈与税の計算

暦年課税

（例）　父と母からの贈与について暦年課税を選択した場合

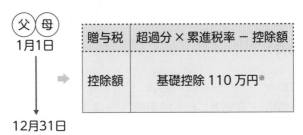

贈与税	超過分 × 累進税率 − 控除額
控除額	基礎控除 110 万円※

父　母
1月1日

↓

12月31日

相続時精算課税制度

（例）　父からの贈与について、相続時精算課税制度を選択した場合

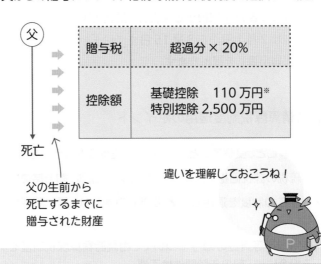

贈与税	超過分 × 20%
控除額	基礎控除　110 万円※ 特別控除 2,500 万円

父

死亡

父の生前から
死亡するまでに
贈与された財産

違いを理解しておこうね！

※暦年課税、相続時精算課税の制度別に適用できます。

暦年課税の基礎控除110万円を超えたら課税されます！

ホント？

あなたに財産を贈与します

じゃ、毎年110万ずつこのコップに入れてね

えーーー

そんなめんどくさい!!

あーーーーこのコップからあふれた分は課税されるんだよ！

す、すまぬ…

LESSON 9

日付と金額の数字に注意しよう！

贈与税の申告と納付

1 贈与税の申告

　贈与税の申告義務者は、贈与を受けた人（受贈者）です。暦年課税の場合、その年の1月1日から12月31日の間に贈与された財産の合計額が、基礎控除額である**110万円以下の場合には申告は不要**です。ただし、**特例の適用を受ける場合**には、納付税額がゼロとなる場合でも、**申告が必要**となります（贈与税の配偶者控除、直系尊属から住宅取得等資金の贈与を受けた場合の非課税制度）。

　贈与を受けた年の**翌年2月1日から3月15日**までに、**受贈者の住所地を管轄する税務署長**に申告します。

チェック！

所得税の確定申告とは、開始日が違うので注意！（所得税の確定申告は2月16日〜3月15日）

2 贈与税の納付

　贈与税は、申告期限までに金銭で一括納付するのが原則ですが、一定の要件を満たした場合には**5年以内の延納**が認められています。

贈与税には
物納はありません

延納

- ・金銭での一括納付が困難である場合
- ・贈与税の納税額が**10万円**を超えている場合
- ・延納するには、延納申請書を申告書の提出期限までに提出する
- ・担保の提供が必要
  （延納金額が**100万円**以下、かつ延納期間が**3年**以下の場合は不要）

試験にこう出る！

相続税と贈与税の制度の違いは、
試験で時折出題されるので注意しましょう

	相続税	贈与税
延納制度	あり	
延納の担保	必要（一定要件に該当する場合は不要） 担保は、相続や贈与を受けた財産に限らない	
物納制度	あり 物納できるのは、相続または遺贈で取得した、または暦年課税で贈与を受け相続税の課税価格に加算された財産に限る ただし、相続時精算課税制度により取得した財産は物納できない	なし

LESSON 10

宅地の評価

| 奥行きのある宅地 | 角地 | 正面と裏面が道路に面している宅地 |

道路との接し方で「路線価」が変わってくるよ！

1 相続税法における財産評価の原則

原則として、相続、遺贈、贈与により取得した財産の価額は、取得時の時価によります。財産評価基本通達では、「時価」とは、課税時期において、それぞれの財産の現況に応じ、不特定多数の当事者間で自由な取引が行われる場合に通常成立すると認められる価額とされています。ただし、地上権および永小作権、配偶者居住権、定期金の権利等は個別に規定しています。

2 宅地の評価

土地を評価する方法は、土地の地目（宅地、田・畑、山林など）によって異なりますが、ここでは建物の敷地として用いられる「宅地の評価方法」について覚えましょう。

宅地の評価は、1筆単位ではなく、**利用単位（一画地）**ごとに計算します。

宅地の評価方法

　宅地の評価方法には、路線価方式と倍率方式の2つがあり、どの宅地についてどちらの評価方法をとるのかということを**国税庁**が定めています（1つの宅地について任意に選択することはありません）。

> **路線価方式**
> ・市街地にある宅地の評価に用いる
> ・宅地の面する道路に付された1㎡あたりの価額「路線価」（千円単位）にもとづいて計算する
>
> **倍率方式**
> ・郊外にある宅地の評価に用いる
> ・固定資産税評価額に国税局長が地域ごとに定めた倍率を乗じて計算する

路線価方式が
よく出ますよ

路線価方式の計算方法

　宅地の面している道路に付された値段「路線価」を用いて、宅地の形や道路の位置により補正を加えます。まずは、自分で所有して自分で使用している**自用地**の評価額の計算について、見ていきましょう。

試験では、評価単位の説明が
入れ替わっている
ひっかけ問題に注意！

この2つを覚えておきましょう。

・土地の価値を下げる要素がある場合 → ～補正率を使って計算する
・土地の価値を上げる要素がある場合 → ～加算率を使って計算する

❶ 奥行きのある宅地

同じ地積（土地の面積）の宅地でも、奥行きが長すぎたり短すぎたりすると、利用しづらくなります。したがって、奥行価格補正率で評価額を補正します。

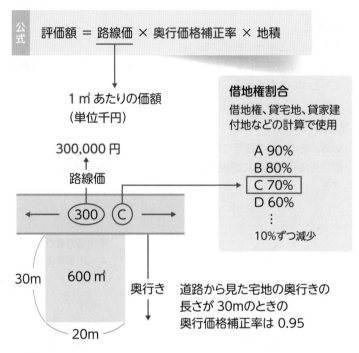

公式 評価額 ＝ 路線価 × 奥行価格補正率 × 地積

1㎡あたりの価額
（単位千円）

300,000円
↑
路線価

借地権割合
借地権、貸宅地、貸家建付地などの計算で使用

A 90%
B 80%
C 70%
D 60%
⋮
10%ずつ減少

300　Ⓒ

30m　600㎡
20m

奥行き　道路から見た宅地の奥行きの長さが30mのときの奥行価格補正率は 0.95

【評価額の計算】
300,000円 × 0.95 × 600㎡ ＝ 171,000,000円
※奥行価格補正率等は地区区分により違う場合があります。

❷ 正面と側方が道路に面している宅地 (角地・準角地)

同じ形、同じ地積の宅地であっても、一方のみが道路に面した宅地よりも、宅地の正面と側方が道路に面している宅地 (角地・準角地) の方が利用価値が高いため、評価額が高くなります。この場合、正面路線価と側方路線価とを決める必要があります。

公式	① (正面路線価×奥行価格補正率) ② (側方路線価×奥行価格補正率×側方路線影響加算率) 評価額 = (① + ②) × 地積

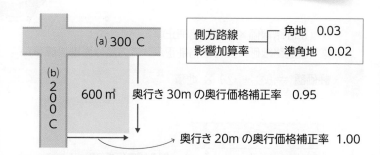

側方路線影響加算率 ┌ 角地　0.03
└ 準角地　0.02

(a) 300 C

(b) 200 C　600㎡　奥行き 30m の奥行価格補正率　0.95

奥行き 20m の奥行価格補正率　1.00

●正面路線価と側方路線価の判定

路線価×奥行価格補正率で計算して、高い方を正面路線価にする

a. 300,000 円 × 0.95 = 285,000 円
b. 200,000 円 × 1.00 = 200,000 円

a. の方が b. より高いため、a. 285,000 円が正面路線価になる

●角地か準角地かの判定

道路

角地

道路

準角地

こういう
違いがあるよ!

例題の場合は角地にあたるので、側方路線影響加算率は 0.03 を使う

【評価額の計算】

$$\Big((300{,}000\,円 \times 0.95) + (200{,}000\,円 \times 1 \times 0.03)\Big) \times 600\,㎡$$
$$= 174{,}600{,}000\,円$$

---

❸ 正面と裏面が道路に面している宅地

ここは
余裕のある
人だけ

正面も裏面も道路に面している宅地は、利用価値が上がりますので、二方路線影響加算率を加味して評価します。この場合、正面路線価を決める必要があります。

公式	① （正面路線価×奥行価格補正率） ② （裏面路線価×奥行価格補正率×二方路線影響加算率） 評価額 ＝ （① ＋ ②） × 地積

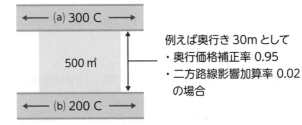

例えば奥行き 30m として
・奥行価格補正率 0.95
・二方路線影響加算率 0.02
の場合

●正面路線価と裏面路線価の判定　高い方を正面路線価とします

b. 200,000円 × 0.95 ＜ a. 300,000円 × 0.95 なので、
a. 300,000円 × 0.95 が正面路線価になる

【評価額の計算】

$$\Big((300{,}000\,円 \times 0.95) + (200{,}000\,円 \times 0.95 \times 0.02)\Big) \times 500\,㎡$$
$$= 144{,}400{,}000\,円$$

倍率方式による評価

　路線価の付されていない郊外の宅地は、倍率方式によって評価します。倍率方式の計算は路線価方式と比べて単純で、固定資産税評価額に一定の倍率をかけて計算します。宅地の形状による補正はありません。

> **公式**　評価額 ＝ 固定資産税評価額 × 国税局長の定める倍率

2 宅地の分類と評価

　宅地は、主に自用地、借地権、貸宅地、貸家建付地、貸家建付借地権に分類して評価します。 それぞれ次の計算式で求めます。

①自用地

　自己の利用のほか、使用貸借や青空駐車場も自用地として評価します。

自分が所有する土地を自分で使っている場合

Ｆさんの家

Ｆさんの土地

公式！

自用地評価額
（自分が所有する土地を自分で使っている宅地）

| 公式 | 評価額 ＝ 路線価 ×各種補正（加算）率 × 地積 |

使用貸借

他人の物を無償で使用収益した後に返還する契約

例）親が所有する土地に息子が地代を払わず家を建てた。
⇒この場合は賃貸借契約にはならず、借地権の贈与も認定
されません（贈与税非課税）。この宅地の評価額は自用
地評価額として計算します。

② 普通借地権と貸宅地

　土地の権利には所有権と借地権があります。自用地の
場合、所有権は100％となりますが、他者の土地を借り
て家を所有する場合は借地権となります。路線価図では
借地権割合を90％のAから30％のGまで10％刻みで
7段階で示しています。

　一方、借地権が借りている土地の権利の評価なのに対
して、貸宅地は貸している土地の評価のことです。自分
の土地から借地権割合を差し引くことで評価します。

ひと言！

借地権割合は、数値
が高いほど利用価値
が高い土地となりま
す。

宅地を他者に貸して地代を受け取っている場合

借りている人（借地人）→ 借地権の評価
貸している人（地主）　→ 貸宅地の評価

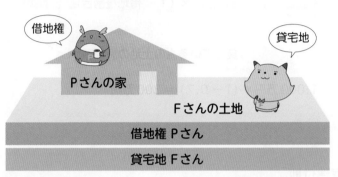

※借地権：建物の所有を目的とする地上権または土地の賃借権

 公式！

普通借地権の評価額
（建物の所有を目的とする地上権または土地の賃借権）

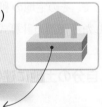

公式	評価額 ＝ 自用地評価額 × 借地権割合

借りている人の土地の評価額 ←

（例）自用地評価額　1,000万円
　　　借地権割合　70％　の借地権の評価額

　　　1,000万円× 0.7 ＝ 700万円

貸宅地の評価額（原則）

（借地権の目的となっている宅地）

公式 評価額 ＝ 自用地評価額 ×（ 1 － 借地権割合 ）

貸している人の土地の評価額

（例）1,000万円×（1 － 0.7）＝ 300万円

③ 貸家建付地

　土地所有者が宅地の上に建物を所有し、他者に貸している場合の宅地（賃貸マンションやアパートなどの大家さんの土地）を貸家建付地といいます。

　貸家建付地は、宅地を貸しているわけではなく、その上の建物を貸しています。その建物には他者が住んでいるので、その宅地の利用が制限されます。この要素を加味した評価額の計算式は次の通りです。

ひと言！

アパートやマンションなど、貸付けをしている建物のことを貸家といいます。

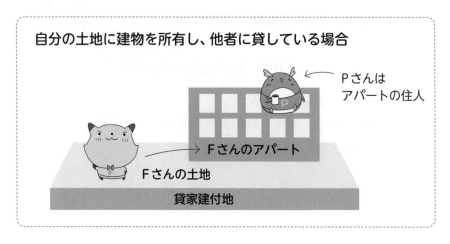

自分の土地に建物を所有し、他者に貸している場合

Pさんはアパートの住人

Fさんのアパート

Fさんの土地

貸家建付地

公式！

貸家建付地の評価額の計算式

公式
評価額 ＝
自用地評価額 ×（1 －借地権割合×借家権割合×賃貸割合）

・借家権割合 → 全国一律 30％（＝ 0.3）
・賃貸割合 → 満室の場合は 100％（＝ 1）

（例）自用地評価額 1,000 万円
　　　借地権割合 70％　借家権割合 30％　賃貸割合 100％の
　　　貸家建付地の評価額

　　　1,000 万円 ×（1 － 0.7 × 0.3 × 1）＝ 790 万円

④貸家建付借地権

　土地を借りている人の権利は借地権ですが、借地上の
アパートを所有し、他者に貸している場合の権利は貸家
建付借地権といいます。

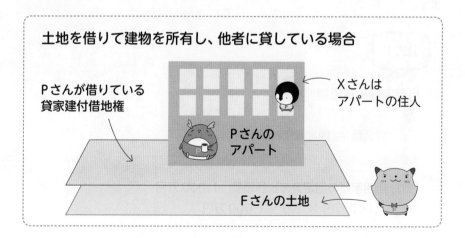

土地を借りて建物を所有し、他者に貸している場合

Pさんが借りている
貸家建付借地権

Xさんは
アパートの住人

Pさんの
アパート

Fさんの土地

公式！

貸家建付借地権の評価額の計算式

公式
評価額 ＝
自用地評価額×借地権割合×（1－借家権割合×賃貸割合）

・借家権割合→全国一律 30％（＝ 0.3）
・賃貸割合→満室の場合は 100％（＝ 1）

（例）自用地評価額　1,000 万円
　　　借地権割合 70％　借家権割合 30％　賃貸割合 100％の
　　　貸家建付借地権の評価額

　　　1,000 万円× 0.7 ×（1 － 0.3 × 1）＝ 490 万円

---

3 **家屋の評価**

　貸付をしていない自宅建物のことを自用家屋といいます。貸家とはアパートやマンションなど、他者に貸している建物です。それぞれの評価額は、次の計算式で求めます。

公式！

自用家屋の評価額

公式
評価額 ＝ 固定資産税評価額 × 1.0

（例）自用家屋の固定資産税評価額　1,000 万円
　　　1,000 万円 × 1.0 ＝ 1,000 万円

貸家の評価額

公式	評価額 ＝ 固定資産税評価額 × 1.0 ×（1 － 借家権割合 × 賃貸割合）

貸付けをしている建物の評価額 ←

（例） 自用家屋の固定資産税評価額　1,000万円
　　　借家権割合30％　賃貸割合100％の場合

　　　1,000万円 ×（1 － 0.3 × 1）＝ 700万円

※建築中の自用家屋の価額は、その家屋の費用現価の70％相当額により評価する。

4　小規模宅地等についての評価減の特例

　被相続人の居住用や事業用の建物・構築物がある宅地
は、一定の要件を満たした場合に、その評価額を減額す
る特例を適用することができます。

　住まいだった宅地や事業用の宅地をそのまま評価する
と、相続税額が高額となり、親族が宅地を売却しなけれ
ば相続税を支払えなくなったり、事業承継が難しくなっ
たりすることがあるからです。

利用区分	限度面積	減額割合
①特定居住用宅地等	330㎡	80％
②特定事業用宅地等 　特定同族会社事業用宅地等	400㎡	
③貸付事業用宅地等	200㎡	50％

特定とくれば
8割カットだよ

主な適用要件

①特定居住用宅地等	・配偶者が相続した場合のみ、所有要件も居住要件も問わない（申告前に賃貸・売却しても適用可能） ・同居していた親族が宅地を取得した場合、申告期限まで所有・居住していなければならない ・被相続人に配偶者や同居相続人がなく、別居の親族が取得する場合、「相続開始前3年間のうちに、自分または配偶者等が所有する家屋等に住んだことがない」「所有し続ける」などの要件がある（家なき子特例） **適用緩和** ・被相続人が老人ホームに入所していた場合は、一定の要件を満たせば適用可能
②特定事業用宅地等	被相続人の事業の用に供されていた宅地を、承継した親族が取得し、事業を引き継ぎ、申告期限まで所有し、事業を続けていること
③貸付事業用宅地等	被相続人の貸付け事業の用に供されていた宅地を、承継した親族が取得し、事業を引き継ぎ、申告期限まで所有し、事業を続けていること

※特例を適用して相続税が0円になった場合でも、申告が必要です。

試験にこう出る！

この特例によって、宅地の評価額から減額される金額の計算式

公式

$$\text{減額される金額} = \text{宅地の評価額} \times \frac{\text{限度面積}}{\text{総面積}} \times \text{減額割合}$$

ここがポイント！

Point 1 ①特定居住用宅地等と②特定事業用等宅地等は特例を
併用できます。

①の限度面積330㎡＋②の限度面積 400㎡の合計
730㎡まで適用可能です。

Point 2 ②特定事業用宅地等と③貸付事業用宅地等については、
相続開始前3年以内に事業・貸付け事業の用に供さ
れた宅地は一部を除き対象外です。

※駆け込みで評価額を下げようとしてもだめ！

Point 3 ③貸付事業用宅地等とそれ以外の宅地がある場合、適
用限度面積の調整があります。

$$\begin{array}{l}\text{特定事業用等} \\ \text{宅地等の面積}\end{array} \times \dfrac{200㎡}{400㎡} + \begin{array}{l}\text{特定居住用} \\ \text{宅地等の面積}\end{array} \times \dfrac{200㎡}{330㎡} + \begin{array}{l}\text{貸付事業用} \\ \text{宅地等の面積}\end{array}$$

$$\leqq 200㎡$$

相続により取得した宅地が特定居住用宅地に該当する場合の、特例適用後の評価額（課税価格）は？

・地積 400 ㎡
・特例適用前の評価額 3,000 万円

（解答）

減額される金額 ＝ 3,000 万円 × $\dfrac{330 \text{ ㎡}}{400 \text{ ㎡}}$ × 80％ ＝ 1,980 万円

特例適用後の評価額（課税価格）
＝ 3,000 万円 － 1,980 万円 ＝ 1,020 万円

ここに注意！

減額される金額を聞かれているのか、**特例適用後**の評価額（課税価格）を聞かれているのか注意。なお、特例適用の結果相続税がゼロとなった場合でも、相続税の申告が**必要**です。

特例といえば申告！

表と裏が
道路に面していると……

わが家は
正面もウラ側も
道路に面してるよ

それは評価額が
高くなるね

やっぱり!?

そうだと
思ったんだよ

門が２つも
あるからね！

ワワン！

いや、
理由…違うから

LESSON 11

上場、非上場ともに株は資産になります

株式および
その他の財産の評価

---

1 上場株式の評価

　上場株式の評価は、次の①〜④のうち、**最も低い価額**となります。相続における課税時期とは、相続の開始時（死亡日）になります。

---

①課税時期（死亡日など）の終値（最終価格）
　　土日祝日などで終値がない場合は、課税時期前後の近い日の最終価格を適用します。2つある場合は平均額。
②課税時期の属する月の終値の平均
③課税時期の属する月の前月の終値の平均
④課税時期の属する月の前々月の終値の平均

上場株式の評価は
4つの終値の最安値になる！

①
亡くなった日の終値

前々月　前月　当月

④
亡くなった前々月の
終値の平均

③
亡くなった前月の
終値の平均

②
亡くなった月の
終値の平均

2 取引相場のない株式（非上場会社の株式）の評価

　取引相場のない株式（自社株）の評価方式は、誰がその株式を取得するか、会社の規模、特定の評価会社に該当するか否か、の3つの判定によって決まります。評価方式には、類似業種比準方式、純資産価額方式、併用方式、**配当還元方式**の4つがあります。

評価方式の決め方（原則）

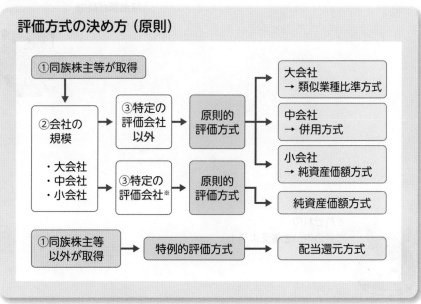

①同族株主等が取得

②会社の
規模

・大会社
・中会社
・小会社

③特定の
評価会社
以外

③特定の
評価会社※

原則的
評価方式

原則的
評価方式

大会社
→ 類似業種比準方式

中会社
→ 併用方式

小会社
→ 純資産価額方式

純資産価額方式

①同族株主等
以外が取得　→　特例的評価方式　→　配当還元方式

※特定の評価会社とは、資産全体に占める土地や株式等の割合が一定以上である会社をいいます。

評価方式の種類

原則的評価方式	類似業種比準方式	類似した上場会社の株価の1株あたりの配当、利益、純資産の3つの要素と比較して評価額を算出する方法
	純資産価額方式[※1]	課税時期の相続税評価額による純資産額をもとに、法人税額相当額（含み益の37％）を差し引いた残額で評価する方法
	併用方式[※2]	類似業種比準方式と純資産価額方式を併用して算出する方法
特例的評価方式	配当還元方式	直前期末以前2年間の配当平均額を10％で割ったものをもとに評価額を算出する方法

※1 会社の規模が大会社または中会社で、純資産価額方式の方が評価額が低くなる場合は、純資産価額方式を選択できます。

※2 会社の規模が小会社の原則的評価方式は純資産価額方式ですが、併用方式を使用することもできます。

配当還元方式は
評価額が最も
低くなりやすいよ！

それぞれの
方式の違いを覚えよう！

取引相場のない株式(非上場会社の株式)の評価方法の計算式

①類似業種比準方式

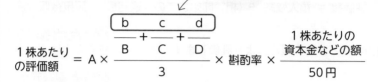

分子には、評価する会社の配当、利益、簿価純資産が入る

$$\text{1株あたり} \atop \text{の評価額} = A \times \dfrac{\dfrac{b}{B} + \dfrac{c}{C} + \dfrac{d}{D}}{3} \times 斟酌率 \times \dfrac{\text{1株あたりの} \atop \text{資本金などの額}}{50円}$$

A = 類似業種の株価
B = 類似業種の1株あたりの配当金額
C = 類似業種の1株あたりの利益金額
D = 類似業種の1株あたりの簿価純資産
b = 評価会社の1株あたりの配当金額
c = 評価会社の1株あたりの利益金額
d = 評価会社の1株あたりの簿価純資産

この3つが下がれば株価の評価額が下がります！

しんしゃくりつ
斟酌率＝大会社 0.7、中会社 0.6、小会社 0.5

②純資産価額方式

$$\text{1株あたり} \atop \text{の評価額} = \dfrac{\begin{matrix}\text{相続税評価額}\\\text{による}\\\text{純資産}\end{matrix} - \left(\begin{matrix}\text{相続税評価額}\\\text{による}\\\text{純資産}\end{matrix} - \begin{matrix}\text{帳簿価額}\\\text{による}\\\text{純資産}\end{matrix}\right) \times 37\%}{\text{発行済株式数}}$$

※上記の各純資産は、「資産－負債」で求めます。

③配当還元方式

$$\text{1株あたり} \atop \text{の評価額} = \dfrac{\begin{matrix}\text{1株50円あたりの}\\\text{(直前期以前2年の平均)}\end{matrix}}{10\%} \times \dfrac{\text{1株あたりの} \atop \text{資本金などの額}}{50円}$$

3　その他の財産の評価（原則）

定期預金など

> **公式**
> 評価額 ＝ 預入残高 ＋（相続開始までの経過利息 － 源泉徴収税額）

普通預金などは預入残高により評価します。

外貨定期預金

課税時期の対顧客直物電信買相場（TTB）またはこれに
準ずる相場により円貨換算します。

個人向け国債

> **公式**
> 評価額 ＝ 額面金額 ＋ 既経過利子相当額 － 中途換金調整額

取引相場のあるゴルフ会員権

> **公式**
> 評価額 ＝ 通常の取引価格（時価）× 70％

生命保険契約に関する権利

まだ、保険事故が発生していない場合は、生命保険契約
に関する権利を評価します。

> **公式**
> 評価額 ＝ 解約返戻金相当額

非上場株式の評価を
おさらいするよ！

そろそろ
わたしの株を
お前に譲ろう

株の評価額が
上がってたら
贈与税も
すごくなりそうだね

創業時
1株300円スタート
だったんだけど、
配当も利益も
多かったからね

そうだね

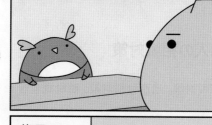

まあ、
一度相談に
いってみよう

後日 ——

御社の
自社株の評価は
今だと
1株3,000円
ですね

意外と高い・・・

LESSON 12
相続・事業承継対策

社長の座を
受け渡そう
と思うん
だが…

ではその前に
いろいろ
対策をして
おかなきゃ!

節税・遺産分割・納税資金など
事前準備はたくさんあります!

1 経営者個人の相続対策

相続対策には、節税対策、遺産分割対策、納税資金対策などがあります。

節税対策	・不動産の購入→土地・建物の相続税評価額は、現預金より低くなる ・生命保険の加入→非課税枠を利用する ・生前贈与→生前贈与により、相続財産を減少させる
遺産分割対策	・遺言や生前贈与の活用
納税資金対策	・生命保険の加入→死亡保険金を納税資金として準備する ・資産の売却→資産を売却して納税資金を準備する

2 非上場会社の事業承継対策

　中小企業などでは、経営者の死亡時における円滑な事業承継対策が必要になります。

P.250 参照

主な事業承継対策

株価の 引き下げ対策	類似業種比準方式は配当、利益、純資産の3要素を引き下げれば株価が下がり、相続税・贈与税を抑えられる → その分多くの株式を後継者に移すことができる **配当の引き下げ** 　配当を減らしたり、記念配当や特別配当にする 　（非経常的配当は株価に反映されない） **利益・純資産の引き下げ** 　生前に役員退職金を支給する 　→利益が引き下げられる（一定要件のもと損金となる） 　→純資産が引き下げられる（会社の預貯金が減る） **不動産を購入** 　（ただし、純資産価額の計算上、取得後3年以内は、原則、通常の取引価額で評価）
自社株を 後継者に 移転する対策	後継者の持ち株数を増やし、株式の分散を防止する 　→贈与税の納税猶予・免除制度、遺留分に関する民法の特例などを活用する
納税資金 対策	**生命保険の加入** 　契約者 → 会社、被保険者 → 経営者、受取人 → 会社 　の生命保険を活用することで、死亡退職金を納税の原資として準備する

3 非上場株式の贈与税・相続税の納税猶予・免除制度

　中小企業などの円滑な事業承継のため、後継者が非上場株式等を贈与や相続等により取得した場合、一定の要件のもとでその贈与税や相続税の**納税**が**猶予**され、さらに**猶予**されている贈与税や相続税の納付が**免除**される「非上場株式等についての贈与税・相続税の納税猶予および免除」の制度があります。

非上場株式の贈与税・相続税の納税猶予・免除制度（特例措置）

①非上場株式についての贈与税の納税猶予制度

　非上場会社の後継者が一定の要件を満たすと、先代の経営者などから贈与により自社株を取得した場合には、その贈与を受けた株式（株式数は無制限）に係る贈与税の全額について納税が猶予されます。

> **後継者の要件**
> 　18歳以上で、会社の代表権を有し、役員就任から3年以上経過していること（最大3人）

②非上場株式についての相続税の納税猶予・免除制度

　非上場会社の後継者が一定の要件を満たすと、先代経営者（被相続人）からの相続により自社株を取得した場合、その相続した株式（株式数は無制限）に係る相続税の全額について納税が猶予・免除されます。

特例の対象	特例措置を適用	特例措置を適用しない （一般措置）
納税猶予割合	全額	相続税： 80％ 贈与税：100％
対象株式数	制限なし	発行済み議決権株式総数の 2/3 に達するまで
雇用継続	弾力化	贈与後 5 年間は平均 8 割の 雇用を維持

※「非上場株式等についての贈与税の納税猶予および免除の特例」を受ける場合、特例措置、一般措置いずれも相続時精算課税制度の併用は可能です。

中小企業の事業承継で納税で大変に
ならないようにするための措置なんだね！

4 遺留分に関する民法の特例

目的	先代経営者から後継者に自社株式・事業用資産を集中して継承しやすくするための措置
概要	先代経営者の遺留分を有する推定相続人全員の合意のもと、後継者に贈与等された自社株式・事業用資産の価額について以下の措置が可能 ①除外合意：遺留分算定対象の財産価額から除外できる ②固定合意：遺留分算定対象の財産価額を合意時の価額に固定できる（自社株の場合のみ） 　※自社株の場合、両方組み合わせることも可
対象	3 年以上継続して事業を行っている非上場企業、中小企業者の個人事業主
手続き	遺留分を有する推定相続人全員と後継者の合意、経済産業大臣の確認、家庭裁判所の許可

会社法とは、会社の設立や解散、組織や運営、管理などを定めた法律です。

株式会社の概要

	取締役会を置く	取締役会を置かない
株主総会	必要	
最低資本金	なし	
株主責任	有限（出資の範囲内）	
取締役の数	3人以上	1人以上
監査役	必要	不要

※株主でなくても取締役に就任できる

公開会社

「発行する全部または一部の株式に譲渡制限がない」と定めている株式会社（上場しているかどうかは問わない）

自己株式の有償取得

株式会社が特定の株主から自己株式を有償で取得する場合、株主総会の特別決議が必要となる

さあ、テキストは
ここでおしまいです！

問題集を
何度も解いて
復習しよう！

出題傾向を
把握したら
また何度も
本書を読み返そう！

ボクたちも
応援してるよ！

タックスプランニング

不動産

相続・事業承継

タックスプランニング

1
★★★
税金には国税と地方税があるが、不動産取得税は国税に該当し、固定資産税は地方税に該当する。

2
★★★
税金を負担する者と税金を納める者が異なる税金を間接税といい、相続税は間接税に該当する。

3
★
年金受給者が受け取った遺族基礎年金は、所得税における非課税所得となる。

4
★★
給与所得者が受け取った健康保険の傷病手当金は、給与所得として所得税の課税対象となる。

5
★★
所得税額の計算において課税総所得金額に乗じる税率には、課税総所得金額が大きくなるにつれて段階的に税率が高くなる超過累進税率が採用されており、その最高税率は30%である。

ポイント＆解答！

1	不動産取得税は固定資産税と同様に、地方税に該当します。
2	相続税は直接税に該当します。
4	健康保険や雇用保険からの各種手当金や給付金は、非課税所得です。
5	超過累進税率の最高税率は45%です。

1 ✕ **2** ✕ **3** ○ **4** ✕ **5** ✕

6 ★
合計所得金額は、損益通算後の各種所得の金額の合計額から、純損失や雑損失の繰越控除を適用した後の金額である。

7 ★
個人事業主が事業資金で購入した株式について、配当金を受け取ったことによる所得は、配当所得となる。

8 ★★★
不動産の貸付けを事業的規模で行ったことにより生じた賃貸収入による所得は、事業所得となる。

9 ★★
給与所得の金額は、原則として、「給与等の収入金額−給与所得控除額」の算式により計算される。

10 ★
退職一時金を受け取った退職者が、「退職所得の受給に関する申告書」を提出している場合、所得税および復興特別所得税として、退職一時金の支給額の20.42%が源泉徴収される 。

11 ★
ゴルフ会員権を譲渡したことによる所得は、申告分離課税の対象となる。

ポイント &解答!

6
合計所得金額は、損益通算後で純損失や雑損失の繰越控除を適用する前の金額です。

8
不動産の貸付を事業的規模（5棟10室以上）で行っている場合でも、その賃貸料収入は不動産所得です。

10
退職一時金に対して20.42%が源泉徴収されるのは、「退職所得の受給に関する申告書」を提出していない場合です。

11
ゴルフ会員権の譲渡所得は、総合課税の対象です。

6 ✕　7 ◯　8 ✕　9 ◯　10 ✕　11 ✕

STAGE **4** 学科問題　タックスプランニング

12
★
収入のない専業主婦（夫）が金地金を売却したことによる所得は、譲渡所得となる。

13
★★★
一時所得の金額は、「一時所得に係る総収入金額－その収入を得るために支出した金額の合計額」の算式により計算される。

14
★
年金受給者が受け取った老齢基礎年金は、雑所得として所得税の課税対象となる。

15
★★★
コンサルティング事業を行ったことによる事業所得の金額の計算上生じた損失の金額は、不動産所得の金額と損益通算することができる。

16
★★★
不動産所得の金額の計算上生じた損失の金額のうち、その不動産所得を生ずべき土地の取得に要した負債の利子の額に相当する部分の金額は、事業所得の金額と損益通算することができない。

17
★
上場株式を譲渡したことによる譲渡所得の金額の計算上生じた損失の金額は、総合課税を選択した上場株式の配当所得の金額と損益通算することができない。

18
★★
納税者の合計所得金額が2,400万円以下である場合、所得税における基礎控除の額は48万円である。

ポイント 　 &解答!

13 一時所得は、特別控除があるので計算式に「－特別控除（最高50万円）」が入ります。なお、一時所得は総合課税であり、損益通算後の一時所得を1／2して、総所得金額に算入します。

12 ○ 　 **13** × 　 **14** ○ 　 **15** ○ 　 **16** ○ 　 **17** ○ 　 **18** ○

19 ★★ 青色申告者である納税者が、生計を一にする配偶者に支払った青色事業専従者給与が年間100万円である場合、納税者は配偶者控除の適用を受けることができる。

20 ★★ 婚姻の届出を提出していない場合であっても、納税者が加入している健康保険の被扶養者となっており、内縁関係にあると認められる者は、他の要件を満たせば、控除対象配偶者に該当する。

21 ★★ 収入のない配偶者を有する納税者は、配偶者控除と配偶者特別控除を重複して適用を受けることができる。

22 ★★ 控除対象扶養親族のうち、その年の12月31日時点の年齢が19歳以上23歳未満の者を特定扶養親族といい、その者に係る所得税における扶養控除の額は58万円である。

STAGE **4** 学科問題

タックスプランニング

ポイント &解答!

19 青色事業専従者である配偶者に給与を支払っている場合、その配偶者については、配偶者控除や配偶者特別控除の適用を受けることはできません。

20 控除対象配偶者に該当するのは、所得要件等を満たし、婚姻関係にある者です。社会保険とは異なり、内縁関係にあると認められる者でも控除対象にはなりません。

21 配偶者控除が使えない場合に配偶者特別控除が使えることがあるというように、2つの控除は連続的なつながりをもっており、重複して適用を受けることはできません。

22 特定扶養親族の年齢についての説明は正しいですが、所得税における控除額は63万円です。

19 ✕ **20** ✕ **21** ✕ **22** ✕

23
★★

老人控除対象配偶者とは、控除対象配偶者のうち、その年の 12 月 31 日現在の年齢が 70 歳以上の者をいう。

24
★★

納税者が自己の負担すべき社会保険料を支払った場合、支払った社会保険料の金額にかかわらず、その年中に支払った金額の全額を社会保険料控除として控除することができる。

25
★★

納税者が自宅に係る地震保険の保険料を支払った場合、所得税では支払った保険料の金額にかかわらず、その年中に支払った金額の全額を地震保険料控除として控除することができる。

26
★★★

住宅ローン控除の対象となる家屋は、床面積が 30 ㎡以上 330 ㎡以下でなければならない。

27
★★★

住宅ローン控除の対象となる家屋は、納税者がもっぱら居住の用に供する家屋に限られ、店舗併用住宅は対象とならない。

ポイント & 解答!

25 所得税における地震保険料控除の対象になる地震保険料は、支払った金額の全額（最高 50,000 円）です。

26 住宅ローン控除の対象になる家屋の要件に、床面積は原則 50 ㎡以上（一定の場合 40 ㎡以上）と定められていますが上限はありません。

27 住宅ローン控除の対象になる家屋には、店舗併用住宅も含まれますが、床面積の 2 分の 1 以上が自己の居住用であることが要件です。

23 ○ **24** ○ **25** × **26** × **27** ×

28 ★
確定申告書を提出した納税者が、法定申告期限後に計算の誤りにより所得税を過大に申告していたことに気づいた場合、原則として、法定申告期限から5年以内に限り、更正の請求をすることができる。

29 ★★
青色申告者は、総勘定元帳その他一定の帳簿を起算日から10年間、住所地もしくは居所地または事業所等に保存しなければならない。

30 ★★★
本年9月に新たに事業を開始した者が、その年分の所得税から青色申告の適用を受けようとする場合には、翌年3月15日までに「青色申告承認申請書」を納税地の所轄税務署長に提出し、その承認を受けなければならない。

31 ★
個人事業税の課税標準の計算上、事業主控除として最高390万円を控除することができる。

32 ★★
損益計算書は、企業の資金の調達源泉とその用途を示したものである。

ポイント  &解答！

29
青色申告者は、一定の帳簿を、帳簿の起算日（確定申告書の提出期限の翌日）から原則、7年間保存しなければなりません。

30
新たに青色申告の適用を受けようとするときで、1月16日以降の新規開業者は開業から2カ月以内に青色申告承認申請書を提出しなければなりません。

31
個人事業税の事業主控除額は、最高290万円です。

32
設問は貸借対照表の説明です。損益計算書は、会計期間の損益状況を表したものです。

28 ○　**29** ×　**30** ×　**31** ×　**32** ×

STAGE **4** 学科問題　タックスプランニング

33 期末資本金の額等が1億円以下の一定の中小法人が支出した交際費等の額
★★★ のうち、定額控除限度額である年800万円と接待飲食費の額の2分の1相当額のいずれか少ない額が損金算入限度額となる。

34 法人が納付した法人税の本税および法人住民税の本税は、その全額を損金
★★★ の額に算入することができる。

35 会社が所有する資産を適正な時価よりも低い価額で役員に譲渡した場合、
★★★ その適正な時価と譲渡価額との差額が、その役員の給与所得の収入金額となる。

36 役員が所有する土地を低額で会社に譲渡した場合、その適正な時価の2分
★★★ の1相当額が会社の受贈益として益金の額に算入される。

37 役員が会社に無利息で金銭の貸付けを行った場合、原則として、通常収受す
★★★ べき利息に相当する金額が、その役員の雑所得の収入金額となる。

ポイント  &解答!

33 設問の中小法人が支出した交際費等のうち、損金算入できる限度は、年800万円と接待飲食費の2分の1相当額を比べていずれか多い額です。

34 法人税法上、損金算入できる租税公課に、法人事業税は含まれますが、法人税や法人住民税の本税は含まれません。

36 会社側は適正な時価で譲渡されたものとみなされ、時価との差額が受贈益として益金の額に算入されます。

37 設問の貸付においては、原則、役員への課税はありません。

33 ✕ **34** ✕ **35** ◯ **36** ✕ **37** ✕

38 ★★ 消費税の課税期間に係る基準期間における課税売上高が1,000万円以下の事業者は免税事業者に該当し、「消費税課税事業者選択届出書」を提出する場合を除き、その課税期間において消費税の課税事業者となることはない。

39 ★★★ 簡易課税制度を選択することができるのは、消費税の課税期間に係る基準期間における課税売上高が1億円以下の事業者である。

40 ★★★ 消費税の課税事業者である法人は、原則として、消費税の確定申告書を各課税期間の末日の翌日から2カ月以内に、納税地の所轄税務署長に提出しなければならない。

STAGE **4** 学科問題　タックスプランニング

ポイント  &解答!

38 基準期間における課税売上高が1,000万円以下であっても、特定期間における課税売上高と給与等支払額が1,000万円超であれば課税事業者になります。

39 簡易課税制度を選択できるのは、基準期間における課税売上高が5,000万円以下の事業者です。

38 ✕　39 ✕　40 ◯

次の設例にもとづいて、下記の（問1）に答えなさい。

(21年1月生保・改)

───────《設 例》───────

　X株式会社に勤務するAさんは、妻Bさん、長男Cさん、二男Dさんおよび三男Eさんとの5人家族である。Aさんは、本年中に終身保険の解約返戻金150万円および一時払変額個人年金保険（10年確定年金）の解約返戻金650万円を受け取っている。

＜Aさんとその家族に関する資料＞
- ・Aさん（52歳）　　：会社員
- ・妻Bさん（50歳）　：専業主婦。本年中の収入はない。
- ・長男Cさん（20歳）：大学生。本年中に、アルバイトとして給与収入50万円を得ている。
- ・二男Dさん（17歳）：高校生。本年中の収入はない。
- ・三男Eさん（15歳）：中学生。本年中の収入はない。

＜Aさんの本年分の収入等に関する資料＞
（1）給与収入の金額：900万円
（2）終身保険の解約返戻金

　　　契約年月　　　　　　　　　　　　：2007年5月
　　　契約者（＝保険料負担者）・被保険者：Aさん
　　　死亡保険金受取人　　　　　　　　：妻Bさん
　　　解約返戻金額　　　　　　　　　　：150万円
　　　正味払込保険料　　　　　　　　　：180万円

（3）一時払変額個人年金保険（10年確定年金）の解約返戻金
- ・契約年月　　　　　　　　　　　　：2012年8月
- ・契約者（＝保険料負担者）・被保険者：Aさん
- ・死亡給付金受取人　　　　　　　　：妻Bさん
- ・解約返戻金額　　　　　　　　　　：650万円
- ・正味払込保険料　　　　　　　　　：500万円

※妻Bさん、長男Cさん、二男Dさんおよび三男Eさんは、Aさんと同居し、生計を一にしている。

※Aさんとその家族は、いずれも障害者および特別障害者には該当しない。

※Aさんとその家族の年齢は、いずれも本年12月31日現在のものである。

※上記以外の条件は考慮せず、各問に従うこと。

（問１）　Aさんの本年分の所得税の算出税額を計算した下記の表の空欄①〜④に入る最も適切な数値を求めなさい。なお、問題の性質上、明らかにできない部分は「□□□」で示してある。

なお、復興特別所得税は考慮しないものとする。

	給与所得の金額（所得金額調整控除の適用後の金額）	7,000,000 円
	総所得金額に算入される一時所得の金額	（　①　）円
（a）総所得金額		□□□円
	社会保険料控除	□□□円
	生命保険料控除	100,000 円
	地震保険料控除	30,000 円
	配偶者控除	□□□円
	扶養控除	（　②　）円
	基礎控除	（　③　）円
（b）所得控除の額の合計額		3,200,000 円
（c）課税総所得金額（（a）−（b））		□□□円
（d）算出税額（（c）に対する所得税額）		（　④　）円

<資料>所得税の速算表

課税総所得金額		税率	控除額
万円超	万円以下		
〜	195	5％	―
195 〜	330	10％	9万7,500円
330 〜	695	20％	42万7,500円
695 〜	900	23％	63万6,000円
900 〜	1,800	33％	153万6,000円
1,800 〜	4,000	40％	279万6,000円
4,000 〜		45％	479万6,000円

① 350,000（円）　② 1,010,000（円）　③ 480,000（円）

④ 402,500（円）

① 一時所得の金額＝

総収入金額－その収入を得るために支出した金額－特別控除（最高50万円）

総合課税として総所得金額に算入される金額＝一時所得の金額×$\dfrac{1}{2}$

＜一時所得＞

（150万円＋650万円）－（180万円＋500万円）－50万円＝70万円

＜総所得金額に算入される一時所得の金額＞

70万円×$\dfrac{1}{2}$＝35万円

② 扶養控除は、配偶者を除く納税者本人と生計を一にする16歳以上の親族で合計所得金額が48万円（給与収入のみなら103万円）以下の場合に適用となります。

長男Cさん（20歳）：特定扶養親族（19歳以上23歳未満）→ 63万円

二男Dさん（17歳）：一般扶養親族（16歳以上19歳未満）→ 38万円

三男Eさん（15歳）：扶養控除対象外（16歳未満）→ 控除なし

扶養控除＝63万円＋38万円＝101万円

③ 納税者本人の合計所得金額が2,500万円以下の場合に基礎控除の適用を受けることができます。合計所得金額2,400万円以下の場合の基礎控除額は48万円です。

④ 所得税額

(a) 総所得金額　給与所得の金額700万円＋①で求めた一時所得35万円

700万円＋35万円＝735万円（a）

(b) 所得控除の合計額　320万円（問題の表中（b）より）

課税総所得金額（a－b）＝735万円－320万円＝415万円

＜資料＞所得税の速算表より

415万円×20％－42万7,500円＝402,500円

下記の（問1）、（問2）について解答しなさい。

（問1） 会社員の増田さんの本年分の所得等が下記<資料>のとおりである場合、
増田さんが本年分の所得税の確定申告を行う際に、給与所得と損益通算
できる損失はいくらになるか。なお、▲が付された所得金額は、その所
得に損失が発生していることを意味するものとする。また、記載のない
事項については一切考慮しないものとし、解答に当たっては、解答用紙
に記載されている単位に従うこと。

(23年9月)

<資料>

所得の種類	所得金額	備　考
給与所得	540万円	勤務先からの給与で年末調整済み
不動産所得	▲70万円	収入金額：180万円　必要経費：250万円（※）
譲渡所得	▲40万円	上場株式の売却に係る損失
譲渡所得	▲15万円	ゴルフ会員権の売却に係る損失

（※）必要経費の中には、土地の取得に要した借入金の利子の額25万円が含まれて
いる。

正解 45（万円）

損益通算できる損失は、不動産所得・事業所得・山林所得・譲渡所得ですが、この中でも例外とされている損失もあるので注意が必要です。

本問いの損失では、不動産所得の損失のうち、土地の取得に要した借入金の利子25万円は損益通算の対象にできないため、

不動産所得▲70万円−（▲25万円）＝▲45万円が損益通算の対象です。

譲渡所得の損失では、上場株式の売却に係る損失やゴルフ会員権の売却に係る損失は、例外的に損益通算の対象外です。

よって、損益通算できる損失は45万円です。

（問2）　佐野さん（67歳）の本年分の収入等は下記の通りである。佐野さんの本
年分の所得税における総所得金額を計算しなさい。なお、記載のない条
件については一切考慮しないこと。また、解答にあたっては、解答用紙
に記載されている単位に従うこと。

(21年1月)

＜収入＞

内容	金額
アルバイト収入	50万円
老齢厚生年金および企業年金	300万円
生命保険の満期保険金（一時金）	500万円

※アルバイト収入は給与所得控除を控除する前の金額である。

※老齢厚生年金および企業年金は公的年金等控除額を控除する前の金額である。

※生命保険は養老保険（保険期間20年、保険契約者および満期保険金受取人は佐野さ
ん）の満期保険金であり、既払込保険料は410万円であり、全て佐野さんが負担し
ている。なお、契約者配当については考慮しないものとする。

＜公的年金等控除額の速算表＞

納税者区分	公的年金等の収入金額（A）		公的年金等控除額
			公的年金等に係る雑所得以外の所得に係る合計所得金額
			1,000万円 以下
65歳未満の者		130万円 以下	60万円
	130万円 超	410万円 以下	（A）× 25%＋ 27.5万円
	410万円 超	770万円 以下	（A）× 15%＋ 68.5万円
	770万円 超	1,000万円 以下	（A）× 5%＋ 145.5万円
	1,000万円 超		195.5万円
65歳以上の者		330万円 以下	110万円
	330万円 超	410万円 以下	（A）× 25%＋ 27.5万円
	410万円 超	770万円 以下	（A）× 15%＋ 68.5万円
	770万円 超	1,000万円 以下	（A）× 5%＋ 145.5万円
	1,000万円 超		195.5万円

正解　210（万円）

それぞれの収入を計算します。

〔アルバイト収入〕

　給与所得は、「給与収入金額－給与所得控除額」で求めます。

　給与所得控除前が50万円なので

　50万円－55万円（給与所得控除額の最低額）＝▲5万円

　したがって給与所得は0円となります。

　給与収入金額が162万5,000円以下の場合の給与所得控除額の最低額55万円は
覚えておきましょう。給与所得がマイナスになっても0円とします。

〔老齢厚生年金および企業年金〕

　老齢厚生年金と企業年金は、雑所得（公的年金等）です。

　公的年金等の雑所得は、「公的年金等収入金額－公的年金等控除額」で求めます。

　佐野さんは67歳で公的年金収入は300万円なので、速算表より公的年金等控除
額は110万円です。

　雑所得＝300万円－110万円＝190万円

〔生命保険の満期保険金〕

　養老保険（保険期間20年、保険契約者および満期保険金受取人は佐野さん）の満
期保険金は一時所得となります。

　一時所得＝

　総収入金額－その収入を得るために支出した額－特別控除（最高50万円）

　総所得金額に算入される金額＝一時所得の金額×2分の1

　設問は、既払込保険料控除後の金額が90万円（500万円－410万円）になるため、
特別控除の50万円を差し引くと一時所得は40万円になります。

　総所得金額に算入できる金額＝40万円×$\frac{1}{2}$＝20万円

　総所得金額

　0円＋190万円＋20万円＝210万円

不動産

1
★★★
地価公示法による公示価格は、毎年1月1日を標準地の価格判定の基準日としている。

2
★★★
相続税路線価は、地価公示の公示価格の70%を価格水準の目安として設定されている。

3
★★★
原価法は、価格時点における対象不動産の再調達原価を求め、この再調達原価について増価修正を行って対象不動産の価格を求める手法である。

4
★★★
収益還元法のうち直接還元法は、対象不動産の一期間の総収入を還元利回りで還元して対象不動産の価格を求める手法である。

5
★★★
同一の不動産について二重に売買契約が締結された場合、譲受人相互間においては、売買契約の締結の先後にかかわらず、原則として、所有権移転登記を先にした者が当該不動産の所有権の取得を対抗することができる。

6
★★
登記事項証明書の交付請求および受領は、インターネットを利用してオンラインで行うことができる。

ポイント &解答！

2
相続税路線価は、地価公示の公示価格の80%を目安としています。70%を目安としているのは固定資産税評価額です。

3
原価法における価格の修正は、老朽化を考慮して減価修正を行うのであって、増加修正ではありません。

4
直接還元法は、総収入ではなく純収益（経費を差し引いた後）の金額を還元利回りで還元（割り戻し）して価格を求めます。

6
登記事項証明書の交付請求はオンラインですることはできますが、受領は窓口か郵送です。

1 ○ **2** × **3** × **4** × **5** ○ **6** ×

7 ★★★ 買主が売主に解約手付を交付した場合、買主が契約の履行に着手するまでは、売主は受領した解約手付を返還して当該契約の解除をすることができる。

8 ★★★ 民法によれば、売買の目的物である建物が、その売買契約の締結から当該建物の引渡しまでの間に、台風によって全壊した場合、売主の責めに帰すことのできない事由であることから、買主は、売主に対して建物代金の支払いを拒むことはできない。

9 ★★★ 売買契約締結後、買主の責めに帰すことのできない事由により、当該契約の目的物の引渡債務の全部が履行不能となった場合、買主は履行の催告をすることなく、直ちに契約の解除をすることができる。

10 ★★★ 不動産が共有されている場合、各共有者は、自己が有している持分を第三者に譲渡するときには、他の共有者全員の同意を得なければならない。

11 ★★★ 区分建物の登記記録における床面積は、壁その他の区画の内側線で囲まれた部分の水平投影面積（内法面積）により算出される。

ポイント  &解答！

7 売主は、買主が契約の履行に着手するまでに、受け取った手付金の倍額を現実に提供すると契約を解除することができます。

8 契約から引渡しまでに売主の責めに帰すことのできない事由で建物の引き渡しができない場合、買主は建物代金の支払いを拒むことができます。

10 自己の共有持分は、他の共有者の同意を得ることなく譲渡（処分）することができます。

STAGE **5** 学科問題

不動産

12 ★★ 宅地建物取引業者が、宅地・建物の貸借の媒介を行う場合に、貸主・借主の双方から受け取ることのできる報酬の合計額の上限は、賃料の 2 カ月分（消費税別）に相当する額である。

13 ★★★ 一般定期借地権において、もっぱら事業の用に供する建物の所有を目的とするときは、存続期間を 30 年として設定することができる。

14 ★★ 事業用定期借地権等においては、一部を居住の用に供する建物の所有を目的とするときは、その存続期間を 10 年以上 30 年未満として設定することができる。

15 ★★★ 定期借家契約を締結するときは、賃貸人は、あらかじめ、賃借人に対し、契約の更新がなく、期間満了により賃貸借が終了することについて、その旨を記載した書面を交付し、または、賃借人の承諾を得て当該書面に記載すべき事項を電磁的方法により提供して、説明しなければならない。

16 ★★★ 定期借家契約において、経済事情の変動があっても賃料を増減額しないこととする特約をした場合、その特約は有効である。

17 ★★★ 区分所有者は、敷地利用権が数人で有する所有権である場合、原則として、その有する専有部分とその専有部分に係る敷地利用権とを分離して処分することができない。

ポイント  &解答!

12 貸借の媒介の報酬は、貸主・借主の双方から合わせて賃料の 1 カ月分（＋消費税）が上限です。

13 一般定期借地権の存続期間は、建物の使用目的に関わらず 50 年以上で設定しなければなりません。

14 事業用定期借地権等においては、一部でも居住の用に供する建物の所有を目的とすることはできません。

12 ✕　13 ✕　14 ✕　15 ◯　16 ◯　17 ◯

18
★★★
区分所有建物の建替えは、集会において、区分所有者および議決権の各4分の3以上の多数により、その旨の決議をすることができる。

19
★★
市街化区域については用途地域を定め、市街化調整区域については原則として用途地域を定めないものとされている。

20
★★★
農業を営む者の居住の用に供する建築物の建築を目的として市街化調整区域内で行う開発行為は、開発許可を受ける必要がある。

21
★★★
開発許可を受けた開発区域内の土地においては、開発行為に関する工事完了の公告があるまでの間は、原則として、建築物を建築することができない。

22
★
工業の利便を増進するため定める地域である工業専用地域内には、住宅を建てることはできない。

23
★★★
建築基準法第42条第2項により道路境界線とみなされる線と道路との間の敷地の部分（セットバック部分）は、建築物を建築することができないが、建蔽率および容積率を算定する際の敷地面積に算入することができる。

STAGE **5** 学科問題 不動産

ポイント  ＆解答！

18 区分所有建物の建替えは、区分所有者および議決権の各5分の4以上の多数により決議することができます。

20 農業を営む者の居住の用に供する建築物の建築を目的とする開発行為は、市街化調整区域においては許可不要です。

23 セットバック部分は道路とみなされるため、建蔽率や容積率を算定する際の敷地面積に算入することはできません。

18 ✕ 19 ◯ 20 ✕ 21 ◯ 22 ◯ 23 ✕

24 ★★★ 防火地域内に耐火建築物を建築する場合は、建蔽率および容積率の双方の制限について緩和措置の適用を受けることができる。

25 ★★★ 建築物の敷地が接する前面道路の幅員が12m未満である場合、当該建築物の容積率は、「都市計画で定められた容積率」と「前面道路の幅員に一定の数値を乗じて得たもの」のいずれか高い方の数値以下でなければならない。

26 ★★★ 北側斜線制限（北側高さ制限）は、商業地域内の建築物について適用される。

27 ★★★ 日影規制（日影による中高層の建築物の高さの制限）は、原則として、工業地域および工業専用地域を除く用途地域における建築物に適用される。

28 ★ 不動産に抵当権設定登記をする際の登録免許税の課税標準は、当該不動産の相続税評価額である。

ポイント  ＆解答！

24 防火地域内に耐火建築物を建築する場合に緩和されるのは、建蔽率だけです。

25 前面道路幅が12m未満の際の容積率は、都市計画で定められた容積率（指定容積率）と、一定の計算により求めた容積率の、いずれか低い方の数値以下となります。

26 北側斜線制限が適用されるのは、住居専用地域（一部を除く）や田園住居地域における建築物であり、商業地域内の建築物には適用されません。

27 日影規制は、原則として商業地域、工業地域、工業専用地域における建築物には適用されません。

28 抵当権設定登記の登録免許税の課税標準は、債権金額となります。

24 ✕ **25** ✕ **26** ✕ **27** ✕ **28** ✕

29 ★★★ 住宅用地に係る固定資産税の課税標準については、住宅1戸当たり330㎡以下の部分について課税標準となるべき価格の6分の1相当額とする特例がある。

30 ★ 地方税法において、所定の要件を満たす新築住宅（一般住宅）に係る固定資産税は、1戸あたり120㎡以下の床面積に相当する部分の税額について、一定期間にわたり5分の1に軽減される特例がある。

31 ★★★ 譲渡するために直接要した仲介手数料は、譲渡所得の金額の計算上、譲渡費用に含まれる。

32 ★★★ 土地の譲渡所得の金額の計算上、取得費が不明な場合には、譲渡収入金額の15％相当額を取得費とすることができる。

33 ★★★ 土地を譲渡した日における所有期間が5年以下の場合には、短期譲渡所得に区分され、5年を超える場合には長期譲渡所得に区分される。

ポイント  & 解答！

29 住宅用地に係る固定資産税の課税標準が6分の1相当額になるのは、住宅1戸当たり200㎡以下の部分についてです。

30 新築住宅（一般住宅）の場合は、3年間または5年間にわたり床面積120㎡以下の部分の税額が2分の1に軽減されます。

32 譲渡所得の計算において、取得費が不明な場合に使用できる概算取得費は、譲渡収入金額の5％相当額です。

33 不動産の譲渡所得における所有期間の長期・短期の区分は、譲渡日ではなく、譲渡した年の1月1日における所有期間が5年以下か5年超かで判別します。

STAGE **5** 学科問題

不動産

29 × 30 × 31 ○ 32 × 33 ×

34 ★★★ 相続人が相続により取得した土地を譲渡した場合、その土地の所有期間を判定する際の取得の日は、相続人が当該相続を登記原因として所有権移転登記をした日である。

35 ★★★ 居住用財産を譲渡した場合の3,000万円特別控除は、居住用財産を配偶者に譲渡した場合には適用を受けることができない。

36 ★★ 居住用財産を譲渡した場合の軽減税率の特例は、譲渡した居住用財産の所有期間を問わず、適用を受けることができる。

37 ★★★ 居住用財産を譲渡した場合の3,000万円の特別控除と軽減税率の特例は、重複して適用を受けることができない。

38 ★★★ 等価交換方式では、土地所有者は、土地の所有権の一部（持分）を譲渡することにより、その共有地上に建設された建物を全部取得することとなる。

ポイント  &解答!

34 譲渡所得の計算において、相続により取得した不動産の取得日の判定は、相続人の取得日ではなく、被相続人が取得した日を引き継ぎます。

36 居住用財産を譲渡した場合の軽減税率の特例は、所有期間が、譲渡した年の1月1日において10年を超えていなければ、適用を受けることができません。

37 居住用財産を譲渡した場合の3,000万円の特別控除と軽減税率の特例は、重複適用ができます。

38 土地所有者が、等価交換方式で土地の一部（持分）を譲渡した場合、建設された建物の全部ではなく、一部（土地との等価分）を取得することになります。

34 ✕ **35** ○ **36** ✕ **37** ✕ **38** ✕

39
★★★
ＮＰＶ法（正味現在価値法）による投資判断においては、投資額の現在価値の合計額が対象不動産から得られる収益の現在価値の合計額を上回っている場合、その投資は有利であると判定することができる。

40
★★★
ＮＯＩ利回り（純利回り）は、対象不動産から得られる年間の総収入を総投資額で除して算出される利回りであり、不動産の収益性を測る指標である。

ポイント　＆解答！

39 NPV法による投資判断においては、対象不動産から得られる収益の現在価値を、投資額の現在価値が下回っている場合に投資に有利（投資適格）であると判定することができます。

40 本問いは表面利回りの説明です。NOI利回り（純利回り）は、対象不動産から得られる年間の総収入から年間費用（運営コスト）を差し引いた純収益を総投資額で除して算出します。

次の設例にもとづいて、下記の（問1）に答えなさい。

（22年9月）

《設 例》

　Aさん（51歳）は、上場企業に勤務する会社員である。本年3月、X市内の実家（甲土地および建物）で1人暮らしをしていた母親が死亡した。法定相続人は、長女のAさんのみであり、相続に係る申告・納税等の手続は完了している。

　Aさんは、Y市内の自宅に夫Bさん（53歳）および長男Cさん（18歳）と一緒に暮らしているため、相続後に空き家となっている実家（建物は築47年で老朽化）の売却を検討している。しかし、先日、不動産会社を通じて、食品スーパーのZ社から、「甲土地は、駅に近く、商業性の高い場所なので、新規出店をさせてほしい。Aさんには、建設協力金方式での有効活用を検討してもらえないだろうか」との提案があったことで、甲土地の有効活用にも興味を持ち始めている。

＜甲土地の概要＞

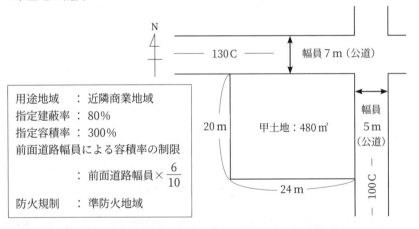

用途地域　　：　近隣商業地域
指定建蔽率　：　80％
指定容積率　：　300％
前面道路幅員による容積率の制限
　　　　　　：　前面道路幅員 × $\frac{6}{10}$
防火規制　　：　準防火地域

・甲土地は、建蔽率の緩和について特定行政庁が指定する角地である。
・指定建蔽率および指定容積率とは、それぞれ都市計画において定められた数値である。
・特定行政庁が都道府県都市計画審議会の議を経て指定する区域ではない。

※上記以外の条件は考慮せず、各問に従うこと。

（問１）　甲土地上に準耐火建築物を建築する場合における次の①、②を求めなさい。

①　建蔽率の上限となる建築面積
②　容積率の上限となる延べ面積

解答・解説

①　480（㎡）　②　1,440（㎡）

①建築面積の上限＝敷地面積×建蔽率
　準防火地域内に準耐火建築物を建築する場合には、建蔽率の上限が＋10％緩和されます。加えて、甲土地は特定行政庁の指定する角地に該当するため、さらに＋10％緩和されます。
　建蔽率の上限＝80％＋10％＋10％＝100％

　建蔽率の上限となる建築面積
　480㎡×100％＝480㎡

②延べ面積の上限＝敷地面積×容積率
　前面道路の幅員による制限
　前面道路の幅員が12ｍ未満の場合、次の2つのうち低い方が容積率の上限となります。
　・都市計画で定められた指定容積率
　・前面道路の幅員※×法定乗数
　※2本以上の道路に接している場合は最も広い幅員の値をとります。
　　7ｍ＞5ｍにより、7ｍが前面道路となります。

　指定容積率300％
　前面道路の幅員×法定乗数＝$7ｍ×\dfrac{6}{10}=4.2=420％$

　よって、低い方の300％を適用します。
　容積率の上限となる延べ面積
　480㎡×300％＝1,440㎡

下記の（問1）、（問2）について解答しなさい。

（問1）　下記＜資料＞は、長岡さんが購入を検討しているマンションの登記事項証明書の一部である。この登記事項証明書に関する次の（ア）〜（エ）の記述について、適切なものには○、不適切なものには×を解答欄に記入しなさい。

（21年1月）

＜資料＞

全部事項証明書（建物）

表 題 部　（専有部分の建物の表示）			不動産番号	×××××××××××××
家 屋 番 号	××三丁目 20 番 7 の 707		余白	
建 物 の 名 称	707		余白	
① 種　類	② 構　造	③ 床面積㎡	原因およびその日付［登記の日付］	
居　　宅	鉄筋コンクリート造 1 階建	7 階部分 72：45	平成 24 年○月○○日新築 ［平成 24 年○月○○日］	
表題部（敷地権の表示）				
① 土地の符号	② 敷地権の種類	③ 敷地権の割合	原因およびその日付［登記の日付］	
1	所有権	65475 分の 985	平成 24 年○月○○日敷地権 ［平成 24 年○月○○日］	
所 有 者	△△区××三丁目 7 番 2 号　株式会社 LX 不動産			

権 利 部 （甲区）　（所有権に関する事項）			
順位番号	登記の目的	受付年月日・受付番号	権利者その他の事項
1	所有権保存	平成 24 年○月○○日 第○○○○○号	原因　平成 24 年○月○○日売買 所有者　△△区××一丁目 4 番 1 − 101 関根健二

※下線のあるものは抹消事項であることを示す。

（ア）「権利部（甲区）」には、所有権の移転登記のほか、差押え等が記載される。

（イ）登記記録上、このマンションの 707 号室の現在の所有者は、株式会社 LX 不動産であることがわかる。

（ウ）長岡さんが金融機関からの借入れによりこのマンションの 707 号室を購入して金融機関が抵当権を設定した場合、抵当権設定に関する登記事項は「権利部（甲区）」に記載される。

（エ）登記事項証明書は、法務局において手数料を納付することにより、誰でも交付の請求をすることができる。

（ア）○　　（イ）×　　（ウ）×　　（エ）○

（ア）適切

不動産登記において、登記記録の権利部は甲区と乙区があります。甲区には、所有権に関する事項（差押えを含む）が記録され、乙区には、**抵当権・賃借権・地上権など所有権以外**の権利に関する事項が記録されています。

（イ）不適切

下線は抹消事項であることを示しています。したがって、株式会社LX不動産の名前がある表題部の所有者の項目はすでに抹消されており、現在の所有者は権利部（甲区）にある関根健二と推定されます。

（ウ）不適切

抵当権・賃借権・地上権など所有権以外の権利に関する事項が記録されるのは、権利部（甲区）ではなく権利部（乙区）です。（ア）参照。

（エ）適切

登記事項証明書や登記事項要約書は、**誰でも**手数料を納付して、交付の請求をすることができます。

（問2） 建築基準法に従い、下記＜資料＞の土地に建築物を建てる場合の延べ面積（床面積の合計）の最高限度として正しいものはどれか。なお、記載のない条件は一切考慮しないこととする。

(22年1月)

＜資料＞

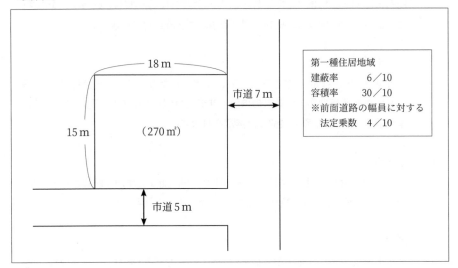

1. 486 ㎡
2. 540 ㎡
3. 756 ㎡
4. 810 ㎡

正解　3

建築物の延べ面積の最高限度は、「敷地面積×容積率」によって求めます。

ただし、容積率には前面道路の幅員による制限があるため、その敷地の前面道路の幅員が12m未満の場合には、次の2つのうち低い方が容積率の上限となります。

・都市計画で定められた指定容積率

・前面道路の幅員※×法定乗数

※2本以上の道路に接している場合は最も広い幅員の値をとります。

7m＞5mにより、7mが前面道路となります。

・指定容積率＝$\dfrac{30}{10}$＝300％

・前面道路の幅員×法定乗数＝7m×$\dfrac{4}{10}$＝2.8＝280％

よって、低い方の**280％**を適用します。

延べ面積の最高限度

270㎡×280％＝756㎡

相続・事業承継

1 ★
親族の範囲は、6親等内の血族、配偶者および3親等内の姻族である。

2 ★
相続開始時における胎児は、すでに生まれたものとみなされ、死産の場合を除き、相続権が認められる。

3 ★★
養子縁組（特別養子縁組ではない）が成立した場合、養子と実方の父母との親族関係は終了する。

4 ★★
民法上の相続人について、成年に達した者は、尊属または年長者以外の者を養子とすることができるが、養子には人数制限があり、実子のいる者は2人まで、実子のいない者は3人までである。

5 ★★
子や兄弟姉妹が相続の放棄をした場合、放棄をした者の子が、放棄をした者に代わって相続人となる。

6 ★★
相続人が被相続人の配偶者および兄の合計2人である場合、配偶者の法定相続分は3分の2、兄の法定相続分は3分の1である。

ポイント &解答!

3	普通養子縁組では、実父母との親族関係は存続します。
4	民法上は、養子の人数制限はありません。
5	相続放棄した者に代襲相続は生じません。
6	相続人が「配偶者と兄弟姉妹」の場合の法定相続分は、配偶者が4分の3、兄弟姉妹が4分の1です。

1 ○ **2** ○ **3** × **4** × **5** × **6** ×

7 ★★
被相続人と父母の一方のみを同じくする兄弟姉妹の法定相続分は、父母の双方を同じくする兄弟姉妹の法定相続分と同じである。

8 ★★
相続人が被相続人の長男および孫（相続開始時においてすでに死亡している長女の代襲相続人）の合計2人である場合、長男および孫の法定相続分はそれぞれ2分の1である。

9 ★★
相続の放棄をしようとする者が1人でもいる場合は、相続の開始があったことを知った時から原則として3カ月以内に、共同相続人全員が、家庭裁判所に対して、相続の放棄をする旨を申述しなければならない。

10 ★★
公正証書遺言を作成した遺言者は、その遺言を自筆証書遺言によって撤回することができる。

11 ★★
遺産を現物分割する内容の遺産分割協議書を作成する場合、対象となる遺産の一部について遺産分割協議が成立していないときであっても、それを除いた遺産についてのみ定めた遺産分割協議書を作成することができる。

ポイント  ＆解答！

7 半血兄弟姉妹と全血兄弟姉妹では法定相続分が違います（半血兄弟姉妹は全血兄弟姉妹の2分の1）。

9 相続放棄は単独で手続きすることができます。

 7 ✕ **8** ◯ **9** ✕ **10** ◯ **11** ◯

STAGE **6** 学科問題

相続・事業承継

12 ★ 相続税を金銭で納付するために相続により取得した土地を譲渡した場合、その譲渡に係る所得は、所得税の課税対象とならない。

13 ★ 代償分割により特定の財産（遺産）を取得した相続人から他の相続人に交付された代償財産が不動産や株式であっても、その不動産や株式を交付した相続人には、譲渡所得として所得税が課されることはない。

14 ★★ 老齢基礎年金の受給権者が死亡し、その者に支給すべき年金給付で、死亡後に支給期の到来する年金を、生計を同じくしていた受給権者の子が受け取った場合、当該年金は相続税の課税対象となる。

15 ★★ 相続人が受ける死亡退職金の非課税限度額は、被相続人に係る賞与以外の普通給与の3年分相当額である。

16 ★★ 相続の放棄をした者が受け取った死亡保険金については、死亡保険金の非課税金額の規定の適用を受けることができない。

ポイント  &解答!

12 相続により取得した土地を譲渡した場合には、譲渡所得として相続人の所得税の課税対象となります。

13 代償財産が不動産や株式の場合、時価で他の相続人へ譲渡したものとみなされ、譲渡所得として所得税の対象となります。

14 未支給年金は、受け取った者の一時所得となります。

15 「500万円×法定相続人の数」が非課税限度額となります。

17 ★★ 本年に被相続人から相続開始前3年以内に暦年課税による贈与により取得した上場株式は、その者が相続や遺贈により財産を取得したかどうかにかかわらず、相続税の課税対象となる。

18 ★★ 2024年以降、被相続人から相続時精算課税制度による贈与により取得した財産は、その者が相続や遺贈により財産を取得したかどうかにかかわらず、年間110万円を超える部分は相続税の課税対象となる。

19 ★ 被相続人が所有していた不動産に係る固定資産税のうち、相続開始時点で納税義務は生じているが、納付期限が到来していない未払いのものは債務控除の対象とならない。

20 ★★ すでに死亡している被相続人の子を代襲して相続人となった被相続人の孫は、相続税額の2割加算の対象となる。

21 ★★ 相続税は金銭による一括納付が原則であるが、一括納付が困難な場合には、納税義務者は、任意に延納または物納を選択することができる。

ポイント  &解答!

17 相続開始前3年以内に暦年課税制度により被相続人から贈与を受けた者が、相続や遺贈により財産を取得した場合に、相続税の課税対象となります。なお、2027年以降の相続から段階的に長くなり（3年超）、2031年以降に発生する相続からは相続開始前7年以内が対象となります。

19 相続開始時点で納税義務が生じている未払いの税金は、債務控除することができます。

20 代襲相続人である被相続人の孫は、2割加算の対象とはなりません。

21 延納でも納付が困難な場合は物納が認められます。任意に選択できるわけではありません。

17 ✕ **18** ◯ **19** ✕ **20** ✕ **21** ✕

STAGE **6** 学科問題

相続・事業承継

22 ★★
贈与契約は、当事者の一方がある財産を無償で相手方に与える意思表示をすることにより成立し、相手方が受諾する必要はない。

23 ★
書面による贈与契約は、履行前であれば贈与者が一方的に解除することができる。

24 ★★
負担付贈与契約の受贈者が、義務であるその負担を履行しない場合、贈与者が相当の期間を定めてその履行を催告してもその期間内に履行がないときは、贈与者はその贈与契約を解除することができる。

25 ★★
子が父の所有する土地を使用貸借によって借り受けて、その土地の上に賃貸アパートを建築した場合、父から子に土地の使用貸借に係る使用権の価額の贈与があったものとして、贈与税の課税対象となる。

26 ★★
贈与税の配偶者控除の適用を受ける場合の贈与税額の計算においては、贈与税の課税価格から基礎控除額を控除することができない。

ポイント ＆解答！

[22] 贈与契約とは、合意によって成立する契約です。

[23] 書面による贈与契約は、原則、履行前、履行後ともに贈与者が一方的に解除することはできません。

[25] 使用貸借とは、無償もしくは固定資産税相当の費用を支払って土地を借りている場合を指します。この場合は借地権相当額の贈与があったものとはみなされません。

[26] 贈与税の配偶者控除（最高 2,000 万円）と、基礎控除額（110 万円）を合わせて、最高 2,110 万円を控除することができます。

22 ✕　**23** ✕　**24** ○　**25** ✕　**26** ✕

27 ★★ 相続時精算課税制度の適用を受けた贈与財産に係る贈与税額の計算上、認められる特別控除額の限度額は、特定贈与者ごとに累計で 2,000 万円である。

28 ★★ 相続時精算課税制度の適用を受けた場合、その適用を受けた年以後は、その特定贈与者からの贈与について暦年課税に変更することはできない。

29 ★★ 贈与税を納期限までに納付することが困難である場合、その納付を困難とする金額を限度として延納または物納を申請することができる。

30 ★★ 宅地の評価方法として、路線価方式と倍率方式のうち、どちらの方式を採用するかについては、納税者が任意に選択することができる。

31 ★ 宅地の評価方法には、路線価方式と倍率方式があり、それぞれの評価において用いる路線価および倍率は、いずれも路線価図に記載されている。

ポイント ＆解答！

27 相続時精算課税制度で認められる特別控除額の限度額は、特定贈与者ごとに累計 2,500 万円です。
なお、2024 年以降、特別控除前に年間 110 万円を控除できます。
贈与税額＝
{（課税価格 － 年間 110 万円）－ 特別控除 2,500 万円の残額} × 20％

29 贈与税の納付には物納は認められていません。

30 どちらの方式を採用するかは国税庁が定めています。

31 倍率方式は路線価図には記載されていません。

 × ○ × × ×

STAGE **6** 学科問題

相続・事業承継

32 ★★ Aさんの相続開始時にAさんの子が、Aさんの所有している土地を使用貸借により借り受けて、その土地の上にアパートを建築して第三者に賃貸していた場合、このアパートの敷地の用に供されている土地は貸宅地として評価する。

33 ★★ Aさんが、自己が所有する土地の上にアパートを建築し第三者に賃貸していた場合、この土地は貸家建付地として評価する。

34 ★ 貸家建付地の価額は、「自用地としての評価額×（1−借地権割合）」の算式で計算した金額により評価する。

35 ★★ 貸家の価額は、「自用家屋としての評価額×借家権割合×借地権割合×賃貸割合」の算式で計算した金額により評価する。

36 ★★ 特定居住用宅地等の小規模宅地等の評価減の特例において、減額の対象となる限度面積は330㎡、減額割合は50％である。

ポイント  &解答!

32 使用貸借に係る宅地の評価は自用地評価額になります。

34 貸家建付地の評価の計算式
自用地としての評価額×（1−借地権割合×借家権割合×賃貸割合）

35 貸家の評価の計算式
自用家屋としての評価額×（1−借家権割合×賃貸割合）

36 特定居住用宅地等の場合、対象となる限度面積は330㎡、減額割合は80％です。

32 × 33 ○ 34 × 35 × 36 ×

37 ★★ 会社規模が小会社である非上場株式の原則的評価方式は、純資産価額方式であるが、納税義務者の選択により、類似業種比準方式と純資産価額方式の併用方式で評価することもできる。

38 ★★ 相続財産の評価において、個人向け国債の価額は、額面金額により評価する。

39 ★ 純資産価額方式による非上場株式の価額の計算上、自社が課税時期前3年以内に取得した土地や建物の価額は、原則として課税時期における通常の取引価額に相当する金額によって評価するため、不動産を取得しても、直ちに純資産価額の引下げ効果が発生するわけではない。

40 ★ 「非上場株式等についての贈与税の納税猶予および免除の特例」の適用を受ける場合、相続時精算課税制度の適用を受けることはできない

 ポイント ＆解答!

38 個人向け国債は、「額面金額＋既経過利子相当額－中途換金調整額」の式で評価額を求めます。

40 本特例は、相続時精算課税制度と併用して適用を受けることができます。

37 ○ **38** × **39** ○ **40** ×

次の設例にもとづいて、下記の各問（問1）、（問2）に答えなさい。

(21年1月)

《設例》

　Aさんは、20XX年XX月XX日に病気により75歳で死亡した。Aさんは、生前に自筆証書遺言を作成し、自筆証書遺言書保管制度により法務局（遺言書保管所）に保管しており、財産は妻Bさん（72歳）、長女Dさん（44歳）、孫Gさん（17歳）および孫Hさん（15歳）に取得させ、疎遠になっていた長男Cさん（47歳）には財産は取得させない内容となっている。Aさんの親族関係図や相続財産は、以下の通りである。なお、二女Eさんは、Aさんの相続開始前に死亡している。

＜Aさんの親族関係図＞

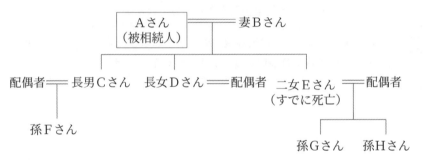

＜Aさんの主な相続財産（相続税評価額）＞

1．現預金：9,500万円

2．自宅
　①敷地（440㎡）：8,000万円（注）
　②建物：600万円

3．死亡保険金：3,500万円（契約者(=保険料負担者)・被保険者：Aさん、死亡保険金受取人：妻Bさん）

（注）「小規模宅地等についての相続税の課税価格の計算の特例」適用前の金額

※上記以外の条件は考慮せず、各問に従うこと。

（問1） Aさんの相続に関する以下の文章の空欄①〜③に入る最も適切な語句または数値を、下記の〈語句群〉の中から選び、その記号を解答用紙に記入しなさい。

i. 『遺留分』

「遺言により取得する財産がないとされた長男Cさんが遺留分侵害額請求権を行使する場合、長男Cさんの遺留分の額は、遺留分を算定するための財産の価額に（ ① ）を乗じた額となります」

ii. 『死亡保険金』

「妻Bさんが受け取る死亡保険金（3,500万円）のうち、相続税の課税価格に算入される金額は（ ② ）万円です」

iii. 『小規模宅地等についての相続税の課税価格の計算の特例』

「妻Bさんが自宅の敷地を相続により取得し、特定居住用宅地等として小規模宅地等についての相続税の課税価格の計算の特例の適用を受けた場合、その敷地のうち（ ③ ）㎡までを限度面積として、評価額の80%相当額を減額した金額を、相続税の課税価格に算入すべき価額とすることができます」

〈語句群〉

イ.200　　ロ.330　　ハ.400　　ニ.500　　ホ.1,000　　ヘ.1,500
ト.6分の1　　チ.8分の1　　リ.12分の1

---

① リ　② ホ　③ ロ

①遺留分は、権利者全体の遺留分を求めたのち、各人の法定相続分を乗じて求めます。

　法定相続人「配偶者と子」の遺留分全体の割合 → 相続財産の2分の1

　長男Cさんの法定相続分「1／2×1／3＝1／6」(子が3人)

　長男Cさんの遺留分「1／2×1／6＝1／12」

②死亡保険金の非課税限度額(相続税の対象となる死亡保険金を相続人が受け取る場合)

　「500万円×法定相続人の数」

　法定相続人：妻Bさん・長男Cさん・長女Dさん・孫Gさん・孫Hさんの5人

　非課税限度額＝500万円×5人＝2,500万円

　3,500万円－2,500万円＝1,000万円

③特定居住用宅地等に該当した場合330㎡までを限度に80%が減額されます。

　※特定という文字があれば80%減額になるのを覚えておきましょう。

（問2）　Aさんの相続における相続税の総額を試算した下記の表の空欄①～④に
入る最も適切な数値を求めなさい。なお、相続税の課税価格の合計額は
1億5,000万円とし、問題の性質上、明らかにできない部分は「□□□」
で示してある。

（a）相続税の課税価格の合計額	1億5,000万円
（b）遺産に係る基礎控除額	（　①　）万円
課税遺産総額（a）－（b）	□□□万円
相続税の総額の基となる税額	
妻Bさん	□□□万円
長男Cさん	（　②　）万円
長女Dさん	□□□万円
孫Gさん	（　③　）万円
孫Hさん	□□□万円
（c）相続税の総額	（　④　）万円

＜資料＞相続税の速算表

法定相続分に応ずる取得金額		税率	控除額
万円超	万円以下		
～	1,000	10％	―
1,000 ～	3,000	15％	50万円
3,000 ～	5,000	20％	200万円
5,000 ～	10,000	30％	700万円
10,000 ～	20,000	40％	1,700万円
20,000 ～	30,000	45％	2,700万円
30,000 ～	60,000	50％	4,200万円
60,000 ～		55％	7,200万円

① 6,000（万円）　② 175（万円）　③ 75（万円）　④ 1,200（万円）

① 遺産に係る基礎控除額

「3,000万円＋600万円×法定相続人の数」

法定相続人：妻Bさん・長男Cさん・長女Dさん・孫Gさん・孫Hさんの5人

3,000万円＋600万円×5人＝6,000万円

②、③ 相続税額の総額は

課税遺産総額を法定相続人が法定相続分に応じて取得したものとして、各人の仮の相続税額を算出し、合算します。

＜課税遺産総額＞

1億5,000万円－6,000万円＝9,000万円

それぞれの法定相続分は次の通りです。

妻Bさん… $\dfrac{1}{2}$（配偶者）

長男Cさん・長女Dさん… $\dfrac{1}{2} \times \dfrac{1}{3} = \dfrac{1}{6}$（子が3人）

孫Gさん・孫Hさん… $\dfrac{1}{2} \times \dfrac{1}{3} \times \dfrac{1}{2} = \dfrac{1}{12}$（二女Eさんを代襲相続）

課税遺産総額9,000万円を法定相続分で案分

妻Bさん… 9,000万円× $\dfrac{1}{2} = 4,500$ 万円

長男Cさん・長女Dさん…9,000万円× $\dfrac{1}{6} = 1,500$ 万円

孫Gさん・孫Hさん… 9,000万円× $\dfrac{1}{12} = 750$ 万円

速算表より各人の仮の相続税額を算出

妻Bさん… 4,500万円×20％－200万円＝700万円

長男Cさん・長女Dさん… 1,500万円×15％－50万円＝175万円…②

孫Gさん・孫Hさん… 750万円×10％＝75万円…③

④ 各人の相続税額の合計

700万円＋175万円×2人＋75万円×2人＝1,200万円

下記の（問1）～（問3）について解答しなさい。

（問1）　下記の＜親族関係図＞の場合において、民法の規定にもとづく法定相続分に関する次の記述の空欄（ア）～（ウ）に入る適切な語句または数値を語群の中から選び、解答欄に記入しなさい。なお、同じ語句または数値を何度選んでもよいこととする。

（21年1月）

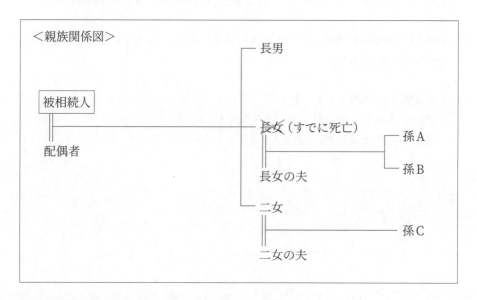

［相続人の法定相続分］

・被相続人の配偶者の法定相続分は（ ア ）。

・被相続人の長男の法定相続分は（ イ ）。

・被相続人の孫Aおよび孫Bの各法定相続分は（ ウ ）。

─〈語句群〉──────────────────
なし　1／2　1／3　1／4　1／6　1／8　2／3　3／4　1／12
──────────────────────────

（ア） 1／2　　**（イ）** 1／6　　**（ウ）** 1／12

配偶者と子が相続人の場合、法定相続分は配偶者が1／2、子は全体で1／2です。子の法定相続分である1／2は3人の子に均等に案分します。さらにすでに死亡した長女の代襲相続人である孫2人は長女の法定相続分である1／6を均等に案分します。

相続人は「配偶者」「長男」「二女」「孫A」「孫B」の5人となりそれぞれの法定相続分は以下のようになります。

　配偶者の法定相続分：1／2
　長男、二女の各法定相続分：1／2×1／3＝1／6
　孫Aおよび孫Bの各法定相続分：1／2×1／3×1／2＝1／12

(問2)　裕二さん（53歳）は、父の太郎さん（85歳）と叔母の恵子さん（78歳）から下記＜資料＞の贈与を受けた。裕二さんの本年分（2024年分）の贈与税額を計算しなさい。なお、太郎さん からの贈与については、昨年から相続時精算課税制度の適用を受けている。

（22 年 9 月・改）

＜資料＞

> ［昨年（2023 年）中の贈与］
> ・太郎さんから贈与を受けた金銭の額：1,800 万円
> ［本年（2024 年）中の贈与］
> ・太郎さんから贈与を受けた金銭の額：1,500 万円
> ・恵子さんから贈与を受けた金銭の額：500 万円
> ※昨年中および本年中に上記以外の贈与はないものとする。
> ※上記の贈与は、住宅取得等資金、教育資金、結婚・子育て資金の贈与ではない。

＜贈与税の速算表＞

（イ）18 歳以上の者が直系尊属から贈与を受けた財産の場合（特例贈与財産、特例税率）

基礎控除後の課税価格		税率	控除額
	200 万円 以下	10%	―
200 万円 超	400 万円 以下	15%	10 万円
400 万円 超	600 万円 以下	20%	30 万円
600 万円 超	1,000 万円 以下	30%	90 万円
1,000 万円 超	1,500 万円 以下	40%	190 万円
1,500 万円 超	3,000 万円 以下	45%	265 万円
3,000 万円 超	4,500 万円 以下	50%	415 万円
4,500 万円 超		55%	640 万円

（ロ）上記（イ）以外の場合（一般贈与財産、一般税率）

基礎控除後の課税価格		税率	控除額
	200万円 以下	10%	—
200万円 超	300万円 以下	15%	10万円
300万円 超	400万円 以下	20%	25万円
400万円 超	600万円 以下	30%	65万円
600万円 超	1,000万円 以下	40%	125万円
1,000万円 超	1,500万円 以下	45%	175万円
1,500万円 超	3,000万円 以下	50%	250万円
3,000万円 超		55%	400万円

正解　191万円

<太郎さんからの贈与>
太郎さんからの贈与は、昨年から相続時精算課税制度が適用されています。
相続時精算課税制度は特定贈与者から 2,500 万円までの贈与であれば、贈与時点で贈与税がかからず、2,500 万円を超える部分については一律 20％の贈与税がかかります。
なお、2024 年以降であるため、相続時精算課税制度でも、特別控除額とは別に、年間 110 万円までは贈与税がかかりません。
贈与税額 ＝ {(課税価格 － 年間 110 万円) － 特別控除 2,500 万円の残額} × 20％

本年（2024 年）中の贈与：
$$\{(1,500\text{万円} － 110\text{万円}) － 特別控除 700\text{万円}^{※}\} ＝ 690\text{万円}$$
⇒ 20％の税率で課税
※ 2,500 万円 － 前年中の贈与 1,800 万円 ＝ 700 万円
690 万円× 20％ ＝ 138 万円・・・①

<恵子さんからの贈与>
恵子さんからの贈与は暦年課税なので、110 万円の控除を差し引き、超えた部分につき贈与税の速算表より贈与税額を求めます。
本問の場合、恵子さんは直系尊属ではないので、一般税率が適用されます。
$$(500\text{万円} － 110\text{万円}) × 20％ － 25\text{万円} ＝ 53\text{万円}・・・②$$

裕二さんの本年分の贈与税額は①＋②なので、
138 万円 ＋ 53 万円 ＝ 191 万円となります。

STAGE **6** 実技問題

相続・事業承継

（問3） 下記＜資料＞の自宅の敷地（自用地）について、路線価方式による相続税評価額を計算しなさい。なお、解答にあたっては、解答用紙に記載されている単位に従うこと。

(21年1月)

＜資料＞

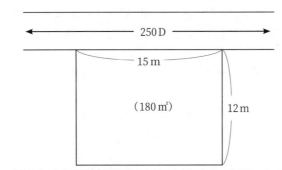

[借地権割合]	
記号	借地権割合
A	90%
B	80%
C	70%
D	60%
E	50%
F	40%
G	30%

（注1）奥行価格補正率　12m以上14m未満　1.00
（注2）借家権割合　30%
（注3）その他の記載のない条件は、一切考慮しないものとする。

STAGE 6／LESSON 9

解答・解説

正解　4,500（万円）

　1つの道路のみに面している土地の路線価方式による自用地としての相続税評価額の計算式は「路線価×奥行価格補正率×面積」となります。

　250Dとは、当該道路に面する土地の**1㎡あたりの価格が250千円**であることを表しています。（アルファベットDは借地権割合）

対象地の面積　180㎡
奥行価格補正率　1.00
自用地としての評価額＝250千円×1.00×180㎡＝4,500万円

索引

311

サ行

タ行

ナ行

書籍のお問い合わせ

　書籍に関するお問い合わせは、読者特典特設サイトのお問い合わせフォームまたは、郵送にてお送りください。

　なお、書籍内容の解説や学習相談等はお受けしておりませんので、あらかじめご了承ください。

　ご質問の内容によっては確認等に1週間前後要する場合や、お答えいたしかねる場合がございますので、あわせてご了承いただけますようお願い申し上げます。

書籍のお問い合わせは、本書企画・制作いたしました株式会社SAMURAI Officeより回答いたします。

● 法改正情報・正誤のご確認について

法改正情報・正誤情報は特設サイトに掲載いたします。
該当箇所が無い場合は、下記お問い合わせ先までお問い合わせください。

特設サイト：https://sugoibook.jp/fp

特設サイト

● お問い合わせ先

① 「お問い合わせフォーム」から問い合わせる

お問い合わせフォーム

https://sugoibook.jp/contact

お問い合わせ

② 郵送で問い合わせる

文書に書名、発行年月日、お客様のお名前、ご住所、電話番号を明記の上、下記の宛先までご郵送ください。

郵送先　〒160-0023
　　　　東京都新宿区西新宿3-9-7-208
　　　　株式会社SAMURAI Office書籍問い合わせ係

一般社団法人金融財政事情研究会　ファイナンシャル・プランニング技能検定2級学科試験、実技試験
（個人資産相談業務、生保顧客資産相談業務）
2020年5月11日【許諾番号】2005K000001

日本FP協会　2級ファイナンシャル・プランニング技能検定学科試験、実技試験（資産設計提案業務）
2021年4月7日【許諾番号】2104F000078

スゴい! だけじゃない!!
FP2級AFP テキスト＆問題集 2024-25年版

2024年5月31日　初版第1刷発行

著　者……マイナビ出版FP試験対策プロジェクト
発行者……角竹輝紀
発行所……株式会社マイナビ出版
　　　　　〒101-0003　東京都千代田区一ツ橋2-6-3 一ツ橋ビル2F
　　　　　電話　0480-38-6872（注文専用ダイヤル）
　　　　　　　　03-3556-2731（販売部）
　　　　　　　　03-3556-2735（編集部）
　　　　　URL　https://book.mynavi.jp/

編著者……………　マイナビ出版FP試験対策プロジェクト
監修………………　益山真一
執筆協力…………　中谷俊雄／鈴木暁子／古屋明美
カバーデザイン……　大野虹太郎（ラグタイム）
本文デザイン………　C.Room
編集………………　株式会社OSイースト
編集協力…………　長尾由芳、平田知巳、鈴木楓南、大友弥生
イラスト…………　東園子
DTP ……………　トラストビジネス株式会社
印刷・製本………　シナノ印刷株式会社
企画制作…………　株式会社SAMURAI Office